Der
德尔地板
CHINARE
中国南北极科考专用地板
德尔地板 环保至极
极致环保，邀您极地见证
从奥运会场馆地板供应商，到中国南北极科考事业地板供应商，德尔地板以世界级的环保表现，诠释了环保地板领导者的极致追求。
www.der.com.cn / 800 828 2939 / 股票代码:002631
无醛添加
NAF
FCF
猎醛

助力低碳家居 共创品位生活
欢迎来电咨询领取免费样品
热线电话：4001-021-808

怡黄®板材 YHW

与 您 共 创 品 位 生 活

上海怡黄木业有限公司创立于1998年，是名品家居板材集成供应商。是中国知名板材运营商。作为中国人造板流通联盟执行会长单位，公司本着“诚信为本、携手发展”的创业宗旨，与大亚木业、丽人集团、绿源集团、湖北宝源、广西冠华、沪千森工、绿洲实业、中盐银港、宝山木业、凯跃集团、广西三威、广西派阳山、广西上思华林、广西乐林等全国著名木业集团建立了战略合作关系和友谊。近年来，也在着力引进优秀的国外产品，如进口刨花板和德国柯诺板等。

选择、引导、展示、配送。

公司有一支精良敬业的运营团队。以创造客户价值为导向，借力多媒体传播和现代物流概念、网络站点、渠道互联、快速集成、强力配送。规模化运作尽力减少采购成本，与广大的优秀分销商、出口家具公司、玩具道具公司、精品家装公司、木门地板企业等高端专业用户建立了稳固的供需关系，同时通过上海、杭州、宁波、湖州、昆山、无锡、南京、合肥、成都、重庆（在建）十大城市十七个展示配送点向高端消费者提供环保优质板材，倡导低碳消费理念。

2011年昆山好生活正式投产，在行业内率先使用清洁能源、无尘车间和全流程无尘处理。生产高端环保浸渍胶膜纸饰面家居板“心力”品牌。

怡黄板材与您共创品位生活。

一流的企业、一流的管理、一流的产品、一流的服务
开拓创新、品质卓越、诚信自强、报效社会
地址：上海市嘉定区劳动路168弄165号
电话：021—59945061　021—66044008
网址：http://www.oyhj.com

上海欧洋豪杰木制品有限公司

SHANGHAI OUYANG HAOJIE WOOD PRODUCTS CO., LTD

董事长—张正青

上海欧洋豪杰木制品有限公司坐落在中国最大的商业中心——上海，是国内集国际进出口贸易、国内批发贸易、生产加工于一体的大型木材行业领先企业，公司成立于2003年11月，注册资本3600万元，员工500多人。

公司拥有面积达10万多平方米的现代化厂房，公司内开设木材锯板厂、木材干燥厂、集成材生产厂和家具厂，厂内配置了木材加工中最先进的机器设备，拥有高效率的自动电脑数控开料锯13套，有意大利HOLZMEISTER（M800）全自动电子数控干燥设备 16 套，德国威力牌先进优选锯2套，重型全自动拼接机5 套和生产加工家具使用的各种专业化的机器。公司生产的辐射松集成材和落叶松集成材为中国的知名品牌，大量应用于实木门窗框和实木家具中，生产的婴童系列家具、工艺品等辐射松实木家具远销欧美和日本等国，形成了原木进口锯材，板材烘干、集成材生产和婴童家具生产出口的完整产业链。

公司年销售针叶林木材原木和板材超过45万m^3，年销售柳桉、康帕斯和菠萝格等红木类板材3万m^3，年加工生产辐射松集成材3万m^3，生产出口辐射松实木家具360多个货柜，在中国和国际木材市场具有相当的竞争力和影响力。

公司以诚信经营为宗旨,勇创行业先锋。近年来，通过不懈努力，公司得到长足的发展并荣获多项荣誉称号：2006年被中国质量万里行市场调查中心授于《3.15诚信承诺单位》；2007年被中国质量万里行授于《中国质量万里行》质量诚信联盟单位；2009年度被上海市建瓯商会评为先进企业；同时还被评为2010年第二届上海市诚信经营先进单位；2010中国10强辐射松生产加工企业；2011第三届上海市场诚信经营五星级先进单位；2011中国10强加拿大SPF锯材进口商；2011年度上海建材行业企业竞争力20强（木业）；2012年度上海建材行业企业竞争力20强；2012年度上海企业综合竞争力100强；2011–2012年度上海市场诚信经营五星级先进单位两连冠；2011－2013年度上海市场诚信经营五星级先进单位三连冠；公司还是中国木材与木制品流通协会名誉副会长和中国木材与木制品流通协会木材进出口商分会副会长单位；公司已通过全球木材环保通行证—FSC森林监管体系认证和 ISO9001:2000等多项认证。

BUREAU VERITAS
Certification

CERTIFICATE
Number: BV-COC-080117

Issued: January 25th, 2008
Valid until: January 24th, 2013

Bureau Veritas Certification certifies that the company:

Shanghai OuYang HaoJie Wood Co., Ltd.

has implemented a FSC wood products control system according to the Forest Stewardship Council certification system, in the following location:

Shanghai OuYang HaoJie Wood Co., Ltd.
No. 99, Lane 168 Lao Dong Road, Xu Hang Town, Jia Ding District,
200433 – SHANGHAI – CHINA

for its activities concerning:

Manufacturing and sales of timber, laminated scantling and decking boards certified FSC Pure.
Trading of logs certified FSC Pure. *

This company has been assessed and found to conform to the requirements of the

FSC Chain of Custody standard, Ref.: FSC-STD-40-004, v. 2.0

This certificate is valid for a 5 years period.

Paris La Défense, December 31st, 2010
Etienne CASAL

FSC

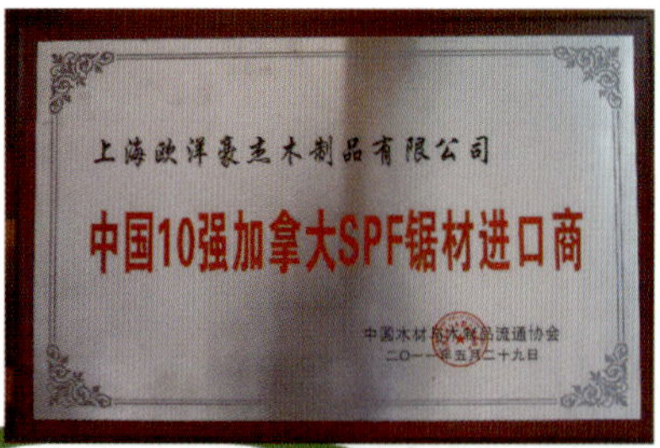

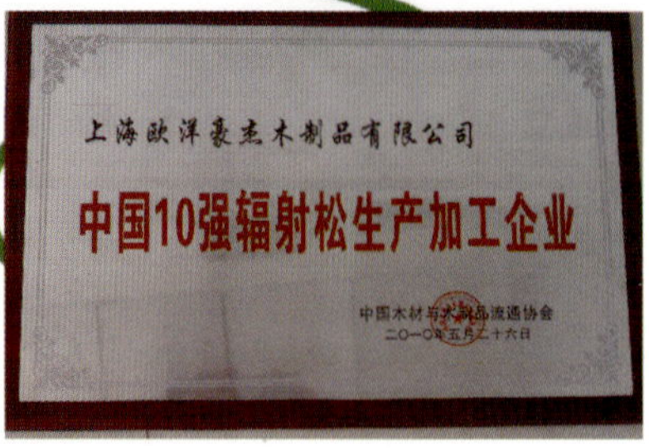

集成材说明

集成材即胶合木，可由实体木材的短小料制造成要求的规格尺寸和形状，做到小材大用，劣材优用。

我公司主要生产辐射松集成材和落叶松集成材，指接形集成材和直拼形集成材，辐射松成品为长宽1.22m×2.44m厚度不同的规格，主要用于实木家具和家庭装饰装修之中；落叶松成品为三拼形集成材，主要用于门框和窗框等制造和装修之中。

辐射松集成板材

落叶松集成板材

“友联·为家”，秉承文明，锐意创新，缔造生活的艺术

2004年10月中国家具协会授权成立“友联工艺—中国中式古典家具研制中心”，并寄望友联工艺对中国传统家具的继承研究和创新发展做出更大的贡献。

香港祥利集团，植根中国传统文化，应用中国传统家具精湛工艺，融入世界优秀设计理念，以人为本，追求人与自然、审美与实用的完美结合，创造舒适性和艺术性于一体的尊贵家具。香港祥利集团专注于红木家具文化艺术的探索与研究、坚持选用天然优质中国大漆，采用古法加工手法，让红木家具不仅时尚美观，天然环保、更耐高温、防腐蚀、防水、防细菌。多年来,企业一直坚持“顾客至上、信誉第一、质量第一”的服务宗旨，不断探索市场需求，革新进取，并把产品质量视为第一要素，用料真实考究，以紫檀木、酸枝木、花梨木等为制造木料，按照本企业参于起草的国家轻工行业标准《深色名贵硬木家具制造标准》（QB/T2385-2008）、国家标准《红木家具通用技术条件》GB28010-2011完善生产管理制度，严控工艺流程，高要求确保高品质。

纵观过去，香港祥利集团旗下品牌友联•为家红木家具，实现了销量连续30年持续增长;祥利•为家红木家具一经面向市场招商,也实现了销售强势增长.中国红木礼品优势品牌——千龄木,作为全国红木礼品行业的领头羊,更是还未正式推出,就广受市场的热捧.

祥利出品，必属精品。多年来，祥利集团坚持创新设计、原创设计，推出了千余款红木家具，在历届深圳、东莞、北京等地的国际家具展览会上，频获殊荣，更是揽获了百余项国际设计大奖，硕果累累。

在持续发展的道路上，香港祥利集团现已在全国拥有260多家专卖店,遍布全国60多个城市与地区，销售网络覆盖全国，产品远销东南亚及欧美各国，被誉为中国中式家具的一朵璀璨的现代奇葩。30多年精耕细作，深圳祥利集团打造了多个独具特色的文化品牌，成为现代尊贵时尚家居生活的典范。

深圳红木家具博物馆介绍

由深圳祥利工艺傢俬有限公司（旗下品牌：友联•为家、祥利•为家）承办的深圳红木家具博物馆由国家审批，被广东省政府以及深圳市政府定位为深圳设计之都、文化之都的新亮点、新优势以及新名片.集深圳人设计、创意、人文修养、传承优秀中国传统文化、国技研习基地；未来更是集文化交流品鉴中心、红木精品展览中心、红木家具官方销售中心于一体的大型博览平台。

深圳红木家具博物馆总面积高达二万多平万米，分两期完工，总投资高达二亿元人民币。

一期工程为一至三层，已在2014年5月8日顺利开馆.博物馆一层主要为红木文化展览陈列厅，消费者可以清晰地了解红木家具列代发展过程，学习中国红木家具的渊源文化；二三层主要为红木家具精品展示厅，消费者在这里可以找到更多的精典之作，大家之作。四五层则主要为红木家具研发中心，设计师俱乐部以及广东省文化产业培训中心，六层则为写字楼以及公司会所。

深圳红木家具博物馆坐落于美丽的龙华新区观澜红木产业文化聚集区，与世界闻名的深圳版画基地旅游人文景区仅有一步之遥.周末邀三五好友或者三口之家来观澜牛湖版画村，在静赏古村碉楼，动看小桥流水之后，往左步行1分钟来到深圳红木家具博物馆，还能静品茶香，观中国传统家具文化历史之变迁，鉴红木艺术之藏品，真是怡然自得.

深圳红木家具博物馆总面积高达二万多平万米，分两期完工，总投资高达二亿元人民币。

博物馆一层主要为红木文化展览陈列厅，红木艺术爱好者可以清晰地了解红木家具列代发展过程，学习中国红木家具的渊源文化；二三层主要为红木家具精品展示厅，红木艺术爱好者在这里可以找到更多的精典之作，大家之作。四五层则主要为红木家具研发中心，设计师俱乐部以及广东省文化产业培训中心，六层则为写字楼以及公司会所。

深圳红木家具博物馆作为广东省首家非民办红木家具博物馆.一直以来被广东省政府以及深圳市政府定位全国性的官方高峰文化论坛及相关展览展示会，红木行业相关研讨会、文化讲座、以及收藏拍卖等活动；这里将来还承担着培养青年消费者对红木家具的爱好，在这里将深度挖掘红木家具的内涵，承担着推广中国传统家具精髓文化的重要责任.把中国传统家具文化推向世界。

留住手藝
戴為紅木
戴為
2014消费者最喜爱的红木家具产品
2014消费者最信赖的红木家具品牌
東莞市弘開實業有限公司
中国 · 东莞 · 清溪
全国服务电话：400-889-3886
www.taiwai.net

在红木家具上，
任何一种创新的努力，
都可能将人们，
引入一个崭新的精神家园。

“理解现代人，更要理解现代生活。在忠实传统的面向中，看见另一种可能。”在现代建筑、人居空间、红木家具三者之间的关系上，香港古典家具设计大师戴爱国，给出了自己的理解。

对于传统文化继承与创新的思考，早在戴爱国作为香港理工大学工业设计专业学生时，就已深深植根于他的内心。三十年来，在与红木家具的朝夕磨砺中，这种充盈着激情的体认更是根深蒂固。为此，戴爱国亲手创立了〝**戴为红木**〞品牌。

公认的经典红木家具，
在东方世界中，
意味着对生命价值的崇敬，
对空间最人本的思考。

戴爱国因家学渊源的熏陶，满怀对华夏传统文化的崇仰之情，把生命的激情，投入到对明清古典红木家具制作工艺的挖掘、整理，设计、生产之中。戴爱国善于利用红木天然纹理独具的美感，让它们焕发出全新的生命。所设计的产品，曾多次荣获国内各届家具博览会金银大奖。

戴爱国对中国传统文化充满了感情和自信：“我经常思考由民族文化衍生出来的红木家具，并关注她未来的走向。作为华夏子孙，我们从小就在传统文化的熏陶中成长，耳濡目染，从来也没有和中国传统的生活方式分开。这其中积淀下的情感，与我们的生命早已水乳交融，须臾不可分离。民族的，就是世界的。”

现代人追求的审美价值，
是对传统继承的创新，
并赋予生命能量的超越。

戴爱国善于将现代风尚与东方传统哲学完美融合在一起，在设计中融入大量的现代审美元素。因为“尊重古人的智慧，但不拘泥已有的范式，以现代人的审美目光，面向传统技艺传承，实现将古典审美价值与现代人居文化对接的夙愿”。

贯穿戴为红木品牌整个价值链的，是丰厚的人文精神。为传承创造价值，这不仅是一个企业创新经营理念的需要，它也是深潜在消费者内心的追求。满足这种需求，就是戴为红木发展的全部动力。

现代红木家具，
不应该是对博物馆陈列品的复制，
而应担当现代人生活品质的升华，
对人文精神炽热追求的表达。

作为一名享誉国内的古典红木家具设计专家，戴爱国不仅具有深厚的理论素养，更是具备了扎实的实践生产经验。正是基于这一点，戴爱国曾多次参与中国传统家具发展的重大决策讨论，参与起草了国家发改委发起出台的QB/T2385—2008《深色名贵硬木家具》和GB28010-2011《红木家具通用技术条件中华人民共和国国家标准》，为行业的发展做出了卓越的贡献。

戴爱国在业内的影响力，与其说来自他取得了事业上的成功，不如说他是用心血实现了自己守望传统文化的梦想。正是这忠实于复兴传统优秀文化梦想的精神，使戴爱国深孚众望， 常年担任香港家私协会理事会理事，中国家具协会传统家具专业委员会副主任委员，广东省家具商会理事会执行会长，广东省家居业联合会理事会副会长，深圳市红木文化艺术协会常务副会长。

戴爱国先生，一贯以社会企业公民的标准严格要求自己，热心公益事业，关注国家的发展与进步，将自己的全部精力奉献给继承弘扬中国传统文化，以此来回报社会。2010年被选为政协深圳市委员会委员，并多年担任深圳市总商会（工商联）理事会理事、深圳海外联谊会理事会理事、香港深圳社团总会副会长。

一件红木家具的内涵，
远不是一件实用器物所能包纳，
它承载着亘古不变的生命向往，
承载着华夏文明的精髓所在。

中国作为影响世界的大国，民族自信和民族自豪感，源自五千年传承有序的文化。正是这一份无价的精神瑰宝，构筑成每一个华夏子孙的精神支柱，成为一份无法割舍的文化骄傲。戴为红木作为追求人文精神的具象载体，也恰如其分地传承着最优秀的华夏文明。

在戴爱国的眼中，每一件红木家具都蕴含了着中国人“天人合一”的生命法则。“设计、选材、工艺制作是构成红木家具价值的全部，离开了其中任意一个环节，都难以达到至臻的经典境界。”对与戴为红木来说，打造行业的核心品牌，而不是自我标榜的行业产品，需要付出最大的努力就是：创造价值、良苦用心、留住手艺。对于红木家具传承创新责任的坚守，是戴为红木以一贯之的经营理念。

东莞市弘开实业有限公司

东莞市弘开实业有限公司坐落于东莞市清溪镇，是一家生产和营销优质高档红木工艺家私的企业。

公司拥有40000多平方米的四大厂区和700多名员工，拥有现代化生产设备、一流的产品设计和技术工人队伍、电脑数据化生产管理系统以及覆盖全国的销售网络，面向国内和海外市场。

公司坚持科学发展观，坚持〝以人为本，与时俱进〞的经营理念，坚持品牌战略，秉承〝弘扬国粹，开拓创新，品质第一，客户至上〞的经营宗旨，以产品优质和服务优良的〝双优〞为抓手，以美化生活空间、提升生活质量为目标，求真务实，追求完美，历年来以〝产品一流，服务一流〞的优秀品质誉满全国，受到广大消费者和业内专家的交口称赞并频频获奖。2013年，总裁戴爱国被委任为香港家私协会第十三届理事会理事，戴为红木家具品牌在首届中国好家具评选活动中荣获“十佳品质品牌”，公司通过木材合法性认定，并且成为中国家具协会传统家具专业委员会副主任委员单位。2014年，公司荣获第31届国际名家具（东莞）展览会暨2014国际名家具家居饰品展览会中式古典系列银奖、2013年中国红木家具行业最佳原创企业称号、2013年中国红木家具行业设计金奖，总裁戴爱国被授予2013年中国红木家具行业杰出企业家称号，戴为红木荣获2014消费者喜爱的红木家具产品奖、2014消费者信赖的红木家具品牌奖。

〝弘开实业名中国，戴为红木誉天下！〞这是东莞市弘开实业有限公司全体员工的豪言壮语。当下，弘开人正激情满怀，马不停蹄，为创造更多更好具有东方神韵和现代气息的中式红木家具，为中国家具文化的传承弘扬和创新发展，再接再励，谱写新的篇章，做出更大的贡献。

TW罗可可套房 ：

罗可可系列源于欧洲宫廷设计理念，设计元素中欧结合，既展示了欧美宫廷家具的设计美感和时尚，又处处体现中式家具的独特和实用，追求优雅、精致、完美、舒适，有着优美典雅的装饰性风格，是家居上品，又为收藏精品。

TW西番莲花梳化:

此套梳化扶手和靠背用简洁的直线构成，整体造型沿用明式家具古朴自然的风格，既具有简洁清新的创意，同时又彰显出浓郁的古典气息。结构上采用中国古代传统的榫卯工艺制作，扶手和背板的花样选用无穷无尽、生生不息的西番莲花点缀， 雕刻精美细腻，给产品赋予了更多东方古老的文化色彩。

TW鹊雀登梅罗汉床:

鹊雀登梅是中国传统吉祥图案之一，喜鹊是好运与福气的象征，民间传说七夕人间所有的喜鹊会飞上天河，搭起一条鹊桥让牛郎和织女相会。鹊雀登梅寓意吉祥、喜庆、好运的到来。

满洲里联众木业有限责任公司

满洲里联众木业有限责任公司，位于内蒙古自治区满洲里经济合作区进口木材工业园区。公司始创于1996年，并于2003年更名为满洲里联众木业有限责任公司，法人代表王秀权，注册资本一亿元，总资产50亿元，占地总面积7246亩，现有从业相关人员近万人。自2007年以来，联众木业凭借资源优势发展相关多元化产业，经营领域包括“原木进口、木材交易、板材加工、集成材加工、铝木窗制造、木别墅建造、联众商务大厦运营、木材交易市场运营、木屋度假酒店开发、联众学院”等多项相关领域。其中铝木窗项目全套引进德国设备，打造中国铝木窗工程优选品牌；木别墅项目以重型木结构为主，打造国内大规模木屋生产基地；联众大厦打造加工园区综合服务港，提供餐饮住宿娱乐办公等多种商务设施；满洲里木材交易市场规划面积200万平方米，成为国内大规模木材交易市场；俄罗斯木屋风情园规划汇集世界各种木屋三百多套，打造国内大规模木屋主题度假连锁酒店；联众学院，肩负众善奉行的社会理想和培养人才塑造文化的企业使命，为社会和联众公司培养具备多重技术的优秀人才。

为了更好满足顾客的需求，联众木业设立木材研发机构，致力于产品研发和技术创新，目前每年锯材厂年生产120万m^3，烘干厂年烘干量15万m^3，集成材出口600个标准柜，铝木窗产量25万m^2，木别墅产能20万m^2。铝木窗事业部定位于房地产和渠道客户最有价值的生产商与供应商，它已经成为国内最优秀的铝木窗工程项目团队之一。木别墅项目定位于高端重型木结构，面向旅游房地产开发、高端私人会所酒店和大型木结构工程。目前，公司木制产品销售已覆盖国内、港澳、东南亚、日韩、北美及欧洲地区。

联众木业秉承“服务社会、众善奉行”的企业责任，心怀“天然原木让生活更恬静、舒适、健康”的企业愿景，弘扬“勇于尝试、快乐改变、众善奉行”的企业文化，与合作伙伴实现市场共赢。同时，公司坚持以尊重人的经营，为顾客创造价值的经营理念，实践着建设一流企业回馈社会责任的目标。随着公司人才培养和改革创新，联众木业已经迈上快速成长的轨道，为打造相关多元化的未来企业航母而努力。

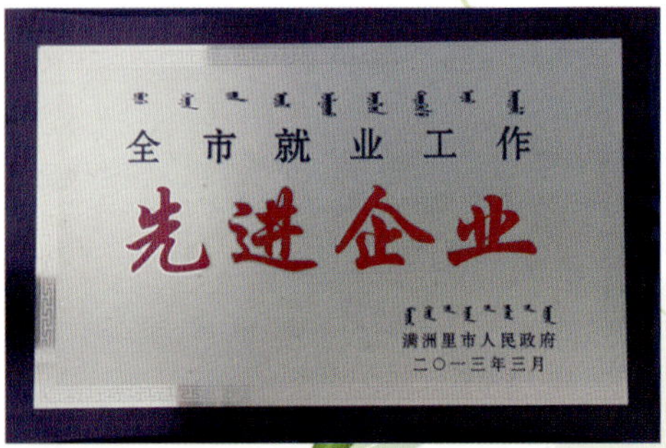

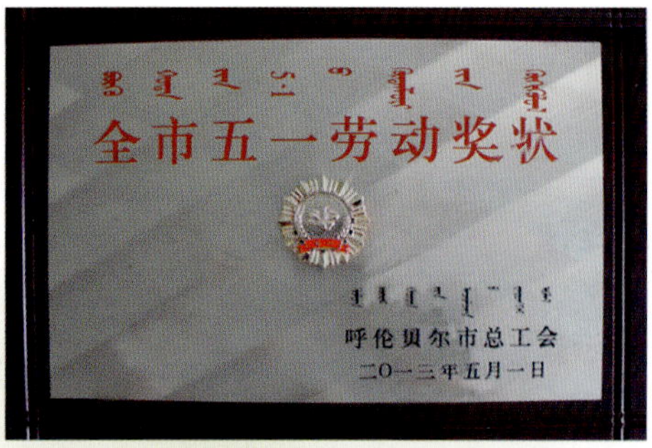

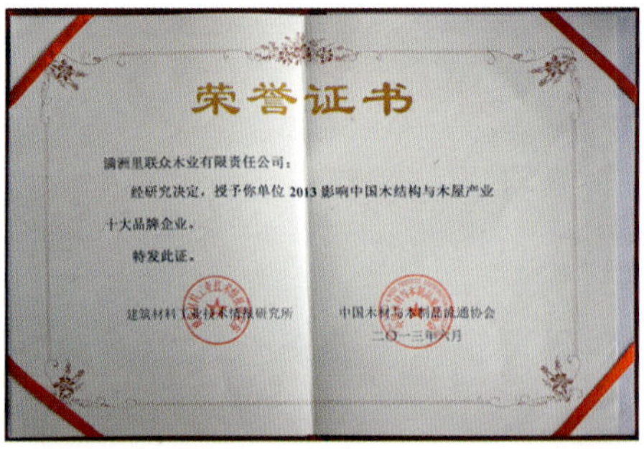

LIANZHONG

联众集团

工程案例展示>>

辉河亚洲金融联盟高管度假中心

巴彦诺尔项目

锦州世园会项目

联众木屋

联众木屋不仅冬暖夏凉、抗潮保湿、透气性强，还蕴涵着醇厚的文化气息，淳朴典雅；梅雨季节能调节湿度，当湿度大时木屋能自动吸潮，干燥时又会从自身的细胞中释放水分，起到天然调节的作用；木材还有抗菌、杀菌、防虫的作用。因此木屋享有“会呼吸的房屋”的美誉，是集绿色环保、健康、居住舒适、安全、贴近自然、使用寿命长和设计风格独具一格等诸多优势于一身的健康型住宅。

木屋是世界性的休闲、家居主流产品。它的设计建造已经发展到一个很高的水平。木屋使用纹路美观，色泽柔和的松木建造，其特点冬暖夏凉，保湿隔热。联众木屋恬淡的生活环境令人们向往，还有更为吸引他们的是别具特色的居住环境——原木住宅。厌倦了钢砖结构的冰凉气息，木屋重新点燃了人们心中缺失已久的雅致、静谧的自然情调。

木制别墅又称原生态别墅，是最接近自然的建筑。木制别墅随处散发着浪漫的气息，给人以深陷其中，流连忘返的感觉。联众独具风格的木屋可以说是这一切的灵魂——没有钢筋、没有混凝土、没有砖瓦，只有泥土花香的气息，全身心回归大自然的感觉，使焦虑的心得到宁静，疲惫的身躯得以放松。

联众贝尔铝包木门窗

铝包木门窗由木集成材和铝型材复合链接而成，室外采用耐候性优越的铝型材，室内采用经过特殊工艺加工的优质木集成材。内柔外刚是铝包木窗的最大特点。与普通门窗相比，装饰性绝佳，节能效果显著。品质超群，性能卓越的铝包木门窗产品源于欧美，现已成为世界高档门窗发展的主流。

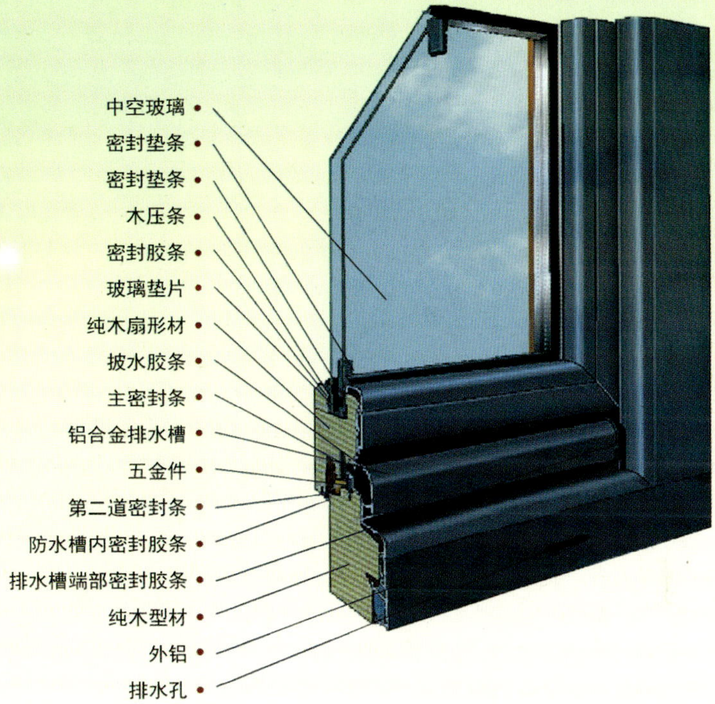

联众贝尔纯木窗

联众贝尔纯木窗采用德国IV-68系列门窗系统，其型材采用纯木集成材，有着很高的抗压、抗弯强度，同时具有很好的防水、防腐、隔音、保温功能。表面采用德国户外专用水性木器漆作为涂层，具有很高的防变形、抗老化能力。天然环保、美观舒适的纯木窗将给我们的生活带来自然与温馨的感受。

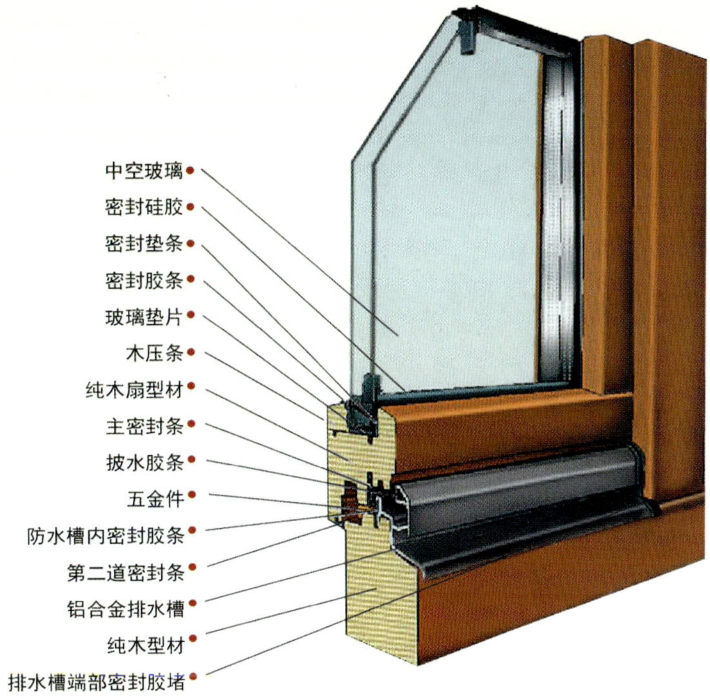

企业产品

公司活动

为企业创造价值　与企业共同成长

公司介绍

COMPANY PROFILE

北京凯林集团在满洲里设有满洲里凯林国际贸易有限公司

注册资金1000万元，在俄罗斯伊尔库斯克州分别设立了伊尔库斯克凯林投资有限公司，伊尔库斯克秋娜凯林贸易有限公司，伊尔库斯克布拉兹克凯林贸易有限公司，自有林地10万公顷，木材蓄积量800万立方米，每年可采伐原木16万立方米，目前有立式锯20台。多片锯2组，四面刨5组，烘干窑10座容积量1200M3,每年可以加工成品板材10万立方米，可以提供精品刨光材3万立方米.

企业使命 >>>>
Enterprise mission

引领健康木业 铸就高端品牌

生态

严格把控原料取材，标准化、精细化加工流程，保证产品质量

价格

科学的价格体系，充足的利润空间，灵活的操作方案

政策

完善的激励及辅助政策，严谨及时的反馈流程

服务

优质的流程及售后服务，确保无忧对接

生产设备

广东新会大泽镇——
“中国木材与古典家具专业镇”

大泽镇位于珠三角西南部，行政区域83平方公里，辖区15个村（居）委会，户籍人口4万多，外来人口3万多，旅外华侨、港澳台同胞约2.9万多人，是著名侨乡。

随着我镇经济持续发展和城镇化建设不断投入，创业和居住环境的不断优化，前来我镇投资的企业也不断增多，近年，镇委镇府成功打造了“大泽碧桂园”和“木材与古典家具”的特色经济品牌，推动全镇经济和社会发展进入一个新台阶。

一、城镇化水平不断提高，是一个宜居宜商的新城镇。

宜居方面：有碧桂园房地产和浩之华房地产等大型房企进驻，有新投入6000万建成的现代化中学，拥有新会第一家中英文幼儿园，建有新会镇级第一个生态公园和滨江公园。

大泽碧桂园·山湖湾

向阳花中英文幼儿园

大泽中学

大泽生态公园

宜商方面：有规划7000亩的“创利来工业基地”和规划3000亩的“江门侨青创业园”欢迎前来投资。

大泽镇新城中心规划图

江门侨青创业园规划图

大泽镇创利来工业基地规划图

二、木材与古典家具发祥地发展至今形成集聚地。

600年前的新会莲塘港湾曾是新会古典家具的发祥地。沧海桑田，昔日的莲塘港湾正是今天的大泽镇莲塘村，如今这里已是古典家具聚集地，并以此为辐射，延伸至省道S364大泽段22公里道路两旁，路边正逐步形式高档次展厅，如古典家具博览中心、锦东家具城、正华家具城等。目前，大泽镇古典家具产业链配套齐全，现有古典家具企业600多家，还有大量企业考察正准备落户大泽。

古典家具博览中心

盈新古典家具生产基地

三、谋划发展，打造货真价实的专业镇。

以获得“中国木材与古典家具专业镇”为契机，致力把大泽镇打造成全国最大、最专业、最规范的古典家具产销市场。

主要做法有：

■ 1、提供政策支持，规范行业管理，加大招商引资力度，提升行业档次，规划1000亩土地用作古典家具生产基地，进一步为专业镇建设奠定基础。

■ 2、进一步打响我镇专业镇著名度，并不断引进资本整合镇内资源建设高档展销中心。

■ 3、配备古典家具文化博览、研究、开发、利用、检测、认证、学术、艺术、酒店、旅游于一身的文化产业园。

■ 4、加大政府的监管作用。一是制定行业管理制度，遏制企业间的无序竞争；二是组织行业学术交流，通过多种方式方法，为从业人员技能的提高、人才的培养提供阵地和平台；三是建立检查制度和投诉处理机制，保障消费者利益，依法处理损害古典家具产业商誉的行为。

中国古典家具之都
新会古典家具城
红遍新会古典家具城
就红遍全中国
☆100万平米建筑面积
☆10万平米博览中心 全场中央空调
☆400多家品牌企业进驻
☆方圆30里古典家具产业传统集散地
☆2万平米大型户外停车场
☆6000种古典家具款式，现代化快速导购系统
高雅尊贵 彰显大器
中国古典家具之都博览中心
20多公顷专业古典家具交易市场
全国热线：0750-6702202
地址：广东新会S364省道新开公路大泽莲塘收费站旁
导航地址：新会古典家具城
http://www.gdjjc.cn
扫一扫有惊喜

太仓国际集装箱码头位于郑和七下西洋的起锚地——太仓港的核心港区，是较早国际化、专业化的码头，主要从事集装箱和件杂货的港口装卸、仓储、运输及相关配套延伸服务。

太仓国际集装箱码头拥有先进的技术装备和生产管理系统，由经验丰富、追求卓越的管理团队与充满热诚的工作人员运营，能够为客户提供世界一流的集装箱与件杂货港口装卸服务，是值得客户珍视的优选合作伙伴。目前具有2个集装箱专业泊位、2个件杂货多用途泊位，岸线长930m，陆域纵深近1000m，总占地面积约120余万m^2。具有完善的装卸及运输设备，包括集装箱装卸桥、多用途门座式起重机、集装箱轮胎式场桥以及空箱堆高机、集装箱正面吊、集装箱重型叉车、海港吊、装载机、水平运输机械等各种设备近100余台套。集装箱年处理量达到70万标准箱，件杂货年吞吐量达到500万吨。并且拥有长三角唯一的国家级进口木材检疫除害处理区，面积5.3万m^2，能够同时容纳约2万m^3进口原木的熏蒸处理。

作为一家中外合资企业，依托香港现代货箱码头和中远集团两大股东，通过融合中外先进的管理理念和管理经验，形成了良好的企业文化，致力于提供卓越服务、致力于提升企业管理、致力于履行社会责任、致力于提升公司价值、致力于员工与公司携手进步。自1998年5月成立以来，通过十几年的发展，太仓国际集装箱码头已成为长三角地区海峡两岸互通直航的桥头堡，连接华南、华北及长江沿线港口的集装箱中转枢纽，长三角地区钢材进出口主要中转港，中国海运进口木材的主要港口，加拿大带皮原木国家指定进口口岸，全国木材进口大港，华东地区风电大件设备的主要出口港。

通江达海的地理位置，发达的经济腹地，优越的自然条件、深水岸线、航道条件及陆路交通集疏运网络，为太仓国际集装箱码头提供了得天独厚的区位优势。自开港营运以来，经营管理逐年提升，发展速度令人瞩目。经过多年的发展和积累，目前已形成了几大具备优势的品牌业务。在集装箱方面，形成了以中国台湾线、内贸航线、洋山线、长江支线为代表的精品航线。其中洋山中转线，通过与上海洋山港开展国际中转合作，构筑太仓至洋山的水上快速通道，为本地区出口企业货物直接水运至洋山港中转，大幅降低物流成本，提供了优质物流解决方案。在件杂货方面形成了以木材、钢材、大件设备为代表的品牌业务，积累了丰富的服务经验、操作经验。

社会荣誉

2009年2月太仓市政府、江苏港口管理委员会授予2008年度安全和保安先进企业

安全和保安先进企业；

2010年10月中国港口协会授予2009年度中国港口前六强内河集装箱码头；

2010年12月苏州市国家税务局、地方税务局授予“A级纳税信用企业”；

2011年2月太仓港经济技术开发区授予2010年度纳税先进企业；

2011年2月江苏港口管理委员会授予2010年度安全生产示范企业；

2012年2月江苏港口管理委员会授予2011年度安全生产示范企业；

2011年2月太仓市委、市政府授予2008—2010年度文明单位；

2011年2月太仓港港口开发区管委会授予2010年度第三产业发展先进企业；

2011年3月太仓港港口开发区管委会授予2008—2010年度文明单位；

2011年3月太仓市委、市政府授予太仓市服务业“十强规模型”企业、“十佳标杆型”企业；

2011年3月江苏太仓港口管委会授予2010年度太仓口岸先进单位；

2011年3月江苏太仓港口管委会授予2010年度太仓港世博安保先进

企业；

2011年5月中国木材与木制品流通协会授予中国十强进口木材港；

2012年2月太仓港经济技术开发区管委会授予2011年度港区纳税先进企业；

2012年2月太仓港经济技术开发区管委会授予2011年度第三产业发展先进企业；

2012年6月太仓市委授予2010—2012年度太仓市创先争优先进基层党组织；

2012年12月苏州市国家税务局、地方税务局授予2010-2011年度A级纳税信用企业；

2013年1月江苏港口管理委员会授予2012年度港口设施保安工作示范企业；

2013年2月太仓港经济技术开发区授予2012年度纳税先进企业；

2013年2月太仓港经济技术开发区授予2012年度第三产业发展先进企业；

2014年2月，公司获评“2013年度太仓港经济技术开发区纳税先进企业”；

2014年2月，公司获评“2013年度太仓港经济技术开发区第三产业发展先进企业”；

2014年2月24日，公司RTG液压吊具改造、堆场高杆灯LED照明被江苏太仓港口管理委员会授予2013年太仓港节能减排项目专项奖；

2014年4月25日，公司获评江苏省口岸办“2013年度江苏省文明口岸先进单位”。

“沃顿喷漆机；用艺术品生产艺术品”——至善每一个微小的细节；自主研发“便捷式”操作系统；根据客户的实际需求，提出个性化解决方案和一体化解决方案。

沃顿公司拥有107名员工，16项喷漆机技术专利。国内52家木门（家具）厂，通过使用沃顿喷漆机降低了生产成本和管理成本。每个星期有二台沃顿喷漆机替代人工喷涂；每一台沃顿喷漆机让3个高污染的喷漆工人走向健康；每一台沃顿喷漆机比人工节省 20% 的油漆；每一台沃顿喷漆机为客户节省 7% 的管理成本；每一台沃顿喷漆机为客户节省36%的人工成本……

发展历程

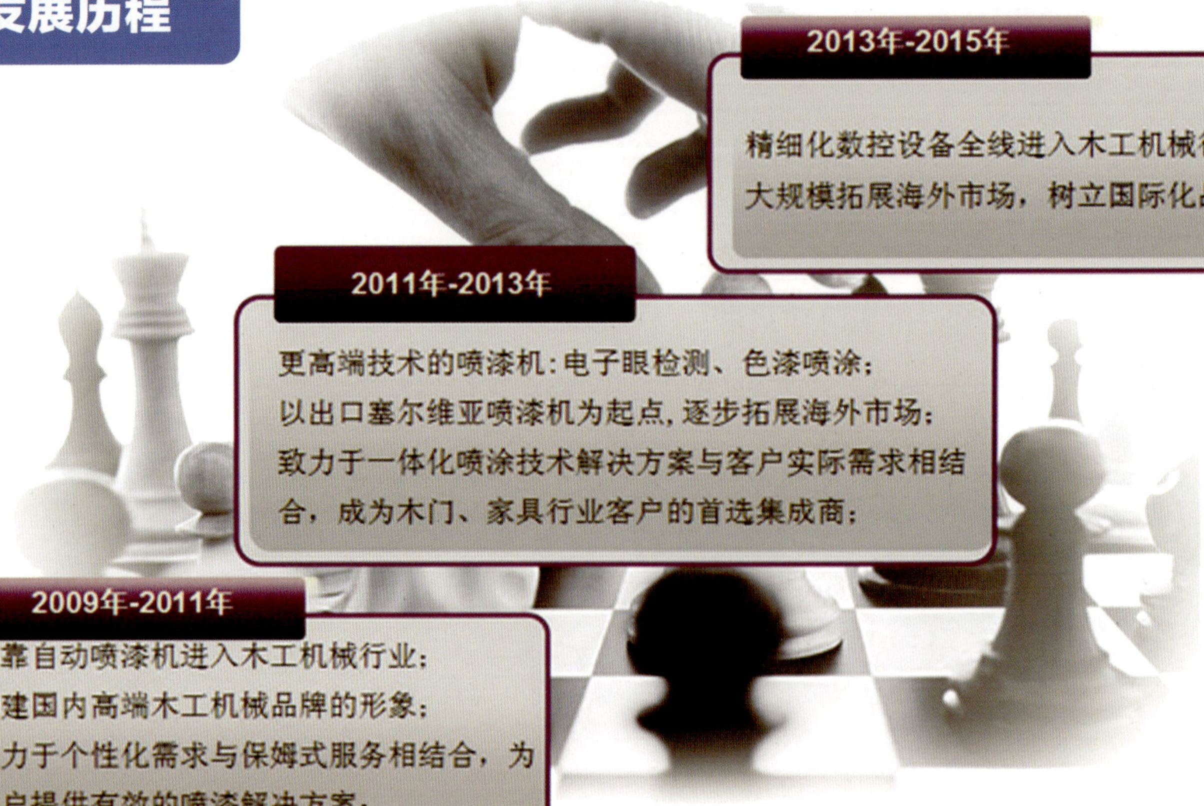

2013年-2015年

精细化数控设备全线进入木工机械行业；

大规模拓展海外市场，树立国际化品牌形象；

2011年-2013年

更高端技术的喷漆机：电子眼检测、色漆喷涂；

以出口塞尔维亚喷漆机为起点，逐步拓展海外市场；

致力于一体化喷涂技术解决方案与客户实际需求相结合，成为木门、家具行业客户的首选集成商；

2009年-2011年

依靠自动喷漆机进入木工机械行业；

创建国内高端木工机械品牌的形象；

致力于个性化需求与保姆式服务相结合，为客户提供有效的喷漆解决方案；

组织结构

供应商管理

客户 → 设计 → 中试 → 批量生产 → 客户

- 需求及规格评审
- 总体技术方案评审
- 详细设计评审
- 样机评审
- 物料认证测试
- 性能/功能测试
- 电磁兼容/干扰测试
- 安规测试
- 环境/可靠性试验

- 小批量试制验证
- 转量产评审
- 供应商/外协厂质量管理
- 停线控制
- 100%安全测试
- 100%老化试验
- 100%出厂检测
- 失效统计分析
- 纠正预防措施

- 客户投诉处理
- 客服中心技术支持
- 电话/网络/邮件
- 现场服务支持
- 客户满意度调查

产品展示

更多详情请访问网站：http://www.fswharton.com/

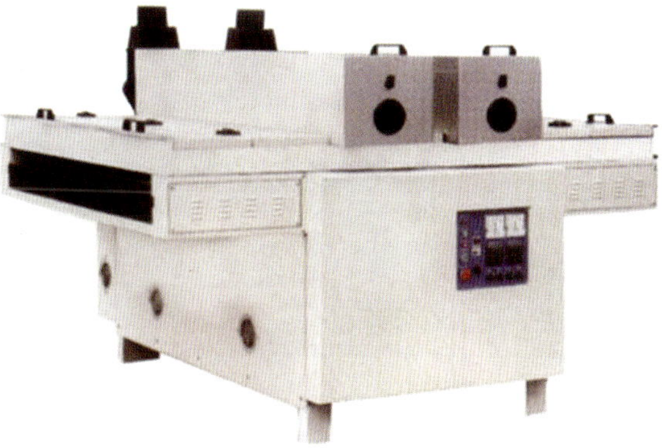

匯才红木

桐乡市汇才红木家俱有限责任公司位于风景秀丽、交通便利的浙江嘉兴桐乡，是一家拥有300多名能工巧匠的资深红木家具企业。

精良的制作工艺，先进的技术设备，深厚的生产资历，宽宏的展示大厅，使传统复兴的红木家具济济一堂，琳琅满目，美不胜收。

公司专业制作明清红木家具、酒店家具、办公家具。生产的红木家具，承袭了传统的中国古典明清家具风格，制作精湛，色泽幽雅，花纹华美，风格或简洁朴素、或高贵典雅。

公司生产红木家具已有22年历史，多年的风雨洗礼和商界鏖战，汇才红木已成为浙北红木生产企业的龙头老大，也成了全省乃至全国红木生产的领军企业之一。公司的董事长潘福初先生，自小浸淫在江南厚重绵长的文化底蕴中，一手精妙绝伦的工笔，一个博大宽厚的心胸，一份执着勤勉的精神，在带来巨大商机的同时，也带企业走向了文化引领市场的主渠道。

质地致密坚硬的黄花梨、脉管细腻的紫檀木、光泽含蓄的红酸枝、结构细密的酸枝木、纹理黑白相间的黑檀木、略带微香的鸡翅木、纹理奇特的瘿木等珍贵木材为原材料制作的家具，以巧妙多变的卯榫结构，舒适流畅的线条组合，疏密有致的精美雕饰，辅以中国传统的家具有“入木三分厚，光泽永长留”美誉的生漆为漆面，制成的每件家具高雅大方，观感端庄雅致，线条流畅和谐，漆面柔美精细。四出头官帽椅、圈椅、玫瑰椅、八角罗汉床、如意沙发等产品集实用性和观赏性于一体，具有极高的收藏价值、艺术价值。

依靠传统工艺的优势，公司生产的红木木雕工艺品，设计生动别致，雕刻精美传神，造型优雅曼妙，更是对外友好往来、商务交流、家庭摆设和馈赠亲友的最好礼品。

除生产红木家具、红木木雕工艺品外，公司还按照个性化的设计理念，拓展生产酒店家具和各类办公家具，已有了十多年历史。如今，公司产品远销全国各地，特别是江浙沪。上海世博会浙江馆、北京园博会浙江省杭州馆、杭州西溪国家湿地公园、世界文化遗产西湖风景名胜区湖心亭、岳庙、吴山、云栖、中国乌镇景区等重要景区及浙江省博物馆、中国美术学院均有公司产品的大件展陈品，与著名景区和重要文化节点相得益彰、情景交融。

公司始终坚持以“质量第一，诚信为本”为宗旨，以“优质产品占领市场，诚信服务赢得客户”为准则，竭诚为每位客户提供从设计到生产，从送货、安装到售后服务的“一条龙”全方位服务，赢得客户的广泛赞誉。公司“汇龙”商标已成为中国驰名商标，公司也先后获得了“艺术家具实验基地”“苏作红木传承企业”等荣誉。

公司的300多名能工巧匠，无论是木艺制作、雕花镂刻、打磨上漆，道道工序均有一技之长。他们不仅是红木产品的生产者、制作者，也是红木文化的传承者、发扬者，更是红木艺术的雕刻家、工艺师。在公司内部，管理人员和一线职工在设计、选材、用料、制作等各道工序中都能做到精打细算，合理、节约用料，用好每一块料，使红木瑰丽自然的特点能够在每一件产品中得到充分发挥和体现，让红木家具这一享誉世界的奇葩大放异彩。

2006年年底，公司乔迁新址到桐乡市梧桐街道环城东路2671号，新址占地60余亩，建筑面积达3万余平方米，其中红木家具精品馆、办公及酒店家具展示厅1万余平方米。

未来，公司将利用地理优势，对现有厂房进行改造整合，计划筹建成红木博物馆，将使红木文化为依托的中华优秀传统文化得到普及、推广。并设想在现有的办公楼南区，增设亭、阁、廊、桥等景观设施，形成一个淡雅、清新、洒脱、蕴含诗情画意的江南园林建筑，使其成为红木家具传统工艺生产演示场所和休闲、旅游的观光场所。

传承红木文化，享受尊贵生活，品味古典雅趣，一切尽在汇才红木！

匯才紅木

錦堂

中国木材与木制品流通协会

CHINA TIMBER & WOOD PRODUCTS DISTRIBUTION ASSOCIATION

中国木材与木制品流通协会（英文译名：CHINA TIMBER & WOOD PRODUCTS DISTRIBUTION ASSOCIATION，英文缩写：CTWPDA

本团体是1985年经中华人民共和国民政部批准成立，由与木材和木制品（含竹材与竹制品，下同）相关的企事业单位、团体和个人自愿结成的全国性、行业性、非营利性社会组织。

本团体主要职能是收集、调查行业基本情况和相关信息，并承担全国木材与木制品统计工作；协助政府制定、推行和贯彻木材与木制品有关政策法规及标准；开展行业信用体系建设；开展行业技术咨询与培训；举办行业经验交流会、技术研讨会、产品展览会；开展行业新技术推广应用与科技成果鉴定；参与国内外森林认证、木材来源合法性认定；组织协调行业企业参与国外反倾销、反补贴、贸易保护措施调查的应诉和行业损害调查工作；开展行业自律，维护会员利益。

本团体辖属木材进出口、木材市场、木门窗、木地板、木皮、木材防腐、工程木制材料、红木等专业委员会和木材企业信用工作委员会、木材流通行业职业技能鉴定工作站、上海办事处、天津办事处等分支机构以及中国人造板流通联盟、中国整体家居联盟等组织。中国木材与木制品网（www.cnwood.org）、中国木门网（www.cndoor.org）中国地板产业网（www.floorcn.org）、中国木材与木竹制品检测网（www.cwpt.com.cn）《中国木材与木制品》等是本团体主办的中国木材与木制品行业主流媒体。本团体与中国建材报联合主办的《中国建材报》·木业专版是中国木材与木制品行业唯一专业报刊。

本团体地址：北京市西城区月坛北街25号　　邮编：100834

联 系 电 话：010—68392992（信息中心）

010—68392607（国际交流与合作部）

010—68392603（会员发展与培训部）

010—68392672（统计与标准部）

010—68392653（综合管理与财务部）

010—68392618（研究室）

网址：www.cnwood.org　　E-mail:ctda@263.net

中国木材与木制品流通行业年鉴

（2014）

CTWPDA 中国木材与木制品流通协会编
China Timber and Wood Products Distribution Association

中国建材工业出版社

图书在版编目(CIP)数据

中国木材与木制品流通行业年鉴. 2014 / 中国木材与木制品流通协会编. -- 北京 : 中国建材工业出版社, 2015.3
ISBN 978-7-5160-1162-1

Ⅰ. ①中… Ⅱ. ①中… Ⅲ. ①木材－商业企业－中国－2014－年鉴②木制品－商业企业－中国－2014－年鉴 Ⅳ. ①F724.724-54②F724.785-54

中国版本图书馆CIP数据核字(2015)第037854号

责任编辑 贺悦
策划编辑 刘岩
装帧设计 杨东林

中国木材与木制品流通行业年鉴(2014)
中国木材与木制品流通协会 编

出版发行：中国建材工业出版社
地　　址：北京市海淀区三里河路1号
邮　　编：100044
印　　刷：北京兴鸿艺彩有限公司
开　　本：880×1230　1/16
印　　张：29印张
字　　数：602千字
版　　次：2015年3月第1版
印　　次：2015年3月第1次
定　　价：360.00元

本社网址：www.jccbs.com.cn　　微信公众号：zgjcgycbs
广告经营许可证号：京海工商广字第8293号

《中国木材与木制品流通行业年鉴》（2014）

编 委 会

联系方式

编 辑 部：郝平　　010-68392672

邮　　箱：mclt14@163.com

广告发行：吴凯　　010-57180606

传　　真：010-88635237　010-68392652

特别支持单位

（排名不分先后）

上海怡黄木业有限公司
上海欧洋豪杰木制品有限公司
东莞市吉龙木材市场
桐乡市汇才红木家俱有限责任公司
浙江物产森华集团有限公司
北京皇林苑古典家具有限公司
东莞市兴业国际物流城有限公司
黑龙江柏杉林木业有限公司
广西同乐红木有限公司
山东立晨集团有限公司
青岛加德木业有限公司
大亚人造板集团有限公司
深圳祥利工艺家俬有限公司
太仓远东国际船舶代理有限公司
北京凯林集团
德尔国际家居股份有限公司
北京日上工贸有限公司
靖江市紫缘轩古典家具有限公司
满洲里满纲实业有限公司
广东润成创展木业有限公司
联美木业（上海）有限公司
嘉兴荣氏木业有限公司
广西意华恒林实业有限公司
中轻资源进出口公司
浙江卓木王红木家俱有限公司
浙江柏尔木业有限公司
山东人人国际贸易有限公司
东莞中城木业有限公司
太仓海之源贸易有限公司
莆田市万丰木业有限公司
大自然家居（中国）有限公司
太仓国际集装箱码头有限公司
上海涵强木业有限公司
江门市新会区大泽镇人民政府
广东新会古典家具城有限公司
上海绿洲实业有限公司
云南西双版纳聚文轩红木家具有限公司
山东凯源木业有限公司
绥芬河龙江商联进出口有限公司
绥芬河木材行业协会
满洲里联众木业有限公司
佛山市顺德区木业商会
佛山沃顿数控设备有限公司
瑞丽市西南开发公司木业加工厂（紫建红木）
新疆燕新木材家具市场开发有限责任公司
东莞市弘开实业有限公司
北京中经国讯文化传播中心
中国物流与采购联合会木材与木制品质量监督检验测试中心

序　言

2013年，我国木材与木制品产业发展面临诸多挑战。首先是木材资源短缺的挑战，目前中国进口原木、锯材分别占全球贸易量的1/3、1/4左右，进一步扩大规模困难较大；其次是国际规则的挑战，随着中国木制品出口迅速增长，国外技术和贸易壁垒不断增多，贸易摩擦不断加剧，木材与木制品出口限制越来越严，要求越来越高；再次是原料价格上涨、劳动力成本提高、流通成本居高不下带来的生产与流通成本的挑战；最后是市场需求变化的挑战，国内市场中，随着居民生活水平的不断提高，人们对木材与木制品的需求，特别是对质量、环保要求越来越高。国际市场中，世界经济复苏艰难，我国木制品传统出口市场购买力下降。加上新兴经济体凭借劳动力、土地、资源等优势，正在扩大国际市场份额，加剧了国际木制品市场的竞争。

木材与木制品行业虽然面临诸多挑战，但2013年行业发展仍呈现出许多新的变化和新的特点。据我协会统计分析，2013年我国木材与木制品生产呈向好发展趋势，库存回落，总体价格稳中有降，进出口贸易基本稳定，木制品出口持续增长。

2013年，木材与木制品产业发展稳定，产值、产量持续增长。全国商品材总产量为8438.50万立方米，比2012年增长3.22%。锯材产量持续增长，产量为6297.60万立方米，比2012年增长13.10%。人造板产量保持增长，产量达到25559.91万立方米，比2012年增长14.43%。木竹地板产量恢复增长，产量为6.89亿平方米，同比增长14.06%。2013年，全国木家具总产量23646.35万件，比2012年减少1.05%。

2013年，木材与木制品进出口贸易快速增长，但出口增速略低于进口增速。木制品进出口贸易总额为894.29亿美元，比2012年增长9.64%，增幅回升8.89个百分点；其中出口482.21亿美元，比2012年增长9.27%；进口412.08亿美元，比2012年增长10.08%。贸易顺差为70.13亿美元，比2012年扩大3.16亿美元。2013年，木材及木制品进出口贸易中产品结构变化明显，出口中家具份额进一步下降，进口中原木与锯材份额增加，贸易顺差进一步扩大。2013年木制品出口额中，家具、纸及纸浆、人造板（含单板）的份额接近88%，与2012年相比，家具和人造板的份额分别下降了1.22%和0.93%；进口额中，原木、锯材、纸和纸浆的份额超过90%，与2012年相比，原木和锯材的份额分别提高了3.24%和1.80%。

2013年，在商务部、国家标准委等部门的支持下，我国木材与木制品流通行业标准进一步完善，全国木材产、销、存统计与编制中国木材市场价格指数工作有新突破。协会在加强行业信息交流，引领产业转型升级，发挥桥梁纽带作用，开展行业自律和服务引领等方面取得了新成绩。面对我国木材与木制品行业不断变化的新形势，《中国木材与木制品流通行业年鉴》将继续以严谨认真的态度做好政策研究、标准编制、行业自律、信息技术交流和国际合作等方面的资料收录、研究工作，为读者提供更多更好的信息资源，促进我国木材与木制品行业持续健康发展。

中国木材与木制品流通协会会长

2014年11月20日于北京

目　录

特　载　篇

政策法规篇

专 题 篇

市 场 篇

大 事 记

科 技 篇

典 型 篇

数 据 篇

特载篇

稳中求进　克难攻坚
推动我国木材与木制品流通行业持续健康发展

——中国木材与木制品流通协会会长**刘能文**在 2013 年中国木材与木制品行业年会上的讲话

2012 年，对我国木材与木制品行业来讲是很不平凡的一年。会员企业克服了世界经济持续低迷，国际贸易保护和贸易摩擦加剧，国内外有效需求不足等不利因素影响，努力拼搏、攻坚克难，取得了新成绩。行业呈现出许多新变化和新特点。

（一）木材与木制品生产贸易稳中有升。据我会信息中心统计分析，去年我国木材与木制品生产呈向好发展趋势，库存回落，总体价格稳中有降，进出口贸易基本稳定，木制品出口持续增长。全年进出口贸易总额 637.33 亿美元，比 2011 年小幅减少 0.73%，其中出口总额增长 6.91%。贸易逆差收窄为 2.69 亿美元，出口占贸易比重为 49.79%，比上年提升 3.56 个百分点。木质家具产量 2389.7 万件，同比下降 2.14%，但出口额增长 5.2%；人造板产量约 2.86 亿立方米，同比增长 19.72%；木门窗、木地板、红木及其制品、防腐木等主要木材与木制品生产量和贸易量均有不同程度增长或基本保持上年水平。

（二）行业发展的政策环境不断改善。近两年，随着《商务部关于“十二五”期间推进生产资料流通现代化的指导意见》和工信部《建材工业“十二五”发展规划》等发布与实施，特别是 2012 年《国务院关于深化流通体制改革加快流通产业发展的意见》（国发〔2012〕39 号）以及《国务院办公厅关于促进外贸稳定增长的若干意见》（国办发〔2012〕49 号）的发布，促进了流通业的发展。另外，由我会向国务院有关部门报送的《关于促进我国木材与木制品流通业健康发展的意见》、《关于研究编制和发布中国木材市场价格指数的建议》、《关于尽快解决木材运输证、检疫证乱收费、乱罚款等问题的意见》、《关于调减木地板消费税的建议》等政策建议都引起了有关部门的高度重视，得到了积极的反馈，这些建议都在研究落实之中。

（三）行业标准化建设不断推进。过去的一年，在商务部和国家标准委的大力支持下，木材与木制品流通行业标准制修订工作进入快车道。仅我会就编制完成了木材市场、绿色板材、木门、木地板、红木等木材与木制品流通方面的行业标准或国家标准共 12 个，部分标准已经发布实施。我国木材与木制品流通行业标准进一步完善。

（四）行业统计信息有新突破。根据国家统计局授权我会开展全国木材产、销、存统计工作职能，以及商务部授权我会编制中国木材市场价格指数的职能，我会专门组建了信息中心负责行业统计工作。先后编制完成了《中国木材与木制品市场发展报告》，并按月发布《中国木材与木制品制造业景气报告》、《中国红木进口形势分析报告》。特别是商务部授权协会研究编制的“中国木材市场价格指数”，经过几个月的试运行和完善，终于通过了商务部组织的专家审定，今天我们将正式向社会发布中国木材价格指数。

（五）国际交流与合作不断扩大。在过去一年里，协会按照请进来和走出去并举的思路，积极发展与国际组织、同业协会间的交流与合作。协会新增设了木材进出口商分会和国际交流与合作部，一年来，先后接待了 20 多个国家、地区木业组织和企业代表团的访问考察，并组织部分木材与木制品企业到俄罗斯、马来西亚、文莱、欧洲和我国台湾地区参观考察。成功组织召开了“2012 年中俄木材与木制品贸易投资洽谈会暨中俄木材贸易投资峰会”、“第二届世界木材与木制品贸易大会”，为我国木业企业与国际同行交流搭建了良好平台。

2013 年，是全面贯彻落实党的十八大精神的开局之年。协会工作的基本思路是：认真贯彻落实党的“十八大”会议精神，以科学发展观为指导，以实施《中国木材与木制品流通行业 2012-2020 年发展规划（纲要）》为目标，全面推动我国木材与木制品流通行业持续健康发展。为此，我们应注意做好以下重点工作。

（一）准确把握宏观经济形势，坚定信心求发展。党的十八大提出到 2020 年实现国内生产总值和城乡居民人均收入双双实现翻一番的宏伟目标，提出建设美丽中国，着力推动绿色发展、循环发展、低碳发展，特别是国务院办公厅关于《绿色建筑行动方案》的实施和新型城镇化建设的推进，为行业发展提供了强劲动力。我们要坚定信心，把握机遇，主动推进技术创新和转型升级。引导企业从单一功能、比拼价格的传统模式向系统集成、合作共赢的新模式转型，提升企业核心竞争力。引导行业从成本驱动、速度优先的粗放式发展方式向创新驱动、效益优先的集约化发展方式转变，提高木材与木制品行业发展的质量和效益。

（二）强化绿色品牌意识，推动整合与创新。木材与木制品是四大材料中唯一绿色、低碳、可再生的家居建材，协会决定把今年作为行业绿色品牌推广年，认真贯彻落实国务院办公厅《绿色建筑行动方案》，研究推动政府绿色采购，通过打造绿色品牌，一方面引导企业采购合法、来自可持续经营的木材资源，依靠科技创新，规范生产，扩大绿色产品生产与销售。另一方面鼓励企业把握制造业产业升级、流通业体制改革和新型城镇化加快推进的机遇，加强企业间资源整合，实现产业链上下游产品整合与集成创新，提升行业整体素质。

（三）加强行业信息化建设，促进交流与合作。今年协会将利用组织优势和会员资源优势，积极整合信息资源，改变木业信息条块分割、多头发布或过于商业化的局面，为会员和行业企业搭建便捷的交流平台。一是继续做好全国木材产、销、存统计工作，特别是研究开展主要木材与木制品库存预警。二是根据商务部的授权，定期编制和发布中国木材市场价格指数。三是编制发布《中国木材与木制品流通行业年鉴（蓝皮书）》、《中国木材与木制品制造业景气报告》。四是发挥协会进出口商分会作用，帮助会员企业开拓新兴木材资源渠道和国际木制品市场。五是联合国际相关组织开展专题项目研究和培训，帮助会员企业积极应对国际贸易摩擦，保护合法权益。

（四）做好基础性工作，提高服务能力。十二届全国人大一次会议批准的《国务院机构改革和职能转变方案》明确要求改革社会组织管理制度。加快形成政社分开、权责明确、依法自治的现代社会组织体制。逐步推进行业协会商会与行政机关脱钩，强化行业自律，使其真正成为提供服务、反映诉求、规范行为的主体。探索一业多会，引入竞争机制。这对协会工作提出了新的更高的要求，我们要努力做好基础性工作，主动适应国家改革发展的需要。特别要在研究行业发展亟待解决的重大问题，提出政策建议；推进标准化建设，促进行业规范发展；开展品牌协会建设，制定完善行业自律公约等方面下足工夫，全面提升协会秘书处服务质量和服务水平，努力把协会办成政府离不开、会员信得过、社会声誉高的品牌协会。

《中国木材与木制品行业自律公约》

（2013年12月11日中国木材与木制品流通协会第六届四次理事会会议讨论通过）

为了约束中国木材与木制品流通协会会员及其他业内企业的不良行为，规范市场竞争秩序，维护我国木材与木制品生产经营企业和消费者的合法权益，促进我国木材与木制品行业健康和可持续发展，根据国家有关法律、法规及协会章程等规定，结合本行业实际情况，制定本公约。

第一章 总 则

第一条 中国木材与木制品流通协会会员及有关木材与木制品生产经营的单位为行业成员。

第二条 行业自律的宗旨是：依法合规生产经营，抵制不正当竞争，防范业务风险，保障消费者利益。

第三条 自律的基本原则是：科学发展、合作共赢、防范风险、优化服务。

第四条 本公约适用于所有行业成员，行业成员应从维护行业及自身的长远利益和声誉出发，积极推进行业自律，维护公平竞争的市场秩序。

第五条 中国木材与木制品流通协会秘书处为本公约执行监督和管理单位，行业成员应自觉接受中国木材与木制品流通协会依据本公约进行监督与管理。

第二章 行业准则

第六条 行业成员应自觉遵守国家法律、法规及职业道德，依法承担安全生产、环境保护、劳动保障等方面的社会责任，维护社会公共利益。

第七条 行业成员之间应按照诚信守法的原则，开展经营合作，促进行业信用体系建设，鼓励、支持开展合法、公平、有序的行业竞争，反对使用不正当手段进行行业内竞争。

第八条 行业成员应建立健全产品质量管理体系，遵守国家有关技术、质量、服务标准和规范，坚持质量第一，应保证所采购、生产、销售的木材与木制品来源的合法性，并保证其生产经营的木材与木制品质量和售后服务符合国家或行业标准。

第九条 行业成员应增强环保低碳、节能减排意识，大力发展循环经济，提高木材资源综合利用率和木制品循环利用率，同时保障其生产经营过程不对自然环境和本单位职工及社会消费者健康安全造成隐患。

第十条 行业成员应加强基础建设，提倡严格管理，建立和健全企业各项规章制度，提高企业生产经营管理水平。自觉承担社会责任，维护职工合法权益，经常开展岗位培训，保障职工收入不低于当地最低工资标准。

第十一条 行业成员不得假冒他人的注册商标，不擅自使用他人的企业名称或者姓名，严禁侵犯他人知识产权；不得在产品上或广告中对产品作与事实不符及容易引人误解的表示或宣传。

第十二条 行业成员应遵循公开、公平、公正和诚实信用的原则，依法进行招投标活动。不得以排挤竞争对手为目的，以低于成本的价格销售商品、价格欺诈等进行恶意竞争；不得捏造、散布虚假事实，故意诋毁、贬低竞争对手的企业信誉和产品信誉等。

第十三条　行业成员应积极配合政府及相关部门的监督管理，并自觉接受中国木材与木制品流通协会统一组织的产品质量与售后服务监督检查。构建统一、开放、竞争、有序的市场管理体系，促进产品在全国范围内自由流动和充分竞争。

第十四条　行业成员应强化职业道德和业务技术培训，努力提高从业人员的道德修养和综合素质，提倡行业内部的团结、互助、协调、自律和技术协作，对行业中发生的热点，难点和重大问题，及时反映给中国木材与木制品流通协会秘书处，并提出解决措施，自觉维护行业形象和行业整体利益。

第十五条　中国木材与木制品流通协会布置、收集、整理、分析全行业统计资料，为政府制定产业政策提供依据，为企业经营决策服务。行业成员单位应按照中国木材与木制品流通协会要求及时准确地提供本单位的生产经营统计信息资料。

第三章　公约管理

第十六条　中国木材与木制品流通协会负责组织实施本公约，及时向会员单位传递行业的法律、法规、政策及行业自律信息，向政府有关部门反映会员单位的意愿和要求，并在本公约范围内对行业的重大事项进行调查研究，提出协调处理的意见。

第十七条　行业成员之间发生争议时，争议各方应本着互谅互让的原则协商解决；协商不成的，可请求中国木材与木制品流通协会秘书处进行调解直至向人民法院提起诉讼。

第十八条　中国木材与木制品流通协会鼓励行业成员互相监督，会员单位及非会员单位均可向中国木材与木制品流通协会举报违反本公约的行为。行业成员有权对中国木材与木制品流通协会秘书处执行本公约的公正性进行监督，有权向相关部门检举其工作人员违反本公约的行为。

第十九条　为保证本公约的有效实施，中国木材与木制品流通协会秘书处定期、不定期进行本公约执行情况的检查、评价与总结，促进本公约的执行。对执行本公约成绩突出的单位及法人，给予公开表彰、宣传。

第二十条　行业成员中中国木材与木制品流通协会会员单位违反本公约，造成不良影响的，经查证属实后可由中国木材与木制品流通协会秘书处根据违约程度采取以下措施：

（一）责令违约单位限期改正；

（二）内部通报批评；

（三）建议理事会暂停、取消其中国木材与木制品流通协会会员单位资格；

（四）公开通报，并适时进行行业谴责；

（五）对涉嫌违规经营或触犯其他相关法律法规的，将有关违法、违规情况及时向有关执法部门反映和检举。

第二十一条　行业成员单位对中国木材与木制品流通协会秘书处依据第二十条所采取的措施有异议的，可以向中国木材与木制品流通协会会长反映。会员单位从业人员有违反本公约的行为，由会员单位按照相关管理制度采取惩戒措施，有异议时，可向中国木材与木制品流通协会秘书处反映情况。

第四章　附　则

第二十二条　本公约经中国木材与木制品流通协会理事会表决通过后即时生效。本公约生效后，凡取得中国木材与木制品流通协会会员资格的单位，自取得会员资格之日起，视为自愿加入本公约。

第二十三条　本公约生效期间，根据实际需要由中国木材与木制品流通协会秘书处提出修改意见，经广泛征求中国木材与木制品流通协会理事会意见后，对本公约进行修改。

第二十四条　本公约由中国木材与木制品流通协会秘书处负责解释。

中国木材与木制品流通协会 2014年工作总结及2015年工作计划

（2015年1月10日六届五次理事会讨论通过）

一、2014 年工作总结

2014 年是不平凡的一年，国内外经济增长放缓，木材与木制品市场低迷，会员企业发展举步维艰，行业协会工作也困难重重。在国内外市场不景气的大背景下，中国木材与木制品流通协会在有关政府部门和中国物流与采购联合会的正确指导和大力支持下，按照年初提出的工作思路和 13341 工程计划，深入学习贯彻党的十八届三中、四中全会精神，以打造产业升级版为目标，坚持服务会员为根本，加快行业政策调查研究和服务平台建设，努力提升信息和技术全方位服务水平，不断强化行业自律和协会自身建设，较好地实现了年度工作目标，为推进我国木材与木制品流通产业发展做出了突出贡献。

2014 年，全年木材与木制品进出口贸易总额将突破 700 亿美元，其中 1—3 季度全国完成原木进口 3942 万立方米，同比增长 18.6%，全年木材进口总量将达 8700 万立方米，将超过全年国内木材产量，创历史新高。同时，木门、地板等木制品产销量基本保持了稳中有升，产品质量及售后服务水平也有不同程度提高。一年来，我们主要做了以下几方面工作。

（一）积极反映会员诉求，为行业发展创造宽松环境。2014 年，理事会始终把服务会员作为第一要务，千方百计反映会员诉求，为行业创造宽松的发展环境。在这方面主要有以下新亮点：一是向商务部流通业发展司提出了《关于促进我国木材与木制品流通产业转型升级的建议》，得到了有关领导的肯定。二是积极催促国家林业局彻底解决木材、竹材运输证、检疫证乱收费、乱罚款等问题，取得新进展。为了反映会员诉求，协会自 2012 年起先后向国务院纠风办及国家林业局分别报送了《关于尽快解决木材运输证、检疫证乱收费、乱罚款等问题的意见》、《关于彻底解决木材、竹材运输证、检疫证遗留问题的意见》，得到了国务院纠风办和国家林业局的高度重视。今年 5 月 4 日，国家林业局在去年已经下发《国家林业局关于规范木材运输检查监督管理有关问题的通知》、《国家林业局关于进一步改进人造板检疫管理的通知》基础上，又下发了《国家林业局关于进一步改革和完善集体林采伐管理的意见》。其中，明确进一步规范木材运输检查监管行为。严禁超范围实施木材运输检查，严禁乱罚款、乱收费。对竹材及其制品的运输，暂停纳入凭证运输管理范围。连续三个文件的发布，表明我会反映的意见已经得到部分采纳。三是积极催促商务部对我会提出的《关于对“加拿大原木出口限制违反加拿大的 WTO 义务”进行贸易磋商的申请》有新进展。商务部条约法规司分别于今年 1 月 2 日、3 月 12 日、4 月 29 日三次召开会议专题研究立案事宜，目前还在研究之中。四是积极催促财政部落实我会提出的《关于解决地板消费税问题的建议》。协会领导多次与财政部有关部门进行沟通，目前仍在研究之中。

（二）积极开展行业统计，提供行业信息服务。2014年，协会十分注重发挥信息服务功能，积极为行业提供信息服务。一是与商务部流通发展司签署了2014年度中国木材价格指数运行协议。在商务部支持下编制并按月发布了《中国木制品制造业景气度报告》、《中国木材市场价格指数报告》（TPI）和《中国木材进口价格指数报告》，以及“中国进口红木综合价格指数(HIPI)”、“全国红木制品市场景气指数(HPMI)”和“全国红木进口形势分析报告”其中，中国木材价格指数（TPI）在社会上产生了深远影响，已被商务部、国家林业局等政府部门发布的官方报告引用，同时被30多家媒体转载。5月份协会按照商务部要求，还编制完成了《2013年度中国木材与木制品流通行业分析报告》。二是加强了协会一网（中国木材与木制品网）、一刊(《中国木材与木制品》会刊)、一报(中国建材报·木业专版)管理工作，调整了版面和栏目设计，充实了内容。协会人造板联盟还坚持每月召开电话会议，为会员企业提供信息交流与服务。通过信息拓展服务，加强了行业预警，扩大了行业及协会的社会影响力及话语权。

（三）积极组织标准编制和宣贯，规范行业行为。2014 年，协会在发挥规范行业行为作用方面做了大量工作。一是向商务部申报了14个标准计划，部分标准被列入商务部2014年度标准计划。二是向住建部申报了4项住建部的工程类相关标准计划。三是重点开展了《木门企业等级划分规范》标准宣贯工作。目前已经有5家木门企业获得等级证书。四是完成了商务部批准的《红木制品等级》标准备案和《红木类商品销售及售后服务管理规范》的起草工作。五是组织开展了《木材检验师》国家职业技术培训工作，全年培训木材检验师159人次。同时，配合商务部积极开展了行业企业信用等级评估活动。全年又有5家业内企业获得AAA级信用企业证书，促进了行业诚信体系建设，增强会员企业行业自律意识和勇担社会责任意识。

（四）积极组织品牌会展，帮助会员扩大国内外交流与合作。2014年协会充分发挥会展平台作用,为会员扩大国内外交流与合作提供方便。一年来，协会成功组织召开了“2014年中国木材与木制品流通行业年会”、 “首届中国地板文化节”、“ 首届中国木门文化节”、“首届中国地板企业家高峰论坛暨太湖论坛”、“首届中国木雕产业发展高峰论坛”、 “2014中国人造板产业发展高峰论坛”、“第六届国际木结构建筑技术交流大会”、“第四届世界木材与木制品贸易大会”，以及北京、广州“木门博览会”、“2014中国(广州)整体家居博览会”等品牌会展，还成功举办了“中国木材进口口岸通关法规培训班”、“应对国际市场新规及木材原材料负责任采购培训会”、 “加拿大针叶锯材分等讲座”、 “全国木材进口形势分析会”、“ 2014年第四届中国门业互联网经济论坛”等专题培训会议。通过组织各种行业会展，加强了会员企业与国内外同业协会和企业的交流与合作，同时扩大了协会国内外影响力。

（五）积极推进实施了“13341工程”，引领产业转型升级。2014年，按照年初理事会确定的实施13341工程计划，积极推进和实施了13341工程。一是初步建设了一个销售平台。2014年协会与中国林权交易所、中航科技集团等单位进行了沟通与协商，进一步完善了“中国木材与木制品现货交易平台”合作方式。二是编制和发布了三个行业指南。研究提出了编制首部《中国木材与木制品市场采购指南》的方案，编制和发布了“中国木材市场价格指数”；编制和发布了国内首部《中国木材与木制品流通行业年鉴（2013）》。三是推进了三个重点领域产品质量和售后服务双承诺活动及企业等级划分评价工作。按照国务院批准的保留项目在木门、地板、市场三个重点领域继续开展了2014年产品质量和售后服务双承诺活动及企业等级划分评价工作。四是打造了四个行业示范木业园区。协会与上海福人集团、天津滨海新区、广东新会、浙江南浔等单位或地区合作，推进了中国木文化博览园、中国红木文化产业园、中国木材与古典家具专业镇、中国地板与木门之都等四个行业示范木业园区建设。五是建立了一个会员企业产品质量和售后服务监督中心。协会依托中国物流与采购联合会木材与木制品质量监督检验测试中心技术优势，初步建立了中国木材与木制品流通协会会员企业产品质量监督中心，负责接收消费者投诉与会员企业产品质量和售后服务验证等，督促会员企业认真履行产品质量和售后服务双承诺。同时，成立了红木与红木制品检测中心，并在北京、广东、河北、广西等地建立了办事处或工作站。2014年协会红木与红木制品检测中心还受最高人民法院反贪污贿赂总局和国家发展改革委价格认证中心委托，对部分省部级贪腐案涉及的数十件红木制品进行了树种鉴定和价格评估。因工作出色，以上两单位分别发了《感谢信》感谢协会的合作。通过实施13341工程，促进了企业信息与技术创新，扩大品牌企业的品牌产品社会认知度，提升了行业发展质量。

（六）加强了协会自身建设，提高了服务水平。一是发展分支机构和地方协会，扩大行业工作范围，壮大会员队伍。2014 年成功组建了木雕产业联合会、中国地热地板联盟、中国绿色木制品联盟、中国实木地板联盟等。二是加强了会员和理事会管理。制定了协会理事管理办法，严肃了理事会会议纪律。同时，积极发展会员，全年新增会员56家 。三是加强了秘书处团队建设，引进了部分高学历专业人才，完善了秘书处工作机构及工作目标责任制，进一步明确了秘书处内部机构和岗位设置。同时，加强了协会内部财务收支管理，增加了季度财务分析，并加强了分支机构日常监督与管理，稳定了协会收入和职工收入。

一年来，协会各项工作有新突破、新成绩，但也存在不少问题和不足，会员企业和行业发展也面临许多困难。从行业和会员企业发展看，行业集中度不高，生产和流通成本居高不下，会员企业生产和经营方式还比较粗放，具有国内外影响力的品牌企业或产品不多，适应经济发展“新常态”，抵御市场波动的能力还比较弱。从协会管理看，服务会员的意识还不够强，服务方式还比较落后。会员反映的问题解决得还不够及时，尤其各专业委员会统计和信息服务，反映会员诉求方面效果不够好；行业自律还不够规范；协会秘书处内部管理有待加强，制度还不够完善，尤其对理事以上会员的制度约束还不够严格，职工队伍的执行力和工作创新能力还不够强，等等。这些困难和问题需要在新的一年更好地研究和解决。

二、2015年工作计划

2015年，是我国实现“十二五”规划目标的收官之年，也是协会成立30周年。面对我国经济发展进入“新常态”，协会工作总体思路是：贯彻落实党的十八届三中、四中全会及中央经济工作会议精神，把握“新常态”，创新工作思路和服务方式，更好地发挥提供服务、反映诉求、规范行为的三大职能，全面推进我国木材与木制品行业持续健康发展。计划主要做好以下几方面的工作：

一、深入调查行业热点问题，研究提出行业发展建议。依托各专业委员会，发挥行业专家的作用，深入开展会员企业调查研究，及时了解企业面临的困难和问题，对行业发展的热点和难点问题及时向有关部门反映，千方百计为企业和行业发展争取政策支持。继续与有关部门、相关协会联合，催促国家林业局等部门彻底解决木材运输、检疫乱收费、乱罚款等问题，构建全国木材与木制品流通绿色通道。同时，积极研究和探讨利用协会资源优势，与工商、质检、海关、银行及产业链有关商协会等部门或机构开展合作，帮助会员企业解决实际问题。

二、积极开展技术服务年活动，为行业发展提供全方位服务。2015 年协会确定为技术服务年。一是与中国物流与采购联合会木材与木制品质量监督检验测试中心等具有国家资质的检测机构开展合作，在全国建立部分红木技术鉴定服务工作站和代表处及木材干燥技术中心、木门设计中心，为会员企业和消费者提供树种鉴定、木材干燥技术、木门设计咨询与培训等全方位技术服务。二是与科研机构和高等院校合作，选择业内部分新材料、新技术、新工艺、新产品在业内开展示范与推广，为行业发展提供技术支撑，提升行业发展质量。

三、深度实施 13341 工程，推进行业转型升级。一是继续建设和完善“中国木材与木制品现货交易平台”，同时联合社会有影响力的电子商务平台构建专业性木制品电子商务或资讯平台，发挥电子商务功能，促进我国木材木制品流通方式升级。二是继续编制和完善三个行业指南：编制和发表《2015 中国木材与木制品市场采购指南》，继续编制和发布“中国木材市场价格指数”及个分会行业发展指数报告、《2014 中国木材与木制品流通行业年鉴》。同时，改进和完善协会一网、一刊、一报管理，扩大服务功能。三是继续做好三个重点领域产品质量和售后服务双承诺活动及企业等级划分评价工作。按照国务院批准的保留项目在木门、地板、市场三个重点领域继续开展产品质量和售后服务双承诺活动及企业等级划分评价工作，更多地培育行业品牌企业和品牌产品。四是继续支持四个行业示范木业园区建设。与上海福人集团、天津滨海新区、广东新会、浙江南浔等单位和地区继续合作，深度打造好中国木文化博览园、中国红木文化产业园、中国木材与古典家具专业镇、中国地板与木门之都等，形成新的产业集聚区，提高产业集中度。五是继续完善协会会员企业产品质量监督中心建设。更好地发挥中心作用，接收消费者投诉与会员企业产品质量和售后服务验证等，督促会员企业认真履行产品质量和售后服务双承诺。

四、坚持办好品牌会展，扩大国际交流与合作。在做好行业统计和技术培训等信息技术服务工作同时，重点办好“全球木材贸易论坛”、“第五届世界木材与木制品贸易大会”、“第二届中国地板企业家高峰论坛”和木雕、市场行业发展论坛，以及“中国（北京）国际门展、中国（广州）木门展和整体家居展等品牌会展。同时，积极研究与专业会展公司开展合作，探讨举办新型木制品行业综合性展览或国际性展览，为会员企业品牌产品开拓国内外市场搭建平台。

五、积极构建行业标准和信用体系，规范行业会员企业行为。一是继续加强行业标准的制定和修订工作，积极研究制定和发布协会标准，认真做好已发标准的宣贯和技术培训工作，继续贯彻和落实协会印发的《行业自律公约》，并积极研究制定《行业道德规范》，以及规范木材与木制品流通（包括进出口贸易）秩序等方面的行业标准及协会标准。二是继续开展行业信用等级评定工作和木制品可追溯标识推广工作，积极配合政府部门及有关机构共同开展整顿木材与木制品市场秩序活动，规范行业会员企业行为，督促会员企业按照标准生产经营，维护会员企业和消费者合法权益。

六、组织好协会成立30周年系列庆祝活动。本着喜庆、节俭的原则，做好协会成立30周年大庆及2015年行业年会组织工作，组织编制《中国木业三十年》及协会30周年视频，举办首届中国木业发展高峰论坛，推出部分行业30年功勋人物和先进企业，在行业内部形成比、学、赶、帮、超的良好氛围。

七、加强协会理事会自身建设。做好会员发展与培训工作，扩大会员队伍。严格会员管理工作，尤其要加强理事单位的日常监督，同时，改进秘书处人力资源和财务收支管理，进一步完善年度工作目标责任制，进一步加强职工学习与培训，增强全员制度执行力和工作创新能力。

政策法规篇

国务院办公厅关于印发降低流通费用提高流通效率综合工作方案的通知

国办发〔2013〕5号

各省、自治区、直辖市人民政府，国务院各部门、各直属机构：

《降低流通费用提高流通效率综合工作方案》（以下简称《工作方案》）已经国务院同意，现印发给你们，请认真贯彻执行。

各地区要加强组织领导，切实落实“米袋子”省长负责制、“菜篮子”市长负责制，确保各项政策措施落到实处，确保《工作方案》顺利实施。发展改革委要会同有关部门适时组织联合督查组开展专项督查。

国务院办公厅

2013 年 1 月 10 日

降低流通费用提高流通效率综合工作方案

为贯彻落实《国务院关于深化流通体制改革加快流通产业发展的意见》（国发〔2012〕39 号），降低流通费用，提高流通效率，发展改革委会同工业和信息化部、公安部、民政部、财政部、国土资源部、住房城乡建设部、交通运输部、农业部、商务部、人民银行、审计署、税务总局、工商总局、统计局、银监会制定以下综合工作方案：

一、降低农产品生产流通环节用水电价格和运营费用

规模化生猪、蔬菜等生产的用水、用电与农业同价。农产品批发市场、农贸市场用电、用气、用热与工业同价。农产品批发市场、农贸市场用水，在已按要求简化用水价格分类的地区，执行非居民用水价格；在尚未简化分类的地区，按照工商业用水价格中的较低标准执行。农产品冷链物流的冷库用电与工业用电同价。鼓励类商业用水、用电与工业同价。以上措施于 2013 年 6 月 30 日前执行到位，工商业用电同价措施与调整销售电价同步实施。

二、规范和降低农产品市场收费

清理经营权承包费，加强成本调查核算，

降低农产品批发市场、农贸市场和社区菜市场摊位费收费标准。政府投资建设或控股的农产品批发市场、农贸市场和社区菜市场收费，实行政府指导价，由地方政府按保本微利原则从低核定收费标准。农产品批发市场、农贸市场、社区菜市场摊位实行实名制管理，规范经营者转租转包行为。全面实施收费公示制度，除合同列明并在市场醒目位置公示的收费项目外，市场经营主体不得收取任何其他费用。农产品批发市场、农贸市场要开设专门区域，供郊区农户免费进场销售自产鲜活农产品。利用价格调节基金，支持降低农产品生产流通成本。

三、强化零售商供应商交易监管

清理整顿大型零售企业向供应商违规收费，规范促销服务费。制定零售商供应商公平交易管理的法规。零售商向供应商的收费项目、收费标准、服务内容、限制条件等，须与供应商协商确定，并在醒目位置明确标示。零售商不得向供应商收取标示以外的任何费用，不得对交易条件相同的供应商制定差别收费标准。零售商收到供应商货物后应及时付款，禁止零售商恶意占压供应商货款。成立零售商、供应商相关行业组织。规范零售商供应商工作人员行为，严厉打击商业贿赂。

四、完善公路收费政策

严格执行鲜活农产品运输绿色通道政策，将免收通行费措施落实到位，结合实际完善适用品种范围。从严审批新的一级及一级以下公路和独立桥梁、隧道收费项目。逐步推进西部地区取消政府还贷二级公路收费工作。深入推进收费公路专项清理，降低偏高的车辆通行费收费标准，抓紧修订《收费公路管理条例》，完善通行费形成机制。规范收费公路经营者行为，加快推广省（区、市）内“联网收费、统一经营”模式。加强对政府还贷公路通行费收支情况的审计，确保通行费收入全额用于偿还贷款和养护管理。

五、加强重点行业价格和收费监管

加强对公用事业、公益性服务中提供延伸服务的收费监管，规范清理供水、供电、供气、供热、铁路、邮政等行业经营者在设施建设、运行、维护、使用过程中收取初装费、维修费、材料费、检验费、代理费、设备（线路）使用费等费用，简化、归并收费项目，公示收费标准。禁止有关部门和物业公司在政府制定的价格之外加价或者加收其他费用。规范商业银行收费行为，改善银行卡受理环境，提高银行卡普及率，尽快实施优化和调整银行卡刷卡手续费标准方案。规范电信经营者价格行为，促进电信资费水平进一步降低。

六、加大价格监督检查和反垄断监管力度

加强价格监管力量，组织开展专项检查，监督各项价格收费政策执行情况，重点检查不执行政府定价、政府指导价，违反明码标价规定，在标价之外加收其他费用的行为，以及滥用市场支配地位、滥用行政权力、达成垄断协议等价格垄断行为。继续保持对哄抬价格、捏造散布涨价信息等价格违法行为的高压打击态势。

七、完善财税政策

开展农产品增值税进项税额核定扣除试点，

完善农产品增值税政策，继续对鲜活农产品实施从生产到消费的全环节低税收政策，将免征蔬菜流通环节增值税政策扩大到部分鲜活肉蛋产品。2013年1月1日至2015年12月31日，免征农产品批发市场、农贸市场城镇土地使用税和房产税。抓紧落实提高小型微型企业增值税和营业税起征点政策，减轻流通业小型微型企业税收负担。加快推进营业税改征增值税试点，完善试点办法，降低交通运输业税收负担。加快农村市场和农产品流通基础设施建设。

八、保障必要的流通行业用地

城市人民政府在制定调整土地规划、城市规划时，要优先保障农产品批发市场、农贸市场、社区菜市场和便民生活服务网点用地。严格控制将社区便民商业网点改作其他用途。鼓励地方政府以土地作价入股、土地租赁等形式支持农产品批发市场建设。鼓励各地选择合适区域、时段，开辟免摊位费、场地使用费、管理费的早市、晚市、周末市场、流动蔬菜车等临时交易场所和时段市场，其用地可按临时用地管理。

九、便利物流配送

完善运输超限的不可解体物品车辆管理办法，引导物流企业合法装载，规范交通运输领域执法行为。制定城市配送车辆管理指导意见，为配送车辆进入城区道路行驶提供通行便利。鼓励发展统一配送、共同配送、夜间配送，降低配送成本。

十、建立健全流通费用调查统计制度

建立流通费用统计制度，在运输、仓储、保管、配送、批发、零售等环节，健全企业收支情况和价格调查的统计方法和手段。建立收费公路经营主体收费标准、收费金额等情况的统计、监测制度，制定收费公路信息公开办法，全面、准确掌握收费公路的收费情况。统计部门要进一步加大流通费用统计工作力度，加强与发展改革、商务、交通运输、农业等部门在流通领域价格、收费、成本调查等方面的配合协调。

商务部关于2013年全国吸收外商投资工作的指导意见

商资发〔2013〕82号

各省、自治区、直辖市、计划单列市及新疆生产建设兵团商务主管部门，国家级经济技术开发区：

2012年，全国商务系统开拓进取，努力工作，克服国际金融危机所造成的影响和困难，取得了吸收外商投资工作的良好成绩。为全面贯彻党的十八大精神，做好2013年全国吸收外商投资工作，现提出以下意见：

一、面临的形势

从国际形势看，全球经济复苏进程缓慢，导致国际金融危机的深层次矛盾尚未消除，全球经济仍将持续低迷。发达国家纷纷采取大规模强有力的经济刺激措施，加快发展新兴产业，抢占未来世界经济发展制高点；新兴经济体正在成为跨国公司战略布局新热点；周边国家凭借减免税收、扩大开放等措施大力吸引跨国公司投资具有成本优势的产业。我国吸收外资面临多方位、多层次的国际竞争。全球跨国直接投资总体呈现回升态势，跨国公司国际化程度持续提高，现金持有量创历史新高，未来可能出现新一轮跨国投资增长高潮。同时，金融危机后跨国公司加大在新技术、新能源、新材料领域的投资，为我国吸引外资提供了新机遇。

从国内形势看，我国国内生产要素价格攀升、土地供应趋紧、劳动力供应结构性短缺，传统的生产成本优势相对减弱，部分外需导向型、劳动密集型外商投资企业经营面临一定困难。但是总体看，我国吸收外资的综合优势正在增强。我国国民经济持续健康发展，现代市场体系不断健全，扩内需政策将进一步激发国内市场增长潜能；逐步提高的劳动力素质和相对完备的配套能力为吸收高附加值、高技术含量外商投资创造了发展条件；创新驱动发展战略的推进和鼓励战略性新兴产业发展措施的实施为提高外资质量和水平提供了政策支撑；区域差异和多层次劳动力继续为多类型外商投资提供了广阔空间。外商投资领域稳步扩大，投资便利化程度不断提高，涉外法律法规日臻完善，知识产权保护及执法力度显著增强；跨国公司依然看好在我国的长期投资前景。

二、指导思想和工作目标

（一）指导思想。

2013 年全国商务系统要全面贯彻党的十八

大和中央经济工作会议精神，以科学发展观为指导，结合当前国内国外形势，准确把握完善互利共赢、多元平衡、安全高效的开放型经济体系的基本内涵，坚持扩大对外开放，提高利用外资综合优势和总体效益，推动引资、引技、引智有机结合。

（二）工作目标。

引导外商投资高附加值制造领域，扩大服务业对外开放，强化外商投资作为引进技术和智力的重要载体作用；促进东部地区吸收外资转型升级、中西部地区承接国内外产业转移，优化利用外资区域结构；深化政府职能转变，积极稳妥推进简政放权，着力构建服务型政府；进一步完善投资环境，有效维护外商投资企业合法权益，加大知识产权保护力度；增强投资促进工作的科学性和规范性，在稳定利用外资规模的基础上提高利用外资质量，更好地发挥外商投资对于经济持续健康发展的积极作用。

三、主要任务

（三）认真学习党的十八大精神，提高对新时期吸收外资的认识。深入贯彻落实科学发展观，围绕经济持续健康发展等战略目标，深刻学习领会十八大报告关于全面提高开放型经济水平的重要论述，深刻认识新时期吸收外资的意义和作用，结合国民经济总体布局、区域发展重点、产业发展优势，研究制订吸收外资政策和措施。

（四）着力改善投资环境，增强引资国际竞争力。针对吸收外资的新形势、新情况、新特点，研究国际投资规则、通行做法与经验，进一步完善外商投资法律法规政策，深化外商投资管理体制改革；坚持依法行政，推行外商投资在线办事系统和格式化审批，提高行政效率，增加行政透明度；强化服务意识，密切关注外商投资企业经营环境变化，倾听企业诉求，健全企业投诉机制，积极主动帮助企业协调解决经营中遇到的困难，依法维护境内外投资者的合法权益，有条件的地区应构建综合服务平台；加强知识产权保护和执法力度，营造技术引进和研发创新良好氛围；研究编制中国外资指数，综合评价全国及各地投资环境及引资优势。

（五）积极稳妥引导外资投向，优化产业结构。结合全球产业发展趋势及我国优化产业结构目标，进一步鼓励外资投向现代农业、高新技术、先进制造、节能环保、新能源、现代服务业等领域；充分发挥国家鼓励战略性新兴产业发展政策的效应，引进高技术含量、高端环节外商投资；继续鼓励跨国公司设立地区总部、财务中心、共享服务中心、营运中心等功能性机构，吸引跨国公司亚太区总部和业务性全球总部，提升投资管理能级；引导外资依托云计算、物联网等新兴技术发展生产性服务业新业态；稳步扩大医疗、养老机构等生活性服务业开放，增强外资吸纳就业、促进国内消费作用；积极利用外资发展职业技能培训，提高劳动力素质；以《内地与港澳更紧密经贸关系安排》、《海峡两岸经济合作框架协议》作为服务业领域对外开放的突破口，积极推动深圳前海现代服务业示范区、珠海横琴新区、广州南沙新区、福建平潭综合试验区等区域先行先试；有效利用境内外资本市场，支持有条件的外商投资企业境内外上市；规范外商投资房地产发展。

（六）鼓励外资参与我国创新驱动发展战略，实现引资、引技、引智有机结合。全面、客观地总结评价在对外开放条件下利用外资促进创新的经验，充分宣传利用国家鼓励科技创新有关政策，支持外商投资企业增强创新能力；结合国家创新驱动战略，完善外商投资研发中心发展政策和高新技术企业认定工作，促进外商投资企业引进先进技术和高端人才；支持外商投资企业与国内科研机构和企业联合开展技术研发和产业化推广，申请国家科技开发项目、创新能力建设项目等；鼓励外资投向科技中介、创新孵化器、生产力中心等公共科技服务平台建设；支持高端人才向自主创新示范区集聚，简化审批程序，为其利用境内外资源创业发展提供便利；各地商务主管部门应积极配合有关部门，努力为引进人才创造良好工作与生活环境。

（七）把握区域发展重点，引导外资促进区域协调发展。鼓励东部地区加快体制机制创新和产业转型升级，加大现代服务业、研发、高端制造环节吸收外资比重；发挥中西部地区优势，承接境内外产业转移，修订并实施《中西部地区外商投资优势产业目录》，鼓励外商投资中西部地区符合环保要求的劳动密集型产业，推动中西部地区传统产业升级改造；有序建设中西部地区承接产业转移示范园区，推动东中西部开发区加强合作；简化东部地区外商投资企业向中西部转移审批登记手续，减少外资在跨区域流动中的障碍，推进产业转移进程；扩大沿边开放，加快边境、跨境经济合作区建设，做好国家级经济技术开发区与边境经济合作区的对口帮扶工作，务实做好对西藏、新疆产业聚集园区的产业对口援助工作。

（八）加强外商投资管理，完善外商投资科学评价体系。完善外资并购国家安全审查制度，增强地方商务主管部门责任意识，健全外资并购项目监控系统；开展全国外资存量情况专项调查，全面评价外资对我国国民经济和社会发展的作用；加强外资统计工作，维护统计数据的权威性、严肃性，防止虚报数据和盲目攀比；完善全口径外商投资管理信息系统，增强外商投资行业预警、审批监控、运营监测功能；提高联合年检工作水平；健全外商投资科学评价体系，增设外商投资吸纳就业、引进技术、研发创新、降低能耗等综合效益评价指标。结合我国企业国际化经营需求，完善外资并购有关操作规程。

（九）充分发挥经济技术开发区载体作用，实现开发区持续健康发展。落实《国家级经济技术开发区和边境经济合作区“十二五”发展规划（2011—2015 年）》，引导国家级经济技术开发区和边境经济合作区结合各自特点加强园区社会建设，构建区域创新体系，优化产业结构，实现和谐发展；全年工作重点是大力培育新升级的国家级经济技术开发区，加强人才培训、宣传交流、产业对接、国际合作等平台建设，通过分级管理引导国家级经济技术开发区不断优化和提升综合投资环境；将开发区综合发展水平评价结果作为开发区升级扩区的重要依据，探索建立分类评价和动态进出机制；加强国家生态工业示范园区建设和开展节能环保国际合作，鼓励开发区加快产业结构调整、基础设施建设和环境综合整治；根据边境经济合作区的战略定位和发展目标，探索建立边境经济合作区统计体系、综合发展水平评价指标体系和评审机制。

（十）完善投资促进工作体系，提升招商引资水平。转变招商引资观念，结合区域发展优势和特点，由粗放式招商引资向系统化、专业化的投资促进转变；加强投资促进机构建设，提升投资促进人员的专业化水平，完善境内外投资促进网络，有条件的省市应建立投资促进专项资金，加大在境外设立机构、开展投资促进活动等的支持力度；充分发挥多、双边投资促进机制的作用，加强投资促进工作的针对性，提升中国国际投资贸易洽谈会、中部投资贸易博览会专业性和实效性；切实杜绝招商引资中违法违规变相给予优惠政策的行为。

商务部

2013 年 3 月 14 日

关于进一步促进电子商务健康快速发展有关工作的通知

发改办高技〔2013〕894号

各省、自治区、直辖市及计划单列市、副省级省会城市人民政府办公厅：

为进一步促进电子商务健康快速发展，国家发展改革委、财政部、农业部、商务部、人民银行、海关总署、税务总局、工商总局、质检总局、林业局、旅游局、邮政局、国家标准委等部门研究决定，继续加快完善支持电子商务创新发展的法规政策环境，现将有关工作通知如下：

一、统筹推进电子商务发展环境建设。国家发展改革委会同相关部门进一步完善促进电子商务健康快速发展的跨部门工作协调机制，继续推进国家电子商务示范城市创建工作，支持相关部门和地方围绕完善电子商务法规政策环境开展试点工作，并对有关部门和地方推进电子商务示范城市建设，开展电子商务试点工作等进行咨询指导、监督与评价。

二、推动电子商务企业会计档案电子化试点工作。财政部会同有关部门，组织开展会计档案电子化管理试点工作，修订完善《会计档案管理办法》，研究完善电子会计档案管理制度，推进电子会计档案在电子商务领域中的应用，充分发挥电子会计档案在电子商务领域会计信息数据管理、利用等方面的作用，推动电子商务领域会计信息化，提高会计信息质量。

三、推进商贸流通领域电子商务创新发展。商务部会同相关部门进一步完善电子商务交易、物流配送、网络拍卖等领域电子商务应用的相关政策、管理制度及标准规范；研究制定电子商务统计指标相关标准，加快建立健全统一高效的商贸流通业统计体系和电子商务统计体系，推进信用监测体系建设；促进商品现货市场电子商务规范发展，鼓励综合性批发市场、旧货流通市场、专业化市场发展线上、线下协同的电子商务应用体系，支持外贸电子商务、农产品电子商务、社区电子商务发展，密切产销衔接，推进电子商务示范基地建设，加强电子商务人才培训。

四、完善跨境贸易电子商务通关服务。海关总署会同商务部、税务总局、工商总局、质检总局、邮政局、国家标准委等部门在已有工作基础上，进一步完善跨境贸易电子商务通关服务环境，共同研究制定相配套的管理制度及标准规范，推进外贸电子商务企业备案信息共享，探索多部门联合推动跨境贸易电子商务通关服务的综合试点工作。

五、加快网络（电子）发票推广与应用。财政部、税务总局负责研究跨境贸易电子商务适用的税收政策及相关管理制度和标准规范。税务总局会同财政部继续加强电子商务企业的税收管理制度研究，完善网络（电子）发票的管理制度和信息标准规范，建立与电子商务交易信息、在线支付信息、物流配送信息相符的网络（电子）发票开具等相关管理制度，促进电子商务税务管理与网络（电子）发票的衔接，继续推进网络（电子）发票应用试点工作，推广网络（电子）发票在各领域的应用。

六、深入推进电子商务可信交易环境建设工作。工商总局负责加强网络商品交易及有关服务行为的规制建设，会同有关部门研究建立网络经营者信用指标体系，推动网络经营者交易信用信息采集与管理服务，鼓励社会中介机构开展网络经营者信用评价活动，研究制定跨境贸易电子商务企业主体身份标识管理制度，推动电子商务市场主体、客体及交易过程基础信息的规范管理与服务，组织电子商务服务企业开展电子商务可信交易保障服务试点工作。

七、建立完善电子商务产品质量安全监督机制。质检总局会同工商总局等有关部门，研究推进电子商务产品质量诚信体系建设，研究建立电子商务交易产品基础信息规范化管理和基于统一产品编码体系的质量信息公开制度，推动以组织机构代码实名制为基础的企业质量信用档案在电子商务领域的应用；会同邮政局探索建立跨境贸易电子商务邮件快件的检验检疫监管模式；会同有关部门研究建立跨境贸易电子商务产品质量安全监督和溯源机制，支持跨境贸易电子商务发展。

八、推动移动电子商务支付创新发展。人民银行负责研究制定金融移动支付发展政策，推进金融移动支付安全可信服务管理体系建设，建立移动支付信息安全保障体系；引导商业银行、支付机构实施移动支付金融行业标准，推动移动支付联网通用、业务规范发展；以金融IC卡应用为基础开展移动支付技术创新应用试点工作，探索符合市场要求的移动支付技术方案、商业模式和产品形态，为产业发展提供示范效应，促进移动电子商务支付创新发展。

九、完善电子商务快递服务制度。邮政局负责探索建立重点地区快递准时率通报机制，健全旺季电子商务配送的保障措施，创新城市电子商务快递服务机制；配合海关总署、质检总局等部门推进完善跨境贸易电子商务邮件快件管理。

十、推进电子商务标准化工作。国家标准委会同相关部门改组电子商务标准化总体组，建立完善电子商务国家标准体系，协调电子商务标准制定，会同有关部门和地方依托国家电子商务示范城市建设和电子商务试点工作，开展电子商务主客体的信息描述、电子商务交易过程监管、电子商务支付等关键环节的标准研制、验证、完善和推广工作。

十一、促进农业电子商务发展。农业部负责研究制定农产品分类定级等标准规范，与相关部门共同研究探索推进以农业产业化龙头企业、农民专业合作社、家庭农场等新型农业经营主体为纽带的农产品质量安全追溯体系、诚信体系建设，加强农业电子商务模式研究，规范农业生产经营信息采集，推动供需双方网络化协作，完善农业电子商务体系，推进农业领域电子商务应用并开展相关试点工作。

十二、促进林业电子商务发展。林业局负责研究推进林业电子商务发展的相关政策，研究制定基于电子商务的森林资产评估、地区性的森林资源转让、林权交易等管理办法，依托电子商务拓展林产品销售，支撑林区、林场发展转型，促进农民增收；会同工商总局研究建立林产品交易诚信体系；制定林产品的分类定级、网络交易等标准规范，推进林产品、林权交易的规范化与网络化，开展林产品、林权交易电子商务试点工作。

十三、促进旅游电子商务发展。旅游局负责研究制定旅游电子商务管理办法及相关推进政策；建立旅游电子商务公共服务和监管机制，推动旅游在线服务模式创新；研究建立重点旅游景区游客流量等相关信息的在线发布机制；会同工商总局推动旅游电子商务可信交易体系建设及旅游服务电子合同应用，开展集游客流量预警发布、即时投诉服务、电子合同签订、游客在途在线即时服务等功能的旅游综合电子商务服务试点工作。

十四、各地区加快支持电子商务发展环境建设。各地方要重点支持符合本地区发展实际需求的电子商务企业发展，配合中央部门落实相关重点工作，建立完善本地区跨部门的电子商务工作协同机制，加快完善地方性电子商务政策体系，进一步加强电子商务基础设施建设，为电子商务企业创新发展提供良好的环境。深圳市、北京市等23个国家电子商务示范城市要继续深入推进创建工作，落实创建工作方案各项任务，加快推进国家电子商务试点工作，探索支持电子商务发展的新机制和新政策，为国家制定电子商务相关法规标准提供实践依据。

国家发展改革委办公厅
财政部办公厅
农业部办公厅
商务部办公厅
人民银行办公厅
海关总署办公厅
税务总局办公厅
工商总局办公厅
质检总局办公厅
林业局办公室
旅游局办公室
邮政局办公室
国家标准委办公室
2013年4月15日

国务院批转发展改革委关于2013年深化经济体制改革重点工作意见的通知

国发〔2013〕20号

各省、自治区、直辖市人民政府,国务院各部委、各直属机构:

国务院同意发展改革委《关于2013年深化经济体制改革重点工作的意见》，现转发给你们，请认真贯彻执行。

国务院

2013年5月18日

关于2013年深化经济体制改革重点工作的意见

党的十八大提出要加快完善社会主义市场经济体制，全社会热切期待改革取得新突破。顺应人民愿望，把握时代要求，不失时机深化重要领域改革，意义十分重大。现就2013年深化经济体制改革重点工作提出以下意见。

一、指导思想和总体要求

2013年深化经济体制改革工作的指导思想是，以邓小平理论、“三个代表”重要思想、科学发展观为指导，全面贯彻党的十八大精神，坚定不移走中国特色社会主义道路，坚持社会主义市场经济改革方向，以更大的勇气、智慧和韧性，大力推动促进经济转型、民生改善和社会公正的改革，坚决破除妨碍科学发展的体制机制弊端，促进经济持续健康发展与社会和谐稳定，使改革红利更多更公平惠及全体人民，为全面建成小康社会、实现中华民族伟大复兴的中国梦作出积极贡献。

总体要求是，正确处理好政府与市场、政府与社会的关系，处理好加强顶层设计与尊重群众首创精神的关系，处理好增量改革与存量优化的关系，处理好改革创新与依法行政的关系，处理好改革、发展、稳定的关系，确保改革顺利有效推进。

二、大力推进年度重点改革

2013年改革重点工作是，深入推进行政体制改革，加快推进财税、金融、投资、价格等领域改革，积极推动民生保障、城镇化和统筹城乡相关改革。

（一）行政体制改革。

1. 深化政府机构改革。完成新组建部门“三定”规定制定和相关部门“三定”规定修订工作。组织推进地方行政体制改革，研究制定关于地方政府机构改革和职能转变的意见。（中央编办牵头）

2. 简政放权，下决心减少审批事项。抓紧清理、分批取消和下放投资项目审批、生产经营活动和资质资格许可等事项，对确需审批、核准、备案的项目，要简化程序、限时办结相关手续。严格控制新增审批项目。（中央编办、发展改革委、人力资源社会保障部、法制办等负责）

3. 创新政府公共服务提供方式。加快出台政府向社会组织购买服务的指导意见，推动公共服务提供主体和提供方式多元化。出台行业协会商会与行政机关脱钩方案。改革工商登记和社会组织登记制度。深化公务用车制度改革。（财政部、中央编办、发展改革委、民政部、人力资源社会保障部、国资委、工商总局、国管局等负责）

（二）财税体制改革。

4. 完善财政预算制度，推动建立公开、透明、规范、完整的预算体制。完善财政转移支付制度，减少、合并一批专项转移支付项目，增加一般性转移支付规模和比例。（财政部牵头）

5. 扩大营业税改征增值税试点范围，在全国开展交通运输业和部分现代服务业营改增试点，择机将铁路运输和邮电通信等行业纳入试点范围。合理调整消费税征收范围和税率，将部分严重污染环境、过度消耗资源的产品等纳入征税范围。扩大个人住房房产税改革试点范围。（财政部、税务总局会同住房城乡建设部等负责）

6. 将资源税从价计征范围扩大到煤炭等应税品目，清理煤炭开采和销售中的相关收费基金。开展深化矿产资源有偿使用制度改革试点。（财政部、发展改革委、税务总局、国土资源部等负责）

7. 建立健全覆盖全部国有企业的国有资本经营预算和收益分享制度。落实和完善对成长型、科技型、外向型小微企业的财税支持政策。（财政部、国资委、科技部、工业和信息化部、税务总局等负责）

（三）金融体制改革。

8. 稳步推进利率汇率市场化改革。逐步扩大存贷款利率浮动幅度，建立健全市场基准利率体系。完善人民币汇率形成机制，充分发挥市场供求在汇率形成中的基础性作用。稳步推进人民币资本项目可兑换，建立合格境内个人投资者境外投资制度，研究推动符合条件的境外机构在境内发行人民币债券。（人民银行会同发展改革委、财政部、银监会、证监会、外汇局等负责）

9. 完善场外股权交易市场业务规则体系，扩大中小企业股份转让系统试点范围。健全投资者尤其是中小投资者权益保护政策体系。推进煤炭、铁矿石、原油等大宗商品期货和国债期货市场建设。（证监会、发展改革委、财政部、人民银行、能源局等负责）

10. 推进制定存款保险制度实施方案，建立健全金融机构经营失败风险补偿和分担机制，形成有效的风险处置和市场退出机制。加快和规范发展民营金融机构和面向小微企业、“三农”

的中小金融机构。（人民银行、银监会、财政部等负责）

（四）投融资体制改革。

11. 抓紧清理有碍公平竞争的政策法规，推动民间资本有效进入金融、能源、铁路、电信等领域。按照转变政府职能、简政放权的原则，制定政府投资条例、企业投资项目核准和备案管理条例。（法制办、发展改革委、财政部、工业和信息化部、交通运输部、人民银行、国资委、银监会、能源局等负责）

12. 改革铁路投融资体制。建立公益性运输补偿制度、经营性铁路合理定价机制，为社会资本进入铁路领域创造条件。支线铁路、城际铁路、资源开发性铁路所有权、经营权率先向社会资本开放，通过股权置换等形式引导社会资本投资既有干线铁路。（发展改革委、财政部、交通运输部、铁路局等负责）

（五）资源性产品价格改革。

13. 推进电价改革，简化销售电价分类，扩大工商业用电同价实施范围，完善煤电价格联动机制和水电、核电上网价格形成机制。推进全国煤炭交易市场体系建设。推进天然气价格改革，逐步理顺天然气与可替代能源的比价关系。推进大用户直购电和售电侧电力体制改革试点。（发展改革委牵头）

14. 在保障人民群众基本生活需求的前提下，综合考虑资源节约利用和环境保护等因素，建立健全居民生活用电、用水、用气等阶梯价格制度。（发展改革委牵头）

（六）基本民生保障制度改革。

15. 整体推进城乡居民大病保险，整合城乡基本医疗保险管理职能，逐步统一城乡居民基本医疗保险制度，健全全民医保体系。研究制定基础养老金全国统筹方案。健全保障性住房分配制度，有序推进公租房、廉租房并轨。（人力资源社会保障部、卫生计生委、中央编办、财政部、住房城乡建设部等负责）

16. 建立健全最低生活保障、就业困难群体就业援助、重特大疾病保障和救助等制度，健全并落实社会救助标准与物价涨幅挂钩的机制。整合社会救助资源，逐步形成保障特困群体基本生存权利和人格尊严的长效保底机制。（民政部、财政部、人力资源社会保障部、发展改革委、卫生计生委等负责）

17. 建立最严格的覆盖生产、流通、消费各环节的食品药品安全监管制度。建立健全部门间、区域间食品药品安全监管联动机制。完善食品药品质量标准和安全准入制度。加强基层监管能力建设。充分发挥群众监督、舆论监督作用，全面落实食品安全投诉举报机制。建立实施黑名单制度，形成有效的行业自律机制。（食品药品监管总局牵头）

18. 建立健全最严格的环境保护监管制度和规范科学的生态补偿制度。建立区域间环境治理联动和合作机制。完善生态环境保护责任追究制度和环境损害赔偿制度。制定加强大气、水、农村（土壤）污染防治的综合性政策措施。深入推进排污权、碳排放权交易试点，研究建立全国排污权、碳排放交易市场，开展环境污染强制责任保险试点。制定突发环境事件调查处理办法。研究制定生态补偿条例。（环境保护部、发展改革委、财政部、林业局等负责）

（七）城镇化和统筹城乡相关改革。

19. 研究制定城镇化发展规划。以增强产业发展、公共服务、吸纳就业、人口集聚功能为重点，开展中小城市综合改革试点。优化行政层级和行政区划。实施好经济发达镇行政管理体制改革试点。有序推进城乡规划城、基础设施和公共服务一体化，创新城乡社会管理体制。（发展改革委、中央编办、住房城乡建设部、民政部、农业部等负责）

20. 根据城市综合承载能力和转移人口情况，分类推进户籍制度改革，统筹推进相关公共服务、社会保障制度改革，有序推进农业转移人口市民化，将基本公共服务逐步覆盖到符合条件的常住人口。（公安部、发展改革委、财政部、人力资源社会保障部、卫生计生委、教育部、民政部、农业部、法制办等负责）

21. 积极稳妥推进土地管理制度、投融资体制等促进城镇化健康发展的改革，调研并制定相关配套政策。完善地方债务风险控制措施，规范发展债券、股权、信托等投融资方式，健全鼓励社会资本投资城乡基础设施、公共服务项目的政策和相关机制。（发展改革委、国土资源部、财政部、人民银行、银监会、证监会、保监会等负责）

22. 建立健全农村产权确权、登记、颁证制度。依法保障农民土地承包经营权、宅基地使用权、集体收益分配权。开展国有林场改革试点。研究提出国有林区改革指导意见。探索建立农村产权交易市场。推进小型水利工程管理体制改革。（国土资源部、发展改革委、农业部、财政部、水利部、林业局等负责）

三、继续深化已出台的各项改革

对已经部署并正在推进的各项改革，有关部门按职能分工，切实抓好落实，力求年内取得新的进展。

（一）继续推进国有企业改革。推动大型国有企业公司制股份制改革，大力发展混合所有制经济。推进国有经济战略性调整和国有企业并购重组，着力培育一批具有国际竞争力的大企业。完善各类国有资产监督管理制度。加快解决国有企业办社会负担和历史遗留问题。

（二）继续深化开放型经济体制改革。进一步扩大金融、物流、教育、科技、医疗、体育等服务业对外开放。完善口岸管理体制，推进通关便利化改革。加快海关特殊监管区域整合优化，完善政策和功能，开展保税工厂改革试点。加快制定并出台中国（上海）自由贸易试验区建设方案，推进港澳和内地服务贸易自由化，探索建立与国际接轨的外商投资管理体制。积极实施自由贸易区战略，建立健全双边、多边和区域投资贸易合作新机制。健全境外投资规划、协调、服务和管理机制，完善风险防控体系。继续深化流通体制改革。

（三）加快教育、文化、医药卫生等社会事业各项改革。围绕促进教育公平、提高教育质量，深化教育体制改革。加快推进文化领域政事、政企、政资分开，完善公共文化服务体系，优化促进文化产业创新发展的制度环境。深化医药卫生体制改革，加快公立医院改革，完善社会办医政策，逐步形成多元化办医格局。稳步推进事业单位分类改革，推进事业单位人事、收入分配和社会保险制度等改革，加快管办分离和建立法人治理结构。

（四）加快完善科技创新体制机制。构建以企业为主体、市场为导向、产学研相结合的技术创新体系，扩大国家自主创新示范区先行先试政策试点范围，整合资源实施科技重大专项，完善科技成果转移转化的激励政策，加强科技资源开放共享，发挥科技在经济发展中的支撑作用。

（五）深化收入分配制度改革。贯彻落实深化收入分配制度改革的若干意见，制定出台合理提高劳动报酬、加强国有企业收入分配调控、整顿和规范收入分配秩序等重点配套方案和实施细则。

四、完善改革协调推进机制

各地区、各部门要将改革工作放到更加突出的位置，切实完成各项改革任务，确保取得明显成效。

认真做好改革方案研究制定工作。深入调查研究，充分听取各方面意见，科学制订方案，统筹好改革力度与社会可承受程度，使改革更好地集中民智、体现民意、惠及民生。

扎实抓好改革方案实施和社会引导工作。牵头部门要明确提出工作方案、时间进度和阶段性目标。参与部门要各司其职，积极主动配合。要注重政策宣传和舆情引导，及时回应社会关切，为改革创造良好的舆论氛围和社会环境。

积极推进各项改革试点工作。继续推进综合配套改革试点，优先在试验区部署重大改革任务，发挥其探索创新、示范带动作用。及时总结和推广试点经验。围绕迫切需要推进的重大改革，组织实施一批攻关性试点。鼓励各地因地制宜进行改革试点。

进一步加强组织领导和统筹协调工作。各地区、各部门要把推进改革作为领导干部业绩考核的重要内容。发展改革委要采取建立联席会议、专题会议制度等多种形式，加强统筹安排，健全工作机制，协调解决重大问题，做好督促检查工作，及时将改革进展情况和重要问题报告国务院。

关于在全国开展交通运输业和部分现代服务业营业税改征增值税试点税收政策的通知

财税〔2013〕37号

各省、自治区、直辖市、计划单列市财政厅（局）、国家税务局、地方税务局，新疆生产建设兵团财务局：

根据国务院进一步扩大交通运输业和部分现代服务业营业税改征增值税(以下称营改增)试点的要求，现将有关事项通知如下：

一、经国务院批准，自2013年8月1日起，在全国范围内开展交通运输业和部分现代服务业营改增试点。现将有关规定印发你们，请遵照执行。

二、在全国开展交通运输业和部分现代服务业营改增试点，范围广、时间紧、任务重，各地要高度重视，切实加强试点工作的组织领导，精心组织、周密安排、明确责任，采取各种有效措施，做好试点前的各项准备以及试点过程中的监测分析和宣传解释等工作，确保改革的平稳、有序、顺利进行。遇到问题请及时向财政部和国家税务总局反映。

三、《财政部 国家税务总局关于在上海市开展交通运输业和部分现代服务业营业税改征增值税试点的通知》(财税〔2011〕111号)、《财政部 国家税务总局关于应税服务适用增值税零税率和免税政策的通知》(财税〔2011〕131号)、《财政部 国家税务总局关于交通运输业和部分现代服务业营业税改征增值税试点若干税收政策的通知》（财税〔2011〕133号）、《财政部 国家税务总局关于交通运输业和部分现代服务业营业税改征增值税试点若干税收政策的补充通知》（财税〔2012〕53号）、《财政部 国家税务总局关于在北京等8省市开展交通运输业和部分现代服务业营业税改征增值税试点的通知》（财税〔2012〕71号）、《财政部 国家税务总局关于交通运输业和部分现代服务业营业税改征增值税试点应税服务范围等若干税收政策的补充通知》（财税〔2012〕86号）、《财政部 国家税务总局关于营业税若干政策问题的通知》（财税〔2003〕16号）第三条第（十六）和第（十八）项，自2013年8月1日起废止。

财政部 国家税务总局

2013年5月24日

国务院办公厅关于印发深化流通体制改革加快流通产业发展重点工作部门分工方案的通知

国办函〔2013〕69号

国务院有关部门：

《深化流通体制改革加快流通产业发展重点工作部门分工方案》(以下简称《分工方案》)已经国务院同意，现印发给你们，请认真落实。

有关部门要认真贯彻落实《国务院关于深化流通体制改革加快流通产业发展的意见》（国发〔2012〕39号）精神，按照《分工方案》的要求，将涉及本部门的工作进一步分解和细化，抓紧制定具体落实措施。同一项工作涉及多个部门的，牵头部门要加强协调，部门间要主动密切协作。商务部要认真做好统筹协调、督促检查工作。工作落实中的重大问题及时向国务院报告。

国务院办公厅

2013年5月30日

深化流通体制改革加快流通产业发展重点工作部门分工方案

一、加强现代流通体系建设

（一）依托交通枢纽、生产基地、中心城市和大型商品集散地，构建全国骨干流通网络，建设一批辐射带动能力强的商贸中心、专业市场以及全国性和区域性配送中心。（商务部、发展改革委、交通运输部、农业部、供销合作总社。列第一位者为牵头部门，下同）

（二）推动大宗商品交易市场向现货转型，增加期货市场交易品种。（商务部、证监会按职责分工负责）

（三）优化城市流通网络布局，有序推进贸易中心城市和商业街建设，支持特色商业适度集聚，鼓励便利店、中小综合超市等发展，构建便利消费、便民生活服务体系。鼓励大型流通企业向农村延伸经营网络，增加农村商业网点，拓展网点功能，积极培育和发展农村经纪人，提升农民专业合作社物流配送能力和营销服务水平。支持流通企业建立城乡一体化的营销网络，畅通农产品进城和工业品下乡的双向流通渠道。（商务部、农业部、工商总局、供销合作总社）

（四）大力发展第三方物流，促进企业内部物流社会化。加强城际配送、城市配送、农村配送的有效衔接，推广公路不停车收费系统，规范货物装卸场站建设和作业标准。（发展改革委、商务部、交通运输部、工业和信息化部按职责分工负责）

（五）加快建设完整先进的废旧商品回收体系，健全旧货流通网络，促进循环消费。（商务部、发展改革委、工业和信息化部、供销合作总社）

二、积极创新流通方式

（六）大力推广并优化供应链管理，鼓励流通企业拓展设计、展示、配送、分销、回收等业务。（商务部、工业和信息化部、发展改革委按职责分工负责）

（七）加快发展电子商务，普及和深化电子商务应用，完善认证、支付等支撑体系，鼓励流通企业建立或依托第三方电子商务平台开展网上交易。创新网络销售模式，发展电话购物、网上购物、电视购物等网络商品与服务交易。（商务部、发展改革委、工商总局、工业和信息化部、农业部、供销合作总社按职责分工负责）

（八）统筹农产品集散地、销地、产地批发市场建设，构建农产品产销一体化流通链条，积极推广农超对接、农批对接、农校对接以及农产品展销中心、直销店等产销衔接方式，在大中城市探索采用流动售卖车。（发展改革委、商务部、农业部、粮食局、供销合作总社按职责分工负责）

（九）鼓励商业企业采购和销售绿色产品，促进节能环保产品消费，支持发展信用消费。（财政部、发展改革委、商务部、工业和信息化部按职责分工负责）

（十）围绕节能环保、流通设施、流通信息化等关键领域，大力推进流通标准应用。推动商品条码在流通领域的广泛应用，健全全国统一的物品编码体系。（质检总局、商务部）

三、提高保障市场供应能力

（十一）支持建设和改造一批具有公益性质的农产品批发市场、农贸市场、菜市场、社区菜店、农副产品平价商店以及重要商品储备设施、大型物流配送中心、农产品冷链物流设施等，发挥公益性流通设施在满足消费需求、保障市场稳定、提高应急能力中的重要作用。（发展改革委、商务部、农业部、粮食局、供销合作总社按职责分工负责）

（十二）完善中央与地方重要商品储备制度，优化储备品种和区域结构，适当扩大肉类、食糖、边销茶和地方储备中的小包装粮油、蔬菜等生活必需品储备规模。（发展改革委、商务部、财政部、粮食局按职责分工负责）

（十三）强化市场运行分析和预测预警，增强市场调控的前瞻性和预见性。加强市场应急调控骨干企业队伍建设，提高迅速集散应急商品能力，综合运用信息引导、区域调剂、收储投放、进出口等手段保障市场供求基本平衡。（发展改革委、商务部、农业部、财政部、粮食局按职责分工负责）

四、全面提升流通信息化水平

（十四）将信息化建设作为发展现代流通产业的战略任务，加强规划和引导，推动营销网、物流网、信息网的有机融合。鼓励流通领域信息技术的研发和集成创新，加快推广物联网、互联网、云计算、全球定位系统、移动通信、地理信息系统、电子标签等技术在流通领域的应用。（工

业和信息化部、商务部、发展改革委、粮食局）

（十五）推进流通领域公共信息服务平台建设，提升各类信息资源的共享和利用效率。（商务部、发展改革委、工业和信息化部、粮食局）

（十六）支持流通企业利用先进信息技术提高仓储、采购、运输、订单等环节的科学管理水平。鼓励流通企业与供应商、信息服务商加强合作，支持开发和推广适用于中小流通企业的信息化解决方案。（商务部、发展改革委、工业和信息化部、粮食局、供销合作总社）

（十七）加强流通领域信息安全保障。（工业和信息化部、公安部）

五、培育流通企业核心竞争力

（十八）积极培育大型流通企业，支持有实力的流通企业跨行业、跨地区兼并重组。支持中小流通企业特别是小微企业专业化、特色化发展，健全中小流通企业服务体系，扶持发展一批专业服务机构，为中小流通企业提供融资、市场开拓、科技应用和管理咨询等服务。（商务部、发展改革委、农业部、粮食局、供销合作总社）

（十九）鼓励发展直营连锁和特许连锁，支持流通企业跨区域拓展连锁经营网络。（商务部、供销合作总社）

（二十）积极推进批发市场建设改造和运营模式创新，增强商品吞吐能力和价格发现功能。推动零售企业转变营销方式，提高自营比重。（商务部、发展改革委、农业部、粮食局、供销合作总社按职责分工负责）

（二十一）支持流通企业建设现代物流中心，积极发展统一配送。（发展改革委、商务部、粮食局、供销合作总社按职责分工负责）

（二十二）加强知识产权保护，鼓励流通品牌创新发展。（商务部、工商总局、质检总局）

六、大力规范市场秩序

（二十三）加强对关系国计民生、生命安全等商品的流通准入管理，形成覆盖准入、监管、退出的全程管理机制。（商务部、工商总局、质检总局、公安部、工业和信息化部、食品药品监管总局、粮食局按职责分工负责）

（二十四）充分利用社会检测资源，建立涉及人身健康与安全的商品检验制度。加大流通领域商品质量监督检查力度，改进监管手段和检验检测技术条件。细化部门职责分工，堵塞监管漏洞。（质检总局、工商总局、商务部、公安部、粮食局）

（二十五）建立健全肉类、水产品、蔬菜、水果、酒类、中药材、农资等商品流通追溯体系。（商务部、农业部、供销合作总社）

（二十六）依法严厉打击侵犯知识产权、制售假冒伪劣商品、商业欺诈和商业贿赂等违法行为。加强网络商品交易的监督管理。规范零售商、供应商交易行为，建立平等和谐的零供关系。（商务部、发展改革委、公安部、工商总局、质检总局）

（二十七）加快商业诚信体系建设，完善信用信息采集、利用、查询、披露等制度，推动行业管理部门、执法监管部门、行业组织和征信机构、金融监管部门、银行业金融机构信息共享。（商务部、发展改革委、公安部、工商总局、质检总局、人民银行、银监会）

七、深化流通领域改革开放

（二十八）建立分工明确、权责统一、协调高效的流通管理体制，健全部门协作机制，强化政策制定、执行与监督相互衔接，提高管理效能。

加快流通管理部门职能转变，强化社会管理和公共服务职能。在有条件的地区开展现代流通综合试点，加强统筹协调，加快推进大流通、大市场建设。（商务部、发展改革委、粮食局）

（二十九）消除地区封锁和行业垄断，严禁阻碍、限制外地商品、服务和经营者进入本地市场。（商务部、税务总局会同发展改革委、工商总局等部门负责）

（三十）严厉查处经营者通过垄断协议等方式排除、限制竞争的行为。（发展改革委、工商总局等部门按职责分工负责）

（三十一）鼓励民间资本进入流通领域，保障民营企业合法权益，促进民营企业健康发展。（商务部、发展改革委）

（三十二）进一步提高流通产业利用外资的质量和水平，引进现代物流和信息技术带动传统流通产业升级改造。支持有条件的流通企业“走出去”，通过新建、并购、参股、增资等方式建立海外分销中心、展示中心等营销网络和物流服务网络。（发展改革委、商务部按职责分工负责）

（三十三）积极培育国内商品市场的对外贸易功能，推进内外贸一体化。（商务部牵头）

八、制定完善流通网络规划

（三十四）制定全国流通节点城市布局规划，做好各层级、各区域之间规划衔接。（商务部牵头）

（三十五）科学编制商业网点规划，确定商业网点发展建设需求，将其纳入城市总体规划和土地利用总体规划。乡镇商业网点建设纳入小城镇建设规划。各地制定控制性详细规划和修建性详细规划时应充分考虑商业网点建设需求，做好与商业网点规划的相互衔接。完善社区商业网点配置，新建社区（含廉租房、公租房等保障性住房小区、棚户区改造和旧城改造安置住房小区）商业和综合服务设施面积占社区总建筑面积的比例不得低于10%。严格社区商业网点用途监管，不得随意改变必备商业网点的用途和性质，拆迁改建时应保证其基本服务功能不缺失。各地可根据实际发布商业网点建设指导目录，引导社会资金投向。（住房城乡建设部、商务部、国土资源部）

九、加大流通业用地支持力度

（三十六）按照土地利用总体规划和流通业建设项目用地标准，在土地利用年度计划和土地供应计划中统筹安排流通业各类用地。鼓励利用旧厂房、闲置仓库等建设符合规划的流通设施，涉及原划拨土地使用权转让或租赁的，经批准可采取协议方式供应。鼓励各地以租赁方式供应流通业用地。支持依法使用农村集体建设用地发展流通业。依法加强流通业用地管理，禁止以物流中心、商品集散地等名义圈占土地，防止土地闲置浪费。（国土资源部、商务部、住房城乡建设部、发展改革委、农业部）

（三十七）制定政府鼓励的流通设施目录，对纳入目录的项目用地予以支持。（商务部、国土资源部、住房城乡建设部、发展改革委）

十、完善财政金融支持政策

（三十八）积极发挥中央政府相关投资的促进作用，完善促进消费的财政政策，扩大流通促进资金规模，重点支持公益性流通设施、农产品和农村流通体系、流通信息化建设，以及家政和餐饮等生活服务业、中小流通企业发展、绿色流通、扩大消费等。（发展改革委、财政部、商务部、农业部、工业和信息化部、粮食局、供销合作总

社按职责分工负责）

（三十九）鼓励银行业金融机构针对流通产业特点，创新金融产品和服务方式，开展动产、仓单、商铺经营权、租赁权等质押融资。改进信贷管理，发展融资租赁、商圈融资、供应链融资、商业保理等业务。充分发挥典当等行业对中小和微型企业融资的补充作用。拓宽流通企业融资渠道，支持符合条件的大型流通企业上市融资、设立财务公司及发行公司（企业）债券和中期票据等债务融资工具。引导金融机构创新消费信贷产品，改进消费信贷业务管理方式，培育和巩固消费信贷增长点。（人民银行、银监会、发展改革委、商务部、证监会按职责分工负责）

十一、减轻流通产业税收负担

（四十）在一定期限内免征农产品批发市场、农贸市场城镇土地使用税和房产税。将免征蔬菜流通环节增值税政策扩大到有条件的鲜活农产品。加快制定和完善促进废旧商品回收体系建设的税收政策。完善并落实家政服务企业免征营业税政策，促进生活服务业发展。落实总分支机构汇总纳税政策，促进连锁经营企业跨地区发展。积极推进营业税改增值税试点，完善流通业税制。（财政部、税务总局）

十二、降低流通环节费用

（四十一）抓紧出台降低流通费用综合性实施方案。优化银行卡刷卡费率结构，降低总体费用水平，扩大银行卡使用范围。加快推进工商用电用水同价。切实规范农产品市场收费、零售商供应商交易收费等流通领域收费行为。（发展改革委、人民银行、银监会、商务部、粮食局）

（四十二）落实好鲜活农产品运输“绿色通道”政策，确保所有整车合法装载运输鲜活农产品车辆全部免缴车辆通行费，结合实际完善适用品种范围。（交通运输部、发展改革委、财政部、商务部）

（四十三）深入推进收费公路专项清理，坚决取缔各种违规及不合理收费，降低偏高的通行费收费标准。从严审批一级及以下公路和独立桥梁、隧道收费项目。按照逐步有序的原则，加快推进国家确定的西部地区省份取消政府还贷二级公路收费工作进度。（交通运输部、发展改革委、财政部、监察部、国务院纠正行业不正之风办公室）

十三、完善流通领域法律法规和标准体系

（四十四）推动制定、修改流通领域的法律法规，提升流通立法层级。抓紧修订报废汽车回收管理办法，积极推动修改商标法、反不正当竞争法、广告法和消费者权益保护法等法律，研究制定典当管理、商业网点管理、农产品批发市场管理等方面的行政法规。全面清理和取消妨碍公平竞争、设置行政壁垒、排斥外地产品和服务进入本地市场的规定。（法制办、商务部、发展改革委、公安部、工商总局、农业部、质检总局、粮食局）

（四十五）积极完善流通标准化体系，加大流通标准的制定、实施与宣传力度。（质检总局、商务部）

十四、健全统计和监测制度

（四十六）加快建立全国统一科学规范的流通统计调查体系和信息共享机制，不断提高流通统计数据质量和工作水平。加强零售、电子商务、

居民服务、生产资料流通等重点流通领域的统计数据开发应用，提高服务宏观调控和企业发展的能力。（统计局、商务部、发展改革委、粮食局、供销合作总社）

（四十七）扩大城乡市场监测体系覆盖面，优化样本企业结构，推进信息采集智能化发展，保证数据真实、准确、及时，加快监测信息成果转化。（商务部、粮食局）

十五、加强组织领导

（四十八）建立由商务部牵头的全国流通工作部际协调机制，加强对流通工作的协调指导和监督检查，及时研究解决流通产业发展中的重大问题。（商务部牵头）

关于实行海关进口增值税专用缴款书“先比对后抵扣”管理办法有关问题的公告

国家税务总局 海关总署公告〔2013〕年第31号

为了进一步加强海关进口增值税专用缴款书（以下简称海关缴款书）的增值税抵扣管理，税务总局、海关总署决定将前期在广东等地试行的海关缴款书“先比对后抵扣”管理办法，在全国范围推广实行。现将有关事项公告如下：

一、自2013年7月1日起，增值税一般纳税人（以下简称纳税人）进口货物取得的属于增值税扣税范围的海关缴款书，需经税务机关稽核比对相符后，其增值税额方能作为进项税额在销项税额中抵扣。

二、纳税人进口货物取得的属于增值税扣税范围的海关缴款书，应按照《国家税务总局关于调整增值税扣税凭证抵扣期限有关问题的通知》（国税函〔2009〕617号）规定，自开具之日起180天内向主管税务机关报送《海关完税凭证抵扣清单》（电子数据），申请稽核比对，逾期未申请的其进项税额不予抵扣。

三、税务机关通过稽核系统将纳税人申请稽核的海关缴款书数据，按日与进口增值税入库数据进行稽核比对，每个月为一个稽核期。海关缴款书开具当月申请稽核的，稽核期为申请稽核的当月、次月及第三个月。海关缴款书开具次月申请稽核的，稽核期为申请稽核的当月及次月。海关缴款书开具次月以后申请稽核的，稽核期为申请稽核的当月。

四、稽核比对的结果分为相符、不符、滞留、缺联、重号五种。

相符，是指纳税人申请稽核的海关缴款书，其号码与海关已核销的海关缴款书号码一致，并且比对的相关数据也均相同。

不符，是指纳税人申请稽核的海关缴款书，其号码与海关已核销的海关缴款书号码一致，但比对的相关数据有一项或多项不同。

滞留，是指纳税人申请稽核的海关缴款书，在规定的稽核期内系统中暂无相对应的海关已核销海关缴款书号码，留待下期继续比对。

缺联，是指纳税人申请稽核的海关缴款书，在规定的稽核期结束时系统中仍无相对应的海关已核销海关缴款书号码。

重号，是指两个或两个以上的纳税人申请稽核同一份海关缴款书，并且比对的相关数据与海关已核销海关缴款书数据相同。

五、税务机关于每月纳税申报期内，向纳税人提供上月稽核比对结果，纳税人应向主管税务机关查询稽核比对结果信息。

对稽核比对结果为相符的海关缴款书，纳

税人应在税务机关提供稽核比对结果的当月纳税申报期内申报抵扣，逾期的其进项税额不予抵扣。

六、稽核比对结果异常的处理

稽核比对结果异常，是指稽核比对结果为不符、缺联、重号、滞留。

（一）对于稽核比对结果为不符、缺联的海关缴款书，纳税人应于产生稽核结果的180日内，持海关缴款书原件向主管税务机关申请数据修改或者核对，逾期的其进项税额不予抵扣。属于纳税人数据采集错误的，数据修改后再次进行稽核比对；不属于数据采集错误的，纳税人可向主管税务机关申请数据核对，主管税务机关会同海关进行核查。经核查，海关缴款书票面信息与纳税人实际进口货物业务一致的，纳税人应在收到主管税务机关书面通知的次月申报期内申报抵扣，逾期的其进项税额不予抵扣。

（二）对于稽核比对结果为重号的海关缴款书，由主管税务机关进行核查。经核查，海关缴款书票面信息与纳税人实际进口货物业务一致的，纳税人应在收到税务机关书面通知的次月申报期内申报抵扣，逾期的其进项税额不予抵扣。

（三）对于稽核比对结果为滞留的海关缴款书，可继续参与稽核比对，纳税人不需申请数据核对。

七、纳税人应在“应交税金”科目下设“待抵扣进项税额”明细科目，用于核算已申请稽核但尚未取得稽核相符结果的海关缴款书进项税额。纳税人取得海关缴款书后，应借记“应交税金—待抵扣进项税额”明细科目，贷记相关科目；稽核比对相符以及核查后允许抵扣的，应借记“应交税金—应交增值税（进项税额）”专栏，贷记“应交税金—待抵扣进项税额”科目。经核查不得抵扣的进项税额，红字借记“应交税金—待抵扣进项税额”，红字贷记相关科目。

八、增值税纳税申报表及税务机关“一窗式”比对项目的调整

（一）自2013年7月1日起，纳税人已申请稽核但尚未取得稽核相符结果的海关缴款书进项税额填入《增值税纳税申报表》（一般纳税人适用）附表二“待抵扣进项税额”中的“海关进口增值税专用缴款书”栏。

（二）自2013年8月1日起，海关缴款书“一窗式”比对项目调整为：核对《增值税纳税申报表》（一般纳税人适用）附表二第5栏税额是否等于或小于稽核系统比对相符和核查后允许抵扣的海关缴款书税额。

九、本公告自2013年7月1日起施行，《国家税务总局关于加强海关进口增值税专用缴款书和废旧物资发票管理有关问题的通知》（国税函〔2004〕128号）、《国家税务总局关于部分地区试行海关进口增值税专用缴款书“先比对后抵扣”管理办法的通知》（国税函〔2009〕83号）、《国家税务总局关于部分地区试行海关进口增值税专用缴款书“先比对后抵扣”管理办法有关问题的通知》（国税函〔2011〕196号）同时废止。

特此公告。

国家税务总局 海关总署

2013年6月14日

国家林业局关于规范木材运输检查监督管理有关问题的通知

林资发〔2013〕96号

各省、自治区、直辖市林业厅（局），内蒙古、吉林、龙江、大兴安岭森工（林业）集团公司，新疆生产建设兵团林业局：

为认真执行木材凭证运输制度，进一步规范木材运输检查监督管理工作，严防公路“三乱”问题发生，根据《森林法》、《森林法实施条例》和国家治理公路“三乱”的有关规定，现就规范木材运输检查监督管理有关问题通知如下：

一、统一木材凭证运输的范围

根据《森林法实施条例》的规定，木材凭证运输的范围为国家标准、行业标准所列的原木、锯材、竹材和木片。胶合板、纤维板、刨花板、以木（竹）材为主辅原材料的家具和木（竹）制工艺品不纳入凭证运输范围。

各省、自治区、直辖市林业主管部门要按照国务院关于深入推进行政审批制度改革的精神和要求，进一步转变职能，创新监管方式，提高服务质量和行政效率，对本地木材凭证运输有关规定进行全面清理，凡与本通知规定不一致的，要尽快作出修订。

二、严格木材运输证的核发管理

各地林业主管部门要按照木材运输证核发管理的有关规定，切实加强木材运输证的印制、签发和管理工作，并使用全国木材运输管理系统进行核发，切实维护木材运输证的权威性。要进一步严肃核发纪律，明确核发程序，规范核发管理，提高办证效率和服务质量。

各级林业主管部门受理申请办理木材运输证，除按照《森林法实施条例》第三十六条规定应当提交的证明文件外，不得要求申请办理者提交育林基金等有关税费票据，切实保护木材运输证申领人的合法权益。

运输直达进口目的地的进口木材，无须办理木材运输证；进口木材需再次运输的，凭有关进口许可证明办理木材运输证。

三、规范木材运输检查和执法行为

木材检查站要严格按照规定的职权范围实施木材运输检查，除了查验木材运输证以外，不得检查木材购货发票、育林基金收据等其他证明和票据。查验植物检疫证明按照有关法规和规定执行。

各省、自治区、直辖市林业主管部门要按照《森林法》、《森林法实施条例》、《行政处罚法》等法律法规规定，对木材检查站实施林业行政处罚的有关程序和管理规定予以规范。木材检查站要依法严格按照权限和程序规定，对违法运输木材案件实施行政强制及处罚。

对实际运输木材数量小于《木材运输证》记载数量，又能证明其《木材运输证》确属运输该木材的；运输木材实际检尺数量与《木材运输证》记载数量相差在国家规定检尺误差范围内的；以及由于林业主管部门木材运输证核发原因造成实际运输与证件记载不符，且由省级林业主管部门出具证明证实情况属实的，木材检查站应予放行，不得施以处罚。

四、建立检查呈报和追溯制度

各级林业主管部门要按照案件级别管辖和层级管理的要求，切实建立和完善木材运输检查呈报和追溯制度。

各级林业主管部门要按照管辖权限，认真追溯违法运输木材的有关问题，查明违法运输的原因，依法追究有关单位和责任人的责任。木材检查站要按月向其林业主管部门呈报当月木材运输检查和违法运输木材案件的处理情况。省、自治区、直辖市林业主管部门要按年度向国家林业局报告木材运输检查和违法运输木材案件处理的情况及追溯结果。

五、加强能力建设，切实提高执法成效

各级林业主管部门要加强木材检查员的政治、业务培训，提高木材运输检查队伍的整体素质，强化依法行政和执政为民意识，增强执法能力，提高执法实效，促进木材检查人员在工作中恪尽职守，严格执法，文明服务。要加大投入力度，切实加强木材检查站基础设施建设，为检查站配备必要的交通工具、通讯工具及其他设施装备，逐步改善木材检查站人员的工作条件，提高监督检查能力，以适应木材运输管理工作的需要。

本通知自2013年8月1日起施行，有效期至2018年7月31日。请及时转发至各市（地）、县林业主管部门，并通知各木材检查站认真执行。

国家林业局

2013年6月18日

工商总局关于加快促进流通产业发展的若干意见

工商字〔2013〕112号

各省、自治区、直辖市及计划单列市、副省级市工商行政管理局、市场监督管理局：

为认真贯彻落实《国务院关于深化流通体制改革加快流通产业发展的意见》（国发〔2012〕39号）和《国务院办公厅关于印发深化流通体制改革加快流通产业发展重点工作部门分工方案的通知》（国办函〔2013〕69号）精神，充分发挥工商行政管理职能作用，促进流通产业加快发展，现提出如下意见。

一、认清形势任务，提高思想认识

流通产业是现代服务业的重要组成部分，是国民经济的基础性和先导性产业。加快流通产业发展，不仅有利于服务生产，增强自身在国际市场上的竞争力，而且在方便群众生活、促进居民消费、促进产业结构优化升级、加快转变经济发展方式等方面具有重要意义。

加快流通产业发展，要坚持发挥市场作用与完善政府职能相结合，既充分发挥市场配置资源的基础性作用，又切实提升政府公共服务、市场监管和宏观调控能力。工商部门作为市场监管和行政执法部门，与流通产业发展密切相关。党中央、国务院高度重视流通产业发展工作，国务院下发了《关于深化流通体制改革加快流通产业发展的意见》和《关于印发深化流通体制改革加快流通产业发展重点工作部门分工方案的通知》，对加快流通产业发展提出了具体要求，明确了重点工作部门分工。各地要认真贯彻落实党的十八大精神，立足工商职能，以深化效能建设为抓手，加大服务支持力度，加强市场监管执法，确保国务院加快流通产业发展的各项政策措施落到实处。

二、加大市场监管执法力度，为流通产业健康发展营造良好的市场环境

（一）依法加强对关系国计民生、人民群众生命安全等商品的日常监管。在日常监管中，将关系国计民生、人民群众生命安全等商品的流通作为企业信用分类监管的重点，加大巡查力度，并将监管信息及时记录、反馈，提高辖区内重点商品流通控制力。按照“权责一致、分工负责、齐抓共管、综合治理”的协调联动机制，进一步加强与相关部门的协作配合，形成监管执法合力。

（二）加大流通领域商品质量监督检查力度。强化流通领域商品质量日常监督检查，督

促经营者自觉履行法定责任和义务，把好商品质量进货关，严格商品质量内部管理，对不合格商品及时予以有效退市。针对重点商品、重点经营者，加大流通领域商品质量监管和监测工作力度。积极推进商品质量监管信息化网络体系建设，充分利用信息化手段及时汇总、统计、分析商品质量监测信息，不断提高监测工作的针对性和实效性。

（三）完善打击侵犯知识产权和制售假冒伪劣商品违法行为长效机制。认真总结“双打”工作中好的经验做法，主动适应新的形势任务，完善打击侵犯知识产权和制售假冒伪劣商品违法行为长效机制。改进市场巡查、专项检查等监管方式，不断完善商标、假冒伪劣等案件线索通报、案件查处协作、复杂疑难案件会商、重大案件联合查办等工作制度，对涉及侵犯流通企业商标权、假冒伪劣的案件和突发事件，及时通报、快速反应、联合执法。认真总结推广商标授权经营和商标备案公示制度的经验，引导大中型商业企业等市场主体对进场商品商标进行备案、查验、审核，逐步实现市场监管关口前移。

（四）进一步做好竞争执法工作。深入开展打击“傍名牌”专项执法行动，针对流通产业的竞争状况和行业特点，加大执法力度、提升执法效能，强化案件指导和督查督办；进一步加大对流通产业存在的虚假宣传、虚假表示、不正当有奖销售等商业欺诈现象的打击力度；继续深入开展治理商业贿赂工作，依法打击物流、信息、金融等重点行业的商业贿赂违法行为；积极配合商务部门做好清理整顿大型零售企业违规收费工作，结合自身职能，做好零供交易监管工作；认真履职，加强沟通，依法处理阻碍、限制外地商品、服务和经营者进入本地市场，以及其他滥用行政权力排除、限制竞争的行为；坚持《反垄断法》的立法宗旨和违法必究原则，发挥中央和地方两个积极性，依法严厉查处垄断协议以及滥用市场支配地位排除、限制竞争行为（价格垄断行为除外）。

（五）扎实开展网络商品交易监管执法工作。大力加强网络市场监督检查和行政执法工作，切实维护网络市场秩序。指导督促各地以大型购物网站为重点，加强日常规范监管，及时发现并查处网络交易违法行为；加强对网站交易规则的检查，及时纠正、消除不公平合同格式条款。针对网络市场中出现的多发性、易发性问题，利用总局网监平台适时部署网监专项行动，重点突破。加大对典型网络交易违法案例的曝光力度，营造良好的舆论环境。健全完善全国网络信息化监管平台，努力实现网络商品交易日常监管动态化、实时化、智能化。

（六）加强诚信体系建设。结合工商登记制度改革，加强流通企业登记、备案、年检等信息的公示，推进公示信息与有关部门共享，建立连锁响应机制，推动部门协同监管。创新“守合同重信用”企业公示活动，促进诚信体系建设。深化诚信市场创建活动，广泛开展创建“诚信经营户”、“星级经营户”、“先进经营户”、“放心消费户”等活动，规范交易行为，促进诚信经营。积极推进网络信用体系建设，建立健全网络经营主体信用指标体系和网络商品交易市场信用分类监管体系。

三、加大服务支持力度，促进流通产业发展

（一）加大“经纪活农”工作力度。继续按

照“鼓励、扶持、引导、规范”的思路，加快培育发展农村经纪人等生产经营型人才，壮大高素质的农村经纪人队伍。充分发挥农村经纪人连接农业生产与市场的特殊桥梁作用，指导农村经纪人为农业生产经营提供低成本、便利化、全方位的服务，进一步搞活农产品流通，促进农民增收。结合贯彻落实《经纪人管理办法》，加强行政指导，完善农村经纪人监管制度，帮助农村经纪人建立自律性行业组织，促进农村经纪人向农民专业合作社发展。

（二）支持农民专业合作社发展。切实贯彻落实《农民专业合作社法》、《农民专业合作社登记管理条例》等法律法规，做好农民专业合作社登记服务工作；支持农民专业合作社以产品和产业等为纽带开展合作与联合，促进农民专业合作社经营向规模化、专业化和标准化发展，提升农民专业合作社物流配送能力和营销服务水平。

（三）积极推动电子商务健康发展。积极支持鼓励流通企业发展网络商品交易，努力扶持培养一批专业化、市场化程度高的网络市场主体，促进传统交易模式和网络交易的融合发展。支持鼓励中小企业和公民个人开展网上商品交易，引导和促进中小企业发展和个人创业。积极支持农业龙头企业、农产品批发市场建立农产品网上交易市场，开展农产品网上集中交易活动，实现传统市场升级转型。支持鼓励网络商品交易平台向农村延伸、发展，提高农村市场流通效率，方便农民群众生活。

（四）鼓励注册自主商标。加强商标专用权保护的法律服务工作，通过推行品牌指导站建设，积极引导流通企业提高自我保护和自我维权意识，支持中小流通企业特别是小微企业专业化、特色化发展。鼓励流通企业注册自主商标，依法保护注册商标专用权。以加强商标授权经营和备案公示制度为基础，推动零售企业转变营销方式，提高自营比重。充分发挥商标在凝聚产品质量、经营管理、市场营销、企业信用和技术创新等综合竞争能力中的载体作用。

四、完善相关法律法规，为营造良好的市场环境提供法规支撑

按照全国人大常委会十二五立法规划和国务院立法计划的统筹安排，积极配合做好《商标法》、《广告法》、《消费者权益保护法》、《反不正当竞争法》等法律的修订工作。及时做好《商标法实施条例》等配套法规的修订起草报送工作。适时制定符合工商行政管理执法实际、促进流通产业发展的工商行政管理部门规章，修订有关《商标法》、《广告法》、《消费者权益保护法》、《反不正当竞争法》的配套行政规章，完善网络商品交易、反垄断等监管领域的行政规章。

五、加强组织领导，强化协作配合

各地工商部门要切实加强组织领导，制定具体实施方案，完善和细化政策措施，注重协调指导和督促检查，确保各项工作落实到位。要结合当地实际，在地方党委、政府的统一领导下，在地方商务部门的牵头协调下，加强与发展改革、农业、交通、工信、质检等部门的协作配合，完善协作机制，发挥整体优势，形成工作合力。

工商总局

2013年7月23日

国务院办公厅关于促进进出口稳增长、调结构的若干意见

国发办〔2013〕83号

各省、自治区、直辖市人民政府，国务院各部委、各直属机构：

2013年以来，进出口形势复杂严峻，进出口增速明显放缓，制约进出口发展的困难增多，加快转变外贸发展方式的任务紧迫。为促进进出口稳增长、调结构，经国务院同意，现提出如下意见：

一、调整出口法检费用和目录。免收2013年8月1日至2013年年底5个月的出口商品法检费用。减少出口法检商品种类，原则上一般工业制成品不再实行出口法检。抓紧研究推进法定检验体制改革方案。继续做好打击出口假冒伪劣商品的工作。

二、加大出口退税支持力度。在防止骗退税的基础上，进一步提高退税审核效率，加快退税进度，保证及时足额退税。

三、加快推进跨境贸易人民币结算。扩大跨境贸易人民币结算规模，简化业务流程；便利外贸企业。逐步下放出口货物贸易人民币结算重点监管企业名单审核权限。

四、改善融资服务，支持金融机构按照风险可控、商业可持续的原则，对有订单、有效益的企业及项目提供贷款，对外贸企业开展出口退税账户托管贷款业务和出口信用保险保单融资。扩大外汇储备委托贷款规模。继续发挥好担保公司服务外贸企业的作用。

五、扩大信用保险支持。增加对新兴市场和发展中国家承保的国别限额。鼓励发展短期出口信用保险业务，提高出口信用保险规模，扩大覆盖面，加大对小微企业支持力度。

六、完善人民币汇率形成机制。完善人民币汇率中间价形成机制，引导市场形成双向波动预期，保持人民币汇率在合理均衡水平上的基本稳定。鼓励金融机构开发避险产品，帮助企业有效规避汇率波动风险。

七、提高贸易便利化水平。抓紧出台“一次申报、一次查验、一次放行”改革方案，分步在全国口岸实行。支持区域通关模式创新，继续推进“属地申报、口岸验放”等便利措施。

根据企业资信记录和监管条件，制订便利通关办法，提高海关查验的针对性和有效性，加快通关速度。减少自动进口许可货物种类，简化申领程序，便利外贸企业，整顿进出口环节经营性收费，减少行政事业性收费。

八、完善多种贸易方式。积极研究以跨境电子商务方式出口货物（B2C、B2B 等方式）所遇到的海关监管、退税、检验、外汇收支、统计等问题，完善相关政策，抓紧在有条件的地方先行试点，推动跨境电子商务的发展。推进市场采购贸易发展，在总结义乌试点经验的基础上，适时扩大试点范围。研究完善边贸发展政策，扩大边境贸易。

九、支持民营外贸企业加快发展。完善对中小民营企业开展进出口业务的服务，支持民营企业结构调整、重组兼并、改善管理。充分发挥外贸综合服务企业的作用，为中小民营企业出口提供通关、融资、退税等服务，抓紧研究促进外贸综合服务企业发展的支持政策。

十、更加重视开拓国际市场。扩大中小企业国际市场开拓资金规模，新增资金要向新兴市场和发展中国家倾斜。取消企业赴国外开展商务活动审批。支持企业参与发展中国家基础设施项目建设，推进海外市场营销网络建设。结合“营改增”改革范围的扩大，创造条件，对服务出口实行零税率。

十一、积极扩大进口。扩大进口贴息产品范围，增加进口贴息资金规模。支持地方制定政策，鼓励企业进口先进设备和技术。逐步扩大服务进口。本着有利于结构优化、淘汰落后产能的原则，赋予符合质量、环保、安全及能耗等标准的原油加工企业原油进口及使用资质。抓紧建立原油经营企业商业储备制度，增强国家调控能力。积极推进天然气国际合作。

十二、调整和完善棉花储备政策。积极采取措施，扩大国储棉销售，确保国内市场棉花供应，满足纺织企业需要，减少出口用棉企业成本，扩大纺织品出口。

各地区、各部门要高度重视进出口稳增长、调结构各项工作，加强对形势的分析，加强对进出口企业经营情况的监测，及时掌握企业经营成本、订单转移、产能转移、市场份额变化情况，增强工作的针对性和主动性。有关部门要进一步健全工作机制，形成合力，加强对进出口企业特别是小微企业的服务，为企业抓订单、拓市场提供及时有效的支持。

中华人民共和国国务院办公厅

2013 年 7 月 26 日

国务院关于加快发展节能环保产业的意见

国发〔2013〕30号

各省、自治区、直辖市人民政府，国务院各部委、各直属机构：

资源环境制约是当前我国经济社会发展面临的突出矛盾。解决节能环保问题，是扩内需、稳增长、调结构，打造中国经济升级版的一项重要而紧迫的任务。加快发展节能环保产业，对拉动投资和消费，形成新的经济增长点，推动产业升级和发展方式转变，促进节能减排和民生改善，实现经济可持续发展和确保2020年全面建成小康社会，具有十分重要的意义。为加快发展节能环保产业，现提出以下意见：

一、总体要求

（一）指导思想。

牢固树立生态文明理念，立足当前、着眼长远，围绕提高产业技术水平和竞争力，以企业为主体、以市场为导向、以工程为依托，强化政府引导，完善政策机制，培育规范市场，着力加强技术创新，大力提高技术装备、产品、服务水平，促进节能环保产业快速发展，释放市场潜在需求，形成新的增长点，为扩内需、稳增长、调结构，增强创新能力，改善环境质量，保障改善民生和加快生态文明建设作出贡献。

（二）基本原则。

创新引领，服务提升。加快技术创新步伐，突破关键核心技术和共性技术，缩小与国际先进水平的差距，提升技术装备和产品的供给能力。推行合同能源管理、特许经营、综合环境服务等市场化新型节能环保服务业态。

需求牵引，工程带动。营造绿色消费政策环境，推广节能环保产品，加快实施节能、循环经济和环境保护重点工程，释放节能环保产品、设备、服务的消费和投资需求，形成对节能环保产业发展的有力拉动。

法规驱动，政策激励。健全节能环保法规和标准，强化监督管理，完善政策机制，加强行业自律，规范市场秩序，形成促进节能环保产业快速健康发展的激励和约束机制。

市场主导，政府引导。充分发挥市场配置资源的基础性作用，以市场需求为导向，用改革的办法激发各类市场主体的积极性。针对产业发展的薄弱环节和瓶颈制约，有效发挥政府规划引导、政策激励和调控作用。

（三）主要目标。

产业技术水平显著提升。企业技术创新和科技成果集成、转化能力大幅提高，能源高效和分质梯级利用、污染物防治和安全处置、资源回收和循环利用等关键核心技术研发取得重点突破，装备和产品的质量、性能显著改善，形成一大批拥有知识产权和国际竞争力的重大装备和产品，部分关键共性技术达到国际先进水平。

国产设备和产品基本满足市场需求。通过引进消化吸收和再创新，努力提高产品技术水平，促进我国节能环保关键材料以及重要设备和产品在工业、农业、服务业、居民生活各领域的广泛应用，为实现节能环保目标提供有力的技术保障。用能单位广泛采用“节能医生”诊断、合同能源管理、能源管理师制度等节能服务新机制改善能源管理，城镇污水、垃圾处理和脱硫、脱硝设施运营基本实现专业化、市场化、社会化，综合环境服务得到大力发展。建设一批技术先进、配套健全、发展规范的节能环保产业示范基地，形成以大型骨干企业为龙头、广大中小企业配套的产业良性发展格局。

辐射带动作用得到充分发挥。完善激励约束机制，建立统一开放、公平竞争、规范有序的市场秩序。节能环保产业产值年均增速在15%以上，到2015年，总产值达到4.5万亿元，成为国民经济新的支柱产业。通过推广节能环保产品，有效拉动消费需求；通过增强工程技术能力，拉动节能环保社会投资增长，有力支撑传统产业改造升级和经济发展方式加快转变。

二、围绕重点领域，促进节能环保产业发展水平全面提升

当前，要围绕市场应用广、节能减排潜力大、需求拉动效应明显的重点领域，加快相关技术装备的研发、推广和产业化，带动节能环保产业发展水平全面提升。

（一）加快节能技术装备升级换代，推动重点领域节能增效。

推广高效锅炉。发展一批高效锅炉制造基地，培育一批高效锅炉大型骨干生产企业。重点提高锅炉自动化控制、主辅机匹配优化、燃料品种适应、低温烟气余热深度回收、小型燃煤锅炉高效燃烧等技术水平，加大高效锅炉应用推广力度。

扩大高效电动机应用。推动高效电动机产业加快发展，建设15—20个高效电机及其控制系统产业化基地。大力发展三相异步电动机、稀土永磁无铁芯电机等高效电机产品，提高高效电机设计、匹配和关键材料、装备，以及高压变频、无功补偿等控制系统的技术水平。

发展蓄热式燃烧技术装备。建设一批以高效燃烧、换热及冷却技术为特色的制造基地，加快重大技术、装备的产业化示范和规模化应用。重点是综合采用优化炉膛结构、利用预热、强化辐射传热等节能技术集成，提高加热炉燃烧效率；在预混合蓄热结合、蓄热体材料研发、蓄热式燃烧器小型化方面力争取得突破。

加快新能源汽车技术攻关和示范推广。加快实施节能与新能源汽车技术创新工程，大力加强动力电池技术创新，重点解决动力电池系统安全性、可靠性和轻量化问题，加强驱动电机及核心材料、电控等关键零部件研发和产业化，加快完善配套产业和充电设施，示范推广纯电动汽车和插电式混合动力汽车、空气动力车辆等。

推动半导体照明产业化。整合现有资源，提高产业集中度，培育10—15家掌握核心技术、拥有知识产权和知名品牌的龙头企业，建设一批产业链完善的产业集聚区，关键生产设备、重要原材料实现本地化配套。加快核心材料、装备和关键技术的研发，着力解决散热、模块化、标准化等重大技术问题。

（二）提升环保技术装备水平，治理突出环境问题。

示范推广大气治理技术装备。加快大气治理重点技术装备的产业化发展和推广应用。大力发展脱硝催化剂制备和再生、资源化脱硫技术装备，推进耐高温、耐腐蚀纤维及滤料的开发应用，加快发展选择性催化还原技术和选择性非催化还原技术及其装备，以及高效率、高容量、低阻力微粒过滤器等汽车尾气净化技术装备，实施产业化示范工程。

开发新型水处理技术装备。推动形成一批水处理技术装备产业化基地。重点发展高通量、持久耐用的膜材料和组件，大型臭氧发生器，地下水高效除氟、砷、硫酸盐技术，高浓度难降解工业废水成套处理装备，污泥减量化、无害化、资源化技术装备。

推动垃圾处理技术装备成套化。采取开展示范应用、发布推荐目录、完善工程标准等多种手段，大力推广垃圾处理先进技术和装备。重点发展大型垃圾焚烧设施炉排及其传动系统、循环流化床预处理工艺技术、焚烧烟气净化技术和垃圾渗滤液处理技术等，重点推广300吨/日以上生活垃圾焚烧炉及烟气净化成套装备。

攻克污染土壤修复技术。重点研发污染土壤原位稳定剂、异位固定剂，受污染土壤生物修复技术、安全处理处置和资源化利用技术，实施产业化示范工程，加快推广应用。

加强环境监测仪器设备的开发应用。提高细颗粒物（PM2.5）等监测仪器设备的稳定性，完善监测数据系统，提升设备生产质量控制水平。开发大气、水、重金属在线监测仪器设备，培育发展一批掌握核心技术、产品质量可靠、市场认可度高的骨干企业。加快大气、水等环境质量在线实时监测站点及网络建设，配备技术先进、可靠性高的环境监测仪器设备。

（三）发展资源循环利用技术装备，提高资源产出率。

提升再制造技术装备水平。提升再制造产业创新能力，推广纳米电刷镀、激光熔覆成形等产品再制造技术。研发无损拆解、表面预处理、零部件疲劳剩余寿命评估等再制造技术装备。重点支持建立10—15个国家级再制造产业聚集区和一批重大示范项目，大幅度提高基于表面工程技术的装备应用率。

建设“城市矿产”示范基地。推动再生资源清洁化回收、规模化利用和产业化发展。推广大型废钢破碎剪切、报废汽车和废旧电器破碎分选等技术。提高稀贵金属精细分离提纯、塑料改性和混合废塑料高效分拣、废电池全组分回收利用等装备水平。支持建设50个“城市矿产”示范基地，加快再生资源回收体系建设，形成再生资源加工利用能力8000万吨以上。

深化废弃物综合利用。推动资源综合利用示范基地建设，鼓励产业聚集，培育龙头企业。积极发展尾矿提取有价元素、煤矸石生产超细纤维等高值化利用关键共性技术及成套装备。开发利用产业废物生产新型建材等大型化、精细化、成套化技术装备。加大废旧电池、荧光灯回收利用技术研发。支持大宗固体废物综合利用，提高资源综合利用产品的技术含量和附加值。推动粮棉主产区秸秆综合利用。加快建设餐厨废弃物无害化处理和资源化利用设施。

推动海水淡化技术创新。培育一批集研发、孵化、生产、集成、检验检测和工程技术服务于一体的海水淡化产业基地。示范推广膜法、热法和耦合法海水淡化技术以及电水联产海水淡化模式，完善膜组件、高压泵、能量回收装置等关键部件及系统集成技术。

（四）创新发展模式，壮大节能环保服务业。

发展节能服务产业。落实财政奖励、税收优惠和会计制度，支持重点用能单位采用合同能源管理方式实施节能改造，开展能源审计和“节能医生”诊断，打造“一站式”合同能源管理综合服务平台，专业化节能服务公司的数量、规模和效益快速增长。积极探索节能量交易等市场化节能机制。

扩大环保服务产业。在城镇污水处理、生活垃圾处理、烟气脱硫脱硝、工业污染治理等重点领域，鼓励发展包括系统设计、设备成套、工程施工、调试运行、维护管理的环保服务总承包和环境治理特许经营模式，专业化、社会化服务占全行业的比例大幅提高。加快发展生态环境修复、环境风险与损害评价、排污权交易、绿色认证、环境污染责任保险等新兴环保服务业。

培育再制造服务产业。支持专业化公司利用表面修复、激光等技术为工矿企业设备的高值易损部件提供个性化再制造服务，建立再制造旧件回收、产品营销、溯源等信息化管理系统。推动构建废弃物逆向物流交易平台。

三、发挥政府带动作用，引领社会资金投入节能环保工程建设

（一）加强节能技术改造。发挥财政资金的引导带动作用，采取补助、奖励、贴息等方式，推动企业实施锅炉（窑炉）和换热设备等重点用能装备节能改造，全面推动电机系统节能、能量系统优化、余热余压利用、节约和替代石油、交通运输节能、绿色照明、流通零售领域节能等节能重点工程，提高传统行业的工程技术节能能力，加快节能技术装备的推广应用。开展数据中心节能改造，降低数据中心、超算中心服务器、大型计算机冷却耗能。

（二）实施污染治理重点工程。落实企业污染治理主体责任，加强大气污染治理，开展多污染物协同防治，督促推动重点行业企业加大投入，积极采用先进环保工艺、技术和装备，加快脱硫脱硝除尘改造，炼油行业加快工艺技术改造，提高油品标准，限期淘汰黄标车、老旧汽车。启动实施安全饮水、地表水保护、地下水保护、海洋保护等清洁水行动，加快重点流域、清水廊道、规模化畜禽养殖场等重点水污染防治工程建设，推动重点高耗水行业节水改造。实施土壤环境保护工程，以重金属和有机污染物为重点，选择典型区域开展土壤污染治理与修复试点示范。加大重点行业清洁生产推行力度，支持企业采用源头减量、减毒、减排以及过程控制等先进成熟清洁生产技术，实施汞污染削减、铅污染削减、高毒农药替代工程。

（三）推进园区循环化改造。引导企业和地方政府加大资金投入，推进园区（开发区）循环化改造，推动各类园区建设废物交换利用、能量分质梯级利用、水分类利用和循环使用、公共服务平台等基础设施，实现园区内项目、企业、产业有效组合和循环链接，打造园区的“升级版”。推动一批国家级和省级开发区提高主要资源产出率、土地产出率、资源循环利用率，基本实现“零排放”。

（四）加快城镇环境基础设施建设。以地方政府和企业投入为主，中央财政适当支持，加快污水垃圾处理设施和配套管网地下工程建设，推进建筑中水利用和城镇污水再生利用。探索

城市垃圾处理新出路，实施协同资源化处理城市废弃物示范工程。到2015年，所有设市城市和县城具备污水集中处理能力和生活垃圾无害化处理能力，城镇污水处理规模达到2亿立方米/日以上；城镇生活垃圾无害化处理能力达到87万吨/日以上，生活垃圾焚烧处理设施能力达到无害化处理总能力的35%以上。加强城镇园林绿化建设，提升城镇绿地功能，降减热岛效应。推动生态园林城市建设。

（五）开展绿色建筑行动。到2015年，新增绿色建筑面积10亿平方米以上，城镇新建建筑中二星级及以上绿色建筑比例超过20%；建设绿色生态城（区）。提高新建建筑节能标准，推动政府投资建筑、保障性住房及大型公共建筑率先执行绿色建筑标准，新建建筑全面实行供热按户计量；推进既有居住建筑供热计量和节能改造；实施供热管网改造2万公里；在各级机关和教科文卫系统创建节约型公共机构2000家，完成公共机构办公建筑节能改造6000万平方米，带动绿色建筑建设改造投资和相关产业发展。大力发展绿色建材，推广应用散装水泥、预拌混凝土、预拌砂浆，推动建筑工业化。积极推进太阳能发电等新能源和可再生能源建筑规模化应用，扩大新能源产业国内市场需求。

四、推广节能环保产品，扩大市场消费需求

（一）扩大节能产品市场消费。继续实施并研究调整节能产品惠民政策，实施能效“领跑者”计划，推动超高效节能产品市场消费。强化能效标识和节能产品认证制度实施力度，引导消费者购买高效节能产品。继续采取补贴方式，推广高效节能照明、高效电机等产品。研究完善峰谷电价、季节性电价政策，通过合理价差引导群众改变生活模式，推动节能产品的应用。在北京、上海、广州等城市扩大公共服务领域新能源汽车示范推广范围，每年新增或更新的公交车中新能源汽车的比例达到60%以上，开展私人购买新能源汽车和新能源出租车、物流车补贴试点。到2015年，终端用能产品能效水平提高15%以上，高效节能产品市场占有率提高到50%以上。

（二）拉动环保产品及再生产品消费。研究扩大环保产品消费的政策措施，完善环保产品和环境标志产品认证制度，推广油烟净化器、汽车尾气净化器、室内空气净化器、家庭厨余垃圾处理器、浓缩洗衣粉等产品，满足消费者需求。放开液化石油气（LPG）市场管控，扩大农村居民使用量。开展再制造“以旧换再”工作，对交回旧件并购买“以旧换再”再制造推广试点产品的消费者，给予一定比例补贴，近期重点推广再制造发动机、电动机等。落实相关支持政策，推动粉煤灰、煤矸石、建筑垃圾、秸秆等资源综合利用产品应用。

（三）推进政府采购节能环保产品。完善政府强制采购和优先采购制度，提高采购节能环保产品的能效水平和环保标准，扩大政府采购节能环保产品范围，不断提高节能环保产品采购比例，发挥示范带动作用。政府普通公务用车要优先采购1.8升（含）以下燃油经济性达到要求的小排量汽车和新能源汽车，择优选用纯电动汽车，研究对硒鼓、墨盒、再生纸等再生产品以及汽车零部件再制造产品的政府采购支持措施。鼓励政府机关、事业单位采取购买服务的方式，提高能源、水等资源利用效率，降低使用成本。抓紧研究制定政府机关及公共

机构购买新能源汽车的实施方案。

五、加强技术创新，提高节能环保产业市场竞争力

（一）支持企业技术创新能力建设。强化企业技术创新主体地位，鼓励企业加大研发投入，支持企业牵头承担节能环保国家科技计划项目。国家重点建设的节能环保技术研究中心和实验室优先在骨干企业布局。发展一批由骨干企业主导、产学研用紧密结合的产业技术创新战略联盟等平台。支持区域节能环保科技服务平台建设。

（二）加快掌握重大关键核心技术。充分发挥国家科技重大专项、科技计划专项资金等的作用，加大节能环保关键共性技术攻关力度，加快突破能源高效和分质梯级利用、污染物防治和安全处置、资源回收和循环利用、二氧化碳热泵、低品位余热利用、供热锅炉模块化等关键技术和装备。瞄准未来技术发展制高点，提前部署碳捕集、利用和封存技术装备。

（三）促进科技成果产业化转化。选择节能环保产业发展基础好的地区，建设一批产业集聚、优势突出、产学研用有机结合、引领示范作用显著的节能环保产业示范基地，支持成套装备及配套设备、关键共性技术和先进制造技术的生产制造和推广应用。加强知识产权保护，推进知识产权投融资机制建设，鼓励设立中小企业公共服务平台、出台扶持政策，支持中小型节能环保企业开展技术创新和产业化发展。筛选一批技术先进、经济适用的节能环保装备设备，扩大推广应用。

（四）推动国际合作和人才队伍建设。鼓励企业、科研机构开展国际科技交流与合作，支持企业节能环保创新人才队伍建设。依托“千人计划”和海外高层次创新创业人才基地建设，加快吸引海外高层次人才来华创新创业。依托重大人才工程，大力培养节能环保科技创新、工程技术等高端人才。

六、强化约束激励，营造有利的市场和政策环境

（一）健全法规标准。加快制（修）订节能环保标准，逐步提高终端用能产品能效标准和重点行业单位产品能耗限额标准，按照改善环境质量的需要，完善环境质量标准和污染物排放标准体系，提高污染物排放控制要求，扩大监控污染物范围，强化总量控制和有毒有害污染物排放控制，充分发挥标准对产业发展的催生促进作用，推动传统产业升级改造。完善节能环保法律法规，推动加快制定固定资产投资项目节能评估和审查法，制定节能技术推广管理办法。严格节能环保执法，严肃查处各类违法违规行为，做好行政执法与刑事司法的衔接，依法加大对环境污染犯罪的惩处力度。认真落实执法责任追究制。加强对节能环保标准、认证标识、政策措施等落实情况的监督检查。加快建立节能减排监测、评估体系和技术服务平台。

（二）强化目标责任。完善节能减排统计、监测、考核体系，健全节能减排预警机制，强化节能减排目标进度考核，建立健全行业节能减排工作评价制度。将考核结果作为领导班子和领导干部综合考核评价的重要内容，纳入政府绩效管理，落实奖惩措施，实行问责制。完善节能评估和审查制度，发挥能评对控制能耗总量和增量的重要作用。落实万家企业节能量

目标，加大对重点耗能企业节能的评价考核力度。落实节能减排目标责任制，形成促进节能环保产业发展的倒逼机制。

（三）加大财政投入。加大中央预算内投资和中央财政节能减排专项资金对节能环保产业的投入，继续安排国有资本经营预算支出支持重点企业实施节能环保项目。地方各级人民政府要提高认识，加大对节能环保重大工程和技术装备研发推广的投入力度，解决突出问题。要进一步转变政府职能，完善财政支持方式和资金管理办法，简化审批程序，强化监管，充分调动各方面积极性，推动节能环保产业积极有序发展。

（四）拓展投融资渠道。大力发展绿色信贷，按照风险可控、商业可持续的原则，加大对节能环保项目的支持力度。积极创新金融产品和服务，按照现有政策规定，探索将特许经营权等纳入贷款抵（质）押担保物范围。支持绿色信贷和金融创新，建立绿色银行评级制度。支持融资性担保机构加大对符合产业政策、资质好、管理规范的节能环保企业的担保力度。支持符合条件的节能环保企业发行企业债券、中小企业集合债券、短期融资券、中期票据等债务融资工具。选择资质条件较好的节能环保企业，开展非公开发行企业债券试点。稳步发展碳汇交易。鼓励和引导民间投资和外资进入节能环保领域。

（五）完善价格、收费和土地政策。加快制定实施鼓励余热余压余能发电及背压热电、可再生能源发展的上网和价格政策。完善电力峰谷分时电价政策，扩大应用面并逐步扩大峰谷价差。对超过产品能耗（电耗）限额标准的企业和产品，实行惩罚性电价。严格落实燃煤电厂脱硫、脱硝电价政策和居民用电阶梯价格，推行居民用水用气阶梯价格。

深化市政公用事业市场化改革，完善供热计量价格和收费管理办法，完善污水处理费和垃圾处理费政策，将污泥处理费用纳入污水处理成本，完善对自备水源用户征收污水处理费的制度。改进垃圾处理费征收方式，合理确定收费载体和标准，提高收缴率和资金使用效率。对城镇污水垃圾处理设施、“城市矿产”示范基地、集中资源化处理中心等国家支持的节能环保重点工程用地，在土地利用年度计划安排中给予重点保障。严格落实并不断完善现有节能、节水、环境保护、资源综合利用的税收优惠政策。

（六）推行市场化机制。建立主要终端用能产品能效“领跑者”制度，明确实施时限。推进节能发电调度。强化电力需求侧管理，开展城市综合试点。研究制定强制回收产品和包装物目录，建立生产者责任延伸制度，推动生产者落实废弃产品回收、处理等责任。采取政府建网、企业建厂等方式，鼓励城镇污水垃圾处理设施市场化建设和运营。深化排污权有偿使用和交易试点，建立完善排污权有偿使用和交易政策体系，研究制定排污权交易初始价格和交易价格政策。开展碳排放权交易试点。健全污染者付费制度，完善矿产资源补偿制度，加快建立生态补偿机制。

（七）支持节能环保产业“走出去”和“引进来”。鼓励有条件的企业承揽境外各类环保工程、服务项目。结合受援国需要和我国援助能力，加大环境保护、清洁能源、应对气候变化等领域的对外援助力度，支持开展相关技术、产品和服务合作。培育建设一批国家科技兴贸创新基地。鼓励节能环保企业参加各类双边或国际节能环保论坛、展览及贸易投资促进活动等，充分利用相关平台进行交流推介，开展国际合作，增强“走出去”的能力。引导外资投向节能环保产业，丰富外商投资方式，拓宽外商投资渠道，不断完善外商投资软环境。继续支持引进先进的节能环保核心关键技术和设备。国家支持节能环保产业发展的政策同等适用于符合条件的外商投资企业。

（八）开展生态文明先行先试。在做好生态文明建设顶层设计和总体部署的同时，总结有效做法和成功经验，开展生态文明先行示范区建设。根据不同区域特点，在全国选择有代表性的100个地区开展生态文明先行示范区建设，探索符合我国国情的生态文明建设模式。稳步扩大节能减排财政政策综合示范范围，结合新型城镇化建设，选择部分城市为平台，整合节能减排和新能源发展相关财政政策，围绕产业低碳化、交通清洁化、建筑绿色化、服务集约化、主要污染物减量化、可再生能源利用规模化等挖掘内需潜力，系统推进节能减排，带动经济转型升级，为跨区域、跨流域节能减排探索积累经验。通过先行先试，带动节能环保和循环经济工程投资和绿色消费，全面推动资源节约和环境保护，发挥典型带动和辐射效应，形成节能减排、生态文明的综合能力。

（九）加强节能环保宣传教育。加强生态文明理念和资源环境国情教育，把节能环保、生态文明纳入社会主义核心价值观宣传教育体系以及基础教育、高等教育、职业教育体系。加强舆论监督和引导，宣传先进事例，曝光反面典型，普及节能环保知识和方法，倡导绿色消费新风尚，形成文明、节约、绿色、低碳的生产方式、消费模式和生活习惯。

各地区、各部门要按照本意见的要求，进一步深化对加快发展节能环保产业重要意义的认识，切实加强组织领导和协调配合，明确任务分工，落实工作责任，扎实开展工作，确保各项任务措施落到实处，务求尽快取得实效。

国务院

2013年8月1日

国家林业局关于进一步改进人造板检疫管理的通知

林造发〔2013〕123号

各省、自治区、直辖市林业厅（局），内蒙古、吉林、龙江、大兴安岭森工（林业）集团公司，新疆生产建设兵团林业局：

为深入贯彻落实国务院行政审批制度改革精神，促进人造板产业发展，根据《植物检疫条例》、《植物检疫条例实施细则》（林业部分）的有关规定和《国际植物保护公约》（IPPC）的履约要求，经调查研究，我局决定对人造板应施检疫范围和检疫管理方式进行调整和改进。现将有关事项通知如下，请遵照执行。

一、实行人造板检疫分类管理

根据人造板生产工艺的不同，对人造板检疫实行分类管理。其中，在确保不会造成林业有害生物传播危害的前提下，对具有热压、粉碎等工序且能够达到除害处理要求的人造板种类不实施检疫，具体种类名录见附件 1；对附件 1 以外的人造板种类，继续按照国家有关规定实施检疫。

二、加强人造板的木质包装材料管理

运输人造板使用的木质包装材料是传播林业有害生物的重要载体。根据《国际植物保护公约》（IPPC）有关木质包装材料管理要求以及《进出境货物木质包装材料检疫管理准则》（GB/T 28060—2011）有关除害处理要求，对附件 1 范围内的人造板使用木质包装材料加施《国际植物保护公约》（IPPC）专用标识（以下简称 IPPC 专用标识）的企业，其运输人造板使用的木质包装材料在运出疫情发生区时不再实施现场检疫，并直接发给《植物检疫证书》，不收检疫费。IPPC 专用标识式样及有关说明见附件 2。

三、强化人造板检疫监管

各省级林业主管部门要加快职能转变，创新管理方式，提高行政效能和公共管理服务质量。要严格执行人造板及其木质包装材料的检疫政策，建立检疫追溯制度和 IPPC 专用标识加施企业数据库，加强事中事后监管。要与所在地的国家质量监督检验检疫总局直属检验检疫机构加强协作，做好有关人造板检疫管理工作。要充分发挥市场主体和社会团体的作用，支持行业协会等有关社会团体开展人造板行业自律、诚信管理。要加大检疫监管力度，对违规加施 IPPC 专用标识的企业，依法依规严肃查处。我局将不定期开展人造板检疫政策执行情况专项检查，对执行不力的将予以通报批评。

本通知自2013年11月1日起执行，有效期至2018年10月31日。《国家林业局办公室关于进一步明确人造板检疫范围的通知》（办造字〔2002〕32号）同时废止。

国家林业局

2013年8月7日

国务院关于化解产能严重过剩矛盾的指导意见

国发〔2013〕41号

各省、自治区、直辖市人民政府，国务院各部委、各直属机构：

化解产能严重过剩矛盾是当前和今后一个时期推进产业结构调整的工作重点。为积极有效地化解钢铁、水泥、电解铝、平板玻璃、船舶等行业产能严重过剩矛盾，同时指导其他产能过剩行业化解工作，特制定本意见。

一、充分认识化解产能严重过剩矛盾的重要性和紧迫性

在市场经济条件下，供给适度大于需求是市场竞争机制发挥作用的前提，有利于调节供需，促进技术进步与管理创新。但产品生产能力严重超过有效需求时，将会造成社会资源巨大浪费，降低资源配置效率，阻碍产业结构升级。

受国际金融危机的深层次影响，国际市场持续低迷，国内需求增速趋缓，我国部分产业供过于求矛盾日益凸显，传统制造业产能普遍过剩，特别是钢铁、水泥、电解铝等高消耗、高排放行业尤为突出。2012年底，我国钢铁、水泥、电解铝、平板玻璃、船舶产能利用率分别仅为72%、73.7%、71.9%、73.1%和75%，明显低于国际通常水平。钢铁、电解铝、船舶等行业利润大幅下滑，企业普遍经营困难。值得关注的是，这些产能严重过剩行业仍有一批在建、拟建项目，产能过剩呈加剧之势。如不及时采取措施加以化解，势必会加剧市场恶性竞争，造成行业亏损面扩大、企业职工失业、银行不良资产增加、能源资源瓶颈加剧、生态环境恶化等问题，直接危及产业健康发展，甚至影响到民生改善和社会稳定大局。

当前，我国出现产能严重过剩主要受发展阶段、发展理念和体制机制等多种因素的影响。在加快推进工业化、城镇化的发展阶段，市场需求快速增长，一些企业对市场预期过于乐观，盲目投资，加剧了产能扩张；部分行业发展方式粗放，创新能力不强，产业集中度低，没有形成由优强企业主导的产业发展格局，导致行业无序竞争、重复建设严重；一些地方过于追求发展速度，过分倚重投资拉动，通过廉价供地、税收减免、低价配置资源等方式招商引资，助推了重复投资和产能扩张；与此同时，资源要素市场化改革滞后，政策、规划、标准、环保等引导和约束不强，投资体制和管理方式不完善，监督检查和责任追究不到位，导致生产要素价格扭曲，公平竞争的市场环境不健全，市场机制作用未能有效发挥，落后产能退出渠道不畅，产能过剩矛盾不断加剧。

产能严重过剩越来越成为我国经济运行中的突出矛盾和诸多问题的根源。企业经营困难、财政收入下降、金融风险积累等，都与产能严重过剩紧密切相联。化解产能严重过剩矛盾必然带来阵痛，有的行业甚至会伤筋动骨，但从全局和长远来看，遏制矛盾进一步加剧，引导好投资方向，对加快产业结构调整，促进产业转型升级，防范系统性金融风险，保持国民经济持续健康发展意义重大。因此，要坚决控制增量、优化存量，深化体制改革和机制创新，加快建立和完善以市场为主导的化解产能严重过剩矛盾长效机制。这是一项复杂的系统工程，任务十分艰巨，要精心谋划、总体部署、统筹安排，积极稳妥加以推进。

二、总体要求、基本原则和主要目标

（一）总体要求。

全面贯彻落实党的十八大精神，以邓小平理论、“三个代表”重要思想、科学发展观为指导，坚持以转变发展方式为主线，把化解产能严重过剩矛盾作为产业结构调整的重点，按照尊重规律、分业施策、多管齐下、标本兼治的总原则，立足当前，着眼长远，着力加强宏观调控和市场监管，坚决遏制产能盲目扩张；着力发挥市场机制作用，完善配套政策，“消化一批、转移一批、整合一批、淘汰一批”过剩产能；着力创新体制机制，加快政府职能转变，建立化解产能严重过剩矛盾长效机制，推进产业转型升级。

（二）基本原则。

——坚持尊重市场规律与改善宏观调控相结合。发挥企业市场主体作用，强化企业责任意识；加强市场供需趋势研判和信息引导，综合运用法律、经济以及必要的宏观调控手段，加强政策协调，形成化解产能严重过剩矛盾、引导产业健康发展的合力。

——坚持开拓市场需求与产业转型升级相结合。保持投资合理增长，培育新的消费增长点，扩大国内市场规模，巩固拓展国际市场，消化国内过剩产能。强化需求升级导向，培育高端产品市场，促进产能结构优化，带动产业转型升级。

——坚持严格控制增量与调整优化存量相结合。严格要素供给和投资管理，遏制盲目扩张和重复建设；推进企业兼并重组，整合压缩过剩产能；实施境外投资和产业重组，转移国内过剩产能；强化资源能源和环境硬约束，加快淘汰落后产能；统筹区域协调发展，优化产业布局。

——坚持完善政策措施与深化改革创新相结合。完善和细化化解产能严重过剩矛盾的配套政策措施，建立中央和地方联动机制，加强协调服务，发挥部门合力，落实地方责任；深化重点领域改革和体制机制创新，形成有利于发挥市场竞争机制作用、有效化解产能严重过剩的体制机制环境。

（三）主要目标。

通过5年努力，化解产能严重过剩矛盾工作取得重要进展：

——产能规模基本合理。钢铁、水泥、电解铝、平板玻璃、船舶等行业产能总量与环境承载力、市场需求、资源保障相适应，空间布局与区域经济发展相协调，产能利用率达到合理水平。

——发展质量明显改善。兼并重组取得实质性进展，产能结构得到优化；清洁生产和污染治理水平显著提高，资源综合利用水平明显提升；经济效益实现好转，盈利水平回归合理，行业平均负债率保持在风险可控范围内，核心竞争力明显增强。

——长效机制初步建立。公平竞争的市场环境得到完善，企业市场主体作用充分发挥。过剩行业产能预警体系和监督机制基本建立，资源要素价格、财税体制、责任追究制度等重点领域改革取得重要进展。

三、主要任务

（一）坚决遏制产能盲目扩张。

严禁建设新增产能项目。严格执行国家投资管理规定和产业政策，加强产能严重过剩行业项目管理，各地方、各部门不得以任何名义、任何方式核准、备案产能严重过剩行业新增产能项目，各相关部门和机构不得办理土地（海域）供应、能评、环评审批和新增授信支持等相关业务。

分类妥善处理在建违规项目。对未按土地、环保和投资管理等法律法规履行相关手续或手续不符合规定的违规项目，地方政府要按照要求进行全面清理。凡是未开工的违规项目，一律不得开工建设；凡是不符合产业政策、准入标准、环保要求的违规项目一律停建；对确有必要建设的项目，在符合布局规划和环境承载力要求，以及等量或减量置换原则等基础上，由地方政府提出申请报告，报发展改革委、工业和信息化部并抄报国土资源部、环境保护部等相关职能部门，发展改革委、工业和信息化部商国土资源部、环境保护部等职能部门，在委托咨询机构评估的基础上出具认定意见，各相关部门依法依规补办相关手续。对未予认定的在建违规项目一律不得续建，由地方政府自行妥善处理；对隐瞒不报在建违规项目，一经查实，立即停建，金融机构停止发放贷款，国土、环保部门依据土地管理法、环境保护法等法律法规予以处理，对涉及失职渎职和权钱交易等问题的予以严肃查处，对监管不力的要严肃追究相关人员的责任。同时，按照谁违规谁负责的原则，做好债务、人员安置等善后工作。所有在建违规项目的处理结果均应向社会公开。

（二）清理整顿建成违规产能。

全面清理整顿。各省级人民政府依据行政许可法、土地管理法、环境保护法等法律法规，以及能源消耗总量控制指标、产业结构调整指导目录、行业规范和准入条件、环保标准等要求，对产能严重过剩行业建成违规项目进行全面清理，提出整顿方案并向社会公示后，报发展改革委、工业和信息化部、国土资源部、环境保护部等部门备案；对不符合备案要求的，各有关部门要及时反馈意见。

加强规范管理。各级政府要加强对建成违规产能的规范管理，工业主管部门加强行业规范和准入管理，国土、环保部门严格监督检查，质检部门进行质量保障能力综合评价，依法颁发产品生产许可证。对工艺装备落后、产品质量不合格、能耗及排放不达标的项目，列入淘汰落后年度任务加快淘汰。

（三）淘汰和退出落后产能。

坚决淘汰落后产能。分解落实年度目标，在提前一年完成“十二五”钢铁、电解铝、水泥、平板玻璃等重点行业淘汰落后产能目标任务基础上，通过提高财政奖励标准，落实等量或减量置换方案等措施，鼓励地方提高淘汰落后产能标准，2015年底前再淘汰炼铁1500万吨、炼钢1500万吨、水泥（熟料及粉磨能力）1亿吨、平板玻璃2000万重量箱。“十三五”期间，结合产业发展实际和环境承载力，通过提高能源消耗、污染物排放标准，严格执行特别排放限值要求，加大执法处罚力度，加快淘汰一批落后产能。中央企业在淘汰和退出落后产能方面要发挥示范带头作用。

引导产能有序退出。完善激励和约束政策，研究建立过剩产能退出的法律制度，引导企业主动退出过剩行业。分行业制修订并严格执行强制性能耗限额标准，对超过能耗限额标准和环保不达标的企业，实施差别电价和惩罚性电价、水价等差别价格政策。产能严重过剩行业项目建设，须制定产能置换方案，实施等量或减量置换，在京津冀、长三角、珠三角等环境敏感区域，实施减量置换。项目所在地省级人民政府须制定产能等量或减量置换方案并向社会公示，行业主管部门对产能置换方案予以确认并公告，同时将置换产能列入淘汰名单，监督落实。鼓励各地积极探索政府引导、企业自愿、市场化运作的产能置换指标交易，形成淘汰落后与发展先进的良性互动机制。

（四）调整优化产业结构。

推进企业兼并重组。完善和落实促进企业兼并重组的财税、金融、土地等政策措施。协调解决企业跨地区兼并重组重大问题，理顺地区间分配关系，促进行业内优势企业跨地区整合过剩产能。支持兼并重组企业整合内部资源，优化技术、产品结构，压缩过剩产能。鼓励和引导非公有制企业通过参股、控股、资产收购等多种方式参与企业兼并重组。研究出台促进企业做优做强的指导意见，推动优强企业引领行业发展，支持和培育优强企业发展壮大，提高产业集中度，增强行业发展的协调和自律能力。

优化产业空间布局。科学制定产业布局规划，在坚决遏制产能盲目扩张和严控总量的前提下，有序推进产业布局调整和优化。按照区域发展总体战略要求，适应城镇化发展需要，结合地方环境承载力、资源能源禀赋、产业基础、市场空间、物流运输等条件，有序推进产业梯度转移和环保搬迁、退城进园，防止落后产能转移。支持跨地区产能置换，引导国内有效产能向优势企业和更具比较优势的地区集中，推动形成分工合理、优势互补、各具特色的区域经济和产业发展格局。

（五）努力开拓国内市场需求。

扩大国内有效需求。适应工业化、城镇化、信息化、农业现代化深入推进的需要，挖掘国内市场潜力，消化部分过剩产能。推广钢结构在建设领域的应用，提高公共建筑和政府投资建设领域钢结构使用比例，在地震等自然灾害高发地区推广轻钢结构集成房屋等抗震型建筑；推动建材下乡，稳步扩大钢材、水泥、铝型材、平板玻璃等市场需求。优化航运运力结构，加快淘汰更新老旧运输船舶。

着力改善需求结构。强化需求升级导向，实施绿色建材工程，发展绿色安全节能建筑，制修订相关标准规范，提高建筑用钢、混凝土以及玻璃等产品使用标准，带动产品升级换代。推动节能、节材和轻量化，促进高品质钢材、铝材的应用，满足先进制造业发展和传统产业转型升级需要。加快培育海洋工程装备、海上工程设施市场。

（六）积极拓展对外发展空间。

巩固扩大国际市场。鼓励企业积极参加各

类贸易促进活动，创新国际贸易方式。拓展对外工程承包领域，提升对外承包工程质量和效益，积极承揽重大基础设施和大型工业、能源、通信、矿产资源开发等项目，带动国内技术、装备、产品、标准和服务等出口，培育“中国建设”国际品牌。适应国际新规范、新公约、新标准要求，增强节能环保船舶设计制造能力，稳定船舶出口市场。

扩大对外投资合作。鼓励优势企业以多种方式“走出去”，优化制造产地分布，消化国内产能。建立健全贸易投资平台和“走出去”投融资综合服务平台。推动设立境外经贸合作区，吸引国内企业入园。按照优势互补、互利共赢的原则，发挥钢铁、水泥、电解铝、平板玻璃、船舶等产业的技术、装备、规模优势，在全球范围内开展资源和价值链整合；加强与周边国家及新兴市场国家投资合作，采取多种形式开展对外投资，建设境外生产基地，提高企业跨国经营水平，拓展国际发展新空间。

（七）增强企业创新驱动发展动力。

突破核心关键技术。利用市场机制和经济杠杆倒逼企业增强技术创新的内在动力，推动企业转型和产业升级，提升以产品质量、标准、技术为核心要素的市场竞争力。着力构建以企业为主体、市场为导向、产学研相结合的技术创新体系，集中精力突破、掌握一批关键共性技术。鼓励企业实施技术改造，推广应用更加节能、安全、环保、高效的钢铁、电解铝、水泥、平板玻璃工艺技术，提升高技术船舶、海洋工程装备设计制造能力。

加强企业管理创新。深化国有企业改革，引导国有资本从产能严重过剩行业向战略性新兴产业和公共事业领域转移。鼓励企业强化战略管理、培育知名品牌，加强产品创新、组织创新、商业模式创新，提升有效供给，创造有效需求。提高企业管理信息化水平，推进精细化管理。注重发挥企业家才能，加强创新型人才队伍建设，完善以人为本的企业人才激励机制。总结推广企业管理创新优秀成果，实施企业管理创新示范工程。

（八）建立长效机制。

创新政府管理。加强产业、土地、环保、节能、金融、质量、安全、进出口等部门协调配合，强化用地、用海和岸线审查，严格环保和质量监督管理，坚持银行独立审贷，形成法律法规约束下责任清晰的市场监管机制。深化投资体制改革，强化事中和事后纵横协管。加强对产能严重过剩行业动态监测分析，建立产能过剩信息预警机制。

营造公平环境。保障各种所有制经济依法平等使用生产要素、公平参与市场竞争、同等受到法律保护。切实减少对企业生产经营活动的行政干预，坚决清理废除地方政府在招商引资中采取土地、资源、税收、电价等损害公平竞争的优惠政策，以及地方保护、市场分割的限制措施。加强知识产权保护和质量体系建设，打击假冒伪劣产品，整顿规范市场秩序，形成有利于创新创业的市场环境。

完善市场机制。推进资源税改革和环境保护税立法。理顺资源、要素价格的市场形成机制，完善差别化价格政策，提高产业准入的能耗、物耗、水耗和生态环保标准，切实发挥市场配置资源的基础性作用。以资源环境承载力上限，倒逼超标产能退出、节能减排达标和自然环境改善。完善转移支付制度，建立生态环保补偿责任制。

四、分业施策

对产能严重过剩行业，要根据行业特点，开展有选择、有侧重、有针对性的化解工作。

钢铁。重点推动山东、河北、辽宁、江苏、山西、江西等地区钢铁产业结构调整，充分发挥地方政府的积极性，整合分散钢铁产能，推动城市钢厂搬迁，优化产业布局，压缩钢铁产能总量8000万吨以上。逐步提高热轧带肋钢筋、电工用钢、船舶用钢等钢材产品标准，修订完善钢材使用设计规范，在建筑结构纵向受力钢筋中全面推广应用400兆帕及以上强度高强钢筋，替代335兆帕热轧带肋钢筋等低品质钢材。加快推动高强钢筋产品的分类认证和标识管理。落实公平税赋政策，取消加工贸易项下进口钢材保税政策。

水泥。加快制修订水泥、混凝土产品标准和相关设计规范，推广使用高标号水泥和高性能混凝土，尽快取消32.5复合水泥产品标准，逐步降低32.5复合水泥使用比重。鼓励依托现有水泥生产线，综合利用废渣发展高标号水泥和满足海洋、港口、核电、隧道等工程需要的特种水泥等新产品。支持利用现有水泥窑无害化协同处置城市生活垃圾和产业废弃物，进一步完善费用结算机制，协同处置生产线数量比重不低于10%。强化氮氧化物等主要污染物排放和能源、资源单耗指标约束，对整改不达标的生产线依法予以淘汰。

电解铝。2015年底前淘汰16万安培以下预焙槽，对吨铝液电解交流电耗大于13700千瓦时，以及2015年底后达不到规范条件的产能，用电价格在标准价格基础上上浮10%。严禁各地自行出台优惠电价措施，采取综合措施推动缺乏电价优势的产能逐步退出，有序向具有能源竞争优势特别是水电丰富地区转移。支持电解铝企业与电力企业签订直购电长期合同，推广交通车辆轻量化用铝材产品的开发和应用。鼓励国内企业在境外能源丰富地区建设电解铝生产基地。

平板玻璃。制修订平板玻璃和制品标准和应用规范，在新建建筑和既有建筑改造中使用符合节能标准的门窗，鼓励采用低辐射中空玻璃，支持既有生产线升级改造，提高优质浮法玻璃原片比重。发展功能性玻璃，鼓励原片生产深加工一体化，平板玻璃深加工率达到50%以上，培育玻璃精深加工基地。加快河北、广东、江苏、山东等重点产区和环境敏感区域结构调整。支持联合重组，形成一批产业链完整、核心竞争力强的企业集团。

船舶。提高海洋开发装备水平，加强海洋保障能力建设，充分挖掘航运、海洋工程、渔业、行政执法、应急救援等领域船舶装备的国内需求潜力，调整优化船舶产品结构。加大出口船舶信贷金融扶持，鼓励有实力的企业建立海外销售服务基地。提高满足国际新规范、新公约、新标准的船舶产品研发和建造能力，鼓励现有造船产能向海洋工程装备领域转移，支持中小企业转型转产，提升高端产能比重。提高行业准入标准，对达不到准入条件和一年以上未承接新船订单的船舶企业实施差别化政策。支持企业兼并重组，提高产业集中度。

五、政策措施

（一）完善行业管理。充分发挥行业规划、政策、标准的引导和约束作用，落实工业转型升级规划和行业发展规划，修订完善钢铁、水泥产业政策和铝、水泥、平板玻璃、船舶行业准入条件。加强行业准入和规范管理，公告符合条件的生产线和企业名单。适时发布产能严重过剩行业产能利用、市场供需等相关信息。定期发布淘汰落后产能企业名单。加强产品质量管理，推行产能严重过剩行业产品质量分类监管。发挥行业协会在行业自律、信息服务等方面的重要作用。

（二）强化环保硬约束监督管理。加强环保准入管理，严格控制区域主要污染物排放总量，完善区域限批措施。抓紧研究完善污染物排放和环境质量标准，特别是对京津冀等环境敏感区域要提高相关环境标准。开展环境质量、重点污染源排放情况动态监测，对污染物排放超标企业实施限产、停产等措施。对产能严重过剩行业企业强化执法监督检查，曝光环境违法企业名单，加大处罚力度，责令限期整改，污染排放严重超标的企业要停产整顿，对经整改整顿仍不符合污染物排放标准和特别排放限值等相关规定的企业，予以关停。

（三）加强土地和岸线管理。强化项目用地、岸线管理，对产能严重过剩行业企业使用土地、岸线进行全面检查，对违规建设项目使用土地、岸线进行清理整顿，对发现的土地违法行为依法进行查处。加强对产能严重过剩行业新增使用土地、岸线的审核，对未经核准、备案的项目，一律不得批准使用土地、岸线。各地要取消产能严重过剩行业项目用地优惠政策。政府土地储备机构有偿收回企业环保搬迁、兼并重组、淘汰落后等退出的土地，按规定支付给企业的土地补偿费，可以用于支持企业做好善后处理工作和转型发展。

（四）落实有保有控的金融政策。对产能严重过剩行业实施有针对性的信贷指导政策，加强和改进信贷管理。对未取得合法手续的建设项目，一律不得放贷、发债、上市融资。依法保护金融债权。鼓励商业银行按照风险可控和商业可持续原则，加大对产能严重过剩行业企业兼并重组整合过剩产能、转型转产、产品结构调整、技术改造和向境外转移产能、开拓市场的信贷支持。对整合过剩产能的企业，积极稳妥开展并购贷款业务，合理确定并购贷款利率，贷款期限可延长至 7 年。大力发展各类机构投资，鼓励创新基金品种，开拓企业兼并重组融资渠道。加大企业“走出去”的贷款支持力度、适当简化审批程序，完善海外投资保险产品，研究完善“走出去”投融资服务体系，支持产能向境外转移。

（五）完善和规范价格政策。按照体现资源稀缺性和环境成本的原则，深化资源性产品价格改革。继续实施并完善非居民用水超定额加价和环保收费政策。完善差别电价政策，各地对产能严重过剩行业优惠电价政策进行清理整顿，禁止自行实行电价优惠和电费补贴。对钢铁、水泥、电解铝、平板玻璃等高耗能行业，能耗、电耗、水耗达不到行业标准的产能，实施差别电价和惩罚性电价、水价。

（六）完善财税支持政策。中央财政加大对产能严重过剩行业实施结构调整和产业升级的支持力度，各地财政结合实际安排专项资金予以支持。中央财政利用淘汰落后产能奖励资金等现有资金渠道，适当扩大资金规模，支持产能严重过剩行业压缩过剩产能。完善促进企业兼并重组的税收政策，鼓励企业重组，提高市场竞争力。对向境外转移过剩产能的企业，其出口设备及产品可按现行规定享受出口退税政策。修订完善资源综合利用财税优惠政策，支持生产高标号水泥、高性能混凝土以及利用水泥窑处置城市垃圾、污泥和产业废弃物。

（七）落实职工安置政策。各级政府要切实负起责任，将化解产能严重过剩矛盾中企业下岗失业人员纳入就业扶持政策体系。落实促进自主创业、鼓励企业吸纳就业和帮扶就业困难人员就业等各项政策，加强对下岗失业人员的免费职业介绍、职业指导等服务，提供职业培训，开展创业指导和创业培训，落实自主创业税费减免、小额担保贷款等政策，扶持下岗失业人员以创业带动就业。切实做好下岗失业人员社会保险关系接续和转移，按规定落实好其社会保障待遇，依法妥善处理职工劳动关系。

（八）建立项目信息库和公开制度。建立全国统一的投资项目信息库，充分发挥信息化在市场监管中的作用。结合取消和下放项目行政审批，以及加强事中、事后监管的要求，率先建立钢铁、电解铝等产能严重过剩行业项目信息库，涵盖现有生产企业在建项目和已核准或备案项目的动态情况。加强建设项目信息公开和服务，并与国土、环保、金融等信息系统互联互通，形成协同监管机制。同时，建立和完善举报查处制度，鼓励和引导社会参与监管。

（九）强化监督检查。把化解产能严重过剩矛盾工作列为落实中央重大决策部署监督检查的重要内容，加强对本意见贯彻落实情况的监督检查，落实地方政府主体责任。认真执法问责，对工作开展不力的地方和部门，进行通报批评，建立健全责任延伸制度。强化案件查办，对违法违规建设产能严重过剩行业项目监管不力的，按照国家有关规定追究相关责任人的责任。将遏制重复建设、化解产能严重过剩矛盾工作列入地方政府政绩考核指标体系。及时公开化解产能严重过剩进展情况，发挥新闻媒体舆论引导和社会公众的监督作用。

六、实施保障

各地区、各部门要进一步提高认识，把思想和行动统一到中央的决策部署上来，切实履行职责，加强协调配合，以高度的责任感、使命感和改革创新精神，合力推进化解产能严重过剩矛盾各项工作。国土资源部门要进一步加强供地用地管理，把好土地关口；环境保护部门要继续强化环境监管，管好环保门槛；金融部门要改进和加强信贷管理，用好信贷闸门。各有关部门要按照本意见的要求，根据职责分工抓紧制定配套文件，完善配套政策，确保各项任务得到贯彻实施。各省级人民政府对本地区化解产能严重过剩矛盾工作负总责，结合实际制定具体实施方案并组织实施，高度重视和有效防范社会风险，切实加强组织领导和监督检查，稳扎稳打做好化解产能严重过剩工作，保障本意见各项任务顺利实施。加强宣传引导，做好政策解读，营造化解产能严重过剩矛盾的良好社会氛围。

国务院

2013 年 10 月 6 日

商务部关于进一步加强内贸规划工作的实施意见

商建函〔2013〕875号

各省、自治区、直辖市、计划单列市及新疆生产建设兵团商务主管部门：

为推动内贸管理工作创新，充分发挥各类内贸规划引领和带动作用，促进国内贸易又好又快发展，现就加强内贸规划工作，提出以下实施意见：

一、重要意义

（一）充分认识加强内贸规划工作的重要意义。

在国家实施扩大内需战略、打造中国经济升级版、加快推进政府职能转变的新形势下，加强内贸规划工作，有利于促进内贸发展方式转变，推动国内贸易科学发展；有利于优化社会资源配置，从整体上提升流通效率；有利于促进公平有序竞争，为企业发展营造良好环境；有利于加快政府职能转变，提高商务主管部门管理效能。加强内贸规划工作，是内贸工作总体和战略的需要，对于扩大消费需求、保障和改善民生、引导生产发展、加强宏观调控、促进全国统一大市场形成、提高经济运行效率具有重要意义。各地商务主管部门要有全局观念、战略思维、超前意识和创新精神，高度重视、精心组织、积极推动内贸规划工作，切实把加强内贸规划工作作为新形势下履行商务行政管理职能、发挥政府宏观调控作用的重要抓手。

二、指导思想和工作目标

（二）指导思想。

坚持以邓小平理论、三个代表重要思想和科学发展观为指导，以“提高流通效率”为核心目标，以保障和改善民生为根本宗旨，坚持发挥市场配置资源的基础性作用，统筹区域、城乡和内外贸一体化发展，建立健全内贸规划体系，加强内贸规划贯彻实施，推动形成统一开放、竞争有序的全国统一大市场，充分发挥国内贸易在国民经济中的基础性、先导性作用。

（三）工作目标。

到2015年，基本完成县级市商业网点规划编制工作；到2018年，各省（区、市）编制完成内贸发展规划，内贸专项规划覆盖内贸主要行业和重点领域，60%以上县区编制完成商业网点规划，形成比较系统的内贸规划体系；到2020年，内贸规划体系更加健全，编制程序更加规范，规划质量显著提升，规划引导作用大幅增强，规划实施环境明显改善。

三、工作任务

（四）明确各类内贸规划功能定位。

按照功能，国内贸易规划分为发展规划、专项规划和网点规划三类。发展规划依据国家或地方的国民经济和社会发展五年规划纲要制订，以促进全国或某一区域内国内贸易总体发展为目标，着重阐明国内贸易发展战略，提出发展政策导向，明确政府工作重点，引导市场主体行为，主要是对内贸行业发展进行总体设计。专项规划依据发展规划制订，以促进或规范特定行业、领域或区域国内贸易发展为目的，包含一定的空间布局内容，主要是对特定范围内贸发展进行系统设计。网点规划依据城市总体规划和土地利用总体规划制订，以优化城乡商业设施空间布局和结构、改善商业发展环境和居民消费环境为目的，侧重于空间布局，主要是对一个地方的商业发展进行总体安排。发展规划是编制本级和下级专项规划、网点规划的重要依据，专项规划和网点规划要符合发展规划要求，网点规划要与专项规划衔接。

（五）加强内贸规划分级管理工作。

按照层级，国内贸易规划主要分为国家级规划、省级规划和市县级规划三级。推进内贸规划工作，需要明确中央和地方职责分工。商务部主要编制全国国内贸易发展规划，编制内贸各行业、各领域的专项规划，组织有关省市编制11个主要商业功能区规划等，指导全国商业网点规划工作。省级商务主管部门负责编制本地内贸发展规划和专项规划。各城市和区县商务主管部门负责商业网点规划的具体编制和实施工作。有条件的乡镇需要制订商业网点规划的，由所在地县区商务主管部门组织编制。涉及跨区域的国内贸易发展规划由相关区域共同的上级商务主管部门组织协调相关区域共同编制。地方政府及有关部门制定的内贸发展规划、专项规划要与上级政府及有关部门制定的发展规划、专项规划做好衔接。

（六）规范内贸规划编制工作程序。

编制各类内贸规划，均应经过科学、严谨、规范的工作程序，确保规划质量。要把内贸规划编制过程变成集中民智、反映民意、科学决策、发扬民主的过程。各地要结合本地实际，研究制订内贸规划工作的管理规范，明确规划立项、起草、衔接、论证、报批、公布、备案及修编等程序性规定。编制规划应开展前期调研、统计分析、形势研判等工作，其中编制重要规划应开展相关课题研究。编制内贸规划应与工业、交通、农业、旅游、金融等部门及服务业、城镇化等相关规划进行衔接。编制商业网点规划还要重点加强与城市总体规划和土地利用总体规划的衔接工作。涉及重大流通基础设施布局的地方内贸规划，应当加强相邻区域规划衔接。通过规范编制工作程序，增强内贸规划的科学性、指导性、系统性和规范性，提高内贸规划工作整体水平。

（七）推进内贸规划分类制订工作。

各级商务主管部门要统筹推进内贸规划编制和修编工作，加快健全以国家总体规划为指导、内贸发展规划为统领、专项规划为重点、网点规划为基础的内贸规划体系。自“十三五”开始，省级商务主管部门都要制订内贸发展规划，并向商务部备案；省级和中心城市商务主管部门要结合本地实际，突出重点行业、重点领域和重点工作，编制或修编不少于10个内贸专项规划，或者保持不少于10个内贸专项规划处于实施中。2015年底前，各地要完成本行政区域内县级市商业网点规划编制工作。2020年底前，各地要完成本行政区域内80%以上县区商业网点规划编制工作。各地要结合实际，进一步明确本地内贸相关规划的具体依据、范围、对象、原则、期限等，明确发展规划和专项规划在框架结构上应当包括现状与形势分析、指导思想、发展目标、主要任务和保障措施等内容。要加强前期研究，精选编制单位，创新发展理念，做实规划内容，明确目标任务，配套保障措施，广泛征求意见，科学组织论证。要按照商务部有关工作要求，认真做好内贸专项规划和商业网点规划修编工作。要强化内贸规划制订工作，突出规划在内贸工作中的重要性，突出内贸在经济社会发展中的重要地位。

（八）大力推动内贸规划贯彻实施。

各地要认真做好各类内贸规划贯彻落实工作。一是分解规划目标任务。省级商务主管部门对商务部和本地制定的内贸发展规划和各类专项规划，要细化和分解目标与任务，明确时间进度和工作要求。市县商务主管部门要重点分解落实好商业网点规划方面的目标任务。二是明确实施主体责任。将工作责任落实到地方、部门、处室和个人，相关单位和个人要切实履行职责。三是抓好重点工作落实。各级商务主管部门要积极推动各类内贸规划主要任务、保障措施和重大配套支撑项目的落实，要主动推动重点行业、重点领域、重点区域和关键环节的工作，努力推动全国流通节点城市建设。四是建立规划实施监测机制。建立年度监督、中期评估、终期检查制度，全面评价内贸规划实施效果。每半年向商务部报告一次发展规划和专项规划工作情况，每季度报告一次商业网点规划编制和实施情况。五是建立内贸规划调整机制。实施条件发生重大变化或经评估需要对内贸规划进行修订的，编制部门应当提出修订方案，并按相关程序适时组织调整和修订。

（九）建立内贸规划工作考评制度。

各级商务主管部门要建立内贸规划工作考核、评价和激励机制，将内贸规划工作纳入工作重点和考评范围，保障规划落到实处。规划制订方面重点考核规划数量、质量和工作进度，规划实施方面重点考核推进措施、实施效果及与相关单位协调配合情况。商务部将对各地制订和实施内贸规划工作的情况加强跟踪分析，及时通报。通过适当形式，树立典型，交流经验，对于工作好的予以表扬，对于工作差的加强督促和指导。内贸规划工作情况将作为商务系统内评选相关先进单位和个人的重要依据。各级商务主管部门要运用各级财政内贸发展专项资金或促进资金等，重点支持内贸规划确定的项目。

四、保障措施

（十）切实加强组织领导工作。

要积极争取各级党委、政府和有关部门的重视和支持，推动成立相关部门参与的内贸规划工作协调领导机构，有条件的地方要争取成立由政府领导兼任组长的内贸规划工作领导小组，加强统筹安排、综合协调和督促检查。要从机构和人员配备上重点加强内贸规划工作力量，把内贸规划工作经费纳入部门预算管理。地方各级商务主管部门要积极争取成为当地城乡规划协调领导机构的成员单位，从组织上保障商业网点规划与城乡规划有效衔接。要大力加强宣传工作，积极宣传国内贸易在经济社会发展中的功能、地位和作用，为国内贸易各行业又好又快发展发展创造良好的社会环境。

（十一）积极协调落实配套措施。

各级商务主管部门要深入贯彻落实《国务院关于深化流通体制改革 加快流通产业发展的意见》（国发〔2012〕39号）等文件确定的政策措施，重点抓好相关规划、土地、财政、税费等政策落实工作。要主动与有关部门沟通协调，积极争取政策和资金支持，争取在规划、土地、财税、金融、价格、科技等政策方面取得进一步突破；要抓紧制订和实施政府鼓励的流通设施目录和商业网点建设指导目录，并提出配套的支持措施，为国内贸易长期稳定协调发展营造良好的政策环境。要坚持立足当前、着眼长远，加强相关研究和政策储备。要重点加强对事关国内贸易长远发展的重大问题的跟踪研究和对阶段性热点难点问题的研究分析，为各级政府和有关部门决策提供有力支持。

（十二）加快推进管理制度建设。

各级商务主管部门要围绕内贸规划工作流程和关键环节，加快建立健全各项管理制度，包括规划立项审批、社会公众参与、规划衔接协调、专家评审论证、规划公布备案、规划实施监测、规划评估调整、规划工作考评以及大型商业网点调查统计和建设听证等制度。商务部将会同有关部门，加快推进商业网点管理立法，建立健全商业网点规划编制标准体系，规范商业网点规划编制工作。有条件的地方要积极推动地方商业网点管理立法和相关标准制订工作。各级商务主管部门要认真贯彻执行内贸规划相关法规、规章、标准和制度规定，推动内贸规划工作进入法制化、规范化轨道。

（十三）大力加强人才培养工作。

人才是事关国内贸易长远发展的关键因素，各级商务主管部门要高度重视人才培养工作。要加快引进和培养一批内贸规划工作的专门人才，充实各级商务主管部门内贸规划工作队伍。加强对内贸规划相关工作人员的教育、培训和管理，形成一支具有全局观念、服务意识和创新精神的专业骨干人才队伍和管理人员队伍。要注重发挥相关院校和科研机构的作用，着力加强相关理论建设，培养一支长期跟踪研究内贸规划工作的专家队伍。要研究建立商业网点规划编制单位和从业人员资质管理体系，提高商业网点规划工作的专业化、科学化水平，为全面加强内贸规划工作提供有力支撑。

中华人民共和国商务部

2013年10月17日

商务部关于促进电子商务应用的实施意见

商电函[2013]911号

各省、自治区、直辖市、计划单列市及新疆生产建设兵团商务主管部门：

为进一步促进各地电子商务应用，推动我国电子商务均衡发展，针对当前电子商务发展面临的突出问题，结合电子商务应用促进工作的实际需求，根据《关于促进信息消费扩大内需的若干意见》（国发〔2013〕32号）和《商务部"十二五"电子商务发展指导意见》（商电发〔2011〕375号）的有关要求，提出以下意见：

一、工作目标和原则

（一）工作目标。

到2015年，使电子商务成为重要的社会商品和服务流通方式，电子商务交易额超过18万亿元，应用电子商务完成进出口贸易额力争达到我国当年进出口贸易总额的10%以上，网络零售额相当于社会消费品零售总额的10%以上，我国规模以上企业应用电子商务比例达80%以上；电子商务基础法规和标准体系进一步完善，应用促进的政策环境基本形成，协同、高效的电子商务管理与服务体制基本建立；电子商务支撑服务环境满足电子商务快速发展需求，电子商务服务业实现规模化、产业化、规范化发展。

（二）工作原则。

1. 市场主导、政府推动。坚持以市场为导向，以企业为主体，运用市场机制优化资源配置，制订本地区电子商务发展政策，综合运用政策、服务、资金等手段完善电子商务应用发展环境。

2. 重点扶持、平衡促进。全面拓展电子商务应用，重点发展零售、跨境贸易、农产品和生活服务领域电子商务，重点扶持中西部地区应用电子商务，促进我国电子商务在区域和行业领域的均衡发展。

3. 典型示范、引导发展。以典型城市、基地、企业为主体建立电子商务试点示范体系，发挥示范带动作用，引导行业发展方向。

二、重点任务

（一）引导网络零售健康快速发展。

引导网络零售企业优化供应链管理、提升客户消费体验，支持网络零售服务平台进一步拓展覆盖范围、创新服务模式；支持百货商场、连锁企业、专业市场等传统流通企业依托线下资源优势开展电子商务，实现线上线下资源互补和应用协同；组织网络零售企业及传统流通企业开展以促进网络消费为目的的各类网络购物推介活动。

（二）加强农村和农产品电子商务应用体系建设。

1. 结合农村和农产品现代流通体系建设，

在农村地区和农产品流通领域推广电子商务应用；加强农村地区电子商务普及培训；引导社会性资金和电子商务平台企业加大在农产品电子商务中的投入；支持农产品电子商务平台建设。

2. 深化与全国党员远程教育系统合作，深入开展农村商务信息服务。完善商务部新农村商网功能，建设〞全国农产品商务信息公共服务平台〞，实现农产品购销常态化对接。探索农产品网上交易，培育农产品电子商务龙头企业。

3. 融合涉农电子商务企业、农产品批发市场等线下资源，拓展农产品网上销售渠道。鼓励传统农产品批发市场开展包括电子商务在内的多形式电子交易；探索和鼓励发展农产品网络拍卖；鼓励电子商务企业与传统农产品批发、零售企业对接，引导电子商务平台及时发布农产品信息，促进产销衔接；推动涉农电子商务企业开展农产品品牌化、标准化经营。

（三）支持城市社区电子商务应用体系建设。

支持建设城市家政服务网络公共服务平台，整合各类家政服务资源，面向社区居民提供供需对接服务；鼓励和支持服务百姓日常生活的电子商务平台建设，功能涵盖居家生活所需的各类服务，如购物、餐饮、家政、维修、中介、配送等；鼓励大型餐饮企业、住宿企业和第三方服务机构建立网上订餐、订房服务系统，完善餐饮及住宿行业服务应用体系。

（四）推动跨境电子商务创新应用。

1. 各地要积极推进跨境电子商务创新发展，努力提升跨境电子商务对外贸易规模和水平。对生产企业和外贸企业，特别是中小企业利用跨境电子商务开展对外贸易提供必要的政策和资金支持。鼓励多种模式跨境电子商务发展，配合国家有关部门尽快落实《国务院办公厅转发商务部等部门关于实施支持跨境电子商务零售出口有关政策的意见》(国办发〔2013〕89号)，探索发展跨境电子商务企业对企业（B2B）进出口和个人从境外企业零售进口（B2C）等模式。加快跨境电子商务物流、支付、监管、诚信等配套体系建设。

2. 鼓励电子商务企业〞走出去〞。支持境内电子商务服务企业（包括第三方电子商务平台，融资担保、物流配送等各类服务企业）〞走出去〞，在境外设立服务机构，完善仓储物流、客户服务体系建设，与境外电子商务服务企业实现战略合作等；支持境内电子商务企业建立海外营销渠道，压缩渠道成本，创立自有品牌。

3. 支持区域跨境（边贸）电子商务发展。支持边境地区选取重点贸易领域建立面向周边国家的电子商务贸易服务平台；引导和支持电子商务平台企业在边境地区设立专业平台，服务边境贸易。

（五）加强中西部地区电子商务应用。

中西部地区可因地制宜，通过加强与电子商务平台合作，整合政府公共服务和市场服务资源，创新电子商务应用与公共服务模式，引导企业电子商务应用。加强电子商务企业和人才引进，加强电子商务宣传，开展电子商务人才培养；重点结合本地区特色产业发展需求，发展行业领域电子商务应用；吸引和支持优秀电子商务企业到中西部地区设立区域运营中心、物流基地、客服中心等分支机构；与电子商务平台企业对接销售中西部特色商品。

（六）鼓励中小企业电子商务应用。

引导中小企业利用信息技术提高管理、营

销和服务水平；鼓励中小企业利用电子商务平台开展网络营销，开拓境内外市场；鼓励中小企业在电子商务平台上开展联合采购，降低流通成本；支持第三方电子商务平台发展，带动中小企业电子商务应用；支持电子商务领域金融服务创新，拓宽中小企业融资渠道；扶持面向中小企业的公共服务平台和服务机构，加强对小企业应用电子商务的技术支持和人才培训服务。

（七）鼓励特色领域和大宗商品现货市场电子交易。

鼓励通过电子商务手段开展再生资源回收、旧货流通、拍卖交易、边境贸易等领域电子商务应用。鼓励大宗商品现货市场电子交易经营主体进一步完善相关信息系统，研究制订商品价格指数、电子合同及电子仓单标准、供应链协同标准、运营模式规范，增强市场价格指导能力、供应链协同能力和现货交易服务能力，促进我国大宗商品现货市场电子交易的规范化发展。

（八）加强电子商务物流配送基础设施建设。

各地要按照国家加快流通产业发展的总体要求，规划本地区电子商务物流，推进城市物流配送仓储用地、配送车辆管理等方面的政策出台，推动构建与电子商务发展相适应的物流配送体系。开展电子商务城市共同配送服务试点，逐步建立完善适应电子商务发展需求的城市物流配送体系。

（九）扶持电子商务支撑及衍生服务发展。

鼓励电子支付、仓储物流、信用服务、安全认证等电子商务支撑服务企业开展技术和服务模式创新，建立和完善电子商务服务产业链条；发挥服务外包对电子商务的促进作用，发展业务流程外包服务和信息技术外包服务，如设计服务、财务服务、运营服务、销售服务、营销服务、咨询服务、网络建站和信息系统服务等。

（十）促进电子商务示范工作深入开展。

国家电子商务示范城市要深入推进创建工作，落实各项工作任务，结合商务领域应用需求，大力推进项目试点，开展政策先行先试。国家电子商务示范基地要发挥电子商务产业集聚优势，创新公共服务模式，建设和完善面向电子商务企业的公共服务平台，搭建完整的电子商务产业链条，提高区域经济核心竞争力，要按照中央财政资金管理的相关规定，做好财政支持项目的组织实施。培育一批网络购物平台、行业电子商务平台和电子商务应用骨干企业，发挥其在模式创新、资源整合、带动产业链等方面的引导作用，结合电子商务统计、监测、信用体系建设推进电子商务示范企业建设。各地应按照国家电子商务示范城市、示范基地、示范企业的有关要求，积极开展本地电子商务示范体系的建设。

三、保障措施

（一）建立健全协调保障机制。

各地要高度重视电子商务工作，提高思想认识，落实电子商务工作职能，把电子商务作为商务工作的重要抓手；建立完善本地区跨部门电子商务工作协作机制，发挥商务主管部门对电子商务发展的协调指导作用，主动与相关部门沟通、协调；加强与商务部的联系，建立中央与地方的工作互动机制。

（二）完善电子商务政策、法规体系建设。

各地要加快完善地方电子商务政策体系，结合本地区实际，针对电子商务面临的突出问题，从促进电子商务产业发展的角度，先行先试出台本地区电子商务法规政策，配合国家有关部门促进电子商务立法工作。

（三）落实政策配套措施。

各地要结合落实国家流通产业的相关政策，充分运用中央财政资金，加大对电子商务发展的支持力度。

各地可根据本地区电子商务发展的具体情况，安排专项资金用于推动电子商务发展，选择重点领域进行突破。

各地应加快建立促进电子商务发展的多元化、多渠道投融资体制，充分发挥企业的主体作用，吸引更多民间资本进入电子商务领域。支持金融机构和社会资本投资电子商务项目。

（四）加强电子商务统计监测及信用体系建设。

各地要根据国家关于电子商务统计报表制度，依托商务部电子商务信息管理分析系统，组织本地区电子商务企业及时填报数据，做好统计工作；参照国家统一标准推动建立本地区电子商务统计报表制度，开展地方电子商务统计及重点企业监测；利用电子商务交易平台信用数据和社会信用数据，建设地方电子商务信用信息基础数据库，建立数据共享和应用机制，积极培育面向电子商务的第三方信用服务业。

（五）组织开展电子商务研究和人才培训。

各地要以国家电子商务人才继续教育基地为依托，推动建立地方电子商务继续教育分基地，组织开展电子商务紧缺人才、高端人才和专业技能人才的培养。鼓励行业组织、专业培训机构和企业，开展电子商务人才培训及岗位能力培训。建立电子商务专家咨询机制，发挥电子商务专家的指导与咨询作用。有条件的地方可设立电子商务研究机构，整合产学研资源，开展电子商务发展的现状、问题、趋势专题研究，提出促进与规范电子商务的措施建议。

（六）培育行业组织加强行业自律。

各地应加强对电子商务行业组织的培育，充分发挥各级电子商务协会、学会、产业联盟等中介组织作用，配合政府部门落实电子商务政策和规划。鼓励中介组织制订行业规章、行业标准，加强行业自律。

（七）加强领导抓好落实。

各地要结合本地区实际，因地制宜，制订具体实施办法、工作行动计划，细化工作目标，确保各项任务落实到位。

各地要建立和完善重点工作联系机制和考核机制，加强监督检查，及时解决工作中的各类问题，并向商务部报告相关情况；做好跟踪、总结、交流和宣传工作，保证各项工作取得实效。

商务部

2013年10月31日

商务部、中国人民银行、证券监督管理委员会令2013第3号《商品现货市场交易特别规定（试行）》

商务部令2013年第3号

《商品现货市场交易特别规定（试行）》已经2013年8月15日商务部第7次部务会议审议通过，并经中国人民银行、证监会同意，现予发布，自2014年1月1日起施行。

中华人民共和国商务部
中国人民银行
中国证券监督管理委员会
部长　高虎城
行长　周小川
主席　肖钢
2013年11月8日

商品现货市场交易特别规定（试行）

第一章　总则

第一条　为规范商品现货市场交易活动，维护市场秩序，防范市场风险，保护交易各方的合法权益，促进商品现货市场健康发展，加快推行现代流通方式，根据国家有关法律法规以及《国务院关于清理整顿各类交易场所切实防范金融风险的决定》（国发〔2011〕38号），制定本规定。

第二条　中华人民共和国境内的商品现货市场交易活动，应当遵守本规定。国家另有规定的，依照其规定。

第三条　本规定所称商品现货市场，是指依法设立的，由买卖双方进行公开的、经常性的或定期性的商品现货交易活动，具有信息、物流等配套服务功能的场所或互联网交易平台。

本规定所称商品现货市场经营者（以下简称市场经营者），是指依法设立商品现货市场，制定市场相关业务规则和规章制度，并为商品现货交易活动提供场所及相关配套服务的法人、其他经济组织和个人。

第四条　从事商品现货市场交易活动，应当遵循公开、公平、公正和诚实信用的原则。

第五条　商务部负责全国商品现货市场的规划、信息、统计等行业管理工作，促进商品现货市场健康发展。

中国人民银行依据职责负责商品现货市场交易涉及的金融监管以及非金融机构支付业务的监管工作。

第六条　商品现货市场行业协会应当制定行业规范和行业标准，加强行业自律，组织业务培训，建立高管诚信档案，受理投诉和调解纠纷等。

第二章　交易对象和交易方式

第七条　商品现货市场交易对象包括：

（一）实物商品；

（二）以实物商品为标的的仓单、可转让提单等提货凭证；

（三）省级人民政府依法规定的其他交易对象。

第八条　商品现货市场交易的实物商品，应当执行国家有关质量担保责任的法律法规，并符合现行有效的质量标准。

第九条商品现货市场交易可以采用下列方式：

（一）协议交易；

（二）单向竞价交易；

（三）省级人民政府依法规定的其他交易方式。

本规定所称协议交易，是指买卖双方以实物商品交收为目的，采用协商等方式达成一致，约定立即交收或者在一定期限内交收的交易方式。

本规定所称单向竞价交易，是指一个买方（卖方）向市场提出申请，市场预先公告交易对象，多个卖方（买方）按照规定加价或者减价，在约定交易时间内达成一致并成交的交易方式。

第十条　市场经营者不得开展法律法规以及《国务院关于清理整顿各类交易场所切实防范金融风险的决定》禁止的交易活动，不得以集中交易方式进行标准化合约交易。

现货合同的转让、变更，应当按照法律法规的相关规定办理。

第三章　商品现货市场经营规范

第十一条　市场经营者应当履行下列职责：

（一）提供交易的场所、设施及相关服务；

（二）按照本规定确定的交易方式和交易对象，建立健全交易、交收、结算、仓储、信息发布、风险控制、市场管理等业务规则与各项规章制度；

（三）法律法规规定的其他职责。

第十二条　市场经营者应当公开业务规则和规章制度。制定、修改和变更业务规则和规章制度，应当在合理时间内提前公示。

第十三条　商品现货市场应当制订应急预案。出现异常情况时，应当及时采取有效措施，防止出现市场风险。

第十四条　市场经营者应当采取合同约束、系统控制、强化内部管理等措施，加强资金管理力度。

市场经营者不得以任何形式侵占或挪用交易者的资金。

第十五条　鼓励商品现货市场创新流通方

式，降低交易成本；建设节能环保、绿色低碳市场。

第十六条　鼓励商品现货市场采用现代信息化技术，建立互联网交易平台，开展电子商务。

第十七条　市场经营者应当建立完善商品信息发布制度，公布交易商品的名称、数量、质量、规格、产地等相关信息，保证信息的真实、准确，不得发布虚假信息。

第十八条　采用现代信息化技术开展交易活动的，市场经营者应当实时记录商品仓储、交易、交收、结算、支付等相关信息，采取措施保证相关信息的完整和安全，并保存五年以上。

第十九条　市场经营者不得擅自篡改、销毁相关信息和资料。

第四章　监督管理

第二十条　县级以上人民政府商务主管部门负责本行政区域内的商品现货市场的行业管理，并按照要求及时报送行业发展规划和其他具体措施。

中国人民银行分支机构依据职责负责辖区内商品现货市场交易涉及的金融机构和支付机构的监督管理工作。

国务院期货监督管理机构派出机构负责商品现货市场非法期货交易活动的认定等工作。

第二十一条　市场经营者应当根据相关部门的要求报送有关经营信息与资料。

第二十二条　县级以上人民政府商务主管部门应当根据本地实际情况，建立完善各项工作制度。必要时应及时将有关情况报告上级商务主管部门和本级人民政府。

第五章　法律责任

第二十三条　市场经营者违反第十一条、第十二条、第十三条、第十四条、第十七条、第十八条、第十九条、第二十一条规定，由县级以上商务主管部门会同有关部门责令改正。逾期不改的，处一万元以上三万元以下罚款。

第二十四条　市场经营者违反第八条、第十条规定和《期货交易管理条例》的，依法予以处理。

第二十五条　有关行政管理部门工作人员在市场监督管理工作中，玩忽职守、滥用职权、徇私舞弊的，依法给予行政处分；构成犯罪的，依法追究刑事责任。

第六章　附则

第二十六条　本规定自 2014 年 1 月 1 日起施行。

国务院关于印发全国资源型城市可持续发展规划（2013—2020年）的通知

国发〔2013〕45号

各省、自治区、直辖市人民政府，国务院各部委、各直属机构：

现将《全国资源型城市可持续发展规划（2013—2020年）》印发给你们，请认真贯彻执行。

国务院

2013年11月10日

资源型城市是以本地区矿产、森林等自然资源开采、加工为主导产业的城市（包括地级市、地区等地级行政区和县级市、县等县级行政区）。资源型城市作为我国重要的能源资源战略保障基地，是国民经济持续健康发展的重要支撑。促进资源型城市可持续发展，是加快转变经济发展方式、实现全面建成小康社会奋斗目标的必然要求，也是促进区域协调发展、统筹推进新型工业化和新型城镇化、维护社会和谐稳定、建设生态文明的重要任务。本规划根据《中华人民共和国国民经济和社会发展第十二个五年规划纲要》、《全国主体功能区规划》等编制，是指导全国各类资源型城市可持续发展和编制相关规划的重要依据。

规划范围包括262个资源型城市，其中地级行政区（包括地级市、地区、自治州、盟等）126个，县级市62个，县（包括自治县、林区等）58个，市辖区（开发区、管理区）16个。

规划期为2013—2020年。

一、规划背景

我国资源型城市数量多、分布广，历史贡献巨大、现实地位突出。新中国成立以来，资源型城市累计生产原煤529亿吨、原油55亿吨、铁矿石58亿吨、木材20亿立方米，“一五”时期156个国家重点建设项目中有53个布局在资源型城市，占总投资额的近50%，为建立我国独立完整的工业体系、促进国民经济发展作出了历史性的贡献。

2001年以来，在党中央、国务院坚强领导和各方面共同努力下，以资源枯竭城市转型为突破口的资源型城市可持续发展工作取得了阶段性成果，政策体系逐步完善，工作机制初步建立，资源枯竭城市经济社会发展重现生机与活力。

但是，当前国际政治经济不确定性、不稳定性上升，国内经济发展中不平衡、不协调、不可持续问题突出，由于内外部因素叠加，新旧矛盾交织，资源型城市可持续发展面临严峻挑战，加快转变经济发展方式的任务十分艰巨。

资源枯竭城市历史遗留问题依然严重，转型发展内生动力不强。尚有近7000万平方米棚户区需要改造，约14万公顷沉陷区需要治理，失业矿工人数达60多万，城市低保人数超过180万。产业发展对资源的依赖性依然较强，采掘业占二次产业的比重超过20%，现代制造业、高技术产业等处于起步阶段。人才、资金等要素集聚能力弱，创新水平低，进一步发展接续替代产业的支撑保障能力严重不足。

资源富集地区新矛盾显现，可持续发展压力较大。部分地区开发强度过大，资源综合利用水平低。生态环境破坏严重，新的地质灾害隐患不断出现。高耗能、高污染、高排放项目低水平重复建设，接续替代产业发展滞后。资源开发、征地拆迁等引发的利益分配矛盾较多，维稳压力大。资源开发与经济社会发展、生态环境保护之间不平衡、不协调的矛盾突出。

促进资源型城市可持续发展的长效机制亟待完善，改革任务艰巨。资源开发行为方式有待进一步规范，调控监管机制有待健全，反映市场供求关系、资源稀缺程度和环境损害成本等的资源性产品价格形成机制尚未完全形成。资源开发企业在资源补偿、生态建设和环境整治、安全生产及职业病防治等方面的主体责任仍未落实到位。扶持接续替代产业发展的政策体系不够完善，支持力度不足。资源收益分配改革涉及深层次的利益格局调整，矛盾错综复杂。

促进资源型城市可持续发展，对于维护国家能源资源安全、推动新型工业化和新型城镇化、促进社会和谐稳定和民族团结、建设资源节约和环境友好型社会具有重要意义。目前，我国已经进入了全面建成小康社会的决定性阶段，对资源型城市可持续发展提出了新的要求，迫切需要统筹规划、协调推进。

二、总体要求

（一）指导思想。

以邓小平理论、“三个代表”重要思想、科学发展观为指导，深入贯彻落实党的十八大精神，按照“五位一体”总布局，以加快转变经济发展方式为主线，进一步深化改革开放，依靠体制机制创新，统筹推进新型工业化和新型城镇化，培育壮大接续替代产业，加强生态环境保护和治理，保障和改善民生，建立健全可持续发展长效机制；坚持统筹协调、分类指导，努力化解历史遗留问题，破除城市内部二元结构，加快资源枯竭城市转型发展，有序开发综合利用资源，提升城市综合服务功能，促进资源富集地区协调发展，走出一条有中国特色的资源型城市可持续发展之路。

（二）基本原则。

分类引导，特色发展。根据资源保障能力和经济社会可持续发展能力对资源型城市进行科学分类，将资源型城市划分为成长型、成熟型、衰退型和再生型四种类型，明确不同类型城市的发展方向和重点任务，引导各类城市探索各具特色的发展模式。

有序开发，协调发展。牢固树立生态文明理念，加强资源开发规划和管理，严格准入条件，引导资源规模化、集约化开发，提高资源节约和综合利用水平，强化生态保护和环境整治，推进绿色发展、循环发展、低碳发展，实现资源开发与城市发展的良性互动。

优化结构，协同发展。坚持把经济结构转型升级作为加快资源型城市可持续发展的主攻方向，充分发挥市场机制作用，改造提升传统资源型产业、发展绿色矿业，培育壮大接续替代产业，加快发展现代服务业，鼓励发展战略性新兴产业，推进资源型城市由单一的资源型经济向多元经济转变。

民生为本，和谐发展。以解决人民群众最关心、最直接、最现实的问题为突破口，千方百计扩大就业，大力改善人居环境，加快健全基本公共服务体系，使资源型城市广大人民群众共享改革发展成果，促进社会和谐稳定。

（三）规划目标。

到2020年，资源枯竭城市历史遗留问题基本解决，可持续发展能力显著增强，转型任务基本完成。资源富集地区资源开发与经济社会发展、生态环境保护相协调的格局基本形成。转变经济发展方式取得实质性进展，建立健全促进资源型城市可持续发展的长效机制。

资源保障有力。资源集约利用水平显著提高，资源产出率提高25个百分点，形成一批重要矿产资源接续基地，重要矿产资源保障能力明显提升，重点国有林区森林面积和蓄积量稳步增长，资源保障主体地位进一步巩固。

经济活力迸发。资源性产品附加值大幅提升，接续替代产业成为支柱产业，增加值占地区生产总值比重提高6个百分点，服务业发展水平明显提高，多元化产业体系全面建立，产业竞争力显著增强。国有企业改革任务基本完成，非公有制经济和中小企业快速发展，形成多种所有制经济平等竞争、共同发展的新局面。

人居环境优美。矿山地质环境得到有效保护，历史遗留矿山地质环境问题的恢复治理率大幅提高，因矿山开采新损毁的土地得以全面复垦利用，新建和生产矿区不欠新账。主要污染物排放总量大幅减少，重金属污染得到有效控制。重点地区生态功能得到显著恢复。城市基础设施进一步完善，综合服务功能不断增强，生态环境质量显著提升，形成一批山水园林城市、生态宜居城市。

社会和谐进步。就业规模持续扩大，基本公共服务体系逐步完善，养老、医疗、工伤、失业等社会保障水平不断提高，住房条件明显改善。城乡居民收入增幅高于全国平均水平，低收入人群的基本生活得到切实保障。文化事业繁荣发展，矿区、林区宝贵的精神文化财富得到保护传承。

（四）发展机制。

实现资源型城市可持续发展目标，必须从根本上破解经济社会发展中存在的体制性、机制性矛盾，统筹兼顾，改革创新，加快构建有利于可持续发展的长效机制。

开发秩序约束机制。严格执行矿产资源勘查开发准入和分区管理制度，优化资源勘查开发布局和结构，大力发展绿色矿业，调控引导开发时序和强度，构建集约、高效、协调的资源开发格局。研究建立资源开发与城市可持续发展协调评价制度，开展可持续发展预警与调控，促进资源开发和城市发展相协调。严格执行环境影响评价和“三同时”制度（即防治污染措施必须与建设项目主体工程同时设计、同时施工、同时投产使用），强化同步恢复治理。严格执行森林采伐限额，控制森林资源采伐强度。

产品价格形成机制。深化矿产资源有偿使用制度改革，科学制定资源性产品成本的财务核算办法，把矿业权取得、资源开采、环境治理、生态修复、安全生产投入、基础设施建设等费用列入资源性产品成本构成，建立健全能够灵活反映市场供求关系、资源稀缺程度和环境损害成本的资源性产品价格形成机制。

资源开发补偿机制。按照“谁开发、谁保护，谁受益、谁补偿，谁污染、谁治理，谁破坏、谁修复”的原则，监督资源开发主体承担资源补偿、生态建设和环境整治等方面的责任和义务，将企业生态环境恢复治理成本内部化。对资源衰竭的城市，国家给予必要的资金和政策支持。建立资源产地储备补偿机制，完善森林生态效益补偿制度。

利益分配共享机制。合理调整矿产资源有偿使用收入中央和地方的分配比例关系，推进资源税改革，完善计征方式，促进资源开发收益向资源型城市倾斜。坚持以人为本，以保障和改善民生为重点，优化资源收益分配关系，探索建立合理的利益保障机制，支持改善资源产地居民生产生活条件，共享资源开发成果，努力实现居民收入增长和经济发展同步提高。

接续替代产业扶持机制。国家的重大产业项目布局适当向资源型城市倾斜。对符合条件的接续替代产业龙头企业、集群在项目审核、土地利用、贷款融资、技术开发等方面给予支持，引导资源型城市因地制宜探索各具特色的产业发展模式。将发挥政府投资带动作用与激发市场活力相结合，在建立稳定的财政投入增长机制同时，引导和鼓励各类生产要素向接续替代产业集聚。

三、分类引导各类城市科学发展

资源型城市数量众多，资源开发处于不同阶段，经济社会发展水平差异较大，面临的矛盾和问题不尽相同。遵循分类指导、特色发展的原则，根据资源保障能力和可持续发展能力差异，本规划将资源型城市划分为成长型、成熟型、衰退型和再生型四种类型，明确各类城市的发展方向和重点任务。

（一）规范成长型城市有序发展。

成长型城市资源开发处于上升阶段，资源保障潜力大，经济社会发展后劲足，是我国能源资源的供给和后备基地。应规范资源开发秩序，形成一批重要矿产资源战略接续基地。提高资源开发企业的准入门槛，合理确定资源开发强度，严格环境影响评价，将企业生态环境恢复治理成本内部化。提高资源深加工水平，加快完善上下游产业配套，积极谋划布局战略性新兴产业，加快推进新型工业化。着眼长远，科学规划，合理处理资源开发与城市发展之间的关系，使新型工业化与新型城镇化同步协调发展。

（二）推动成熟型城市跨越发展。

成熟型城市资源开发处于稳定阶段，资源保障能力强，经济社会发展水平较高，是现阶段我国能源资源安全保障的核心区。应高效开发利用资源，提高资源型产业技术水平，延伸产业链条，加快培育一批资源深加工龙头企业和产业集群。积极推进产业结构调整升级，尽快形成若干支柱型接续替代产业。高度重视生态环境问题，将企业生态环境恢复治理成本内部化，切实做好矿山地质环境治理和矿区土地复垦。大力保障和改善民生，加快发展社会事业，提升基本公共服务水平，完善城市功能，提高城镇化质量。

（三）支持衰退型城市转型发展。

衰退型城市资源趋于枯竭，经济发展滞后，民生问题突出，生态环境压力大，是加快转变经济发展方式的重点难点地区。应着力破除城市内部二元结构，化解历史遗留问题，千方百计促进失业矿工再就业，积极推进棚户区改造，加快废弃矿坑、沉陷区等地质灾害隐患综合治理。加大政策支持力度，大力扶持接续替代产业发展，逐步增强可持续发展能力。

（四）引导再生型城市创新发展。

再生型城市基本摆脱了资源依赖，经济社会开始步入良性发展轨道，是资源型城市转变经济发展方式的先行区。应进一步优化经济结构，提高经济发展的质量和效益，深化对外开放和科技创新水平，改造提升传统产业，培育发展战略性新兴产业，加快发展现代服务业。加大民生投入，推进基本公共服务均等化。完善城市功能，提高城市品位，形成一批区域中心城市、生态宜居城市、著名旅游城市。

四、有序开发综合利用资源

坚持有序开发、高效利用、科学调控、优化布局，努力增强资源保障能力，促进资源开发利用与城市经济社会协调发展。

（一）加大矿产资源勘查力度。

提高成熟型和成长型城市资源保障能力。重点围绕资源富集地区开展矿产资源潜力评价、储量利用调查和矿业权核查，全面掌握矿产资源储量和开发潜力。在成矿条件有利、资源潜力较大、勘查程度总体较低的资源型城市，圈定找矿靶区，开展后续矿产资源勘查，争取发现新的矿产地。用8—10年时间，新建一批石油、天然气、铀、铁、铜、铝、钾盐等重要矿产勘查开发基地，形成一批重要矿产资源战略接续区。

推进衰退型城市接替资源找矿。加大资金投入，中央和省级财政专项资金、地质勘查基金向衰退型城市倾斜。加大矿山深部和外围找矿力度，重点围绕老矿区开展深部资源潜力评价，推进重要固体矿产工业矿体的深度勘查。优先在成矿条件有利、找矿前景好、市场需求大的资源危机矿山实施接替资源找矿项目，力争发现一批具有较大规模的隐伏矿床，延长矿山服务年限。

（二）统筹重要资源开发与保护。

有序提高重要资源生产能力。重点加强石油、天然气、铀、铁、铜、铝、钾盐等资源开采力度。根据资源供需形势和开发利用条件，加快推进成长型和成熟型城市资源开发基地建设，鼓励与资源储量规模相适应的规模化经营，提升机械化开采水平。深入挖掘衰退型城市资源潜力，加大稳产改造力度，延缓大中型危机矿山产量递减速度，促进新老矿山有序接替。

加强重要优势资源储备与保护。选择部分资源富集地区，加快建设石油、特殊煤种和稀缺煤种、铜、铬、锰、钨、稀土等重点矿种矿产地储备体系。合理调控稀土、钨、锑等优势矿种开采总量，严厉打击非法违法开采和超指标开采。强化森工城市重点林区森林管护与保护，2015年起全面停止大小兴安岭、长白山林区的天然林主伐，建设国家木材战略资源后备基地。

（三）优化资源开发布局。

形成集约高效的资源开发格局。重点开采区主要在资源相对集中、开发利用条件好、环境容量较大的成长型和成熟型城市布局，创新资源开发模式，积极引导和支持各类生产要素集聚，着力促进大中型矿产地整装开发，实现资源的规模开发和集约利用。支持资源枯竭城市矿山企业开发利用区外、境外资源，为本地资源深加工产业寻找原料后备基地，鼓励中小型矿企实施兼并重组。落实主体功能区规划要求，严格限制重点生态功能区和生态脆弱地区矿产资源开发，逐步减少矿山数量，禁止新建可能对生态环境产生不可恢复破坏性影响的矿产资源开采项目。

统筹推进资源开发与城市发展。新建资源开发项目必须符合矿产资源规划和土地利用总体规划，并与城市总体规划相衔接。尽可能依托现有城市产业园区作为后勤保障和资源加工基地，避免形成新的孤立居民点和工矿区。引导已有资源开发项目逐步有序退出城区，及时实施地质环境修复和绿化。合理确定矿区周边安全距离，在城市规划区、交通干线沿线以及基本农田保护区范围内，禁止露天开采矿产资源，严格控制地下开采。资源开发时，要严格开展环境影响评价，最大限度减少资源开发对居民生活的影响和生态空间占用，努力形成与城市发展相协调的资源开发模式。

（四）促进资源节约与综合利用。

提高矿产资源采选回收水平。严格实施矿产资源采选回收率准入管理，从严制定开采回采率、采矿贫化率和选矿回收率等新建矿山、油田准入标准，并对生产矿山、油田进行定期监督检查。严格执行《矿产资源节约与综合利用鼓励、限制和淘汰技术目录》，引导资源开采企业使用先进适用工艺技术，切实提高矿产资源采选回收水平。充分利用低品位、共伴生矿产资源，重点加强有色金属、贵金属、稀有稀散元素矿产等共伴生矿产采选回收。

强化废弃物综合利用。研究推广先进适用的尾矿、煤矸石、粉煤灰和冶炼废渣等综合利用工艺技术。在资源开发同时，以煤矸石、尾矿等产生量多、利用潜力大的矿山废弃物为重点，配套建设综合利用项目，努力做到边产生、边利用。要因地制宜发展综合利用产业，积极消纳遗存废弃物。森工城市要提高林木采伐、造材、加工剩余物及废旧木质材料的综合利用水平，实现林木资源的多环节加工增值。支持资源型城市建设资源综合利用示范工程（基地）。

（五）发展绿色矿业。

转变矿业发展方式。将绿色矿业理念贯穿于资源开发利用全过程，坚持开采方式科学化、资源利用高效化、企业管理规范化、生产工艺环保化、矿山环境生态化的基本要求，促进资源合理利用、节能减排、生态环境保护和矿地和谐，实现资源开发的经济效益、生态效益和社会效益协调统一。

建设绿色矿山。改革创新资源管理制度，逐步完善分地域、分行业的绿色矿山建设标准，不断提高矿山建设的标准和水平，严格资源开发准入和监管，使新建矿山按照绿色矿山的标准进行规划、设计和建设。对生产矿山进一步加强监督，督促矿山企业按照绿色矿山建设标准改进开发利用方式，切实落实企业责任。

五、构建多元化产业体系

依托资源型城市产业基础，发挥比较优势，大力发展接续替代产业，增强科技创新能力，积极推进新型工业化，提升产业竞争力，实现产业多元发展和优化升级。

（一）优化发展资源深加工产业。

支持资源优势向经济优势转化，有序推进资源产业向下游延伸，大力发展循环经济。推动石油炼化一体化、煤电化一体化发展，有序发展现代煤化工，提高钢铁、有色金属深加工水平，发展绿色节能、高附加值的新型建材。统筹考虑资源、环境、市场等条件，支持成长型和成熟型城市打造若干产业链完整、特色鲜明、主业突出的资源深加工产业基地。淘汰落后产能，加快技术改造，提升产品档次和质量。推进森工城市发展木材精深加工，实现林木资源的多环节加工增值。

（二）培育壮大优势替代产业。

适应市场需求变化和科技进步趋势，充分发挥比较优势，积极发展传统优势产业和战略性新兴产业，努力培育新的支柱产业。做大做强矿山、冶金等大型成套装备和工程机械等传统优势产业，培育发展化工装备、环保及综合利用装备制造产业，加快模具、关键零部件等配套产业发展。大力发展纳米材料、高性能稀土材料等新材料产业，鼓励发展可再生能源和清洁能源，在有条件的城市发展风电、光伏发电、生物质能等新能源产业。支持发展生物产业和节能环保产业。

（三）积极发展吸纳就业能力强的产业。

坚持产业结构转型升级与扩大就业良性互动。大力发展带动就业能力强、市场前景好的劳动密集型产业，扶持一批形式多样的小型微型企业，重点解决困难群体就业问题，到2020年，累计吸纳500万失业矿工、林区失业工人、棚户区改造回迁居民及失地农民再就业。支持农牧资源丰富城市发展农牧产品深加工，鼓励森工城市依托特色林下资源发展食用菌、山野菜等绿色食品加工业。引导劳动力和原材料成本优势明显的城市发展纺织、服装、玩具、家电等消费品工业。加大技术改造投入，提高劳动密集型产品附加值。落实金融、税收等优惠政策，完善服务体系，营造促进小型微型企业健康发展的政策环境。

（四）大力发展特色服务业。

结合资源型城市产业基础和发展导向，积极发展类型丰富、特色鲜明的现代服务业。依托资源产品优势，建设一批煤炭、铁矿石、原油、木材等资源产品和钢铁、建材、化工等重要工业产品区域性物流中心。大力发展资源产业托管服务、工程和管理咨询。在有效保护资源基础上，鼓励生态环境优良的森工城市发展休闲度假旅游，支持自然山水资源丰富的城市发展自然风光旅游，推进工业历史悠久的城市发展特色工业旅游，扶持革命遗址集中的城市发展红色旅游。引导社区商业和家庭服务业发展，完善棚户区改造回迁居民区服务网点建设。支持有条件的城市积极发展金融服务、服务外包、文化创意、人力资源、会展等现代服务业。

（五）合理引导产业集聚发展。

加强规划统筹，优化产业布局，引导产业向重点园区和集聚区集中，形成集约化、特色化的产业发展格局。制定严格的行业、产业分类用地标准，提高土地利用水平。依托原有基础，改造和建设一批特色鲜明的专业化产业园区和集聚区，加强交通、供水、供电等配套基础设施建设，搭建产业集聚发展的重要载体和平台。以科技含量、环保水平、投资强度、吸纳就业能力为标准，积极培育和引进一批龙头骨干企业。完善产业链条，提升产业配套能力，促进关联产业协同发展，打造各具特色的产业集群。到2020年，创建10个接续替代产业示范城市，培育50个接续替代产业集群，改造建设100个接续替代产业园区和集聚区。

六、切实保障和改善民生

努力破除城市内部二元结构，积极扩大就业，提升社会保障水平，完善基本公共服务，改善生产生活环境，促进社会和谐稳定，稳步提升城镇化质量和水平，使资源开发和经济发展成果惠及广大人民群众。

（一）促进就业和再就业。

把扩大就业放在资源型城市经济社会发展的优先位置。发挥政府投资和重大项目建设对就业的带动作用。扶持劳动密集型产业、服务业和小型微型企业发展，大力发展家庭服务业。完善和落实小额担保贷款、财政贴息、场地安排等鼓励自主创业政策，健全创业服务体系，促进各类群体创业带动就业。加快建立专业化、信息化、产业化的人力资源服务体系，加强职业中介和就业信息服务。多渠道开发公益性工作岗位，优先支持失业矿工、林区失业工人、工伤残疾人员、棚户区改造回迁居民及失地农民等困难群体再就业。加强职业技能培训体系建设，重点扶持50个技工院校、100个再就业培训基地、200个职业技能实训中心（基地）。

（二）加快棚户区改造。

大力推进城市和国有工矿（煤矿）棚户区以及林区棚户区改造，加大政府投入，落实税收、土地供给和金融等方面的配套支持政策，力争到2015年基本完成资源型城市成片棚户区改造任务。做好供排水、供暖、供气、供电、道路、垃圾收运处理等基础设施以及学校、医院等服务设施的建设，切实加强新建小区社会化管理和服务工作，支持建设一批吸纳搬迁居民就业的企业和项目，巩固改造成果，确保搬迁居民能够安居乐业。研究开展采煤沉陷区民房搬迁维修改造工程后评估工作，对维修后受损状况继续恶化的沉陷区民房实施搬迁。

（三）加强社会保障和医疗卫生服务。

进一步完善基本养老、基本医疗、失业、工伤、生育等社会保险制度，积极推进各类困难群体参加社会保险，扩大社会保险覆盖面，努力实现应保尽保，逐步提高保障水平。逐步解决关闭破产集体企业退休人员参加医疗保险、“老工伤”人员纳入工伤保险等历史遗留问题。完善城乡最低生活保障和社会救助制度。研究解决失地农民的社会保障问题。加快矿区社会保障服务设施建设，构建社会保障管理服务网络。完善基层医疗卫生服务体系，提高矿区医疗机构医疗服务水平和应急救治能力。加大对尘肺病、慢性胃炎、皮肤病等矿业工人职业病和常见病的预防和救治力度。

（四）营造安全和谐的生产生活环境。

树立安全发展理念，加强安全生产管理，以煤矿、非煤矿山、交通运输、建筑施工、危险化学品、冶金等行业和领域为重点，推进企业安全生产标准化建设，严格安全生产准入制度，强化监督检查和隐患排查治理，严厉打击非法违法生产、经营和建设行为。防范治理粉尘、高毒物质等重大职业危害和环境危害。增强应急管理能力，加大重点城市矿山地质灾害隐患排查力度，建立滑坡、泥石流、沉陷、崩塌等地质灾害调查评估、监测预警、防治和应急体系。提高森工城市的森林防火水平和应急能力。切实维护群众权益，针对资源开发、征地拆迁、企业重组和破产、环境污染等突出矛盾和问题，加强和改进信访工作，努力化解社会矛盾，建立健全群众诉求表达和利益协调机制。

七、加强环境治理和生态保护

把生态文明建设放在突出地位，融入可持续发展工作全过程，坚持开发和保护相互促进，着力推进绿色发展、循环发展、低碳发展，切实解决生态环境问题，为资源型城市可持续发展提供支撑。

（一）加强矿山地质环境恢复治理。

按照“谁破坏，谁治理”的原则，将企业的生态环境恢复治理成本内部化。深入开展采矿沉陷区、露天矿坑等重大矿山地质环境问题治理，对属于历史遗留或责任人已经灭失的地质结构复杂、危害严重、治理难度大的深部采空区等突出地质环境问题治理给予重点支持。切实做好尾矿库闭库后期管理工作，加大对石油、地下水、卤水等液体矿产资源开采造成的水位沉降漏斗、土地盐碱化等问题的治理力度。防范地下勘探、采矿活动破坏地下水系，选择部分地下水体破坏严重城市率先开展地下水修复试点。大力推进废弃土地复垦和生态恢复，支持开展历史遗留工矿废弃地复垦利用试点，积极引导社会力量参与矿山环境治理。新建矿区要科学规划、合理布局，加强对矿产资源开发规划和建设项目的环境影响评价工作，切实预防环境污染和生态破坏。加强对资源开采活动的环境监理，严格执行“三同时”制度，强化同步恢复治理。

（二）强化重点污染物防治。

严格执行重点行业环境准入和排放标准，把主要污染物排放总量控制指标作为新建和改扩建项目审批的前置条件。强化火电、冶金、化工、建材等高耗能、高污染企业脱硫脱硝除尘，加强挥发性有机污染物、有毒废气控制和废水深度治理。到2015年，城市水功能区主要水质达标率不低于所在省份平均指标。防范地下勘探、采矿活动污染地下水体，取缔水源保护区内违法建设项目和排污口，加快现有污水处理厂升级改造。到2020年，实现工业废水排放完全达标。加强煤矸石、粉煤灰、冶炼和化工废渣等大宗工业固体废物的污染防治和综合治理，矿区和产业集聚区实行污染物统一收集和处置，规范危险废物管理，加快城镇生活垃圾处理设施建设。到2020年，工业固体废弃物（不包括尾矿）综合利用率达到85%以上。积极开展重金属污染综合治理，以采矿、冶炼、化学原料及其制品等行业为重点，严格控制汞、铬、镉、铅和类金属砷等重金属排放总量。加大资金技术投入，选择部分问题突出城市开展矸石山、尾矿库综合治理和重金属污染防治试点工程。

（三）大力推进节能减排。

抑制高耗能产业过快增长，严格固定资产投资项目节能评估审查，把好能耗增量关口。继续加大冶金、建材、化工、电力、煤炭等行业落后产能和工艺技术设备淘汰力度，完善落后产能退出机制。推动重大节能技术产品规模化生产和应用，继续组织实施热电联产、余热余压利用、锅炉（窑炉）改造、建筑节能等节能重点工程。提高工业用水效率，促进重点用水行业节水技术改造，加强矿井水循环利用，到2020年矿业用水复用率达到90%以上。推动城市能源计量示范建设，推广应用低碳技术，鼓励使用低碳产品，有效控制温室气体排放。鼓励废弃物减量化、资源化和无害化利用，推动产业循环式组合，鼓励构建跨行业、跨企业资源循环利用产业体系，促进原材料、能量梯级利用和高效产出。

（四）促进重点地区生态建设。

统筹新疆、内蒙古、西藏、青海等资源富集且生态脆弱地区的资源开发与生态保护，走出一条在保护中发展、在发展中保护的可持续发展之路。根据主体功能区规划要求，合理控制资源开发强度，提高环境准入标准，尽可能减少对自然生态系统的干扰。加强重点生态功能区保护和管理，严格限制矿产资源开发，禁止新建可能对生态环境产生不可恢复破坏性影响的矿产资源开采项目，增强涵养水源、保持水土、防风固沙能力，维护生态系统的稳定性和完整性。加快推进大小兴安岭、长白山等重点林区森工城市的生态保护与经济转型，结合实施天然林保护工程，逐步调减采伐量，强化森林管理与保护，加快森林资源培育，切实巩固退耕还林成果。高度重视资源开采引发的水土流失、土地沙化、湿地萎缩等生态问题，切实做好恢复治理工作。

八、加强支撑保障能力建设

加强基础设施和软环境建设，完善城市功能，增强发展动力和活力，营造良好的发展氛围，为资源型城市可持续发展提供强有力的保障。

（一）加快城镇基础设施建设。

科学规划城市的区域功能定位和产业布局，增强城市辐射带动能力，健全生产、生活、居住和休闲功能区。加强城市公共服务设施建设，完善城市的文化、科教、金融、商贸、休闲娱乐等功能。加大城市给排水、供热、供气和垃圾收运处理等市政公用设施的建设改造力度，加快建设一批污水处理、大气污染防治等环保项目。结合城区工矿废弃地整理，建设总量适宜、景观优美的城市绿地和景观系统。完善交通运输网络，有序推进煤炭、矿石、石油等运输专线和多种方式统筹布局的货运枢纽站场建设，支持符合条件的城市建设支线机场。加大支持力度，解决资源枯竭城市基础设施落后、基本公共服务缺失问题。加强城区与工矿区联系，推动城区市政公用设施向矿区、林区对接和延伸。

（二）加强人才队伍建设。

统筹推进党政、企业经营管理、专业技术、高技能、社会工作等各类人才队伍建设，提升整体素质和创新能力，满足资源型城市对人才的多元化需求。大力开展职业教育和在岗培训，加强职业教育和实训基地建设，提高生产一线人员科学素质和劳动技能。大力推进专业技术人才和管理人才培训与交流。依托重点企业、重大科研项目、重大工程、高等院校、科研院所等，引进和培养一批创新型人才，加大创新投入，逐步实现以科技进步和管理创新驱动可持续发展。在具备条件的城市，建立归国人员创业平台，吸引在外留学人员到资源型城市创业。加强干部队伍建设，建立中央国家机关、大型国有企业、发达地区与资源枯竭城市的干部交流机制。营造有利于人才培养和成长的环境，引导各类人才向资源型城市流动。

（三）加快推进改革开放。

理顺资源产权关系，健全资源产权交易机制，规范探矿权、采矿权交易市场，促进资源产权有序流转和公开、公平、公正交易。强化资源开采企业的社会责任，建立和谐共赢的矿地关系。深化国有企业改革，建立现代企业制度，推动优势企业跨地区、跨所有制兼并重组。全面落实促进非公有制经济发展的政策措施，鼓励民营资本进入能源资源开发、接续替代产业发展等领域。加快推进厂办大集体改革，稳步推进国有林场、国有林区管理体制改革。支持资源型城市加快融入区域经济一体化进程，促进生产要素合理流动。鼓励发达地区城市对口帮扶资源枯竭城市转型发展，支持资源型城市积极承接产业转移。提高利用外资水平，积极引导外资更多地投向节能环保、新能源和新材料、现代服务业等领域，鼓励外资参与矿山生态环境恢复。鼓励有实力的企业走出去，投资境外能源资源开发及深加工项目。

（四）挖掘传承精神文化资源。

适应时代需求，大力宣传资源型城市创业历程和涌现出的王进喜、雷锋、马永顺、郭明义等模范人物事迹，传承和发扬资源型城市无私奉献、艰苦奋斗、改革创新的精神，为可持续发展注入源源不竭的精神动力。全面增强开放意识、市场意识和竞争意识，切实树立科学发展理念。开展群众性精神文明创建活动，倡导敬业诚信、勤劳致富、团结友善的社会风尚。做好资源型城市精神文化遗产和工业遗产挖掘、抢救和保护工作，支持创作以资源型城市艰苦奋斗和开拓创新为主题的文化艺术作品，保护和利用好反映资源型城市发展历程和先进人物事迹的博物馆、纪念馆和教育示范基地。

九、支持政策和保障措施

进一步完善促进资源型城市可持续发展的政策体系，做好规划的贯彻落实，保障规划目标和重点任务的完成。

（一）规划实施的政策体系。

建立健全可持续发展长效机制。强化开发秩序约束机制，研究制定资源开发与城市可持续发展协调评价办法,以成长型和成熟型城市为重点，加强可持续发展预警与调控。加快推进资源税改革，研究完善矿业权使用费征收和分配政策，健全资源性产品价格形成机制。研究建立资源型企业可持续发展准备金制度，健全资源开发补偿机制和利益分配共享机制。进一步落实接续替代产业扶持机制，充分发挥市场机制作用，调动社会力量，推动接续替代产业发展。

加强分类指导的政策措施。根据分类指导的原则，研究制定全国资源型城市可持续发展分类指导意见，通过针对性政策措施引导和支持不同类型资源型城市实现特色发展。做好资源枯竭城市转型年度绩效考核评价工作，完善“有进有出、奖惩分明、滚动推进”的支持机制，继续加大中央财政转移支付力度。选择典型的资源富集地区、城市和资源型企业开展可持续发展试点，积极探索各具特色的发展模式。

着力解决重点难点问题。继续安排资源型城市吸纳就业、资源综合利用、多元化产业培育和独立工矿区改造试点中央预算内投资专项，支持资源型城市转型发展。对符合条件的接续替代产业在项目审核、土地利用、融资服务等方面给予支持。继续加大对历史遗留矿山地质环境问题恢复治理的资金支持。引导和鼓励金融机构在防范信贷风险的前提下加大对资源型城市可持续发展的信贷支持力度，创新合作模式。

推进资源型城市可持续发展立法。推动修改完善与资源型城市可持续发展相关的现有法律法规，抓紧研究制定资源型城市可持续发展条例，明确政府、企业和其他社会组织在促进资源型城市可持续发展方面的权利和义务，协调和规范各利益相关主体之间的关系，为可持续发展提供制度保障。

（二）规划实施的保障措施。

加强组织领导。国务院有关部门要按照职能分工，搞好政策衔接，在项目建设、资金投入、体制机制创新等方面给予积极支持，帮助解决规划实施中遇到的重大问题。各有关省级人民政府要切实负起总责，做好统筹协调，加强对资源型城市可持续发展工作的组织领导，出台配套政策措施，明确工作责任，确保规划提出的各项任务落到实处。各资源型城市要按照本规划加快制订实施方案，明确工作时序和重点，落实责任主体，建立和完善工作机制。涉及的重大政策和建设项目按程序另行报批。

完善考核指标。建立资源型城市可持续发展统计体系，制定和完善有利于资源型城市可持续发展的绩效评价考核体系和具体考核办法，把资源有序开发、接续替代产业发展、安全生产、失业问题解决、棚户区搬迁改造、矿山环境恢复治理、林区生态保护等工作情况，作为综合考核评价的重要内容。

严格监督检查。发展改革委要会同有关部门做好政策协调，对规划实施情况进行跟踪分析和监督检查，加强对可持续发展情况的动态监测，建立健全规划定期评估制度。根据评估结果，及时对规划范围、综合分类结果、重点任务等进行动态调整，不断优化政策措施和实施方案。完善社会监督机制，鼓励企业和公众积极参与规划的实施和监督。

加大宣传力度。采取多种形式、全方位地宣传资源型城市可持续发展的重要性，形成人人关心可持续发展、全社会支持转型工作的良好氛围。

商务部 国家开发银行关于支持境外经济贸易合作区建设发展有关问题的通知

商合函〔2013〕1016号

各省、自治区、直辖市、计划单列市及新疆生产建设兵团商务主管部门，各中央企业：

为进一步贯彻落实国务院关于推进境外经济贸易合作区（以下简称合作区）建设的有关精神和《国务院办公厅关于金融支持经济结构调整和转型升级的指导意见》（国办发〔2013〕67号），创新合作区的发展模式，支持国内企业"走出去"，更好地发挥金融对经济结构调整和转型升级的支持作用，商务部、国家开发银行将加强合作，支持合作区建设，现就有关问题通知如下：

一、商务部和国家开发银行共同建立合作区项目协调和信息共享等联合工作机制，为符合条件的合作区实施企业、入区企业提供投融资等方面的政策支持。具体措施包括：

（一）商务部对企业投资建设的合作区进行宏观指导，在国别和产业指引、资本投资便利化、境外投资保障等方面提供支持。

（二）国家开发银行根据国家对外发展战略的需要，支持国内产业集群"走出去"，为合作区建设提供投融资等服务。

（三）商务部和国家开发银行将支持或共同开展合作区布局和发展规划等研究工作。

（四）商务部与国家开发银行将建立有关合作区信息共享机制，加强信息交流，相互通报关于合作区确认考核、年度考核及投融资进展情况，引导企业有序赴合作区投资经营。

（五）根据合作区推动工作的需要，商务部、国家开发银行将不定期对合作区项目融资中存在的重要问题进行协调。

二、国家开发银行将依据商务部、财政部《境外经济贸易合作区确认考核和年度考核管理办法》（商合发〔2013〕210号）的要求，明确合作区优先融资的基本条件，针对合作区的特点和需求，对合作区提供融资服务。具体工作包括：

（一）国家开发银行将在市场化运作、有效防范风险的前提下，重点优先支持已通过确认考核的合作区项目；有选择地支持我与合作区东道国政府共同关注的在建合作区项目；积极跟踪规划中的其他合作区项目。

（二）在信用结构上，除依托境内股东信用提供贷款模式外，积极探讨依托境外金融机构信用、项目自身及其他资产抵质押、土地出让应收账款质押等模式，为合作区实施企业提供融资支持。

（三）通过与东道国有实力的金融机构合作，以转贷款、银团贷款等方式，为入园企业提供融资服务。

（四）国家开发银行及其下属的中非发展基金可通过投贷结合方式为非洲地区合作区提供投融资服务，并为入园企业提供非洲中小企业专项贷款服务。

三、商务部、国家开发银行共同加强合作区建设的指导，为合作区企业提供投资咨询和融资方案设计等服务工作，引导我国企业有序开展合作区建设工作。

商务部

国家开发银行股份有限公司

2013 年 12 月 13 日

工商总局关于加强商品交易市场规范管理的指导意见

工商市字〔2013〕210号

各省、自治区、直辖市及计划单列市工商行政管理局、市场监督管理局：

为进一步加强对商品交易市场的监督管理，规范商品交易市场经营管理活动，维护市场交易秩序，促进商品交易市场持续健康发展，现就加强商品交易市场规范管理提出如下意见：

一、加强商品交易市场规范管理的重要性和总体要求

（一）加强商品交易市场规范管理的重要性。党的十八大和十八届三中全会强调要着力激发各类市场主体发展新活力，加快完善现代市场体系，处理好政府和市场的关系，使市场在资源配置中起决定性作用和更好发挥政府作用。商品交易市场是社会主义大市场的重要组成部分，是日常消费的重要场所，是产品销售与原材料采购的重要渠道，是服务区域经济发展的重要平台，在引导消费、促进生产、活跃流通、优化配置、方便生活、扩大就业、拉动内需等方面发挥着重要作用。各级工商机关要充分认识加强商品交易市场规范管理是深入贯彻落实党的十八大和十八届三中全会精神，加快转变经济发展方式，推动经济更有效率、更加公平、更加可持续发展的重要内容；是依法履职，维护商品交易市场秩序的具体举措；是加强和创新社会管理，融洽市场开办者、经营者、消费者关系，促进社会和谐的实际行动。

（二）加强商品交易市场规范管理的总体要求。商品交易市场规范管理是一项系统性、整体性工作。各级工商机关要立足职能，紧紧围绕商品交易市场规范管理工作目标，坚持标本兼治、防打结合、统筹兼顾，将市场日常监管与专项整治相结合，主体规范与行为规范、商品质量规范相结合，制度建设与完善手段、健全机制相结合，通过综合运用工商行政管理职能，全面加强商品交易市场规范管理，推动商品交易市场主体合法、经营行为规范、商品质量合格、自律管理制度健全，不断提升商品交易市场规范管理工作效能，努力创造公平公正、统一开放、竞争有序、安全和谐的市场环境。

二、加强行政指导，推动商品交易市场开办者落实相关义务责任

（三）推进商品交易市场开办者企业法人登记。本意见所称商品交易市场，是指由商品交易市场开办者提供固定商位和相应设施，提供物业服务，实施经营管理，并收取一定租金等收益，有多个经营者入场独立从事商品交易活动的经营场所。商品交易市场开办者，是指

依法登记并领取营业执照，从事市场经营管理的企业法人、其他经济组织或者个体工商户。

鼓励、引导未单独登记并领取营业执照的商品交易市场开办者单独设立为企业法人。对历史形成的政府部门、乡镇、街道、村（居）委会等开办的市场，应由其承担市场开办者责任，并引导其专门设立企业法人进行经营管理。商品交易市场名称应符合相关规定。

（四）引导商品交易市场开办者落实相关义务责任。商品交易市场，具有经营主体多元、交易商品和服务门类繁多、涉及的法律关系复杂等特点。各地要引导商品交易市场开办者落实维护市场经营秩序、保护消费者合法权益、保障商品质量等方面的义务责任，主要包括：

1. 具备法律、法规规定的与经营规模和经营范围相适应的经营场所。

2. 审查申请进入市场销售商品或者提供服务的法人、其他经济组织或者个体工商户的经营主体资格，建立经营者档案并定期核实更新。建立对入场经营者及其销售商品和提供服务的检查监控制度，发现有违反工商行政管理法律、法规、规章行为的，向所在地工商行政管理机关报告，并及时采取措施制止。

3. 与入场经营者签订协议，明确双方在市场进入和退出、商品和服务质量安全保障、不合格商品下架退市、经营规范以及消费者权益保护等方面的权利、义务和责任。

4. 建立场内经营管理相关制度，并以适当方式公布，以便入场经营者和消费者知晓。

5. 建立消费纠纷和解及消费维权自律制度等消费者权益保护制度。消费者在市场内购买商品或者接受服务，发生消费纠纷或者其合法权益受到损害时，市场开办者应当及时做好和解工作，协助消费者维护自身合法权益。鼓励市场开办者与入场经营者协议设立消费者权益保证金，并就消费者权益保证金提取数额、管理、使用和退还办法等作出约定。鼓励有条件的市场实施先行赔付制度，提升消费者权益保障能力。

6. 接受工商行政管理部门的监督检查，积极协助查处市场内的违法经营行为，并提供违法经营者的相关信息。工商行政管理部门发现市场内有违反工商行政管理法律、法规、规章的行为，要求市场开办者采取措施制止的，市场开办者应当予以配合。

7. 对入场经营者实行分类管理。鼓励市场开办者开展信用管理，对经营者的信用情况客观、公正地进行采集与记录，建立信用评价体系、信用披露制度以警示交易风险。

三、创新监管方式，构建市场规范管理长效机制

（五）进一步加强市场信用分类监管。各地要不断深化市场分级分类管理制度，提高市场监管的针对性。进一步推进市场信用分类监管，完善市场信用等级分类标准和评定细则，强化守信激励和失信惩戒。针对农产品市场、工业品市场和专业批发市场、零售集贸市场等不同类型、不同属性市场的共性和个性特点，采取差异化监管措施，确定各自监管重点、标准和要求，促进市场监管到位。

（六）继续深化诚信市场创建活动。各地要以推动市场开办者及场内经营者落实主体责任和社会责任为重点，以树立诚信理念，建立诚信机制，创建诚信经营环境为目标，深入开展诚信市场创建活动。进一步细化诚信市场创

建活动相关制度，优化诚信市场评价考核办法及流程，形成更符合实际的指标评价体系、评价标准和退出机制。积极探索诚信市场公示制度，提升诚信市场的社会公信力。

（七）推广使用商品交易市场内柜台租赁经营合同示范文本。合同是市场交易的基本形式和重要载体。各地要强化市场开办者的契约意识，推动开办者与入场经营者签订合同，进一步提升市场监管水平和效能。针对市场开办者与入场经营者之间的合同存在不规范、甚至不公平合同格式条款等情况，积极推行柜台租赁经营合同示范文本，引导和规范合同订立行为，从源头上有效规范商品交易市场秩序。各地可结合本地实际，针对不同类型市场制定推行相应的合同示范文本。

（八）行政执法与行政指导相结合。各地要注重发挥行政处罚等刚性执法手段的威慑作用，立足工商职能，进一步加大监管执法力度，依法查处违法违规行为，切实维护消费者合法权益，净化市场环境。同时，要进一步强化行政指导力度，在法定职权范围内，通过建议、辅导、提醒、规劝、示范、公示、约谈等非强制性方式引导经营者诚信守法经营。

（九）日常监管与专项整治相结合。各地要不断创新完善监管方式方法。根据市场不同信用等级，科学配置监管力量，加强对市场主体经营资格、经营行为和商品质量的监管。深入开展12315进市场活动，建立12315消费维权服务站点，切实保护消费者权益。同时，针对不同时期的焦点热点问题，因地制宜、统筹安排、依法开展各类市场专项整治，进一步规范市场秩序。

（十）提升监管执法的科学化水平。各地要综合运用科技手段，深入推进信息技术在监管执法中的融合度，改变传统的市场监管模式，提升市场监管的信息化水平。要健全市场监管体系，积极探索建立市场舆情监测分析制度，增强违法行为的发现能力和快速处置能力。

（十一）强化自律，支持行业协会健康发展。各地要指导、督促市场开办者健全管理制度，加强其自我管理、自我服务、自我监督的能力。鼓励成立市场行业协会，建立健全行业分会，有效引导其参与市场管理，充分发挥市场协会、个私协会等组织的桥梁纽带作用。鼓励、支持市场协会制定行业信用规则和道德规范标准，明确市场主体责任和社会责任内涵、具体任务和实现路径。鼓励市场协会建立各类市场分会，支持建立市场诚信联盟等组织，强化自律机制，对失信市场实施联动惩戒机制，提高市场失信成本。

（十二）加强商品交易市场党建工作。各地要将商品交易市场党建工作纳入整体工作规划，建立工作责任制。要与市场开办者有机衔接，结合工商登记监管工作，摸清市场中党组织及党员基本情况，健全流动党员管理档案。同时，要选派工商干部、个私协会党员担任党建指导员，指导市场开办者及时建立党的组织，开展党的工作，发挥党组织和党员作用，促进商品交易市场健康发展。

四、加强协同配合，不断提高监管执法效能

（十三）明确职责分工，形成监管合力。对商品交易市场的监管，涉及工商行政管理职能各个方面。各地要切实发挥工商职能作用，建立市场、内外资企业和个体登记监管、竞争

执法、商标、广告、消保、办案机构等业务部门各司其职、协同配合，基层工商所属地监管的工作机制。依据《消费者权益保护法》、《产品质量法》、《商标法》、《广告法》、《反不正当竞争法》等法律法规，查处市场内违法行为，规范市场秩序，及时受理消费者投诉、举报，营造良好消费环境。

（十四）强化部门分工协作，提升综合治理力度。商品交易市场除应具备与经营规模和经营范围相适应的场地、设施设备外，还需要具备必要的交通、治安、消防、卫生条件，是多部门综合管理的系统工程。工商机关与各有关部门应当依照相关法律法规和各自职责加强市场监管，做到不越位、不错位、不缺位。同时，积极协调地方政府相关职能部门，建立执法协作和信息互通机制，在日常监管中建立“一家发现、转告相关、部门联动、综合治理”的工作机制，形成以社会服务和管理为共同目标指向、各部门综合履职的协作体系。积极推动将无证照治理、市场经营环境治理等工作纳入社会管理综合治理中，形成“政府领导、属地负责、部门联动、综合治理”的工作格局，有效解决市场监管难题，提高执法效能。

五、加强基础建设，提升市场规范管理工作内在动力

（十五）加强市场规范管理机构和队伍建设。各地要加大投入，为构建公平公正的市场监管体系提供必要的机构、人员和设施装备。进一步加强市场规范管理机构建设，重点解决基层市场规范管理机构不健全、保障不到位、专业人员不足等突出问题，使机构的规格、编制与其承担的职责和任务相适应。进一步重视市场规范管理队伍建设，配备和充实监管执法人员，重点强化基层执法力量，同时加大对市场规范管理干部的培养、使用和交流力度。

（十六）进一步强化制度建设。各地要深入开展市场规范管理工作创新的探索和研究，强化市场监管系统性风险及廉政风险的控制能力。加大市场规范管理立法调研，持续推进市场规范管理工作制度化、规范化、程序化、法治化建设。加强地方性立法推动协调工作，努力推进市场规范管理地方立法进程，进一步优化市场规范管理法治环境。

各地应结合实际，贯彻落实好本指导意见，遇重大情况和问题及时报告国家工商行政管理总局。

工商总局

2013年12月25日

专题篇

中国人造板行业发展现状及存在问题

我国人造板工业起步虽晚，但发展很快。改革开放使我国人造板工业得到前所未有的发展机会，从计划经济走向市场经济，实现了由传统加工业向现代工业的转变，从无到有不断壮大，企业规模不断扩大，产品种类不断增加，技术装备水平和产品质量不断提高，主要产品胶合板、纤维板、刨花板和其他人造板，及其延伸产品和深加工产品已达百余种。

2013 年，我国人造板行业依然维持高速发展的态势，虽然国内产品价格有小幅下调，但产品质量不断提高、出口平稳增长，销售收入和营业利润稳步增长。同时，作为生产稳定器的人造板期货市场应运而生，国内首批林木类期货品种胶合板、纤维板合约在大连商品交易所上市；多家大型企业通过并购重组表现出做大做强的强烈愿望，有力地推进了人造板结构调整和转型升级。

一、行业发展现状

（一）产量持续高速增长

进入 21 世纪，我国人造板工业高速发展，现有人造板企业万余家，从业人员 300 多万，人造板年产量超过 2.5 亿立方米，产值近万亿元，成为世界人造板生产、消费和进出口贸易第一大国。

2013 年我国人造板产量 2.56 亿立方米，同比增长 14.43%，占全球人造板生产总产量的 58%（图 1）；产品结构比例为：胶合板 53.7%，纤维板 25%，刨花板 7.4%，其他板 13.9%（图 2）。2014 年 1—6 月产量 1.13 亿立方米，同比增长 22.5%。

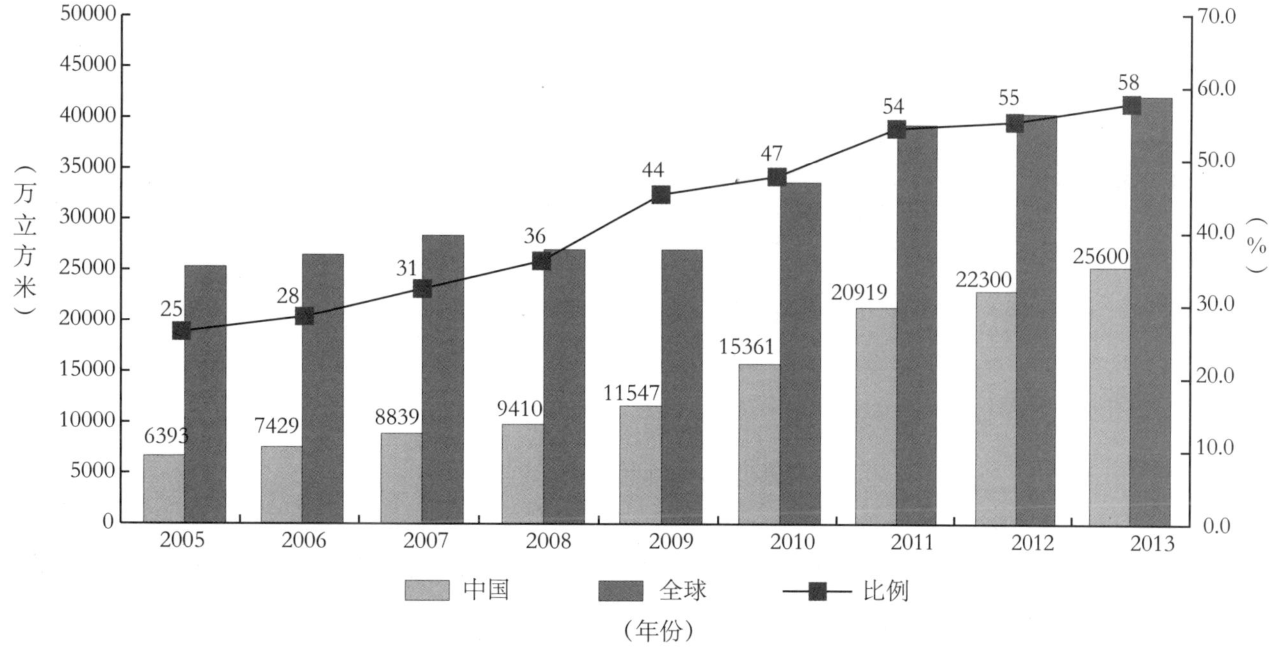

图1　中国人造板占全球产量比例

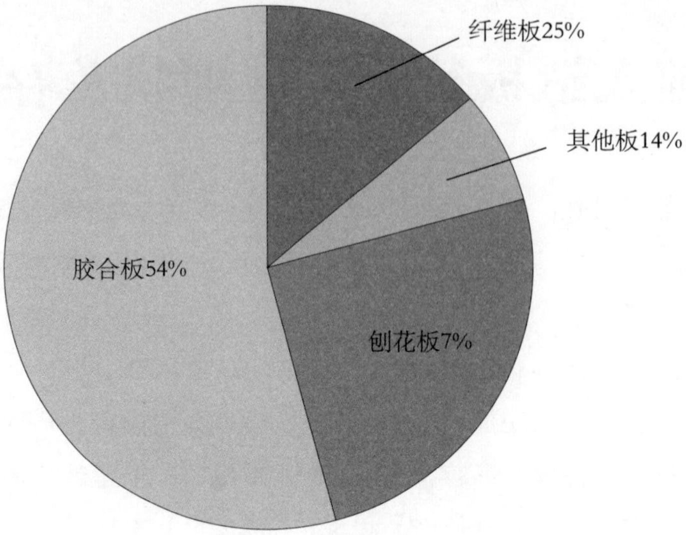

图2　2013年产品结构比例

胶合板　目前中国有近万家以民营为主的胶合板生产企业，大多数单板生产企业规模不到1万立方米。2013年全国胶合板产量1.37亿立方米，同比增长25%（图3）。2014年1—6月产量8202万立方米，同比增长7.1%。

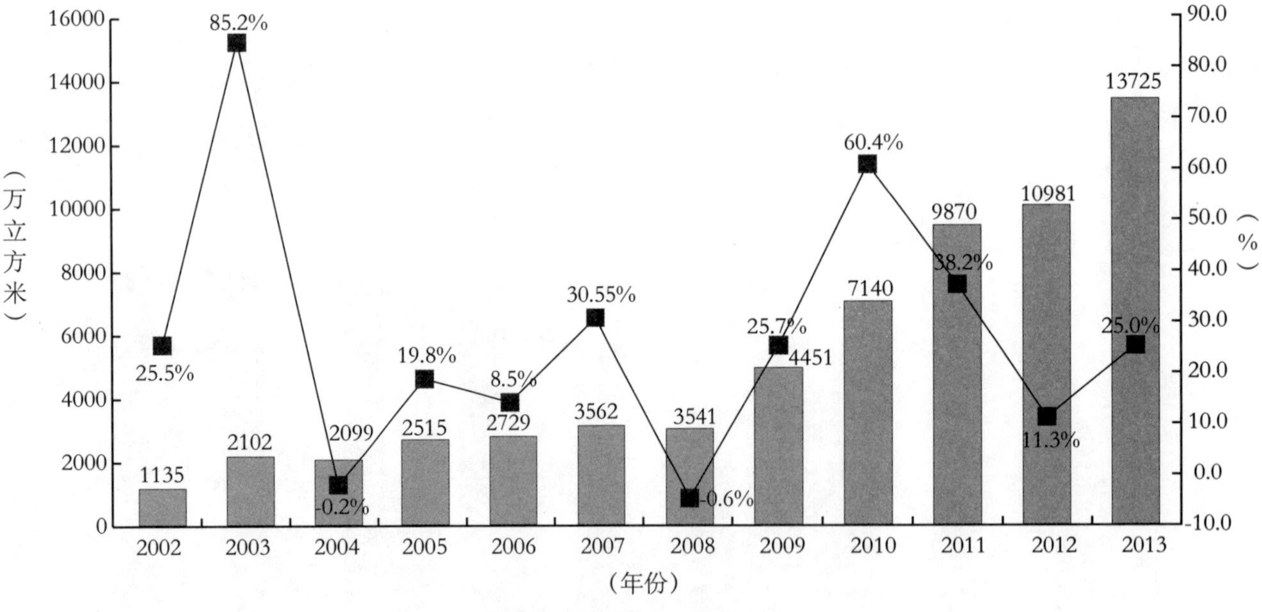

图3　胶合板年产量及变幅

纤维板　2013年全国共有约800条纤维板生产线分布在二十多个省市，当年生产纤维板6402万立方米，同比增长10.4%。其中中密度纤维板产量5395万立方米（图4），占84.3%；高密度和硬质纤维板1007万立方米，占15.7%。2014年1—6月产量3188万立方米，同比增长6.72%。

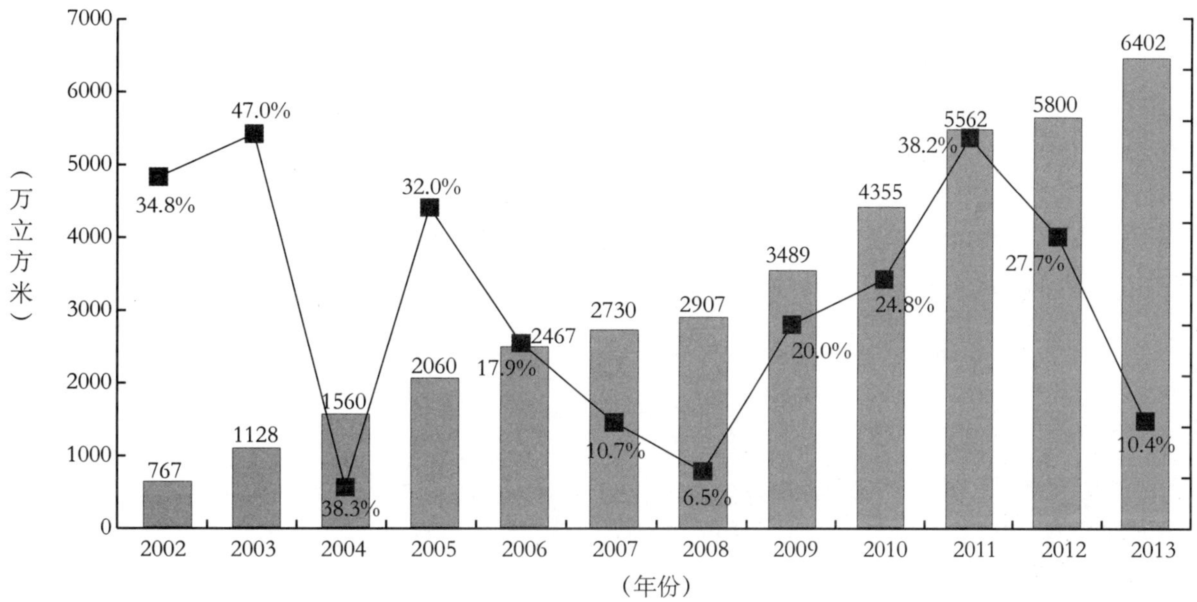

图4　纤维板年产量及变幅

刨花板　2013年全国有刨花板生产线1000多条，生产能力接近3000万立方米，企业平均规模3万立方米;当年生产刨花板1885万立方米，同比下降19.8%（图5）。2014年1—6月产量780万立方米，同比增长14.7%。

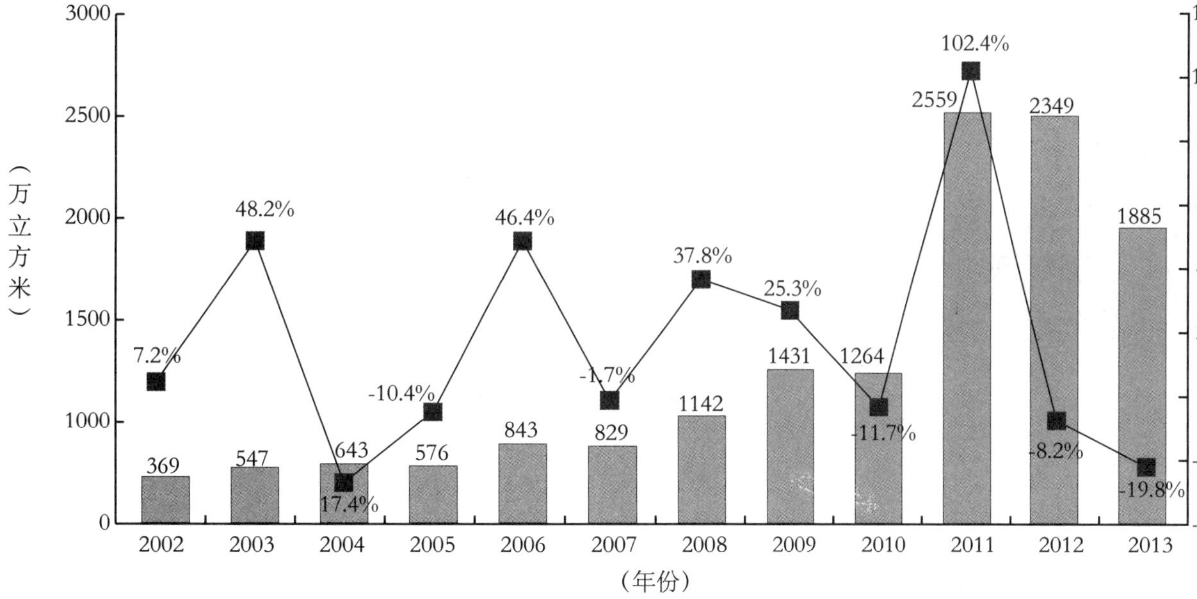

图5　刨花板年产量及变幅

其他人造板　2013年其他人造板产量3548万立方米，同比增长10.7%，其中细木工板2118万立方米，占到近60%；经过贴面加工的装饰板产量3.26亿平方米，同比下降5.11%（图6）。2014年1—6月装饰板产量1.26亿平方米，同比下降9.9%。

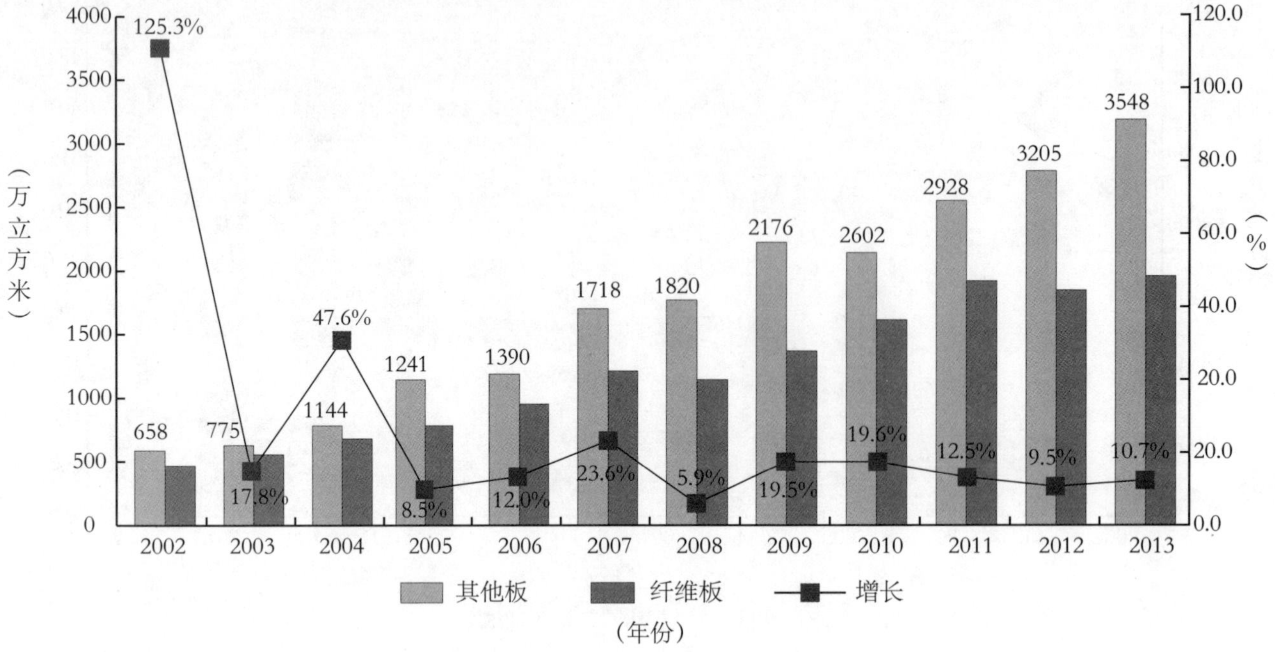

图6　其他人造板年产量及变幅

（二）产量分布与排名

目前，全国各省区均有人造板生产企业，2013 年产量超过 1000 万立方米的省区有 8 个，山东、江苏、广西、安徽、河南和河北 6 个省（区）人造板产量共计 1.88 亿立方米，占全国人造板总产量的 73.45%（图 7、8）。其中山东省产量高达 6422 万立方米，超过当年欧洲人造板总产量，成为全国乃至世界最大的人造板生产基地（2013 年人造板产量排名前十位的省区详见表 1）。

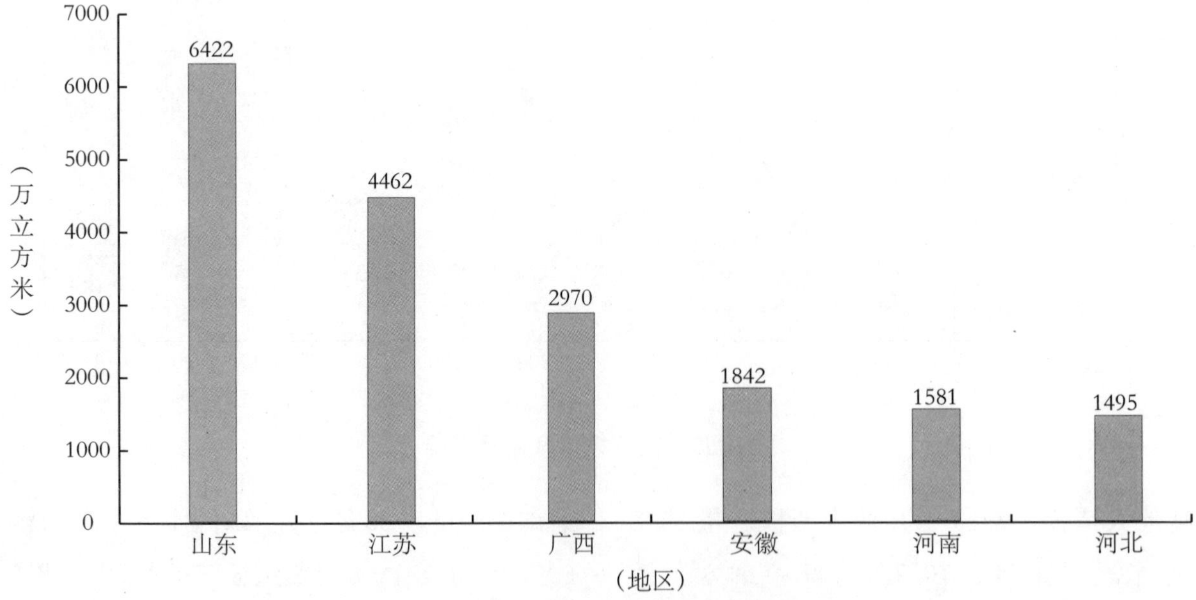

图7　2013年人造板产量分布

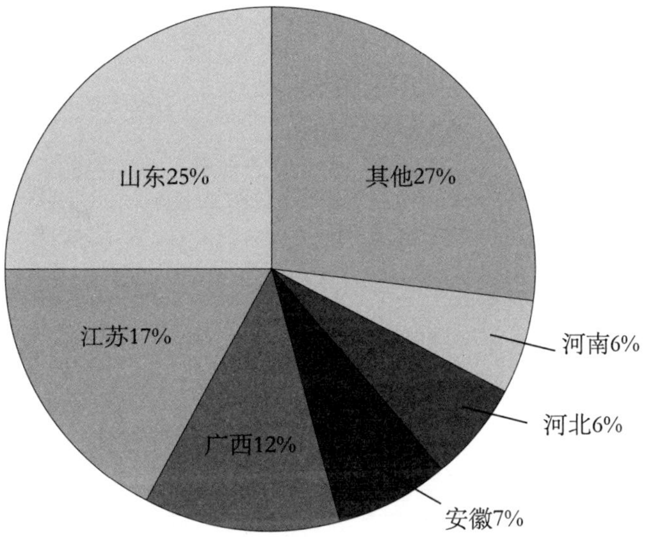

图8 2013年人造板产量分布

表1 2013年人造板产量TOP10（单位：万立方米／平方米）

胶合板	产量	同比%	纤维板	产量	同比%	刨花板	产量	同比%	装饰板	产量	同比%
山东	5045.5	10.37	广西	911.6	13.2	福建	220.8	-0.8	福建	6882.6	-8.3
江苏	3453.3	10.20	河南	607.1	-6.5	河南	208.8	26.3	河南	6385.6	6.4
广西	1417.5	18.49	江苏	601.1	-0.4	广东	136.9	-2.0	浙江	6005.2	-8.8
河南	1368.3	20.26	山东	558.1	9.0	江苏	100.6	-5.8	湖北	4642.4	37.8
湖南	850.7	-6.16	广东	513.7	5.3	黑龙江	91.9	10.9	山东	1520.5	-61.1
福建	674.2	8.20	四川	448.1	1.7	山东	83.6	-14.0	广东	1450.5	5.6
安徽	573.0	14.59	湖北	298.1	22.3	吉林	76.5	-10.1	湖南	922.2	-8.1
江西	472.0	-12.22	安徽	287.1	0.6	广西	60.6	107.0	辽宁	785.3	9.3
湖北	326.9	12.19	江西	252.6	4.2	河北	54.6	4.2	四川	777.7	-14.8
四川	281.6	-4.60	河北	241.9	11.5	江西	53.6	-31.7	云南	613.7	22.6

（三）国内价格小幅下降

受国内房地产调控和国际市场下滑的负面影响，人造板国内现货市场价格小幅下降。2013年木材加工产品价格与2012年基本持平，其中：锯材1266元/立方米，木片765元/实积立方米，木地板160元/平方米。人造板平均单价略有下降，其中：胶合板1896元/立方米，硬质纤维板1372元/立方米，中密度纤维板1581元/立方米，刨花板953元/立方米。据鱼珠国际木材市场价格指数发布，从2013年1月以来，人造板价格持续下降，价格指数由130跌到124（图9）。

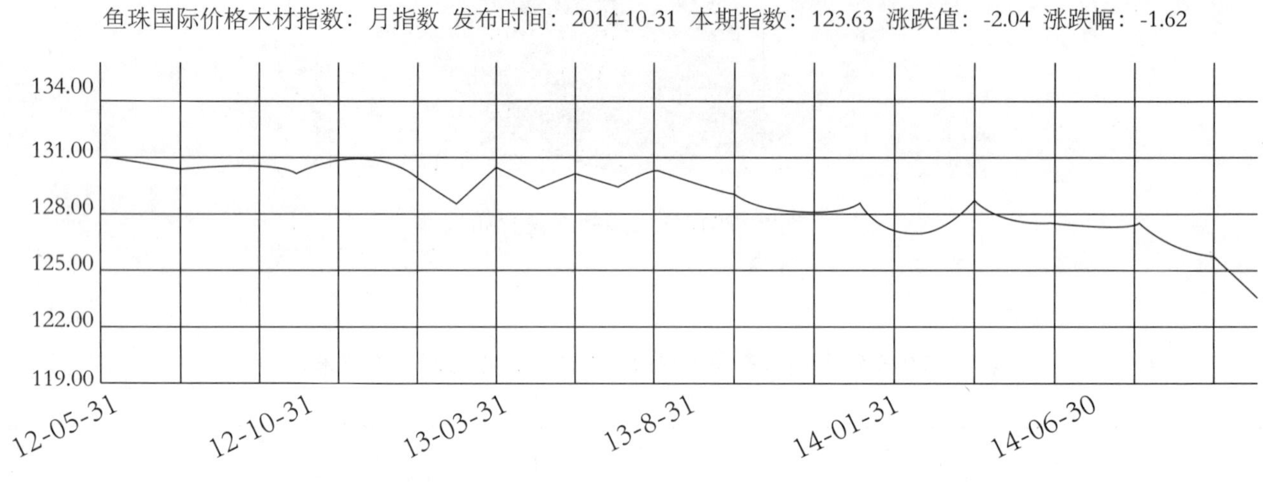

图9　2012.5-2014.10人造板国内现货市场价格指数

（四）进出口贸易稳步增长

随着我国人造板产品质量的不断提高，近年来我国人造板进出口贸易稳步增长。人造板进口量和进口额占全球总进口的4—5%，出口量占全球出口总量的18%，出口额占总额的20%（图10—13）。

2013年全国进口胶合板15.47万立方米，同比下降13.44%；出口1026.14万立方米，同比增长2.3%，出口金额50.34亿美元，同比增长5%。2014年1—6月出口胶合板569.8万立方米，增长15.3%，出口均价492美元/立方米，略高于2013年同期价格。

2013年全国进口纤维板6.92万立方米，同比下降19.2%，平均进口单价703美元/立方米，同比上涨了8%；出口232.87万立方米，同比下降5.42%，但出口价格稳中有升，平均单价506 美元/立方米。2014 上半年进口11.66万立方米，同比增长199%，平均进口价格477美元/立方米，同比下降了38%；出口160万立方米，总额7.7亿美元，分别增长1.4%和6.8%，平均出口价格 482 美元/立方米，同比下降5%。

2013年全国刨花板进口58.68万立方米，增长8.58%，出口26.12万立方米，增长25.53%。2014 年上半年进口17.59万立方米，同比大幅下降；出口16.93万立方米，同比增长36%（图14—17）。

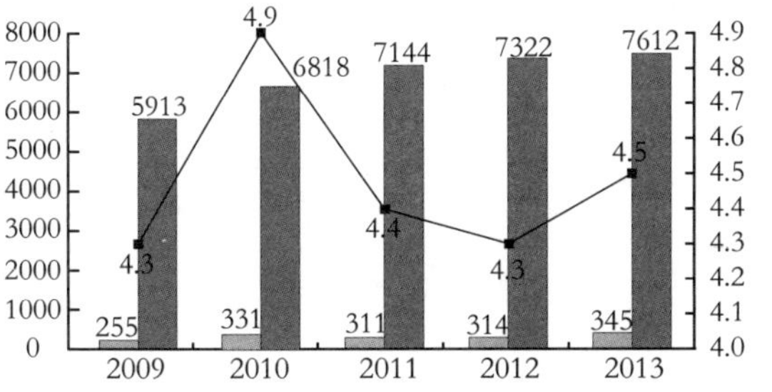

图10　中国人造板占全球进口量比例

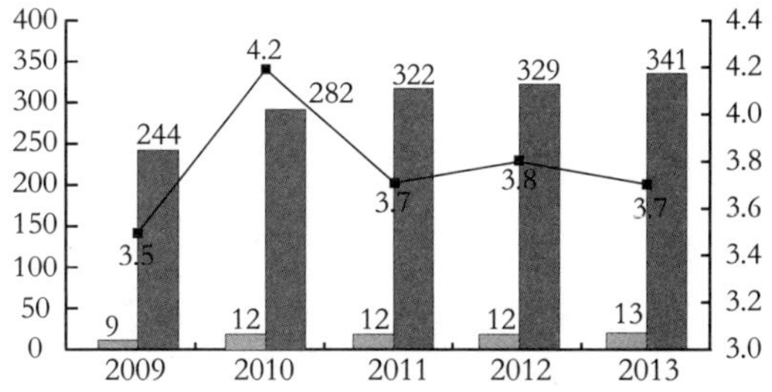

图11　中国人造板占全球进口额比例

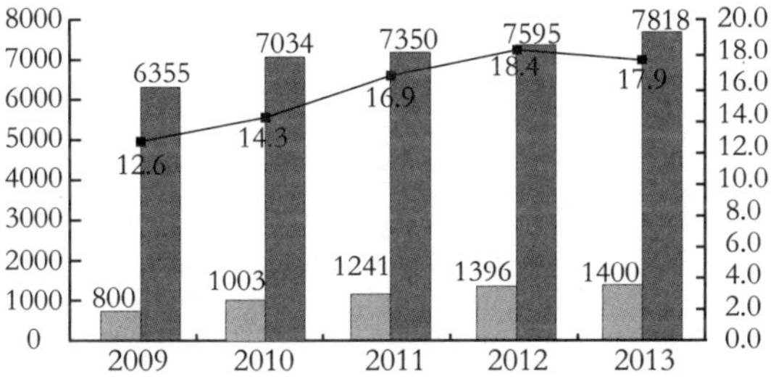

图10　中国人造板占全球出口量比例

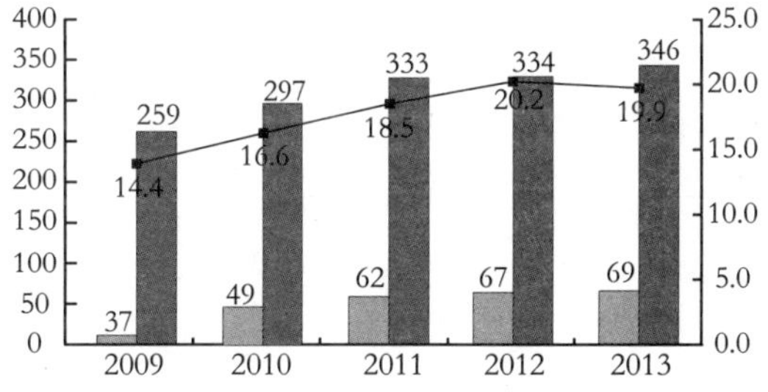

图13　中国人造板占全球出口额比例

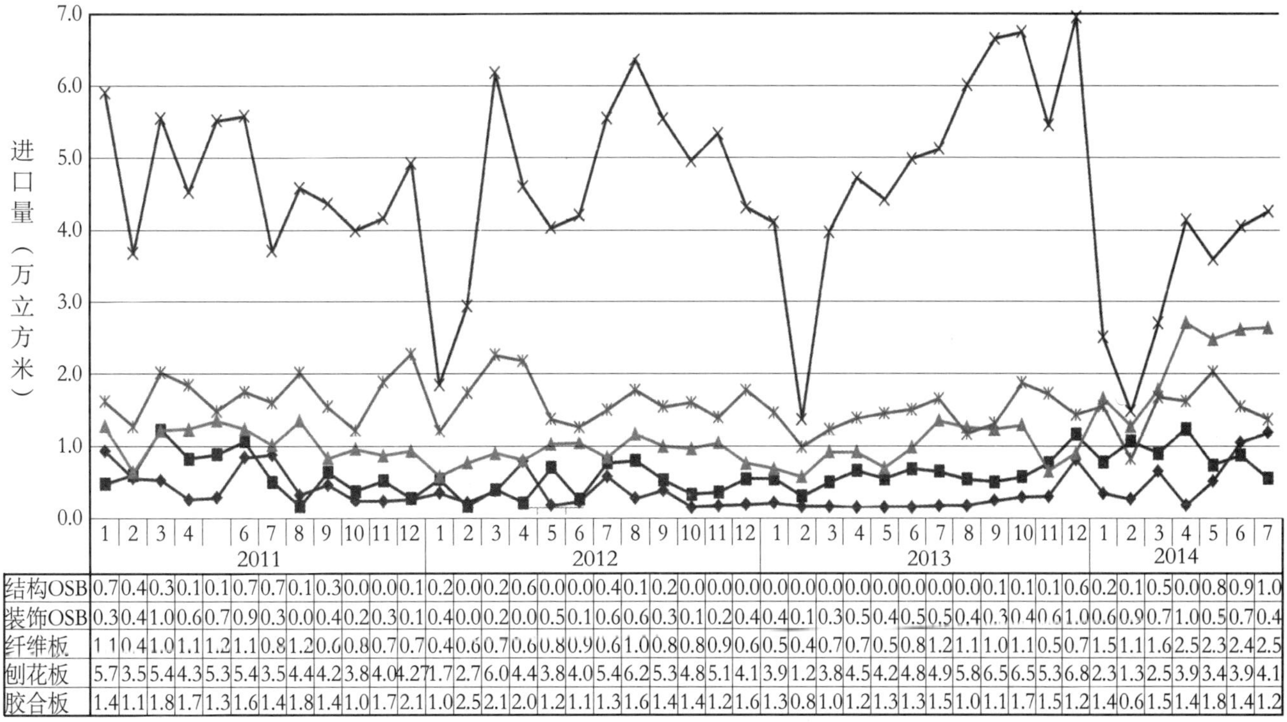

2011	1	2	3	4		6	7	8	9	10	11	12
结构OSB	0.7	0.4	0.3	0.1	0.1	0.7	0.7	0.1	0.3	0.0	0.0	0.1
装饰OSB	0.3	0.4	1.0	0.6	0.7	0.9	0.3	0.0	0.4	0.2	0.3	0.1
纤维板	1 1	0.4	1.0	1.1	1.2	1.1	0.8	1.2	0.6	0.8	0.7	0.7
刨花板	5.7	3.5	5.4	4.3	5.3	5.4	3.5	4.4	4.2	3.8	4.0	4.27
胶合板	1.4	1.1	1.8	1.7	1.3	1.6	1.4	1.8	1.4	1.0	1.7	2.1

2012	1	2	3	4	5	6	7	8	9	10	11	12
结构OSB	0.2	0.0	0.2	0.6	0.0	0.0	0.4	0.1	0.2	0.0	0.0	0.0
装饰OSB	0.4	0.0	0.2	0.0	0.5	0.1	0.6	0.6	0.3	0.1	0.2	0.4
纤维板	0.4	0.6	0.7	0.6	0.8	0.9	0.6	1.0	0.8	0.8	0.9	0.6
刨花板	1.7	2.7	6.0	4.4	3.8	4.0	5.4	6.2	5.3	4.8	5.1	4.1
胶合板	1.0	2.5	2.1	2.0	1.2	1.1	1.3	1.6	1.4	1.4	1.2	1.6

2013	1	2	3	4	5	6	7	8	9	10	11	12
结构OSB	0.0	0.0	0.0	0.0	0.0	0.0	0.0	0.0	0.1	0.1	0.1	0.6
装饰OSB	0.4	0.1	0.3	0.5	0.4	0.5	0.5	0.4	0.3	0.4	0.6	1.0
纤维板	0.5	0.4	0.7	0.7	0.5	0.8	1.2	1.1	1.0	1.1	0.5	0.7
刨花板	3.9	1.2	3.8	4.5	4.2	4.8	4.9	5.8	6.5	6.5	5.3	6.8
胶合板	1.3	0.8	1.0	1.2	1.3	1.3	1.5	1.0	1.1	1.7	1.5	1.2

2014	1	2	3	4	5	6	7
结构OSB	0.2	0.1	0.5	0.0	0.8	0.9	1.0
装饰OSB	0.6	0.9	0.7	1.0	0.5	0.7	0.4
纤维板	1.5	1.1	1.6	2.5	2.3	2.4	2.5
刨花板	2.3	1.3	2.5	3.9	3.4	3.9	4.1
胶合板	1.4	0.6	1.5	1.4	1.8	1.4	1.2

结构OSB　装饰OSB　纤维板　刨花板　胶合板

图14　2011-2014年人造板进口量

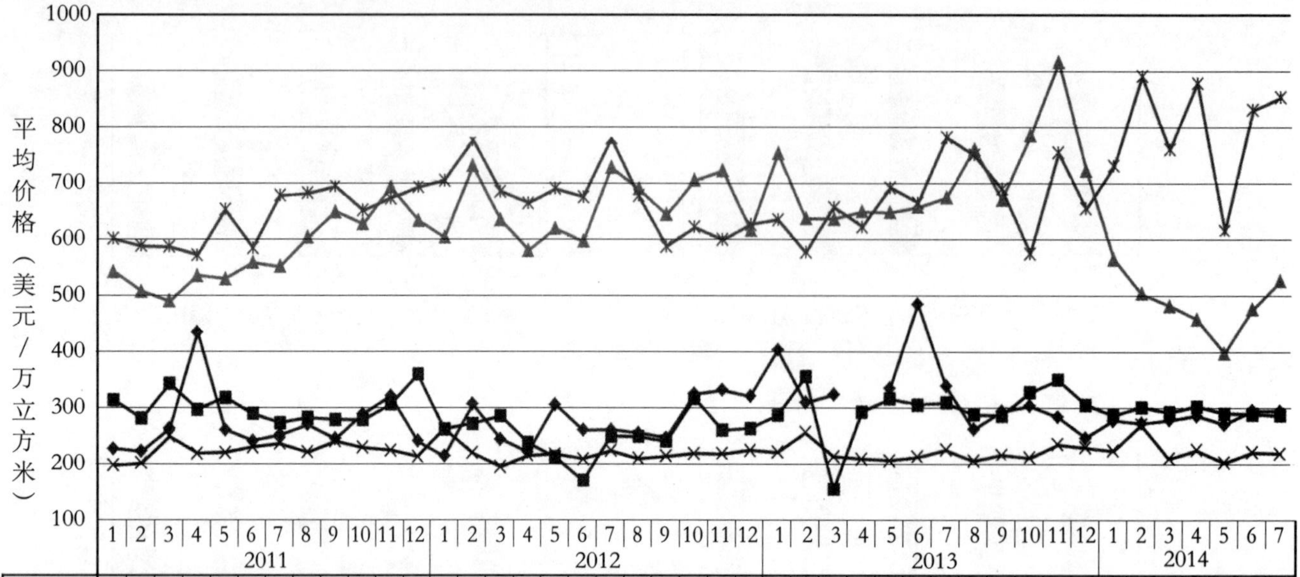

2011	1	2	3	4	5	6	7	8	9	10	11	12
结构OSB	227	222	262	432	260	241	251	270	244	288	319	240
装饰OSB	313	280	341	296	317	289	273	282	278	277	306	358
纤维板	539	504	487	532	526	555	547	599	644	622	687	629
刨花板	197	202	248	219	220	230	236	221	240	229	224	213
胶合板	596	584	582	567	647	580	672	676	689	646	667	687

2012	1	2	3	4	5	6	7	8	9	10	11	12
结构OSB	214	305	243	221	304	259	260	254	246	323	330	319
装饰OSB	262	271	285	238	212	171	249	249	240	316	259	263
纤维板	599	724	629	576	614	592	722	684	639	700	717	611
刨花板	261	220	195	215	217	209	223	210	214	219	218	224
胶合板	699	770	680	659	684	670	773	672	583	617	595	622

2013	1	2	3	4	5	6	7	8	9	10	11	12
结构OSB	401	308	221		334	481	337	261	293	302	283	246
装饰OSB	285	354	238	292	315	304	308	288	285	326	348	304
纤维板	747	632	613	644	643	653	669	754	666	778	908	717
刨花板	220	256	213	209	207	213	225	205	216	211	235	229
胶合板	630	572	652	617	687	660	775	744	685	570	748	650

2014	1	2	3	4	5	6	7
结构OSB	277	272	278	285	270	294	293
装饰OSB	286	301	291	302	289	288	286
纤维板	561	501	479	456	396	473	523
刨花板	224	269	210	225	203	221	219
胶合板	724	882	754	870	610	823	845

—◆—结构OSB —■—装饰OSB —▲—纤维板 —×—刨花板 —*—胶合板

图15 2011-2014年人造板进口单价

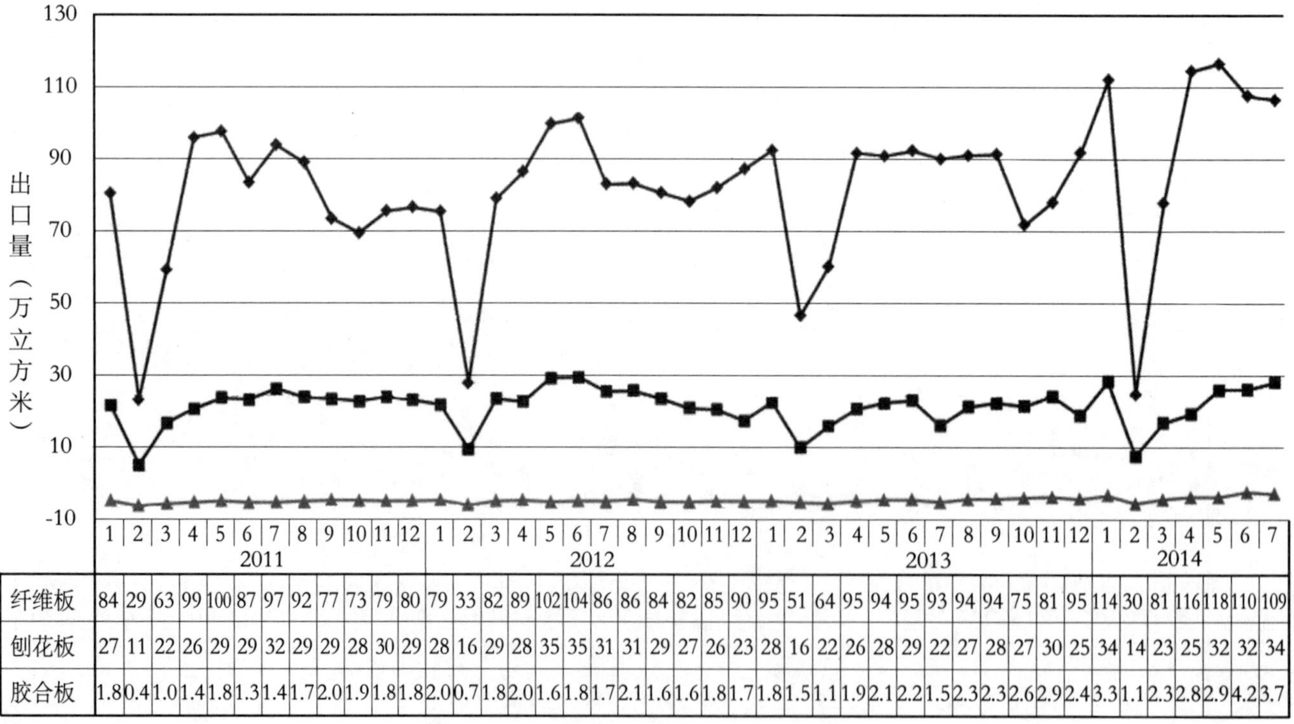

2011	1	2	3	4	5	6	7	8	9	10	11	12
纤维板	84	29	63	99	100	87	97	92	77	73	79	80
刨花板	27	11	22	26	29	29	32	29	29	28	30	29
胶合板	1.8	0.4	1.0	1.4	1.8	1.3	1.4	1.7	2.0	1.9	1.8	1.8

2012	1	2	3	4	5	6	7	8	9	10	11	12
纤维板	79	33	82	89	102	104	86	86	84	82	85	90
刨花板	28	16	29	28	35	35	31	31	29	27	26	23
胶合板	2.0	0.7	1.8	2.0	1.6	1.8	1.7	2.1	1.6	1.6	1.8	1.7

2013	1	2	3	4	5	6	7	8	9	10	11	12
纤维板	95	51	64	95	94	95	93	94	94	75	81	95
刨花板	28	16	22	26	28	29	22	27	28	27	30	25
胶合板	1.8	1.5	1.1	1.9	2.1	2.2	1.5	2.3	2.3	2.6	2.9	2.4

2014	1	2	3	4	5	6	7
纤维板	114	30	81	116	118	110	109
刨花板	34	14	23	25	32	32	34
胶合板	3.3	1.1	2.3	2.8	2.9	4.2	3.7

—■—纤维板 —▲—刨花板 —*—胶合板

图16 2011-2014年人造板出口量

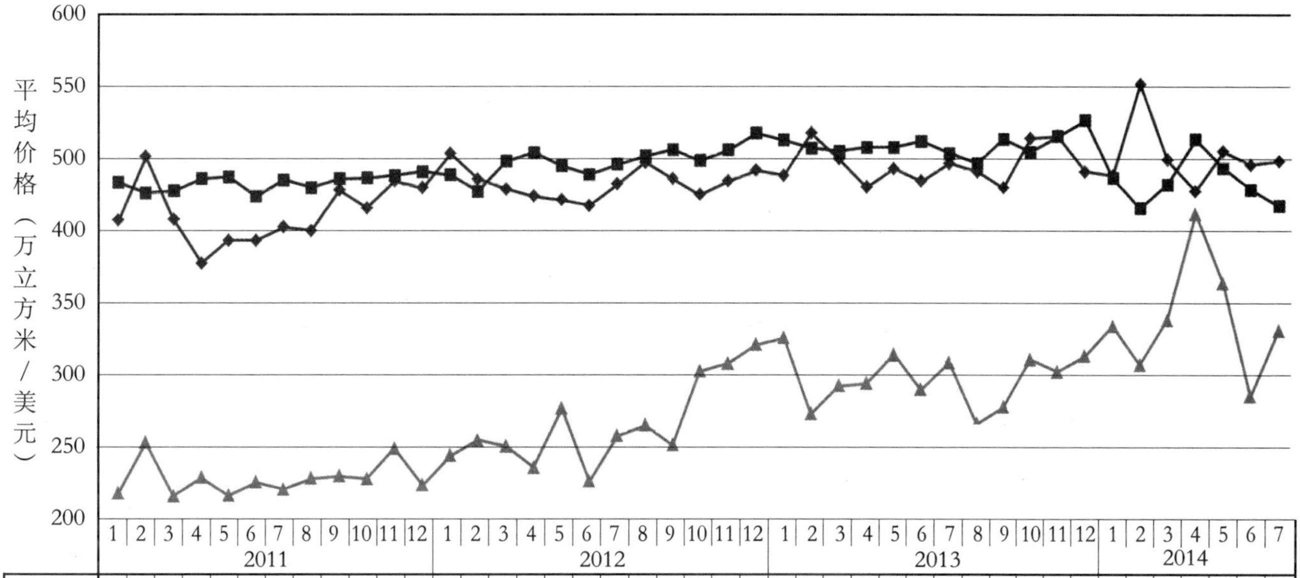

2011	1	2	3	4	5	6	7	8	9	10	11	12
纤维板	452	498	452	421	437	437	447	444	474	461	480	475
刨花板	479	472	473	482	483	469	481	475	482	482	484	487
胶合板	255	291	253	266	253	263	258	266	267	265	287	260

2012	1	2	3	4	5	6	7	8	9	10	11	12
纤维板	500	481	472	469	466	462	487	493	482	470	480	488
刨花板	484	473	494	501	491	485	492	498	503	495	503	515
胶合板	282	293	289	273	316	263	296	304	290	343	349	362

2013	1	2	3	4	5	6	7	8	9	10	11	12
纤维板	484	515	496	476	489	480	493	487	475	511	512	487
刨花板	510	504	502	505	505	509	500	493	511	501	512	524
胶合板	367	312	332	334	355	329	349	305	317	351	342	354

2014	1	2	3	4	5	6	7
纤维板	484	550	496	473	501	492	495
刨花板	482	460	478	510	490	474	462
胶合板	375	347	380	356	407	325	372

纤维板　刨花板　胶合板

图17　2011-2014年人造板出口单价

二、行业分析

（一）行业经济指标分析

2013 年我国有人造板制造规模以上企业 4753 家，其中 70%是民营企业（图 18）；行业总资产 2975.90 亿元，同比增长 19.68%；销售收入为 7066.66 亿元，同比增长 19.42%；负债合计 1293.4 亿元，同比增长 18.69%，利润总额 479.8 亿元，同比增长 18%（图 19）。

由于原辅材料和物流费用上涨，2013 年人造板制造行业销售成本高达 6113.2 亿元，同比增长了 20.89%（图 20），三项费用也同步增长，其中管理费用增长 20.67%，销售费用增长 18.21%，财务费用增长 28.15%（图 21），同时三项费用占销售收入的比重也有所增加（表 2），挤压了利润空间，造成盈利能力下降。2013 年人造板行业销售毛利率 13.49%，利润率 6.79%，资产收益率 16.12%，同比均有所降低(图 22)。行业亏损企业 231 家，行业亏损面接近 5%。但从近三年的效益分析来看，人造板行业仍然有较强的发展能力（表 3）。

表 2　2011—2013 年人造板制造三费占销售收入比重分析

行业三费增速变化	销售收入同比	销售费用同比	管理费用同比	财务费用同比
2011 年	35.41%	21.14%	28.78%	35.86%
2012 年	7.86%	11.38%	14.06%	15.13%
2013 年	19.42%	18.21%	20.69%	28.12%
行业三费占销售收入比重变化	三费比率	销售费用比率	管理费用比率	财务费用比率
2011 年	5.30%	2.05%	2.33%	0.92%
2012 年	5.56%	2.12%	2.47%	0.98%
2013 年	5.64%	2.09%	2.50%	1.05%

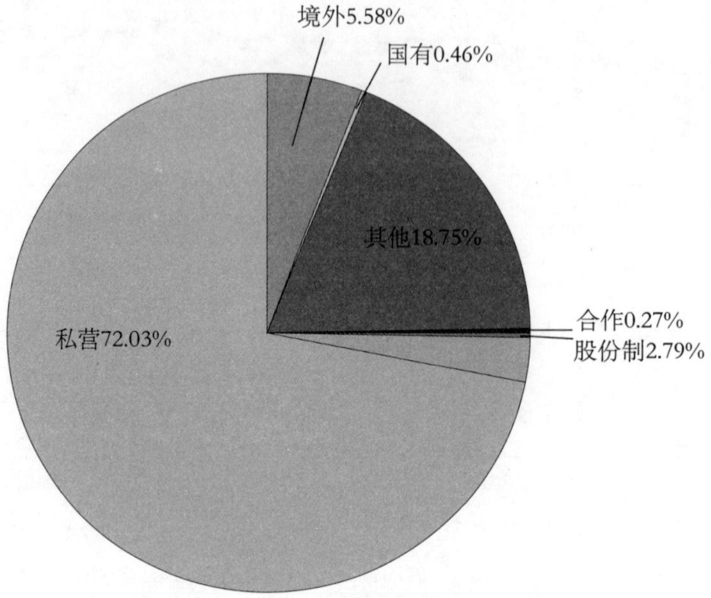

图18　2013年人造板企业销售收入所有制分布

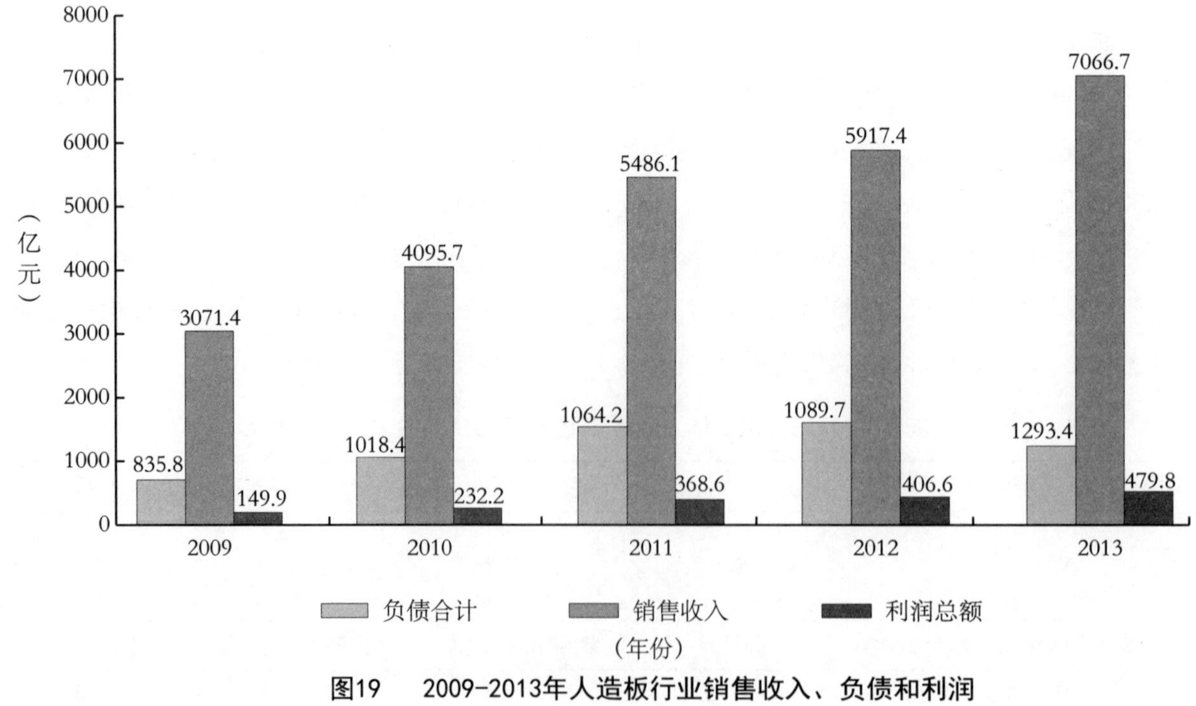

图19　2009-2013年人造板行业销售收入、负债和利润

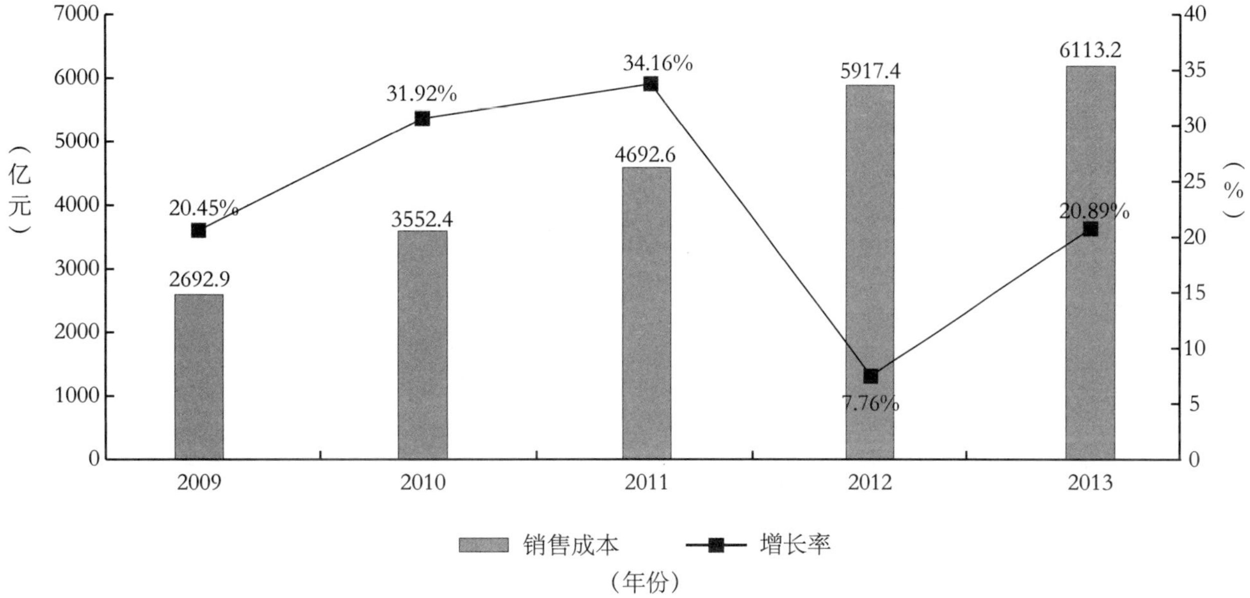

图20 2009-2013年人造板行业销售成本

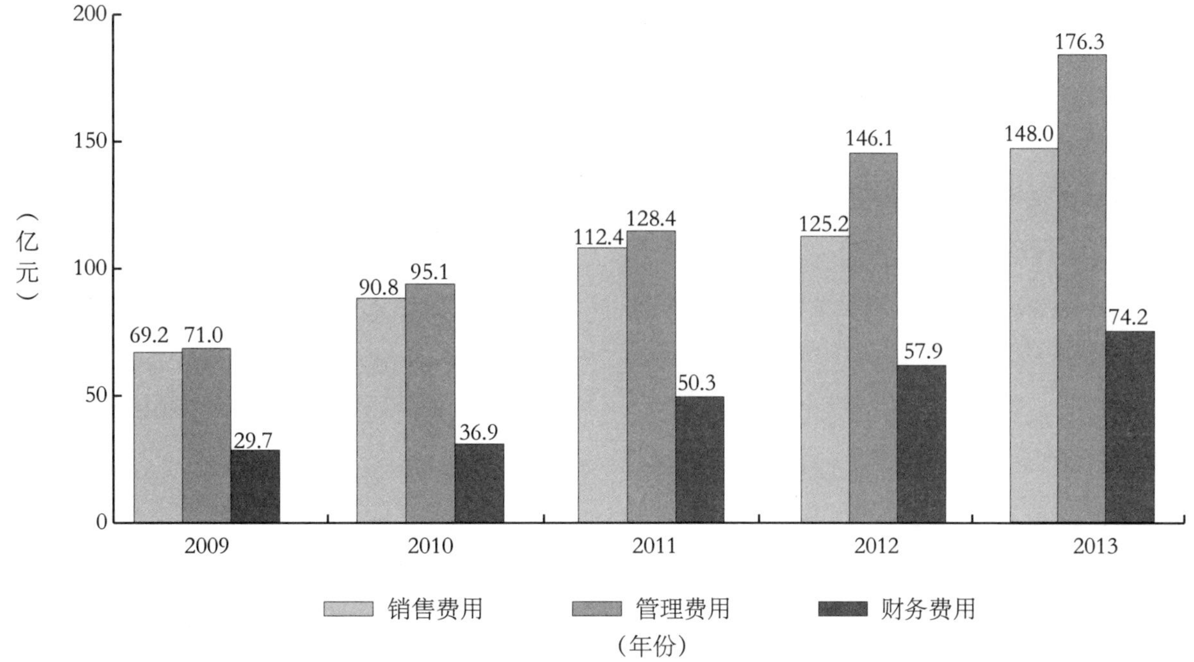

图21 2009-2013年人造板行业三项费用总额

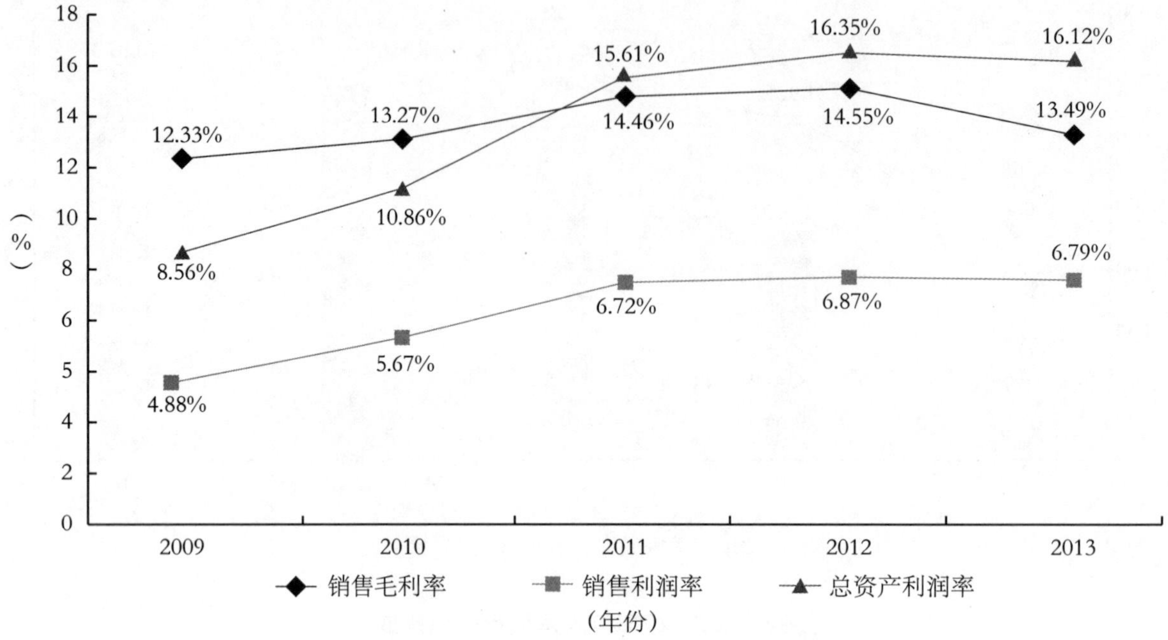

图22　2009-2013年人造板行业利润率

表3　2011—2013年人造板行业效益分析

盈利能力	2011年	2012年	2013年
销售毛利率	16.91%	14.34%	13.49%
销售利润率	6.72%	6.87%	6.79%
资产收益率	15.61%	19.29%	16.12%
偿债能力	**2011年**	**2012年**	**2013年**
负债率	45.08%	43.83%	43.46%
亏损面	4.98%	5.29%	4.86%
利息保障倍数	10.37	9.68	10.30
营运能力	**2011年**	**2012年**	**2013年**
应收帐款周转率	29.32	30.26	30.69
流动资产周转率	5.08	5.10	5.27
发展能力	**2011年**	**2012年**	**2013年**
应收帐款增长率	26.60%	4.51%	17.75%
利润总额增长率	42.71%	10.32%	17.99%
资产增长率	23.63%	5.33%	19.68%
销售收入增长率	35.41%	7.86%	19.42%

（二）人造板应用领域

我国人造板应用领域广泛，产业链下游涉及十几个行业。主要下游产业为家具行业，用量占全部人造板产量的48%；其次为建筑行业，占人造板总量的20%，接下来是包装、地板、木门、交通等行业（图23）。

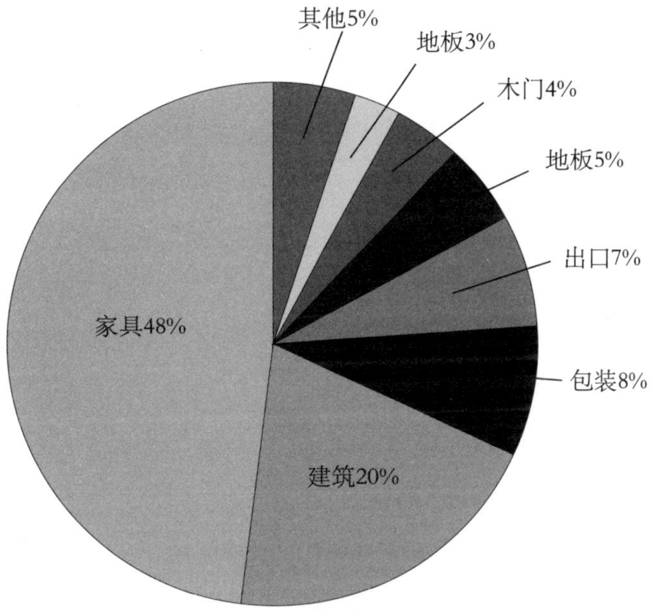

图23　人造板应用领域

（三）人造板期货市场

人造板的产业链上游衔接木材与化工原料，下游涉及家具、装饰、包装和汽车制造等产业，与房地产的景气程度密切相关。近年来，受上游原料价格与人工成本的上涨，人造板生产企业的利润被摊薄，而下游的市场需求受国内消费疲软与出口不景气的影响，也被进一步压缩，开辟人造板期货市场为广大生产企业提供了风险管理工具，通过对生产计划的套期保值，锁定合理利润，改变“生产就亏损，不生产亏更多”的被动局面，为生产企业平稳转型提供保障。2013年12月6日，国内首批林木类期货品种胶合板、纤维板合约在大连商品交易所顺利上市，两板期货交易活跃，运行稳健，引起了社会的广泛关注，期货价格被生产和流通企业关注参考，期货市场对产业的服务作用开始显现。

（四）人造板产品质量

随着人造板行业的快速发展，人造板产品质量也在不断提高。2013年9月，国家技术监督局和国家林业局联合发布公告：经国家监督抽查胶合板质量合格率为87.6%，纤维板质量合格率为90.7%，刨花板质量合格率为81.6%，细木工板合格率为86.7%（表4）。

游离甲醛释放量不达标是人造板产品质量的主要问题。2013年国家监督抽查结果显示：胶合板的主要质量指标胶合强度的合格率略有提高，但安全性指标游离甲醛释放量有所降低；纤维板产品质量的不合格项目有游离甲醛释放量、静曲强度和吸水厚度膨胀率；刨花板的吸水厚度膨胀率每年抽查的合格率都比较低，同时内结合强度合格率和游离甲醛释放量也不稳定；虽然细木工板的游离甲醛释放量和横向静曲强度合格率在逐年提高，但仍是细木工板质量不合格的主要原因。

表 4　2006—2013 年国家监督抽查人造板产品质量合格率（%）

年度	胶合板	纤维板	刨花板	细木工板
2006	63.6	81.4	62.1	67.7
2008	89.7	82.1	57.2	78.5
2009	87.1	82.5	66.7	91.9
2010	88.5	76.3	60.4	75.5
2011	89.9	81.5	72	83.4
2012	89.9	90.5	81.6	83
2013	87.6	90.7	79.2	86.7

三、行业问题

随着宏观经济减速，人造板行业发展步伐放缓，产品结构调整、生产装备升级、风投资本介入、企业并购重组，全行业整体进入结构调整、转型升级的多元化发展阶段。2013 年是人造板行业资产重组、企业并购最活跃的一年，业内多条大鳄易主、卖壳、兼并。例如：吉林森林工业集团通过收购中盐银港人造板公司 88.12%的股份，实现了对中盐银港的控股；赣州稀土集团以其所拥有的赣州稀土 100%股权认购该上市公司非公开发行的新股 14.76 亿股，从而取得广东威华股份控股权；广西丰林木业集团股份有限公司收购亚洲创建（惠州）木业有限公司 75%股权，获得该公司实际控股权……。产业资本的介入将企业资源重新优化配置，洗牌重组刷新了人造板行业龙头企业的排序，平均企业经济规模增长接近 10%，提高了行业规模集中度。在民营企业仍为人造板行业主力军的同时，中林集团、中粮集团、中航集团、中国诚通集团等大型中央企业也纷纷加盟，新的龙头企业正在崛起，为加快行业内结构调整创造了条件。同时，市场无序、资源瓶颈、效益低下等影响行业发展的问题依然十分突出。

1、产品阶段性供过于求现象初现

不同阶段、特殊地区涌现的大规模、高增速、高强度、非理性投资，引发了阶段性、区域性人造板产品及原料供求关系失衡，产能过剩风险凸显，引发产品低价竞争、质量下滑，抢购推高原料价格，企业效益下滑，不利于产业持续发展。我国现有人造板生产能力构成中，还存在较大比例装备水平低、技术落后、产品质量差、能源与资源消耗大、环境污染严重、劳动条件差、安全隐患高的落后产能，急需调整产业结构，采取有效措施加快落后产能淘汰。

2、原料持续供应压力增大

人造板生产能力急剧膨胀、生产量迅速增长，支撑人造板工业发展的原料供应能力滞后于人造板生产发展的进程。天然林资源保护二期工程实施使木材采伐量大幅下降，局部地区受原料供应能力的制约，出现生产增长停滞甚至回落现象。

3、劣质产品扰乱市场秩序

2013 年，各级政府加大了人造板市场监管力度，但部分企业生产低劣人造板产品，危害消费者健康，严重扰乱市场秩序，损害产业声誉的现象依然存在，劣质产品主要表现为甲醛释放量超标、力学性能达不到产品标准要求等不合格项。

4、国际贸易摩擦频发

次贷危机引发的全球金融危机重挫发达经济

体，受全球复杂政治经济形势影响，贸易保护主义抬头，人造板及其下游产品国际贸易摩擦频发，技术性贸易壁垒和绿色贸易壁垒泛滥，2013 年我国人造板产品及其下游产品出口仍然遭遇不同程度的打压，同时人民币汇率升值进一步增加产品出口难度，我国人造板产品国际市场竞争力有所下降。

5、企业效益普遍下滑

人造板生产是充分市场竞争产业。2013 年，由于受原辅材料及能源价格上涨、运输及物流成本增高、劳动力成本快速上升等多种因素综合影响，人造板生产经营成本普遍上升，效益下滑，招工、融资难度增加，企业面临生产经营困难。劳动密集型产业及下游产业的比较优势逐渐下降，制造业外移趋势增加。

当前，我国人造板行业的发展已经不再是速度问题，而是提高质量和结构调整、转型升级问题。2013 年，部分人造板企业已开始着手并购重组、谋划产业升级。可以预计，企业并购、资产重组将是今后 3、5 年内我国人造板行业发展的趋势，雄厚的产业基础、完善的产业链、成熟的工人队伍、一批名牌产品、一支优秀的企业家队伍，运用宽带互联网、移动互联网、物联网、云计算、大数据等智慧林业的信息技术不断拓展市场发展空间，开发新产品、新需求，寻找产业结构调整的新动力、新路径，通过降低成本、提升全员劳动生产率和核心竞争力来完善产业链，提升价值链，都将是推动人造板行业持续、稳步、健康发展的动力，技术创新仍然是企业提升竞争力的主要途径。

（注：文中所有数据除特殊说明外，均来源于国家统计局和国家林业局。）

（中国林产工业协会　钱小瑜）

中国红木产业现状及存在问题

红木是指约定成俗用于制作高档家具、乐器与工艺品等一类木材，且其颜色呈红色或深色的世界珍贵木材。根据《红木》国标（GB18107-2000）的规定，红木的范围有5属8类，即紫檀属的紫檀木类和花梨木类；黄檀属的香枝木类、黑酸枝木类和红酸枝木类；崖豆属与铁刀木属的鸡翅木类；柿树属的乌木类与条纹乌木类，具体见（表1）。

表1 《红木》国标（GB18107-2000）规定的红木树种

属	类	种	拉丁名
紫檀属	紫檀木类	檀香紫檀	*Pterocarpus santalinus F.L*
	花梨木类	越柬紫檀	*Pterocarpus cambodianus pierre*
		安达曼紫檀	*Pterocarpus dalbergioides Benth*
		刺猬紫檀	*Pterocarpus ennaceus Poir*
		印度紫檀	*Pterocarpus indicus Willd*
		大果紫檀	*Pterocarpus macarocarpus Kurz*
		囊状紫檀	*Pterocarpus marsuptum Roxb*
		鸟足紫檀	*Pterocarpus pedatus Pierre*
	香枝木类	降香黄檀	*Dalbergia odorijera T.Chen*
黄檀属	黑酸枝类	刀状黑黄檀	*Dalbergia cultrate Grah.*
		黑黄檀	*Dalbergia fusca pierre*
		阔叶黄檀	*Dalbergia latifolia Roxb*
		卢氏黑黄檀	*Dalbergia louvelii viguier*
		东非黑黄檀	*Dalbergia melanoxylon*
		巴西黑黄檀	*Dalbergia nigra Fr. Allem*
		亚马逊黄檀	*Dalbergia spruceana Benth*
		伯利兹黄檀	*Dalbergia stevensonii Tndl*
	红酸枝木类	巴里黄檀	*Dalbergin bariensis Pierre*
		赛州黄檀	*Dalbergin cearensts Bucke*
		交趾黄檀	*Dalbergin cochinchinensis Pierre*
		绒毛黄檀	*Dalbergin fulescens tamentosa Tndl*
		中美洲黄檀	*Dalbergin granadillo Pittier*
		奥氏黄檀	*Dalbergin oliveri Gamb*
		微凹黄檀	*Dalbergin retusa hesml*
崖豆属	鸡翅木类	非洲崖豆木	*Millettia laurentii de Wild*
		白花崖豆木	*Millettia leucantha*
铁刀木属		铁刀木	*Cassia siamea Lam*
柿树属	乌木类	乌木	*Diospyros ebenum Koenig*
		厚瓣乌木	*Diospyros crassiflora Hiern*
		毛药乌木	*Diospyros Pilosanthera Blanco*
	条纹乌木类	蓬塞乌木	*Diospyros poncej Merr.*
		苏拉威西乌木	*Diospyros celebica*
		菲律宾乌木	*Diospyros philippensis*

而红木产业则囊括其上游红木资源采集至下游红木制品消费的整个产业链条。根据 2013 年统计数据，我国红木产业产值近 1500 亿元人民币。红木产业已是中国木材与木制品行业异军突起的明星产业，其蕴含着深厚传统文化气息，是中华优秀传统文化产业的优秀代表，也是中国文化走向世界的名片。

一、红木资源概况

红木属于热带木材资源，主要产于“南洋地区”（东南亚、南亚及大洋洲部分国家）、非洲与中南美洲地区。我国红木产业所需原料几乎全部依赖进口。

1. 我国红木资源状况

按照《红木》国标（GB 18107-2000）规定的5属8类红木木材中，我国境内仅分布5种——降香黄檀（俗称海南黄花梨）、黑黄檀、菲律宾乌木（俗称菲律宾黑檀）、铁刀木和印度紫檀。其他 28 种红木均分布在境外地区。其中降香黄檀、黑黄檀、菲律宾乌木为我国乡土红木；铁刀木和印度紫檀为引进树种。

2. 世界红木资源状况

从我国历年红木资源进口情况来看，红木资源主要集中于“南洋地区”、非洲地区、中南美洲地区较为丰富，（见图 1）。

（1）“南洋地区”

“南洋地区”是我国红木资源进口最主要的来源地，占我国红木（原木 + 锯材）进口总量的 58%。主要出产国包括缅甸、柬埔寨、老挝、越南、泰国、印度、马来西亚等国家，分布了檀香紫檀、交趾黄檀、巴里黄檀、奥氏黄檀、大果紫檀、乌木等 19 种红木树种。

（2）非洲地区

非洲地区是我国红木资源进口的第二大来源地，占我国红木进口总量的 41%。且从 2014 年 6 月起，我国从非洲地区进口红木原木超过“南洋地区”进口的红木原木；7 月份，我国从非洲地区进口红木（原木 + 锯材）首次超过“南洋地区”地区进口红木原木。

非洲地区主要产区国家有尼日利亚、加纳、冈比亚、莫桑比克、贝宁、刚果（金）、刚果（布）、几内亚比绍等，分布了 5 种红木：卢氏黑黄檀、东非黑黄檀、刺猬紫檀、厚瓣乌木、非洲崖豆木。

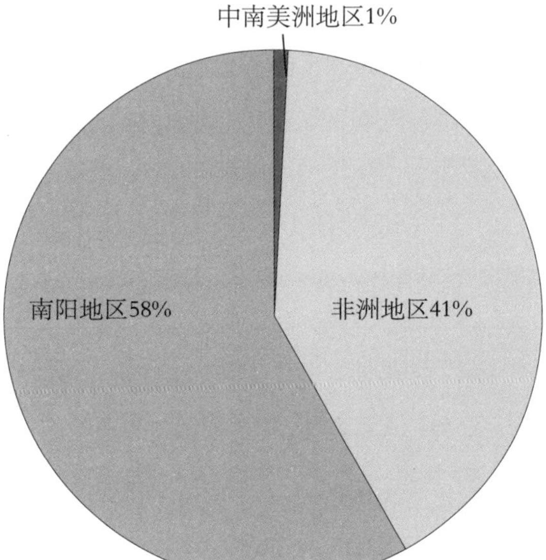

图1 我国红木进口来源地比重

（3）中南美洲地区

我国从中南美洲地区进口红木原木与锯材相对较少，分别占我国进口量的1%与3%。中南美洲地区木材资源丰富，具有可挖掘潜力。

中南美洲地区出产红木的国家有墨西哥、危地马拉、尼加拉瓜、巴拿马、巴西等，分布了7种红木：微凹黄檀、中美洲黄檀、绒毛黄檀、赛州黄檀、伯利兹黄檀、巴西黑黄檀、亚马逊黄檀。

3. 红木资源现状

随着大量商业开发利用，导致红木资源破坏严重，一些树种濒临灭绝。

目前，市场常规红木树种来说，刺猬紫檀、大果紫檀、微凹黄檀、奥氏黄檀、巴里黄檀、东非黑黄檀崖豆木类存量相对较多；而檀香紫檀、交趾黄檀、卢氏黑黄檀等存量较少。

2013年3月，第16届《濒危野生动植物种国际贸易公约》（Convention on International Trade in Endangered Species of Wild Fauna and Flora，CITES公约）缔约国大会在泰国曼谷召开，会议所形成的最新CITES管制物种附录共包括247种木材树种。其中受管制红木升至7种。具体见（表2）。

表2　2013年CITES公约管制树种

年份	管制树种总数	CLTES管制附录红木树种			
		管制红木树种数量	附录1	附录2	附录3
2013年	247种	7种	1种： 巴西黑黄檀（商用名“巴西黑黄檀”产于热带南美洲巴西）	6种： 檀香紫檀（商用名“小叶紫檀”，产于印度）； 交趾黄檀（商用名“交趾黄檀”，产于中南半岛）； 中美洲黄檀（商用名“中美洲黄檀”，产于南美洲及墨西哥）； 微凹黄檀（商用名“微凹黄檀”，产于南美洲及中美洲）； 伯利兹黄檀（商用名“伯利兹黄檀”，产于中美洲伯利兹）； 卢氏黑黄檀（商用名“卢氏黑黄檀”，产于马达加斯加）	

随之，越来越多的红木出产国加入限制红木出口的行列。红木原料价格一路飞涨，成为行业发展的重要制约因素之一。

二、红木产业现状

2013年统计数据显示，我国红木产业总产值达1500亿元人民币，业已成为木材与木制品行业异军突起的部门。

1. 从地理位置来分，我国红木制品产区主要有五大红木产业聚集地组成，如北京及河北大城、江苏苏州及周边地区、浙江东阳、福建仙游、广东中山。这五大产业聚集地既有传统产区，如北京、江苏苏州、福建仙游与广东中山；也有后起之秀，如河北大城与浙江东阳。

随着近年来红木产业的急速发展，红木产业聚集地已扩大到云南、广西、海南、江西、山东、辽宁、安徽等多个省市。这些地区既有接近红木原料产地的便利，也有传统雕刻工艺的继承与发展。（见图2）

图2　红木主要产区分布

2. 从工艺流派来看，我国红木制品产区主要分为，以北京及周边河北产区的“京作”；以江苏苏州及周边地区为代表的“苏作”；以浙江东阳为代表的“东作”；以福建仙游为代表的“仙作”，以广东中山为代表的“粤作”；近年来更是大力发展了山东产区的“鲁作”、海南产区“琼作”、广西产区的“桂作”、云南地区的“滇作”等等。

通过对各“作”红木的支持与鼓励，可以更好地传承与发扬了中国传统红木文化。

三、红木制品市场

据估算，2013年我国红木制品市场贸易额达3000亿元人民币。红木制品市场主要有市场消费、收藏投资与进出口贸易构成。

1. 市场消费

随着我国经济的发展，人民收入水平的提高，红木制品已经从过去宫廷御用、达官显贵消费变成普通百姓的日常消费，消费需求大大增加。

主要消费人群已经由北京、上海、广州等一线城市向二三线城市扩大。随着红木干燥的技术进步，红木制品消费已经进入东北与西北地区。

从消费主体看，红木消费从个人生活消费，扩大酒店、会所、博物馆等多维度消费。

2. 收藏与投资

红木制品不仅具有使用价值，更有保值增值的价值。

红木制品的收藏与投资主要由两部分组成，一是对年代久远、历史跨度较大的红木制品进行收藏。如2013年6月的保利春拍，一对清乾隆雕九龙紫檀顶箱柜拍出9315万人民币的高价。二是对当代红木精品，及具有很高艺术价值的红木制品的收藏。如2014年北京举行多场了浙江东阳红木家具专场拍卖，以及保利举行福建仙游某红木品牌专场拍卖。

3. 进出口贸易

我国是红木制品的主产国，也是最大消费国，目前，仅有广东地区生产的部分红木制品进行出口贸易。而我国进口的红木制品主要是从东南地区红木工厂进口初成品，再由中国红木企业进行在精细化加工。从海关进口数据来看。2014年1-10月份，我国累计出口红木家具与其他红木制品9596件，出口额达372.09万美元，约2288.33万元人民币，同比增长17.54%。累计进口红木家具与其他红木制品104872件，进口额达2054.8万美元，约1.26亿元人民币，同比增长7.87%。

四、红木产业存在的问题

1. 红木资源趋紧

随着世界各地红木资源的无计划采伐，部分红木资源濒临灭绝。有关国家也相继出台了限制红木资源出口的政策。面对红木资源收紧，红木产业一方面要加大红木树种的有效利用，因材施用。另一方面，应有计划加大对红木树种育林育苗的投入，为产业发展储备资源。

2. 产品设计单一

目前市场上红木制品设计单一表现突出，近95%以上的红木制品属于仿古类产品，创新元素较少。另一方面，产品设计简单抄袭严重，使得大企业无意增加设计投入，而小企业又无力承担设计成本。因而进一步扩大了红木制品的设计问题。红木产品设计问题已经影响到市场的进一步开拓。

因此，加大对产品设计的投入，增加对设计人才的培养已变得尤为重要；同时，行业企业应提高申报设计专利意识，利用法律手段保护自己的原创作品。

3. 行业市场的建设问题

红木制品市场鱼龙混杂、制假售假问题突出，从某种程度上抑制了消费者的消费需求。

这便需要加大对红木制品市场的监管力度。通过市场准入、信用建设的手段，规范市场秩序；并辅以检测与监督机构的技术支持，保护红木市场参与者的利益。

4. 行业标准建设

目前，我国红木行业共有六个标准（包括已颁布与制定中），《红木》国标（GB 18107）、《红木家具通用技术条件》（GB 28010）、《红木商用名称》（SB/T 10758）、《红木制品等级》（SB/T 10759）与《红木家具零售经营企业服务规范》上海地方标准，以及由中国红木委正在制定的《红木类商品销售及售后服务管理规范》标准。

红木行业的发展与成熟需要一个健全的标准体系支撑。而这些标准应该是涉及原料、生产、市场、售后服务等多个方面标准要素构成。因此，红木产业的进一步发展，标准体系建设亟待推进。

（中国木材与木制品流通协会
红木流通专业委员会　毛传伟）

中国木门行业发展现状及存在问题

近十年来，我国房地产业的高速发展和城镇化步伐的加快，为木门行业提供了极大的发展空间，与批量需求相适应，我国木门一改“木匠上门”手工制作的传统和产品单一实用的形象，迅速转入“规模化定制设计”、大规模工业化生产和产品由实用向装饰、环保综合发展的 全新阶段，使我国几年间成为世界上最大的木门生产基地和消费市场。

中国木门行业起步较晚，但近十年来发展非常迅速。2010 年以前中国木门产值一直保持稳定增长的趋势，增长幅度超过 20%。2013 年中国木门产值为 1040 亿元，同比 2012 年增幅为 10.6%，较 2012 年 6.8%的增量有所提高（见图 1）。

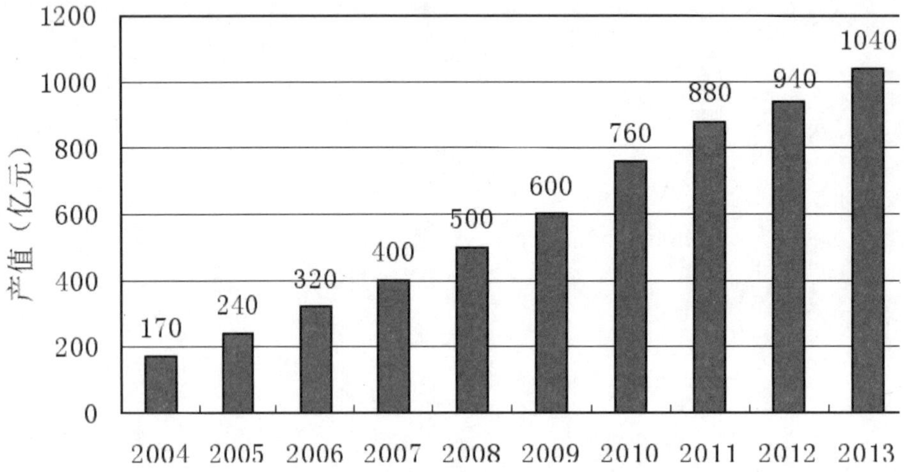

图1 2004—2013中国木门行业产值

一、发展现状

1、21 世纪中国木门持续高速发展

21 世纪的第一个十年，中国木门生产以年均 25% 的增长幅度高速发展；进入第二个十年，受国内房地产调控的影响，木门生产放缓了脚步，2013 年木门产量 1040 亿元，同比 2012 年增幅 10.6%，与其他木制品加工行业相比，木门生产仍然高举创新旗帜，高调开启了“十二五”发展的新篇章。

2、产业化集群格局基本形成

经过十多年的高速发展，目前我国木门行业日趋成熟，企业管理、生产技术、产品质量显著提高，市场意识、品牌意识、服务意识明显增强。近万家生产企业集中分布在珠三角、长三角、环渤海地区和东北、西南、西北地区六大生产基地，从过去小规模的作坊式生产，转变为今天大规模成品化、集成化、品牌化的发展，初步形成了中国木门产业化集群。

3、原料、产品基本适应市场需求

伴随着我国木材加工业、建筑业以及室内装饰装修业的发展，中国木门已跳出小农经济时代的“小木匠思维”，在产品理念、款式设计、工艺流程等各个方面与国际接轨，优质原木、集成材、胶合板、纤维板、空心刨花板、细木工板、装饰人造板等广泛用于木质门的生产，丰富了木质门的材料选择。木门加工技术不断创新，整体结构设计和表面装饰工艺不断丰富，产品种类迅速增加，目前已开发出实木门、实木复合门、木质复合门等多种产品。人性化、绿色低碳、文化回归的家居理念，赋予了木质门更多的内涵，木门实现了由单一实用功能型向家居适用兼欣赏型的转变，时尚、简约、欧式、古典、现代、节能、环保等不同风格的木门琳琅满目，产品款式新颖多样，文化内涵不断丰富，已成为家居装饰不可或缺的部分，不断满足着人们的多元化需求。

4、城镇化建设加速创造了木门市场刚性需求

房地产业是我国国民经济支柱产业之一，根据国家规划，今后仍将以扩大城市居民普通商品住房的建设规模为重点；中国木门市场就像一个巨大的蛋糕，里面蕴藏着无数的商机，未来的10-20年内，是我国居住需求的高涨期，我国现有住房约130亿平方米，预计2020年左右城镇住房总面积将达到280亿-300亿平方米，平均每年增加10亿-20亿平方米，同时每年还要有8亿-10亿平方米的建筑更新，未来20年内将有一半的住宅要拆和重建，可以长期保存的一些建筑物是1999年到现在10年间建的房。中国城镇发展中有三个阶段是在特殊的不正常的历史背景下形成的，这就决定了20年内现有中国城镇的住房就是得拆一半，当然，不一定非要拆，但翻建、改造是必需的。1949年以前的房子除了有历史文物价值的要拆，六七十年代的简易房要拆， 1979年至1999年建的成套住宅已有30年房龄，老百姓有改善住房的需求，这些房需要改造。中国的城市化、乡镇化发展高潮应该在15-20年，之后，每年还将有10亿平方米增长量，强大的市场需求，拉动着我国木门生产迅猛的发展。当然，我们不能夸大这种刚性需求，也不要完全依赖这种刚性需求。应该让更多的社会需求转化为有效需求，促进市场成交活跃，以此带动建材市场的繁荣。

二、存在的问题

1、国内木门尺寸标准缺失，品牌化运作刻不容缓

木门行业仅仅处于初级发展阶段，比家具、地板等行业的成熟度差了很多。对数量庞大的木门产品和企业，消费者往往知之甚少，这说明木门行业整体还处于知名度较低阶段。

木门产品最主要的销售渠道有三个，零售市场、工程和出口，当然网络渠道近两年也开始兴起，但仍不成规模。目前市场上多数生产能力较强的企业在过去专注做出口、做工程而忽略零售市场，这是企业不走品牌运作的原因。但近几年，国际、国内市场不断对木材制品进出口交易限制和调整，企业利润迅速削减，做不好国内零售市场的企业会很快失去优势，因此品牌化运作刻不容缓。目前我国有百余家木门企业完全具备大规模生产的实力和技术条件，就是由于门洞标准的缺失导致企业没办法提高生产效率，这是一种浪费，对人力成本、环境资源的浪费，甚至造成对原材料的浪费。

2、木门业化解产能过剩，长效机制需有效建立

受到国际金融危机的严重影响，我国部分产业供过于求的矛盾日益凸显，传统制造业产能普遍过剩，木门行业也陷入供过于求的不平衡供需

矛盾之中。尽管木门行业的利润在大幅下滑，企业普遍经营困难。但这些产能严重过剩行业仍有一批在建、拟建项目，产能过剩呈加剧之势。产能过剩是当前经济运行中的突出问题，从建材行业的角度来看，加速解决这个问题显得更为突出和紧迫。

化解产能过剩问题最恰当的方法就是扶持大企业，由大企业承担起行业整合的重任，走优化存量、减量发展、优化产业结构的可持续发展道路，增加木门行业集中度，改善产能过剩，以实现合理有序减产。

面对当前木门传统产业产能过剩、增长乏力的困难与挑战，木门行业只有积极优化产业结构，淘汰落后产能，开展节能减排，加强新能源开发利用，发展低碳经济，才能实现木门行业的健康可持续发展。

3、木门行业监管缺失，市场亟待良性竞争

木门行业经过多年的发展产业规模有了很大的提高，木门企业、品牌更是增加了数倍，这在一定程度上也加剧了行业的竞争。自木门行业在中国市场兴起以来，一直是以一种暴发式的增长方式在发展，在短短几十年的时间里，由于前期过快的发展速度导致木门行业市场监管力度欠缺，这在一定程度上影响了木门行业的良性发展。

木门企业间的恶意竞争是阻碍行业发展的原因之一。在过去的发展过程中，对于企业准入门槛这一块一直没有一个明确的规范，这样使得一大批的小型木门加工企业的产生，由于这部分企业生产规模小，生产工艺缺乏规范管理，也使得一些不合格产品流入了消费市场。而国家有关部门在产品质量的监督监管方面也不是非常的完善，也导致了最终损害了消费者的利益。

纵观目前的国内木门市场，品种、品类纷繁复杂，品牌、产品难以计数，价格各不相同，对于消费者而言，想要在这样的市场环境中选购称心如意的产品，难度颇高。而商家的一些诸如以次充好、恶意抬价等不规范的经营手段更是给消费者增添了更多的顾虑。究其原因，对于木门市场乃至整个木门行业的监管缺失可以说是最主要的原因之一。尽管国家对于木门行业的各项标准和法规都在逐步出台，对于市场上这些坑害消费者的行为，政府主管部门的态度也一直是严打严办，在进行了一系列的整改之后，木门市场上的这些行为已经大为好转，但想要彻底杜绝这类情况的发生并非易事。

4、木门标准滞后，市场流通规范空缺

木门行业正在经历从过去的区域性发展到而今初步形成的产业化发展的改变，从过去小规模的作坊式生产到今天的大规模成品化、集成化、品牌化发展，其时间跨度之短、发展之迅猛，即便是业界自身也缺乏“思想预备”。

据权威资料显示，中国目前已经形成了珠三角、长三角、京津环渤海、东北三省和西南五大木门生产圈。然而传统木业的加工方式在国内各地情况大致相同，多是手工或半机械化，产品单一而粗糙。由于效率低下，劳动强度大，加之粉尘及噪声污染严重，一度导致这类加工企业发展缓慢。这与日益旺盛的需求形成强烈的反差。绝大部分木门企业的规模都偏小，而且治理水平低下，具有现代企业治理水平的木门企业屈指可数。缺乏核心企业推动的木门行业发展还有一个相当漫长的发展过程。

三、发展趋势

1、绿色经济将成为中国木门行业的新趋势

随着节能减排力度的不断增强，社会各界对

节能减排的开展工作也日益关注。木门行业作为传统产业，在材料需求、制作工艺等方面能耗较高，在节能环保等工作上，也多需注意。

绿色经济已成为全球发展方向，绿色发展形态和消费模式，将成为中国木门行业的新趋势。真正绿色环保的木门产品一定是高价、高利润的暴利产品。但是在整个社会绿色潮流下，不少企业是披着时髦的“绿皮”——顺应环保低碳潮流的应景，真正能做到“绿心”——不但保证产品对人体的健康保证还能在整个研发、设计、供应、生产、物流等全产业链上实现环保低碳的木门企业，屈指可数。

2、高成本提高进入门槛

绿色木门产品必然高成本。这些成本包括企业把原来的社会公共成本纳入企业产品成本的部分，如原来企业对废气、废物、废水的排放不纳入或很少纳入企业的成本核算里，由于要真正做到环保低碳，都要纳入企业的成本构成部分。相对不纳入成本的企业，真正绿色环保的企业的产品成本肯定要推高。绿色木门要做到环保低碳，必须购买先进的环保设备，应用环保低碳的技术，聘请高端专业的环保节能人才，这些都是要花费成本，甚至巨大投入的。

目前消费者对产品绿色的要求只局限在对人体健康有直接影响的木门产品的甲醛排放量上，而对木门在生产过程中是否环保、节能、低碳并不关注，因为这个和消费者并没有直接的利益关系，消费者也不愿为此买单。所以真正绿色木门企业要花费大量的教育成本，来引导、说服消费者，帮助消费者如何鉴别、使用真正环保低碳的产品。

3、规模化、标准化是未来木门行业发展趋势

产品同质化在各行各业都是不争的现实，木门行业也不例外。未来木门行业的发展，势必会在一些核心品牌的推动下，形成一浪高过一浪的整合风。资源的整合、渠道的整合、品牌的整合、售后服务的整合将是行业即将出现的一道靓丽风景线。未来市场是以品牌制胜的市场，而具备品牌知名度和美誉度的企业肯定是不断创新的企业，也是善于整合各种资源的新型企业。盲目复制跟风的企业是很难有未来的。

为了对行业的可持续发展与有效利用资源发挥标准化的指导意义，就要是标准成为国内先进水平。由于木门行业处于旺盛的发展期，虽然主要参加讨论标准的企业多为较好企业，技术指标也有适度的前瞻性，但通过技术培训与交流，中小企业有着良好的发展势头，经过加强质量体系管理还是能够做到的，体现了公正和在今后三五年内的可实施与可操作。

4、转变传统营销模式，发展电子商务，提供定制化服务

未来五年是中国电子商务的高速发展期，必将对传统经营、经销模式产生巨大冲击。预计到2015年，我国家居建材产品电子商务规模将达到2050亿元人民币，网购规模增长249%，网购率达到17.5%。为此，木门企业应以网络平台运营为核心，以与之相适应的品牌展示、营销渠道和服务模式打造“三位一体”的木门行业电子商务，解决传统渠道与网销渠道可能产生的冲突，将经销商、分销商转变为服务商，将传统的B2C电商模式结合行业现状，演变为O2O线下商务机会与互联网结合的模式。电子商务与木门销售相关要素的逐步融合，势必派生出新的合作伙伴体系、产品展示与交易体系、配送和安装服务体系、个性化定制设计和施工服务体系，出现全新的木

门家居生产产业链。

新一届政府在十八大精神的指引下，将会围绕促发展，惠民生，2020年建成小康社会，保持国民经济健康持续发展、科学发展等总体目标做出经济政策上的调整。从2013年开局的情况看，我国经济已经企稳，房地产在国家政策调控下，市场开始升温，成交放量。同时我们更应该看到：我国国民经济20年来持续高速发展，特别是进入21世纪后，百姓收入大幅增加，生活水平和居住环境有了极大的提高和改善，这一切都奠定了中国民众巨大的消费能量，13亿人的市场潜力、市场能量绝不可低估。因此，我们有理由对木门行业充满信心、对市场充满信心、对国民经济继续发展充满信心。

但竞争也会进一步加剧，扩张过猛会导致产能过剩提前到来，对此，木门企业需要有清醒的认识。未来木门行业的发展，势必会在一些核心品牌的推动下，形成一浪高过一浪的整合风。资源的整合、渠道的整合、品牌的整合、售后服务的整合将是行业即将出现的一道亮丽风景线。未来市场是以品牌制胜的市场，而具备品牌知名度和美誉度的企业肯定是不断创新的企业，也是善于整合各种资源的新型企业。总之，木门行业在经历高速发展期后，随着市场的稳定和成熟，行业发展逐步趋于理性和平缓。木门行业从竞争走向竞合，将进入全面跨越时代发展。

（中国木材与木制品流通协会
木门窗专业委员会）

中国木地板行业发展现状及存在问题

对于地板行业来说，2013年是喜忧参半的一年：喜的是，房产销售的回暖在一定程度上使得地板的销量开始上涨；而忧的是，地板行业遭遇的一系列“门”事件，比如“甲醛门”、“质量门”事件以及卖场扩张、成本压力上涨等让整个地板行业都陷入其中。在2013这样充满机遇与挑战的一年，地板行业上下戮力一心，回顾成败与得失，继往开来。

自2008年全球金融危机以来，木地板企业就一直处在调整、转型、脱困、应对“双反”的生死抉择关口，2011年，席卷全国的房产限购政策又使困难重重的木地板行业雪上加霜，对于存在诸多不确定因素的2012年，脱困仍是木地板行业面临的重大课题。鉴于以上原因，中国木材与木制品流通协会木地板流通专业委员会走访、调研了全国有代表性的企业，总结了行业存在的问题并汇集了一些解决建议。

一、发展现状

1、木地板行业持续十年的高速发展

随着我国国民经济持续增长以及人民生活水平的不断提高，尤其是进入新世纪以来，房地产装饰装修热在全国范围内居高不下，同时奥运建设、世博工程、西部开发等大型投资项目，大大拉动了木地板的市场需求。据中国林产工业协会地板专业委员会不完全统计，2013年，我国木地板产量4.0亿平方米，其中强化木地板2.24亿平方米，实木复合地板9460万平方米，实木地板4250万平方米，竹地板3500万平方米，其它地板365万平方米，较2012年均有增加。总产值超过700亿元，生产量与消费量均居世界第一位。

2、实木地板因资源制约，产量增长受限

实木地板在我国属于中高端的耐用消费品，随着消费者对生活质量要求、消费理念、消费意识以及实际消费能力的不断提高，实木地板的“原生态”特性得到了中高收入消费者的青睐，成为人们地面装饰的重要选择。

目前我国实木地板生产企业有1000多家，年设计生产能力可达1亿平方米，主要分布在珠江三角洲、长三角，环渤海及东北林区。实木地板是受资源约束影响最大的木地板品类，其原料多为生长期为几十年甚至上百年的大径级阔叶树。由于木材资源日益匮乏和国际环保组织对热带雨林保护的呼声高涨，我国实木地板产品价格跟随原材料不断上涨，生产量大幅下降，近五年的产销量一直稳定在4200-4500万平方米之间，产品占行业比重也从十年前的40%缩减到10.7%，成为高端木地板消费品。

3、实木复合地板结构优化，具有较大发展空间

实木复合地板是新兴的地面装饰材料，分三层实木复合地板和多层实木复合地板两类。实木复合地板对珍贵阔叶材的消耗远低于实木地板，其结构设计科学合理，充分利用了速生木材和小径材，产品美观、高雅、温馨，使用舒适，适用于地热采暖，能够实现大规模机械化生产，可满足对天然木材的消费需求，产品性能稳定、不易

变形，得到了国内外消费者的认同，逐步成为地板消费的主流产品。

我国实木复合地板生产企业现有500多家，2013年产量超过4.8亿平方米。三层实木复合地板生产基地主要分布在吉林、江苏、广东、黑龙江、河北、山东等地；多层实木复合地板生产基地主要分布在广东、江苏、吉林、上海、浙江等地。

二、存在的问题

1、技术创新平台缺乏

我国大约有三千家的地板制造企业，但是绝大部分企业都没有建立自己的技术研发中心或实验室，仅有极少数大中型木地板生产企业拥有技术研发中心。

2、专业人才缺乏

企业技术创新意识的缺乏，导致了技术人才的缺乏。在我国三千家的制造企业当中研发人员占的比例只有总人数的0.1%，这对于行业的发展来说是个巨大的问题，因此行业发展才面临着巨大的困境。

3、知识产权意识薄弱

知识产权意识的薄弱是我国企业发展的通病，不仅是地板行业如此，其他行业也是如此。地板企业知识产权数量少，发明专利数量更少，具有核心竞争力的基础专利数量那就是少之又少7，这样必然会引起行业发展的问题。

4、经销商坐稳渠道，“独吞”品牌红利

近年来一些大品牌的经销商在特定的区域内牢牢掌握了市场渠道，在与厂家利益分配的博弈中逐渐强硬，有的干脆自己找企业贴牌加工，独享品牌红利，对此，品牌所有者亦是采取了默许的态度。

三、发展趋势

1、打造品牌优势，强化市场开拓，提高自主创新能力

创新不是单一的技术概念，是企业家应对市场变化、把握和引领市场而不断进行生产要素重新组合的行为。在目前房产限购没有松动迹象的形势下，多数地板企业受到的影响短期内不会减小，要想突出重围，立于不败之地，只有走创新之路，才能开拓新的蓝海。地板企业要紧紧围绕市场进行产品创新、技术创新、市场创新、资源创新和机制创新，提高产品环保性能，加大技改投入、装备升级换代，努力降低生产成本、不断提高产品质量，加快新产品开发、适时推出市场亟需产品，坚持订单生产、提供定制规格产品，获得国际国内相关产品和企业认证，才能做优做强、稳步发展，由“中国制造”走向“中国创造”。

2、转变传统营销模式，发展电子商务，提供定制化服务

预计到2015年，我国家居建材产品电子商务规模将达到2050亿，网购规模增长249%，网购率达到17.5%。高速发展的电子商务必将对传统经营、经销模式产生巨大冲击。地板企业应以网络平台运营为核心，以与之相适应的品牌展示、营销渠道和服务模式打造“三位一体”的电子商务模型，解决传统渠道与网销渠道可能产生的冲突，将经销商、分销商转变为服务商，将经销商、分销商转变为服务商，将传统的B2C电商模式结合地板行业现状，演变为O2O线下商务机会与互联网结合的模式。电子商务与地板销售相关要素的逐步融合，势必派生出新的合作伙伴体系、产品展示与交易体系、配送和安装服务体系、个性化定制设计和施工服务体系，出现全新的地板及家居生产产业链。

3、加强企业认证，突破贸易壁垒，发展绿色产业链

中国是最大的木材进口国，也是最大的木材加工制品出口国，国际贸易的游戏规则却均由美国等发达国家国制定。截止2010年10月22日，中国共遭遇美国反倾销、反补贴案件26起。第26个双反案件针对中国的实木复合地板，其中仅反倾销关税就高达242.2%。中国林产工业协会组织相关地板企业积极应诉，进行"损害抗辩"，取得了比较满意的终裁结果

世界各国绿色产品的标准不同，但都强调产品要有利于人体健康和环境保护的特性。世界卫生组织白皮书宣布，世界上2/3的建筑物内空气中有害气体超标，其中超过64%的污染源来自木制品。绿色环保是永恒的发展主题，也是地板行业必须坚持的产品理念，发展绿色产业链将成为地板行业的主流经营模式。

随着时间的演绎，相关的企业认证事实上会成为地板企业进入市场的准入证，将引导中国企业树立生态家居设计理念，降低能源、资源消耗，减少环境污染和碳排放，用生态学理念指导地板产品生产系统的全过程，创造"人－家居系统－环境"相互和谐，满足不断变化的市场需求。

4、进入资本市场，拓展融资渠道，提升企业管理经营平台

未来几年，通过资本市场杠杆引导兼并重组、建立规范的法人治理结构，提高产业集中度，培育一批拥有国际知名品牌和核心竞争力的大中型地板企业，将成为我国地板行业的发展趋势，引导产业链上下游企业专业化分工协作共赢，进而有效整合全球资源，跨入世界地板企业的先进行列，培育技术、品牌、质量、服务的核心竞争力，形成"中国制造"地板团队的国际竞争力，使我国从"世界地板工厂"转变为"地板研发中心"和"跨国地板公司总部"。

（中国木材与木制品流通协会
木地板专业委员会）

市场篇

2013年中国木材市场供需现状

2013 年，林产品贸易市场景气回升，出口和进口分别增长 9.82% 和 3.45%；其中木质林产品进出口快速增长，但处扣押增速低于进口增速，在林产品出口额中占比下降；非木质林产品出口大幅增加、进口减少，在林产品进口额中占比下降，林产品贸易重现顺差。木材产品市场总供给（总消费）为 52247.42 万立方米。比 2012 年增长 5.57%；其中，国内市场供给和进口同步较快增长，原木进口幅度高于锯材进口幅度；国内市场消费与出口增长，且国内消费增速高于出口增速，木家具出口量平值增。原木与锯材的总体价格水平与进口价格水平在波动中小幅上涨，但进口价格的波幅明显大于总体价格的波幅。

一、木材产品市场供给与消费

木材产品市场供给有国内供给和进口两个部分构成（图 1）。国内供给包括商品材、农民自用材和农民烧柴、木质纤维板和刨花板（图 2）；进口包括进口原木、锯材、单板、人造板、家具、木匠、木片、纸和纸制品、废纸及其他木质林产品。2013 年木材产品市场总供给为 52247.42 万立方米，比 2012 年增长 5.57%。

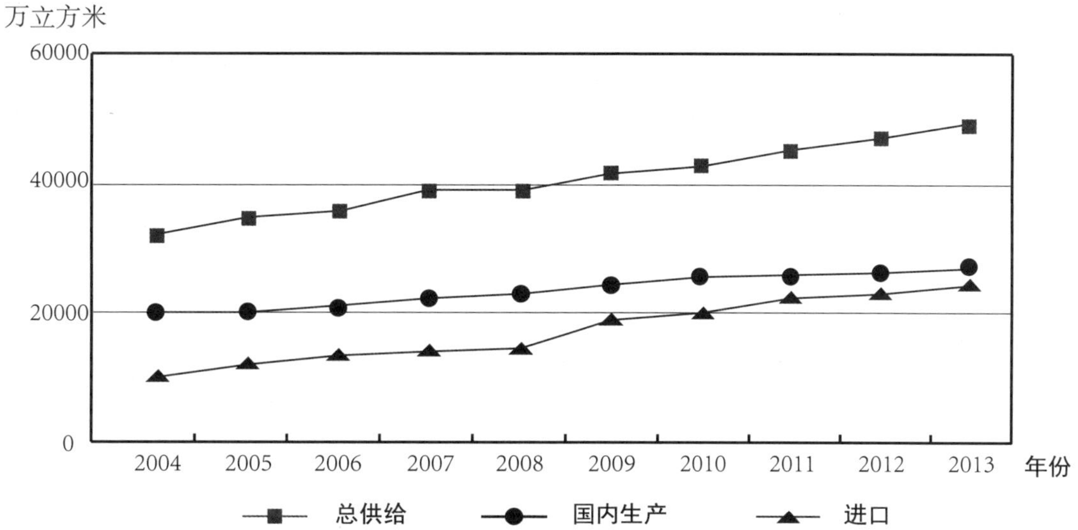

图1　2004-2013年木材产品市场供给趋势

1. 木材产品供给

1.1 商品材

2013 年，全国商品材产量为 8438.50 万立方米，比 2012 年增长 3.22%；其中，原木产量 7836.89 万立方米，比 2012 年增长 4.57%，薪材（不符合原木标准的木材）601.60 万立方米，比 2012 年下降 11.59%。

1.2 农民自用材和烧柴

根据测算，农民自用材和烧柴折和木材供给量为 4550.67 万立方米，其中农民自用材为 1624.39 万立方米，农民烧柴为 2926.28 万立方米。

1.3 木质纤维板和刨花板

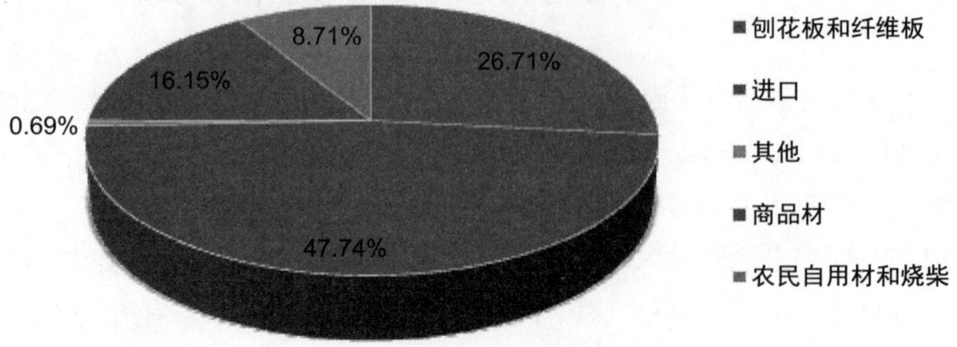

图2　2013年木材产品市场总供给结构

2013年，木质纤维板产量为6253.26万立方米，比2012年郑州9.90%；木质刨花板产量为1858.35万立方米，比2012年下降20.12%。木质纤维板和刨花板折合木材供给14043.39万立方米，扣除与新材产量的重复计算部分，木质纤维板和刨花板相当于净增加木材供给13953.15万立方米。

2. 进口

2013年，我国木质林产品进口折合木材24943.46万立方米，其中原木4515.94万立方米，锯材（含特型材）3128.19万立方米，单板和人造板317.28万立方米，单板和人造板317.28万立方米纸浆及纸类（木浆、纸和纸板、废纸和废纸浆、印刷品）15071.33万立方米，木片1648.28万立方米，家具、木制品及木炭262.44万立方米。

3. 其他

2013年，上年库存、超限额采伐等形式形

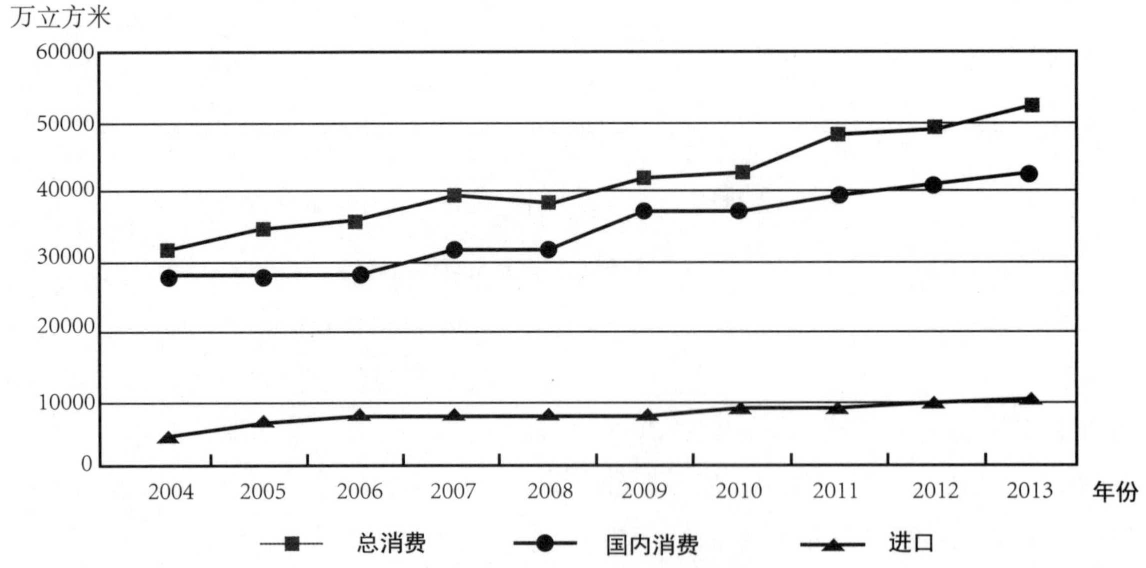

图3 2004-2013年木材产品市场总消费变化趋势

成的木材供给为361.63万立方米。

二、木材产品消费

木材产品市场消费有国内消费和出口两部分构成（图3）。国内消费包括工业与建筑用材消费、农民自用材和烧柴消费（图4）；出口包括出口原木、锯材、单板、人造板、家具、木浆、木片、纸和纸制品、废纸及其他木质林产品。2013年木材产品市场总消费为52247.42万立方米，比2012年增长5.57%。

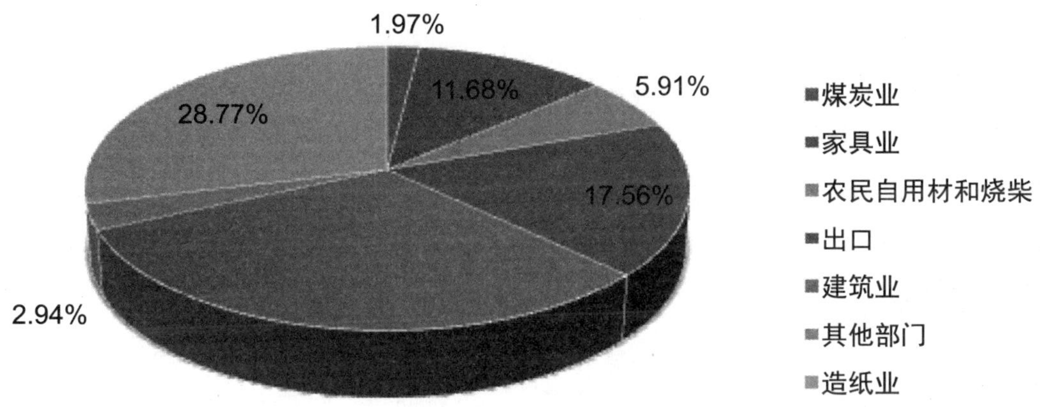

图4　2013年木材产品市场总消费结构

1. 国内消费

1.1 工业与建筑用材消费

据国家统计局和有关部门统计，按相关产品木材消耗系统系数推算，2013年我国建筑业与工业用材折合木材消耗量为39985.05万立方米，比2012年增长5.78%。其中：建筑业用材（包括装修与装饰）16283.62万立方米，比2012年增长13.50%；家具用材（指家具的国内消费部分，出口家具耗材包括在出口项目中）6100.53万立方米，比2012年下降0.78%；造纸业用材15031.42万立方米，比2012年增长1.59%；煤炭业用材1032.42万立方米，比2012年下降2.96%；车船制造、铁路、化工、化纤等其他部门用材1537.05万立方米，比2012年增长6.33%。

1.2 农民自用材和烧柴

根据测算，农民自用材和烧柴折和木材消耗量为1624.39万立方米，其中农民自用材为2926.28万立方米，由于农民自用材消耗中有很大一大部分用于农民建房，约合1461.95万立方米，扣除这部分与建筑用材消耗的重复计算后，农民自用材和烧柴消耗量为3088.72万立方米。

2. 出口

2013年，我国木质林产品出口折合木材9173.65万立方米，其中原木1.31万立方米，锯材（含特型材）109.14万立方米，单板和人造板3210.00万立方米，纸浆及纸类（木浆、纸和纸板、废纸和废纸浆、印刷品）2404.45万立方米，家具3161.46万立方米，木片、木制品及木炭287.29万立方米。

三、木材产品市场供需的特点

2013年，我国木材产品市场供需的主要特点表现为：木材产品总供求增速回升，其中国内实际供求和进口同步较快增长，出口小幅扩大，原木与锯材产品总体价格水平与进口价格水平在波动中小幅上涨，但进口价格的波幅明显大于总体价格的波幅。

1. 木材产品总供给增长，进口增速略高于国内供给增速

从国内供给看，2013年尽管薪材、刨花板产量等木材产品产量大幅减少，但木质纤维板、农民自用材和烧柴产量大幅增加的同时，原木产量也有所增加，国内木材产品实际供给增长5.04%；从进口看，一方面废纸、纸和纸板等产品进口下降的同时，原木，锯材、木片等产品进口量大幅度增长、木浆进口小幅增加，木材产品进口总量增长6.16%。

2. 木材产品总消费较大幅度回升，国内消费增幅明显高于出口增幅

2013年，虽然国内消费的家具用材微幅下降，造纸用材的需求小幅扩大，但房地产销售快速增长，带动建筑和装修用材消耗大幅增加，木材产品国内消费增长6.00%，同时，随着欧美经济的缓慢复苏，国际市场对木质林产品的需求有所回升，在主要出口木质林产品中，除纤维板出口大幅下降外，家具出口微幅增加，胶合板出口小幅增长，纸和纸板出口大幅扩大，木材产品出口总规模增长3.59%。

3. 原木与锯材产品总体价格水平与进口价格水平在波动中小幅上涨，但进口价格的波幅明显大于总体价格的波幅

2013年，木材产品（原木与锯材）总体价格水平表现出持续小幅上扬的特点，出7月和10月下降外，其他月份呈现持续上涨的趋势，但涨跌幅度相对较小，分别在3.10%和-2.20%以内。进口木材产品价格便显出价格表现出波动周期短、幅度相对较大、趋势上涨的特点，涨跌持续期只有1-2个月，波动幅度分别在5.37%和-4.14%以内，但除2月、6月和11月以外，其他月份的波动幅度在3%以内。

（中国木材与木制品流通协会信息中心）

2013年中国木材与木制品生产现状

一、原木、锯材生产情况

2013年，全国商品材总产量为8438.5万立方米，与上年同比增长3.22%。在全部木材产量中，原木产量7836.9万立方米，薪材产量601.6万立方米。商品材产量较大的省份都集中在我国集体林区，分别是广西、广东、福建、山东、云南、安徽、湖南，这些省区的商品材产量都超过400万立方米。2013年我国锯材产量6297.6万立方米，比2012年增长13.10%。木片、木粒加工产量3935.53万实积立方米，比2012年增长35.38%。

二、人造板生产情况

2013年我国人造板制造行业总资产达到2975.90亿元，同比增加19.71%；行业销售收入为7066.66亿元，同比增加19.43%；行业利润总额为479.76亿元，同比增加17.99%；产量达到27220.58万立方米。目前，我国是世界人造板生产、消费和进出口贸易第一大国，年产量和进出口贸易额均占世界总量的1/4。尤其是我国加入WTO以后，人造板与板式家具共赢市场，成为全球家具的生产和消费中心（见图1）。

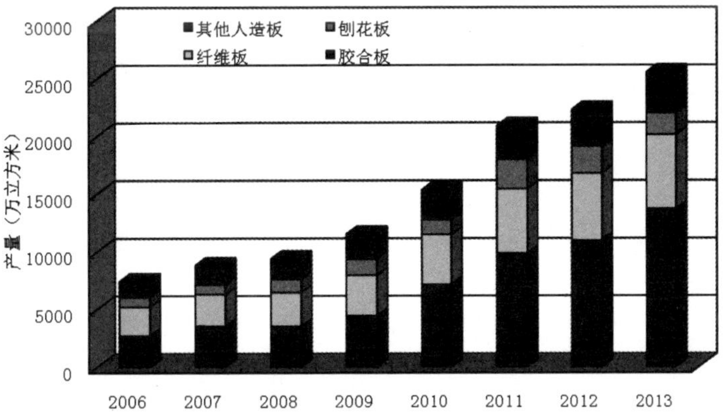

图1 人造板年产量情况

2013年是落实“十二五”规划的重要一年，随着城镇化步伐的加快、中央一系列重民生政策的落实和新的扶贫规划的起步实施，特别是保障性安居工程首批1000万套住房陆续竣工入住，我国人造板行业2013恢复活力，有较大程度的增幅。1—12月，累计生产人造板25559.91万立方米，同比增长14.43%，增速比2012年上升7.66个百分点。其中：刨花板1884.95万立方米，同比下降19.77%；纤维板6402.10万立方米，同比增长10.37%；胶合板13725.19万立方米，同比增长24.99%；其他人造板3547.67万立方米，同比增长10.70%。

我国人造板工业主要由胶合板（普通胶合板、特种胶合板、竹胶合板）、纤维板（硬质纤维板、中/高密度纤维板）、刨花板（普通刨花板、定向刨花板和石膏刨花板等）、其他人造板（细木工板、集成指接板）4大类板种构成。2013年全年我国胶合板、纤维板、刨花板和其他人造板产品所占比例分别53.70%、25.05%、7.37%和13.88%。其中，胶合板的比重下降了 4.75 个百分点。

从分省情况看，人造板生产主要集中在东、中部地区，产量居前三位的省份为山东省 65905428 立方米、江苏省 44406778 立方米、河南省 27449949 立方米，分别同比增长 7.19%、8.36%和 9.94%，分别占人造板行业全国总产量比重为 24.21%、16.31%、10.08%，三地合计占全国比重为 50.60%。

（一）胶合板

我国现有胶合板生产企业 6000 多家，主要分布在山东、江苏、河南、广西、湖南、福建等省区，其中 90%的企业规模在年产 1 万立方米以下，只有少数企业年产量超过 2 万立方米。

目前，胶合板依然是我国人造板的主体产品，产量比例占人造板总量的 53.70%，比 2012 年的 49.16%又提高了 4.54 个百分点。2013 年 1—12 月胶合板产量整体仍然呈上升趋势，且每月产量比 2012 年同期都有增长，但增速呈减小趋势。12 月单月产量达 1537.3 万立方米，创全年月度产量最高纪录，比上年同期增长 4.82%。全年累计胶合板产量比上年同期增长 9.08%。因此，2013 年胶合板产量将再创历史新高。

2013 年全年山东省胶合板产量增长较大，增速为 7.19%，稳坐我国胶合板生产大省第一把交椅。值得注意的是，黑龙江省 2013 年产量增长最大，达到了 41.33%。

（二）纤维板

2013 年纤维板产量仍然呈较快速度增长，全年累计纤维板产量为 6402 万立方米，比上年增长 10.37%。1—12 月单月对比上年同期都有不同程度的增长。

2013 年广西纤维板产量为 911.6 万立方米，排名全国第一位。在纤维板产量前 10 个省中，只有河南省产量下降了 6.5%，其他省市均有较大幅度的增长，湖北省产量增长最大，达 22.33%。

（三）刨花板

2013 年全国累计生产刨花板 1884.95 万立方米，同比下降 19.77%，其中福建省生产刨花板 220.75 万立方米，在全国排名第一位，同比上年减少了 0.76%，广西、云南、重庆、河南、湖北等省刨花板产量均有较大幅度增长，广西增幅最大，为 107.04%，相反，辽宁省刨花板产量大幅下降了 59.53%。

（四）其他人造板

2013 年全年累计生产人造板表面装饰板 3.26 亿平方米，比 2012 年下降 2.11%。前十大生产省市中，湖北省增长最大，增幅为 37.76%，排名全国第四位；山东省产量却出现了较大幅度的下滑，同比下降了 61.13%。

三、木家具生产情况

自 2011 年以来，受各种“内忧外患”因素影响，国内家具行业步入“寒冬”。一方面，国内由于房地产行业的调控导致住房成交量大幅减少，国内市场明显萎缩；另一方面，受外需疲软、技术壁垒、成本上涨、汇率波动等多重不利因素的综合影响，国外订单减少。

2013 年我国木家具产量全年累计生产 2.36 亿件，同比 2012 年减少 8.46%。其中，广东省是我国木家具第一制造大省，2013 年产量为 5524 万件，同比增长了 0.92%，紧随其后的是山东省，2012 年生产木家具 3955 万件，同比减少了 36.92%，降幅较大，值得关注。2013 年四川省木家具产量增幅较大，比 2012 年增加了 265 万件，增幅达 23.81%。

四、木门生产情况

我国现初步达到工厂化生产木质套装门的企业已愈6000家，并呈增加态势。其中生产值超过500万元，现有能力达到《木质门》行业标准要求的企业达4000家。我国木门已基本形成了京津环渤海地区、东北地区、珠三角地区、长三角和西南地区五大生产区域。

我国木门行业起步较晚，近十年来发展非常迅速。2010年以前中国木门产值一直保持稳定增长的趋势，增长幅度超过20%（见图2）。2012年同比增幅为6.82%，2013年增幅为10.64%，增速较2012年提高。

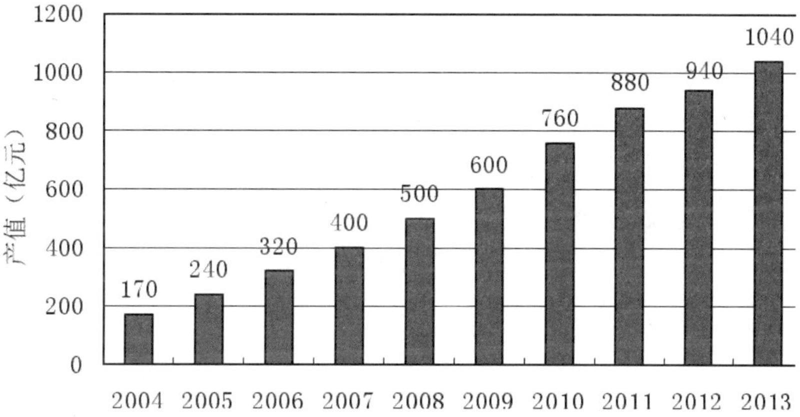

图2　2004—2013年我国木门产值变化情况

五、木地板生产情况

2013年我国经济增长7.7%，创出2000年以来的年度GDP增速最低值，房地产调控政策依然保持着“高姿态”，木材进口环境也日益紧张，在这样的大背景下，与房地产行业密切相关的地板行业深受影响。

我国木地板行业虽起步较晚，但发展速度很快，在短短20年的时间已形成了多种类、多规格的产业体系。目前，我国的实木地板企业有6000多家，主要分布在浙江、广东、吉林、辽宁、黑龙江、上海、河北、河南、安徽、四川等地。复合木地板企业主要分布在江苏、辽宁、山东、浙江、上海、吉林、湖北等地，其中江苏省是复合木地板第一生产大省，远远超过其他省产量。

“十二五”是我国经济结构性调整的重要时期，2013年是落实“十二五”规划的重要一年，随着城镇化步伐的加快、中央一系列重民生政策的落实和新的扶贫规划的起步实施，特别是保障性安居工程首批1000万套住房陆续竣工入住，为我国木地板开启了快速恢复经营活力，可以稳步增长15—20年的巨大国内市场空间。随着我国经济发展方式的转变和可持续、平稳较快发展战略措施的逐步落实，今后1-2年，我国地板企业将在新一轮发展中面临市场变化、成本升高、人员流失的严峻挑战，亦为优势企业提供了兼并重组、转型升级、做优做强的历史良机。2013年我国木地板产销量约4亿平方米，同比上升约6个百分点。

2013年我国强化木地板产销量约2.24亿平方米，同比上升6.16%；实木复合地板产销量约9460万平方米，同比上升了10个百分点；实木地板产销量约4250万平方米，同比小幅上升1.92%。竹地板2013年产销量3500万平方米。其他地板约365万平方米。

（中国木材与木制品流通协会信息中心）

2013年中国木材与木制品贸易现状

一、木材进口情况

2013年，我国共进口木材（原木＋锯材）7916.45万立方米（折合原木材积），同比增长17.99％。其中，进口原木4515.94万立方米，同比增长19.18％；进口锯材2394.72万立方米，同比增长16.44％；木片进口同比增长20.70％；木浆、废纸及纸板进口同比下降0.93％。

2013年，我国进口木材（原木＋锯材）货源地主要国家及所占比重见图1所示。我国主要从俄罗斯、加拿大、新西兰、美国等国进口木材，这四个国家的木材进口量占我国木材进口总量的68.4％。与2012年相比，俄罗斯木材进口量所占比重下降4.2个百分点，加拿大材所占比重下降1.6个百分点，新西兰材所占比重上升1.5个百分点，美国材所占比重上升1.6个百分点。

2013年我国进口锯材的主要来源地是俄罗斯、加拿大、美国和泰国，分别占进口总量的比重为29.34％、28.66％、10.79％和7.92％；其中俄罗斯锯材进口量超过加拿大成为我国锯材进口来源第一大国。

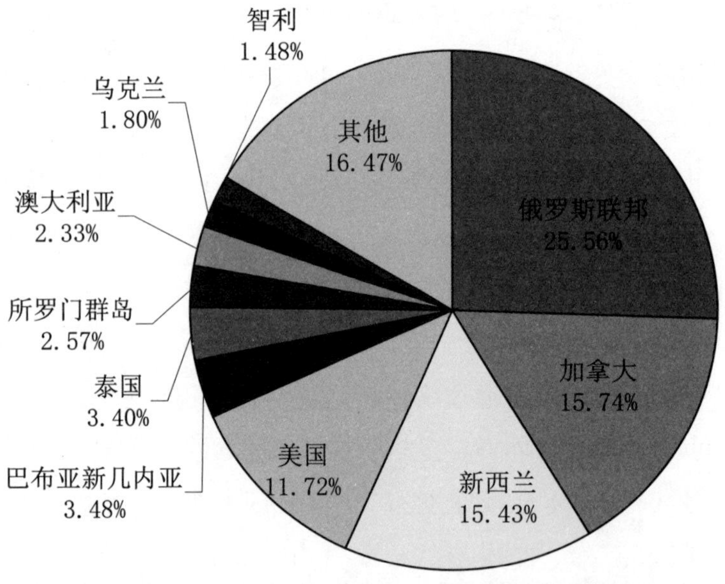

图1 2013年进口木材（原木＋锯材）货源地主要国家及所占比重

（一）原木

2013年1-12月我国原木累计进口4515.90万立方米，其中进口针叶原木3316.4万立方米，进口阔叶原木1199.6万立方米。2013年全年原木总进口量比2012年增加726.63万立方米，增幅19.18％；其中针叶木原木进口量比上年增加639.4万立方米，升幅为23.9％；阔叶木原木进口量比上年增加87.2万立方米，增长7.8％。全年原木进口价值金额为93.2亿美元，比2012年全年上升28.5％。2013年，在原木进口价值金额中，针叶材所占比重由2012年的52％上升到55%。进口价格方面，2013年进口原木价格提高，口岸均价206美元/立方米，同比上升7.8%，其中针叶原木154美元/立方米，同比上升10%，阔叶原木350美元/立方米，同比上升11.8%。

我国原木进口主要国家有：俄罗斯、新西兰、美国、巴布亚新几内亚、加拿大、所罗门群岛、澳大利亚、缅甸、刚果等国家。其中针叶原木主要进口国有俄罗斯、新西兰、美国、加拿大和澳大利亚。从2007年开始，俄罗斯进口原木数量便逐年减少，而新西兰进口原木数量则迅速增加。2010年后，包括美国、加拿大的北美原木也开始快速进入中国市场。从进口树种看，自2006年开始，伴随着辐射松原木进口量的逐年增多，红松和樟子松原木进口量呈现了明显的同比下降趋势。

2013年我国进口原木的主要来源地是新西兰、俄罗斯和美国，分别占进口总量的比重为25.47%、22.71%和12.42%；其中新西兰排名从2012年的第二位上升到了2013年的第一位，新西兰原木进口量终于超过了一直稳居我国原木进口排名第一的俄罗斯而成为第一大原木进口国。

从我国原木进口地区看，近年山东省、上海市和福建省等地区木材进口增长很快，是木材产业增长的亮点地区。对比2012年，2013年原木进口总量较大幅度反弹，其中江苏省和山东省原木进口量大幅反弹，分别增长22.8%和31.4%；上海市、福建省和广东省进口量继续以较大幅度单边增长，上海市和福建省进口增速分别达到35.1%和29.8%；内蒙古和黑龙江继续呈现负增长，但降幅分别收窄了21.8个百分点和12.9个百分点；其他地区进口也均以不同程度增长。江苏省是我国原木进口最大的省份，2013年全年进口量为1426万立方米（占我国原木总进口量的31.6%），比2012年增长22.8%。云南省和广东省原木进口单价最高，主要以进口非洲材和东南亚材为主；内蒙古和黑龙江省进口单价最低，这除了这些地区主要以进口价值较低的针叶材为主有关，可能还跟俄罗斯境内的非法采伐及边境交换贸易有关。

（二）锯材

2013年进口锯材2395万立方米，同比上升%，其中针叶锯材1691万立方米，占70.6%，上升1.5%，阔叶锯材704万立方米，占29.4%，下降1.5%。

2013年进口锯材口岸均价283美元/立方米，较上年有提高，其中针叶锯材214美元/立方米，上升6.52%，阔叶锯材450美元/立方米，上升8.80%。

据近几年统计数据显示，我国锯材主要进口国家有：俄罗斯、加拿大、美国、泰国、新西兰、印度尼西亚、马来西亚、巴西、智利、德国等国家。其中针叶锯材主要进口国有俄罗斯、加拿大、美国、新西兰、智利等国。从2006年开始，俄罗斯、加拿大锯材进口数量逐年放大。2010年后，来自加拿大、美国的北美锯材已可与俄罗斯锯材平分中国市场，且SPF锯材进口量快速增长并超越红松和樟子松锯材进口数量，成为我国主要的进口锯材树种。

2013年我国进口锯材的主要来源地是俄罗斯、加拿大、美国和泰国，分别占进口总量的比重为29.34%、28.66%、10.79%和7.92%；其中俄罗斯锯材进口量超过加拿大成为我国锯材进口来源第一大国。俄罗斯锯材生产和出口受该国政策鼓励，近年来发展很快，中国、日本及瑞典等国的一些企业在俄罗斯投资购买林地建加工厂，逐步形成生产能力，其主要市场在中国，预计今后俄罗斯锯材在中国的市场将会迅速扩大。

从我国锯材进口省份和地区看，2013 年锯材主要进口省份的进口量普遍增长，其中广东省和上海市增速均达到并超过 35%，可以看出锯材进口地更加集中，发展趋势是逐渐倾向于集中进口。广东省作为家具制造大省，进口锯材 468 万立方米，占全国锯材进口第一名，其进口平均价格也较高。内蒙古和黑龙江进口单价相对较低，主要用作建筑口料和结构房屋，使用等级较低。

（三）原木和锯材进口趋势对比

自 2007 年以来，锯材进口比重逐年上升，由于近年锯材进口增速过快，在市场的调节作用下，2013 年锯材进口比重比 2012 年微降了 0.5 个百分点，为 43.0%。随着世界各国陆续出台政策限制原木出口以及限制非法采伐政策的进一步实施，我国锯材进口比重还会继续缓慢上升。

（四）针叶木和阔叶木进口趋势对比

针叶材进口比重再度回升，2003 年至 2013 年的十年间，我国针叶木材（包括原木和锯材）进口量增长非常快，其进口比重十年提高了 21 个百分点，其中 2009 年针叶木材进口比重比 2008 年就迅速提高了 10 个百分点，达到近 70%。2009 年至 2013 年的 5 年里，针叶木材进口比重基本处在 70%左右徘徊。针叶材的大量进口是市场的一些盲目行为导致的，市场跟风很严重，部分进口商在不了解市场的情况下，盲目跟风在高价位抢盘接货，也因此导致了国内针叶木材市场积压严重，短时间难以消化。因此，经过 2012 年一段时间的库存消化，2013 年木材进口商又加大了针叶木材的进口量，使其进口比重又回升了 2.1 个百分点。只要我国严重依赖进口木材的现状不改变，木材进口的总量不下降，进口针叶木材的比重就不会下降。

二、人造板进出口情况

人造板三板中，刨花板出口同比增速最大，其出口值同比增速达近 40%，且出口量和出口额同比增速比 2012 年分别上升了 16.57 个百分点和 14.03 个百分点；胶合板出口量额同比小幅增长，分别同比增长 2.30%和 4.96%，增速比 2012 年分别下降 2.51 个百分点和 5.55 个百分点；纤维板出口量额分别同比负增长 6.54%和 4.36%，增速比 2012 年分别降低 11.16 个百分点和 12.25 个百分点。

（一）胶合板

2013 年我国胶合板出口量达 1026.34 万立方米，同比小幅增长 2.30%，出口均价达 490.45 美元 / 立方米，同比上涨了 2.60%。我国胶合板主要出口国家及地区包括：美国、日本、韩国、英国、泰国、阿拉伯联合酋长国、沙特阿拉伯和中国香港等。排名第一的美国胶合板出口量达 134.7，同比减少了 17.8%。

从我国出口胶合板主要地区看，山东省和江苏省仍然是主要的出口集散地，特别是山东临沂市和江苏宿迁市，分别达到 483.9 万立方米和 281.2 立方米，山东省有一定的增量，同比增加 6.9%，江苏省与上年有下降，降幅 6.6%。值得注意的是，吉林省胶合板出口均价达 1543.06 美元 / 立方米，辽宁省胶合板出口均价达 1591.391 美元 / 立方米，产品附加值远远高于山东省和江苏省。

（二）刨花板

1. 进口情况

2013 年我国刨花板进口量为 38.14 万吨，同比增加了 8.58%，平均进口价格为 335.04 美元/吨，价格同比小幅提高了0.97%。表明我国刨花板产业产量、品质都有较大提升。

我国进口刨花板中近80%来自泰国、马来西亚和罗马尼亚。2013年从泰国进口15.35万吨，同比降低3.2%，占全部进口刨花板的40.2%；从马来西亚进口9.80万吨，增加了16.6%，占比25.7%；罗马尼亚从3.52万吨增长到4.55万吨，增幅29.3%，占比从2012年的10%小幅提升到11.9%。

从进口省市看，差不多有近一半刨花板从广东省进口，2013年广东省共进口17.2万吨，增长2.7%；天津市进口6.8万吨，是我国刨花板进口第二大省市，但较去年小幅下降4.1%，所占比重降低了2.4个百分点；今年上海市刨花板进口量增幅13.3%，排名仍居第三位。

2. 出口情况

刨花板出口从2011年开始量价双升，表明我国刨花板产品质量近两年来有了大的提升，再度逐渐受到市场的青睐。2013年刨花板出口16.98万吨，大幅增长25.56%；出口平均单价从2012年的468美元/吨上涨到521美元/吨，涨幅达11.22%。

2013年出口俄罗斯4.30 3.75万吨，增长14.77%，占我国刨花板出口比重25.3%。紧随其后的是蒙古、塔吉克斯坦等国，分别同比增长56.8%和16.3%。山东和黑龙江两省的出口量占到我国刨花板出口的半壁江山，2013年其出口所占份额分别是38.4%和15.1%。

3. 进出口对比情况

我国刨花板产品由于质量较差，一直不太受市场欢迎，因此一直都是靠进口质量较高、环保性能较好的刨花板产品来满足市场的需求，然而，近年我国刨花板生产企业通过引进国外先进的生产设备和技术，生产的刨花板质量有了大的提升，因此刨花板进口比重有所下降，出口比重也开始同步提升。2013年刨花板进口量在其贸易中的比重为69%，比2012年下降了3个百分点（见图2）。就进出口单价而言，出口单价高出进口单价185美元/吨。

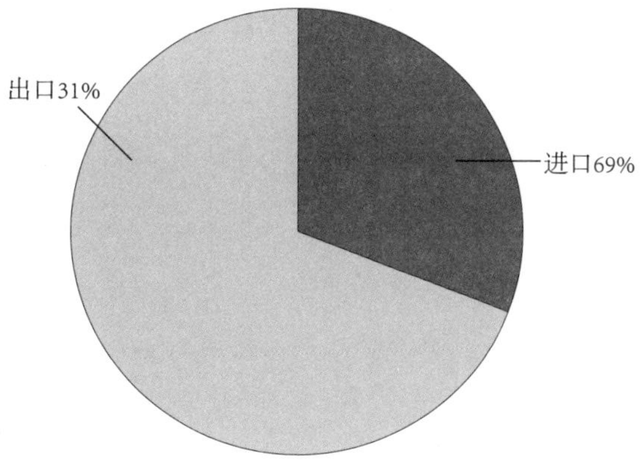

图2 2013年我国刨花板进出口比例

（三）纤维板

1. 进口情况

2013年纤维板进口数量继续呈上升趋势，升幅为6.50%。进口平均单价也仍然呈上升趋势，但2013年价格涨幅减小，为7.54%。我国纤维板主要从新西兰、澳大利亚、泰国、瑞士、比利时、德国、印度尼西亚等国家进口。2013年新西兰与澳大利亚纤维板进口下降比较大，降幅分别为25.28%与23.79%；德国纤维板进口量有较大的上涨，涨幅达到45.91%；广东省是我国纤维板进口量最多的省份，全年进口1.6万吨，同比下降了26个百分点，占我国纤维板进口总量的30.8%，较2012年同比下降了近10个百分点。

2. 出口情况

2013年纤维板出口量降低，平均出口单价均有小幅增长，其中出口量同比下降6.54%，出口单价同比2012年上涨2.33%。纤维板主要出口到美国、俄罗斯、加拿大和伊朗等国，江苏省是我国纤维板出口量最大的省份，2013年其出口量占到我国纤维板总出口量的70%，较去年同比上升了6个百分点。

3. 进出口对比情况

我国纤维板贸易与胶合板相似，主要以出口贸易为主，进口仅占到贸易量的3%；贸易价格也是进口价格高于出口价格（见图3)。

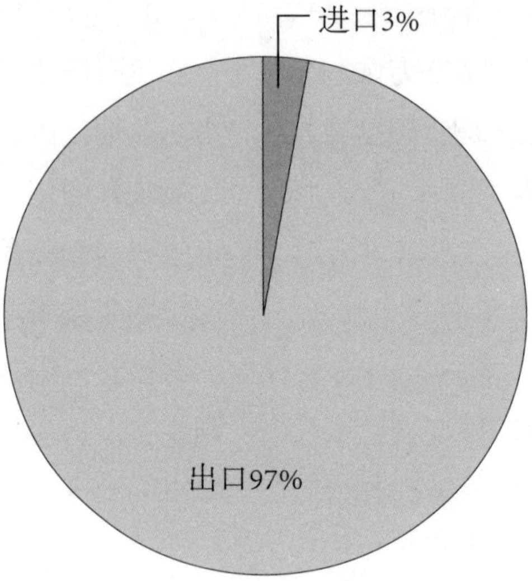

图3 2013年纤维板进出口量比例

三、木家具出口情况

2013年，我国木家具累计出口1.98亿件，同比小幅下降1.09%；出口金额123.80亿美元，同比增长3.93%，增速比2012年下降1.28个百分点。

2013年美国仍是我国木制家具第一大出口市场，其出口量占我国木制家具总出口量的33.13%，比重比2012年上升了0.7个百分点。在出口市场转下行的情况下，出口美国木制家具量比2012年仍然增长了1.02%。占据我国木制家具出口市场第二大市场份额的日本国在进一步萎缩，2013年市场比重比2012年下降了0.75个百分点，出口量同比2012年下降8.97%。出口到德国、法国和加拿大的木家具量也均减少了。

2013年我国木家具出口仍以广东为龙头，其出口量占全国总出口量的31.9%，但比重比2012年下降了0.7个百分点；福建和山东发展较快，在我国出口经济放缓，总体家具出口下降的情况下，其出口量分别增长了5.54%和5.16%，占全国木家具出口比重分别上升了1.3个百分点和0.5个百分点。值得注意的是，2013年河北省木家具出口量同比增长了39.55%，比重增加了0.5个百分点。目前，广东省不但木家具出口数量位居全国第一，其出口单价也相对较高，且还在逐渐上升，2013年广东省木家具出口平均单价比全国木家具出口平均单价高出36.1美元，比2012年高出11.65美元，表明广东省木家具出口附加值在逐渐增加。

四、木门进出口情况

我国木门进口非常少，对我国的木门产业发展几乎不构成任何影响，2013年进口量减少了34.26%，只有556.2吨，进口金额仅443.8万美元。一直以来，木门出口市场似乎没有任何突破的迹象，2013年累计出口34.17万吨，小幅增长6.37%，出口金额6.60亿美元，增长6.75%，出口价格也仅仅小幅上升了0.35%，可以说，我国木门出口量价均无大的起色。表明我国木门产业发展目前仍然主要依靠内需。

由于木门进口数量非常少（进口量仅占贸易总量的0.16%），因此进口价格比较高，远远高于木门出口价格。同时，5年来木门出口价格也几乎没什么变化。

木门出口中，约1/3出口自浙江省，辽宁省出口价格最高，其次是上海市，远远高于全国平均出口价格。我国木门主要出口的国家和地区是美国、日本、罗马尼亚和中国香港等。

五、木地板进出口情况

地板行业是依托于房地产行业的，2013年房地产市场的不景气会直接导致地板行业受到不良影响。其次，在全球金融危机、欧美债务危机、国外“双反”调查、国家房地产限购等一系列不利因素充斥的大环境下，我国木地板行业目前面临前所未有的挑战。

2013全年共进口木地板1.2万吨，降低16.33%；出口39.91万吨，降低3.9%。出口价格同比2012年下降了2.67%。

（中国木材与木制品流通协会信息中心）

2013年中国木材与木制品市场消费现状

我国是木材及木制品生产和消费大国。2013年，我国原木消费量有小幅增长，增幅在9.5%左右；在主要木制品中，木门、木家具、木地板产品消费量均呈增长趋势，人造板产品中的胶合板和纤维板消费量也呈增长趋势，但刨花板消费量却同比下降。

文中所列消费量数据均由生产量与进口量之和再减去出口量所得，其中包括积压的库存量，仅仅是一种表观消费量。根据此指标可以侧面反映我国的市场发展情况。

一、中国木材市场消费状况

2007年以来，我国原木消费量基本维持在1亿立方米左右。2009年因金融危机的影响，市场消费量下降了10个百分点；2010年经济环境好转，市场回暖，原木消费量快速回升，达到1.1亿立方米。2011年，因国内木材产量调减，及整体经济环境再度放缓，使得我国原木消费增长速度下滑了11个百分点。2012年，由于国内外经济环境仍然复杂多变，预计原木消费量有小幅下降。2013年，我国原木消费情况有所缓和，较去年有9.47%的增长（见图1）。

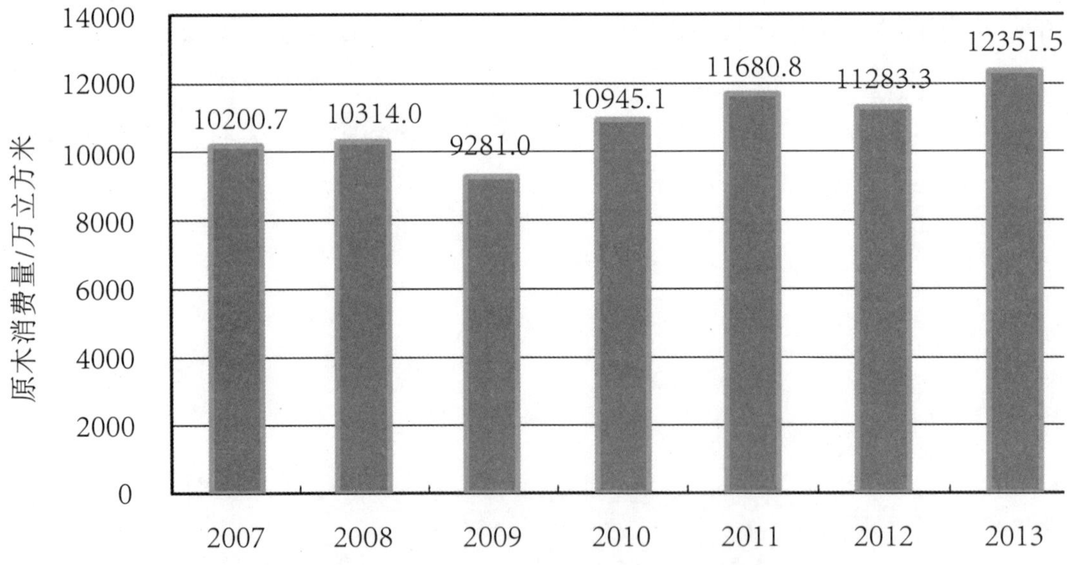

图1 2007—2012年我国原木消费情况

二、中国人造板市场消费状况

2013年，人造板（三板）市场消费有较大增长，增幅为15.94%。其中，胶合板消费有27.20%的大幅增长；同期纤维板消费量也有较大增长，增幅为10.93%；相反，刨花板消费量下降较大，降幅为19.61%（见图2）。

三、中国家具市场消费状况

2013年，我国木家具消费较去年有小幅增长。2013年我国木家具市场消费量为4465万件，同比上升0.55个百分点。去年木家具消费量出现较大幅度下滑，今年根据市场规律下调了产量（见图3）。

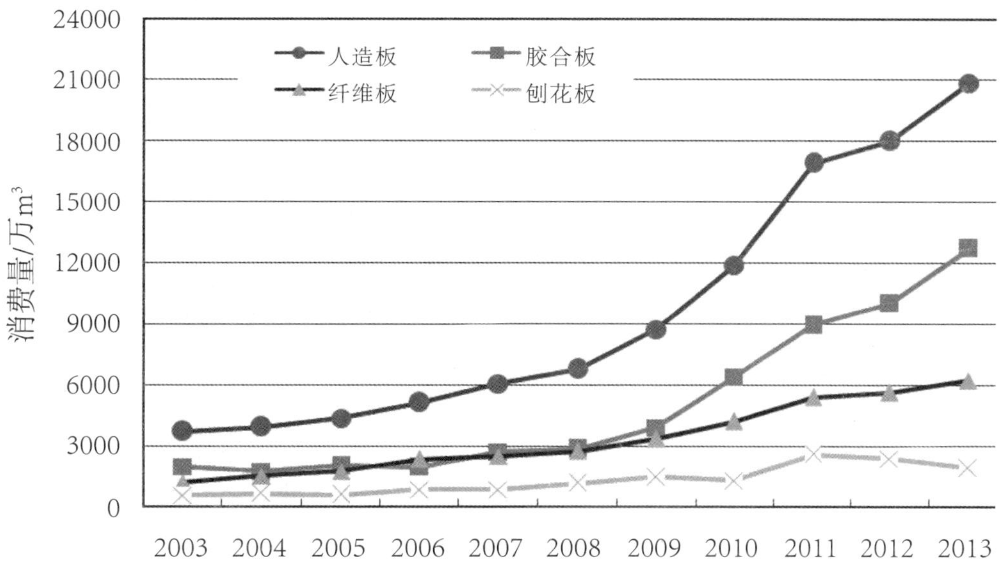

图 2 2003-2013 年我国人造板市场消费趋势图

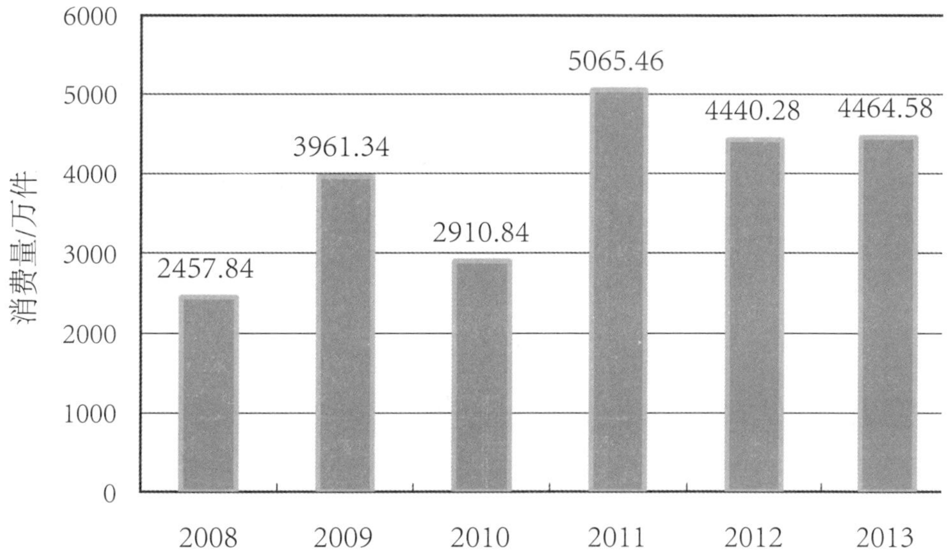

图 3 2008-2013 年我国木家具表观消费量

我国木门消费一直呈快速递增趋势，说明我国国内木门市场发展空间较大，仍然处于快速发展期。但从图 4 可以看出，自 2005 年以来，木门消费增长速度呈曲折下滑之势，由 2006 年 32.7%的增长速度下降到了 2012 年的 6.93%。但 2013 年，木门消费增长速度回升到 10.88%，木门消费值达到 999.38 亿元人民币，增速比 2012 年回升了近 4 个百分点（见图 4）。

五、中国地板市场消费状况

从图 5 可以看出，2006 至 2012 年，我国木地板市场消费量出现了两次下滑，2013 年，木地板消费量同比上年上升 8 个百分点。表明我国木地板行业发展的疲劳状态有所缓和。

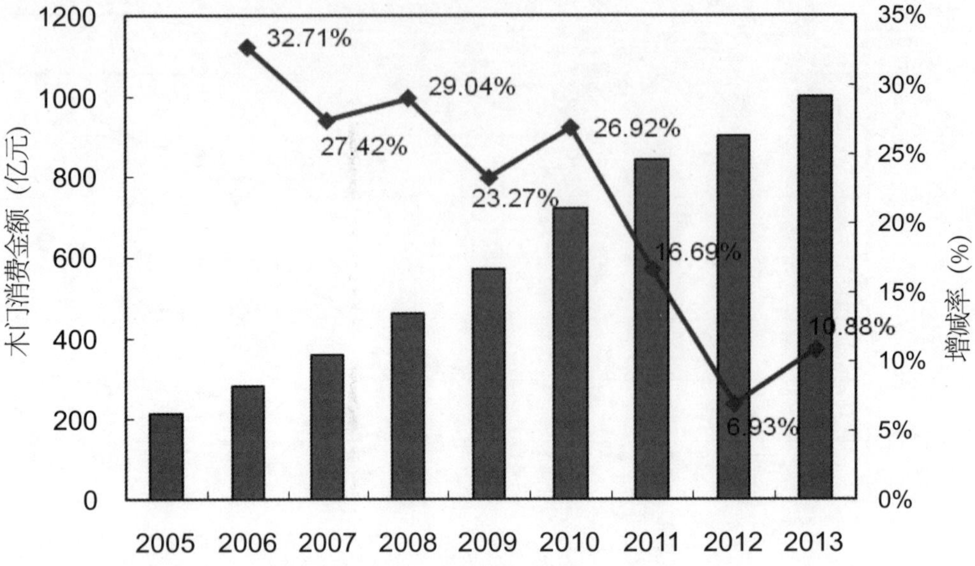

图 4 2005-2013 年我国木门消费趋势图

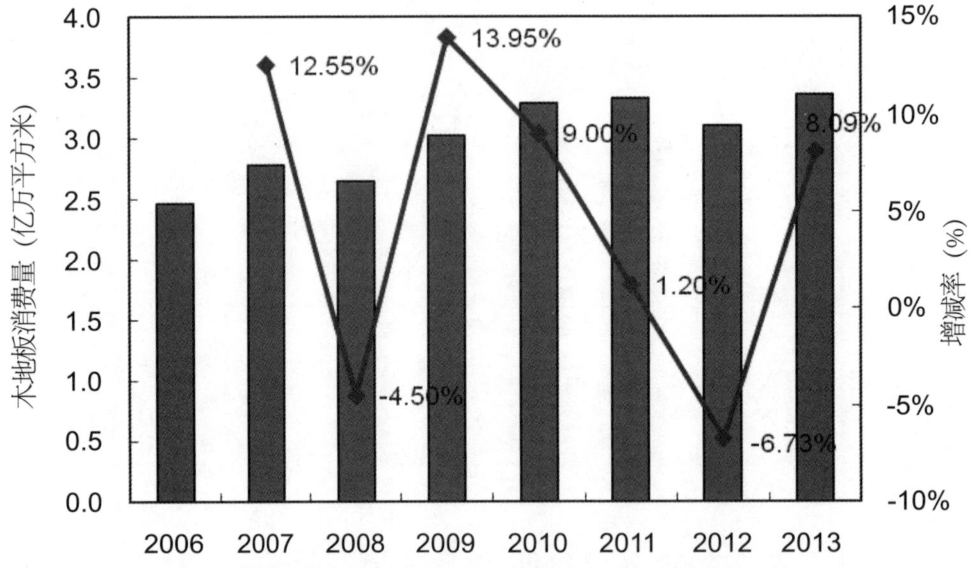

图 5 2006-2013 年我国木地板消费量

（中国木材与木制品流通协会信息中心）

大事记

2013年行业大事记

中国木材价格指数专家论证会在京成功召开

2013 年 1 月 25 日，中国木材价格指数专家论证会在北京召开。由中国木材与木制品流通协会主编的该项指数编制报告获得了专家组认可，该指数将及时准确反映一定时期内我国木材市场的供求状况以及木材的市场价格变动趋势和整体价格水平，对促进国内木材与木制品流通行业健康发展具有重要的意义。

“大规格竹重组材制造关键技术、装备研发与示范”启动会在京召开

2013 年 2 月 22 日，国家林业公益性行业科研专项重大项目“大规格竹重组材制造关键技术、装备研发与示范”启动会在京举行。该项目执行期为 2013 年 1 月至 2015 年 12 月，旨在突破大规格竹材重组材料制造关键技术难点，开发大规格竹材重组材料制造技术，研制关键工序专用设备和竹材初级加工关键共性设备，建成生产线并进行产业化示范，促进竹材加工技术及装备产业升级。

《中国红木消费指南》首发新闻发布会在京召开

2013 年 3 月 12 日，《中国红木消费指南》

首发新闻发布会在中国林业科学院学术报告厅举行。发布会上还举行了向参编企业代表赠书的仪式。《红木指南》倡导珍惜与培育红木资源，传承与发展红木工艺，铸造与创新红木精品。有助于促进红木消费市场的健康发展，为红木制品的生产、消费和市场培育提供前瞻性的科学指导。

中国整体家居联盟成立大会在广州举行

2013 年 3 月 23 日，由中国木材与木制品流通协会与深圳亚太传媒有限公司共同发起的“中国整体家居联盟”成立大会，在广州白云国际会议中心隆重举行。大会推举中国木材与木制品流通协会会长刘能文先生为中国整体家居联盟名誉主席，深圳亚太传媒有限公司董事长骆合理先生为中国整体家居联盟总秘书长。龙永图先生为中国整体家居联盟名誉主席刘能文先生和中国整体家居联盟总秘书长骆合理先生颁发了证书。

中国木材与木制品流通协会 2013届第三届世界地板大会在沪召开

2013年3月25日，第三届世界地板大会在上海隆重召开，会议主题是“机遇•变革•突破”。本次大会汇聚国内外地板行业精英力量，以渠道变革、电子商务、精装修市场、全球市场等为核心议题，共同分析全球各地板主要市场发展现状及地板业面临的巨大机遇和挑战，在逆境中谋求行业发展变革之道，寻求开展产品创新、渠道延展、产业转型升级的方式方法，群策群力促进地板产业从逆境中突围实现突破性发展，并通过提升消费者认同度来进一步提升全球地板销量。

2013 中国木材与木制品商大会暨中国木材与木制品行业年会在北京举行

2013年4月1日，由中国木材与木制品流通协会主办的2013中国木材与木制品商大会暨中国木材与木制品行业年会在北京成功召开。本次大会的主题是：“绿色采购 绿色品牌、领航中国木业向国际化迈进”，对 2012 年中国木材与木制品行业年度人物、优秀会员、信用示范企业进行了表彰。会议同期举行了“国际木材与木制品绿色采购研讨会”。围绕木材与木制品绿色采购举行了专题研讨。

中国木材价格指数向社会公开发布

2013年4月1日，由中国木材与木制品流通协会研究编制的中国木材价格指数向社会公开发布。商务部流通业发展司副巡视员王选庆、工业和信息化部原材料工业司副巡视员高秀英、中国物流与采购联合会党委副书记余平、中国木材与木制品流通协会会长、木材节约发展中心主任刘能文在北京亮马河饭店共同启动了中国木材价格指数发布仪式。

国际木材与木制品绿色采购研讨会在京召开

2013年4月1日，由中国木材与木制品流通协会主办，世界自然基金会（瑞士）北京代表处、欧洲森林研究所欧盟FLEGT亚洲区域项目和亚洲负责任林业与贸易项目（RAFT）协办的国际木材与木制品绿色采购研讨会在北京成功举行。大会在国内外市场对木材与木制品贸易中原材料的来源合法性、可持续性以及绿色环保性提出越来越严格的要求的背景下召开，旨在为政策决策者、非政府组织、科研机构和企业搭建信息共享和经验交流的平台。

“2013 年全国市场、工程木门企业产品质量、售后服务双承诺活动”新闻发布会在京召开

2013年4月1日，“2013年全国市场、工程木门企业产品质量、售后服务双承诺活动”

新闻发布会在北京人民大会堂召开。这次新闻发布会的重点环节是双承诺企业的揭晓。双承诺企业代表在发言中阐述了对双承诺活动及团队的认识，并对双承诺活动在促进行业健康发展、规范市场行为、引导消费方面所起到的积极作用表示肯定。

中国木材与木制品流通协会应邀出席“协调制度管理委员会 2013 年工作会议”

2013 年 4 月 18 日，海关总署关税征管司在北京组织召开了“协调制度管理委员会 2013 年工作会议”。会议的主要议题是：通报 2012 年协调制度（中华人民共和国进出口税则前 6 位商品编码）有关工作情况；审议拟提交 WCO（世界海关组织）协调制度修订第五审议循环的中方议题；反馈协调制度管理委员会成员单位提交的协调制度修订建议。根据行业企业的意见，由国家林业局和我协会共同提出的“科技木皮（重组装饰材单板）增列子目”要求，海关总署关于 WCO 协调制度第五审议循环修订议题的初审意见为，将此议题列为“拟跟进”级别。世界海关组织《协调制度》第五审议循环的议题征集和审议工作已进入关键阶段，有关审议工作将于 2014 年 3 月结束，并最终确定 2017 年版《协调制度》修订目录。

中国木材贸易代表团访问加拿大

2013 年 5 月 5—12 日，由中国木材与木制品流通协会副会长兼秘书长、木材进出口商分会会长陶以明、中国商务部进出口公平贸易局李龘处长、中国木材与木制品流通协会国际交流与合作部主任高雅、金杜律师事务所肖谨律师组成的中国木材贸易代表团赴加拿大访问。代表团出访的主要目的是考察和了解加拿大木材资源与贸易政策，并就加拿大现行的原木出口限制措施与加拿大政府部门交换意见。

中国·天津红木文化产业园正式签约

2013 年 5 月 11 日，“中国·天津红木文化产业园”战略合作框架协议正式签约。“中国·天津红木文化产业园”是由中国木材与木制品流通协会红木专业委员会（下称中国红木委）和中国红木文化传媒有限公司在天津空港经济区投资建设的国家级红木文化产业园。项目主要包括红木文化艺术馆、品牌红木体验会所、红木艺术生活广场、红木家居生活馆、木雕创意风情街及红木文化创意学院等，并设立国家级红木制品交易中心与拍卖中心。

生活家地板联手《读者》杂志启动“请孩子读本书”公益活动

2013 年 5 月 13 日，由生活家地板和《读者》

杂志共同发起的“请孩子读本书”大型公益活动在北京市平谷区马昌营中学启动。和以往的捐助活动不同,“请孩子读本书”更注重活动的持续性、延展性、参与性和互动性。在一年的过程中，主办方还将开展读书征文与摄影等一系列活动，并联合大学生村官公益组织及当地团组织等机构，实地考察活动开展情况，以及孩子们在读书过程中的精神和生活变化情况，为孩子提供更丰富更有针对性的帮助，在年轻一代的心中播种善根。

世界木材贸易论坛正式成立

2013 年 5 月 22—23 日，由中国木材与木制品流通协会参与发起的世界木材贸易论坛在联合国粮农组织总部罗马正式建立并举行首届会议，中国木材与木制品流通协会会长刘能文应邀出席。世界木材贸易论坛是由包括中国木材与木制品流通协会在内的世界各国主要木材行业协会发起、旨在促进全球木材行业之间的交流与合作以及加强木材行业在国际市场和政治舞台上整体话语权的国际性机构。首届论坛吸引了来自 40 个国家的 80 多个行业组织和企业代表。

中国木业代表团赴瑞典商务考察

2013 年 5 月 25 日至 6 月 2 日，中国木材与木制品流通协会刘能文会长率团前往瑞典考察当地森林资源和木材供应情况。考察团在短短的一周时间里走访了 5 家瑞典木业企业旗下的 7 家锯材厂、抛光厂和纸浆厂，对瑞典锯材和纸浆的加工流程、工艺、产品特性、销售情况以及在中国市场广泛应用的潜力有了深入的了解和认识。中国木材与木制品流通协会和瑞典林产品联合会初步达成协议，将在征询会员意见后起草并签署共同促进中瑞木材贸易的战略性合作协议。

Konson 柯尚木门在华中区域建中国最大木门生产基地

2013 年 5 月 29 日，Konson 柯尚木门签约入驻湖北应城经济开发区，将正式建立 Konson 柯尚木门生产基地，该项目占地 350 亩，投入资金 2.5 亿。Konson 柯尚木门将把该基地打造成为产品研发、生产、仓储、物流以及相关配套服务的现代化工业园区，项目建成后将成为中国最大的木门生产基地之一。Konson 柯尚木门与湖北应城经济开发区签署项目协议的此次签约也将带动和引领华中品牌建材家居的发展，布局大家居产业加快转型升级。

南美木材应用技术研究所挂牌成立

2013年6月，由中国木材与木制品流通协会、木材节约发展中心、中国林业集团和中国物流与采购联合会木材与木制品质量监督检验测试中心四单位共同筹建的南美木材应用技术研究所在北京正式挂牌成立。中国木材与木制品流通协会名誉会长朱光前被推举为首任所长。挂牌仪式后召开了专题座谈会。座谈会后，出席会的专家还参观了中国物流与采购联合会木材与木制品质量监督检验测试中心实验室。

首届中国红木企业家大会暨中国红木委成立大会在京召开

2013年6月22日，首届中国红木企业家大会暨中国红木委成立大会在北京人民大会堂隆重召开。国家有关政府部门和产业聚集地的领导、红木企业领袖、行业专家学及北京各大媒体记者等近500多人参加会议。大会以“驱动创新，赢得未来”为主题，深入探讨和促进解决红木业发展中面临的诸多问题，取得了丰硕成果，获得了圆满成功。

“2013年中俄木材与木制品贸易投资洽谈会暨中俄木材贸易投资高峰论坛”在满洲里举行

2013年7月11日，2013年中俄木材与木制品贸易投资洽谈会暨中俄木材贸易投资高峰论坛在中国满洲里市举行。会议围绕“中俄木材商面对面积极应对世界木材贸易新格局”主题，结合当前世界木材贸易和中俄木材贸易和投资变化的新格局，以及俄罗斯入世后对原木出口采取的新政策和措施，就如何顺应世界木材贸易和俄罗斯木材贸易的新形势和新特点，促进中俄木材贸易和投资合作长期健康发展进行了深入研讨，并提出了很好的建议和意见。

“2013•信用中国行”新闻发布会在京举行

2013年8月26日上午，“2013•信用中国行”发布会暨“中国信用500佳”、“双十”推选方案发布会在钓鱼台国宾馆隆重举行。作为“信用中国行”的首站，本次发布会响应全国打假办关于社会信用体系规划、质量信用征信体系建设、企业信用分级分类监管及各行政执法部门分别建立行业准（禁）入制度等政策的要求，探索建立社会组织改革后“一业多会”新角色、新定位的竞争机制，择优选择部分骨干行业协会参与到信用评价国家标准的课题研究，全面推动行业协会主导下的行业信用体系建立，加快信用中国的建设步伐。

2013 中国木门消费趋势研究交流会在北京举办

2013 年 9 月 2 日，中国木门消费趋势研究交流会于在北京搜房家居演播室举行。本次活动探讨了中国木门市场的消费态势和变化轨迹以及电子商务在今后木门行业中发挥的作用，进而利于企业和行业更好地把握最新木门消费趋势和走向，彰显优秀品牌的辨识度及影响力。研究交流会议题共三项：一是从行业角度分析木门行业市场现状和发展趋势；二是结合网友观点发现 木门产品的消费变化；三是木门营销方式的变化与策略。

第三届世界木材与木制品贸易大会在广州举行

2013 年 9 月 16 日—17 日，由中国木材与木制品流通协会主办的“第三届世界木材与木制品贸易大会”在广州成功举行。来自五大洲 20 多个国家的 80 余名国外木材行业专家、企业代表和行业相关人士与 130 余名国内资深专家和优秀企业代表齐聚一堂，共同深入解析了国际木材贸易格局发展的新形势，并重点讨论了新产业环境下中国木材贸易的发展前景及趋势。

2013 年中国木门行业标准宣贯会在宁波召开

2013 年 9 月 24 日，中国木门行业标准宣贯会在浙江宁波顺利召开。会议围绕经中华人民共和国商务部提出并归口的三部行业标准进行宣传贯彻，同时对参与编写标准的起草人及起草单位颁发证书。会议同期，还举行了 2013 中国木门“海诗蔓杯”设计大赛的颁奖。本次 2013 年中国木门行业标准宣贯会的成功召开，对正确引导企业贯彻实施标准、加强行业规范的学习起到了至关重要的作用。

首个“红木家具文化研究会”成立

2013 年 9 月 28 日，首个“红木家具文化研究会”在浙江横店红栋珍藏馆揭牌成立。横店红木家具中心一层，宾朋满座，红木委领导、故宫博物院研究员、浙江故宫博物院研究员、红木行业专家学者、国内知名书法家、画家、收藏家、知名红木企业家，以及各大新闻媒体人士等近百人见证了这一重要时刻。“红木家具文化研究会”的揭牌意味着红木家具文化研究拉开了新篇章。

国际市场新规则及木材原材料负责任采购培训会在南浔顺利举行

2013 年 10 月 15 日，由中国木材与木制品流通协会联合湖州市南浔地板协会、吴江市地板木业商会、国际野生物贸易研究组织、世界自然基金会——全球森林贸易网络共同举办的免费培训会议“国际市场新规则及木材原材料负责任采购培训会”在浙江南浔南方酒店顺利举行。主办单位组织此次活动旨在推动企业应对国际市场的政策法规变化，消化贸易壁垒带来的不利影响，从而提高产品的出口竞争力。同时培训会还全面梳理了我国在森林管理和木材贸易方面的法律法规，并为企业提供管理工具、信息和交流平台，使企业内贸和外贸方面的能力同时得到提升。

中国地热地板联盟成立会议在京召开

2013 年 11 月 20 日，由中国木材与木制品流通协会木地板流通专业委员会组织的中国地热地板联盟成立会议在北京召开。会上李佳峰会长介绍了国内外地热地板行业的发展现状及我国地热地板行业存在的问题，指出近年来我国地热地板发展迅速，但行业缺乏规范标准亟需完善，市场应得到系统的管理，特别强调了中国地热地板联盟成立对行业意义重大。

2013 中国木门新设备、新工艺、新材料推介会在青岛召开

2013 年 11 月 24—25 日，2013 中国木门新设备、新工艺、新材料推介会于山东青岛顺利召开。本次 2013 中国木门新设备、新工艺、新材料推介会的成功召开为企业构建了与生产厂家面对面沟通与交流的平台。大家纷纷提议将此次会议命名为首届中国木门新设备、新工艺、新材料推介会，希望今后扩大规模，聚集更多专业技术人才，将其举办成品牌性质的会议，让更多更优质的新设备新工艺新材料呈现出来，让木门行业整体水平得到有效提升。

首届中国绿色建材产业合作论坛在江苏举行

2013 年 11 月 28 日，首届中国绿色建材产业合作论坛在江苏宿迁隆重举行。论坛主要总结了 2013 年度绿色建材产业发展情况，探讨行业热点，展望行业前景。论坛还举行了三场平行会议，工信部就《绿色建材应用行动计划》征集意见，业内专家、学者以及企业家分别就绿色建材发展机遇和推广应用进行深度对话。论坛还举行了中国建材“绿色非凡”大奖颁奖仪式。

《木地板企业等级划分规范》和《木材与木制品交易市场等级划分规范》两行业标准通过专家审定

2013 年 12 月 6 日，《木地板企业等级划分规范》和《木材与木制品交易市场等级划分规范》两项行业标准审定会在北京召开并顺利通过专家审定。审定专家一致认为，标准的送审资料齐全，文本结构和编写符合国内贸易行业标准的有关规定和要求。内容科学合理，具有可操作性，达到

了国内先进水平。审定组一致通过对该两项标准的审定。

“中瑞木业日”暨“瑞典·中国·木材研讨及贸易洽谈会”在上海举办

2013年12月10日，“中瑞木业日”暨“瑞典·中国·木材研讨及贸易洽谈会”在上海成功举办。本次“中瑞木业日”涉及内容覆盖完整产业链，研讨会分为“材质”与“设计”两部分。经过此次论谈及交流，中瑞双方代表就瑞典木材在中国市场作为高质量、绿色环保的设计用材首选的议题达成共识；并表达了建立长期战略合作和流通关系的强烈愿望。

中国木材与木制品流通协会六届四次理事会议在上海召开

2013年12月11日，中国木材与木制品流通协会第六届理事会第四次全体会议在上海召开。刘能文会长在会上作了《中国木材与木制品流通协会2013年工作报告》，总结了2013年协会工作取得的成就及工作中存在的主要问题，并就协会2014年工作的基本思路和工作重点提出要求。会议号召全体会员认清形势，抓住机遇，解放思想，开拓创新，携手合作，共同为做好下年的协会工作，打造中国木材与木制品产业升级板作出新的更大的贡献。

全国木材重点进口企业座谈会在上海成功举行

2013年12月11日，由中国木材与木制品流通协会木材进出口商分会举办的“全国木材重点进口企业座谈会”在上海成功举行。

会上，陶以明会长介绍了中国木材与木制品流通协会木材进出口商分会过去一年以来的工作及明年的工作思路。与会代表们高度评价了木材进出口商分会在成立一年半的时间里所做的工作，并就以上工作内容进行了认真讨论，形成了2014年工作的基本思路。

第二届世界木材与木制品贸易大会在太仓举行

2013年11月28日，第二届世界木材与木制品贸易大会在江苏太仓举行。本次大会的主题是“中外木业面对面，携手应对世界木材贸易新格局”，大会邀请中国政府和行业协会的有关领导和专家，介绍了中国经济形势、国际贸易规则、行业发展趋势；邀请国际木业组织和国外主要木材出口国的代表介绍世界木材与木制品贸易现状与趋势。

科技篇

中国木材与木制品标准体系近30年建设成就

随着我国木材工业的不断发展，木材标准化的地位日趋重要。根据中国木材与木制品流通协会标准部统计的我国木材标准化进展情况，截至2014年12月30日，我国已经颁布实施的木材与木制品相关国家标准和行业标准共计579项，这些标准的立项，对促进木材资源节约和综合利用、木材产品的工业化生产、消除木材贸易障碍、保证木材产品质量、维护消费者权益等方面，起着非常重要的作用。标准数量增多的同时带来诸多问题，这些问题已经成为影响我国木材工业发展的重要因素。面对木材标准体系中完整性和协调性不足等方面的问题，我国木材标准化工作应当积极迎接挑战，发挥改革创新精神，从木材标准化的对象入手，建设和完善木材标准体系、提高木材标准的质量和水平，最大限度发挥木材标准的作用，为我国国民经济和社会发展做出更多更大的贡献。

一、我国木材标准化工作的发展与研究现状

（一）我国木材标准化工作的发展

我国木材标准化工作最早起步于1950年，第一个发展阶段是林业部制定了《木材规格》、《木材检尺办法》、《材积表》等三项技术标准。第二个阶段是前两项标准在经过几年的实施后，在1958年进行了一次修改。第三阶段是在1984年对三项标准进行了全面修改，同时颁布了34项新的木材标准。这些标准经过十多年实施后，又进行了修改完善，又分别于1995年颁布了22项和1999年颁布了12项新的木材国家标准和木材行业标准，这是第四个发展阶段。

现阶段，我国的木材标准化工作进入了新的时期，我国木材标准化委员会于2010年1月初步提出了中国木材标准化体系的框架结构，但是由于首次提出的标准体系系统性不够，实施效果不好，导致了诸多问题，例如木材标准在制、修订方面部分标准无合适的归口范围，标准审查周期长，采标情况相对滞后。因此，提出适合我国木材标准化发展形势的木材标准体系新框架，对木材标准的合理制定、修订以及标准化工作的管理和实施具有至关重要的作用。

（二）我国木材标准体系的研究现状

木材标准经过近60年的发展，目前建立了国家级的木材标准化技术委员会和技术归口单位，在标准的制定模式以及标准制定水平方面有了更先进的做法。通过这些举措，标准数量和种类都有增加，标准的质量也得到极大提高，同时加快了标准升级换代的步伐，使木材标准向方法标准、生产工艺标准扩展。

随着新标准的修订与问世，木材标准化体系的发展步伐也在加快。结合我国木材标准发展与研究现状，2010年1月，我国木材标准化技术委员会初步提出了木材标准体系框架结构，如图1。这套以《国际标准文献分类》为依据构建的木材标准层次图初步解决了目前不断发展的制定、修订的标准数量归口问题。

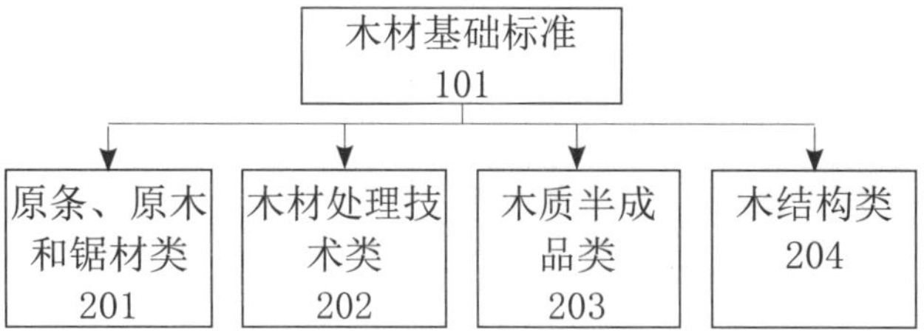

图1　初步构建的木材标准层次结构图

中国林业科学研究院木材工业研究所的楚杰在调查分析了目前我国木材标准体系制定、修订及研究工作现状的基础上，从标准化的对象入手，提出了由基础标准、技术标准和管理标准三大属性构建的木材标准体系新框架。

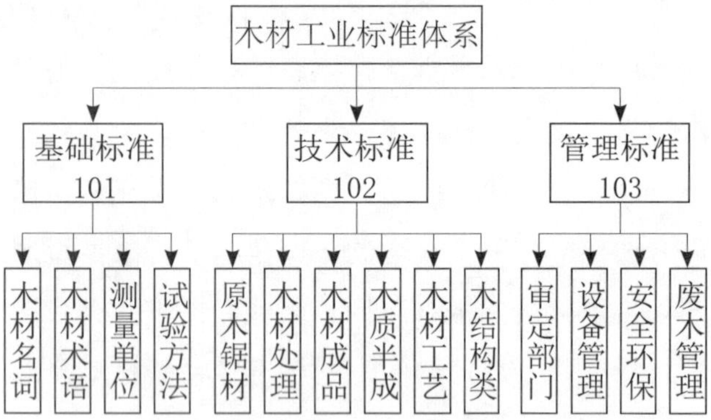

图 2　基于对象的木材标准体系框架图

二、木材标准体系框架修订与构建研究

（一）标准体系构建原则

1. 全面性原则：木材标准体系表的组成应当完整，即在基本结构层次图的基础上增加公益标准、环保标准和设备标准，保证木材标准结构层次图的完整性，并且还应根据标准的内容范畴编制木材标准明细表，以体现木材标准的修订及进展情况。

2. 层次性原则：层次性是指标准体系表的构成具有层次性。层次性框架保证标准起草的归属性，并且在标准数目较多的情况下，审查部门可以各自修订，避免标准之间的交叉和重复。

3. 协调性原则：标准体系内的各标准之间，以及体系内的标准与体系外的标准之间必须相互协调，要避免术语和参数的不统一，以及标准的重复、交叉、矛盾等不协调、不配套现象。

4. 发展性原则：发展性是指木材标准体系要随着科技的发展而得到时效性补充，满足标准领域的需求。这要求所构建的木材标准体系，既要体现出当前的科学技术和行业发展空间，也要对未来的技术发展有所预见，预留足够的扩展空间。

5. 合作性原则：加强与国际标准化组织(ISO)的合作。要在木材具体标准的制定过程中，加强与 ISO/TC218（国际标准化组织木材技术委员会）以及 ISO/TC165（国际标准化组织木结构技术委员会）建立密切的沟通联系，尽可能使我国木材标准体系化与国际技术标准组织的分类一致，便于工作组的合作和我国参与国际标准的修订。

（二）木材标准体系修订的依据

1. 国家标准 GB/T 13016-2009《标准体系表编制原则和要求》。GB/T 13016-2009 是当前我国指导标准体系制定的理论基础，木材标准体系的构建也要遵循其原则和要求。

2. 已建立的我国木材标准层次结构图。新提出的木材标准体系框架结构是现有木材体系结构图的完善和补充。GB/T1.2-2002，标准编写指南，以及图 2 基于对象的木材标准框架结构图，按木材标准的对象化进行木材标准体系重新分类，以此作为指导进行木材标准体系的内容框架和层次的划分。

3. 基于标准化对象的标准分类。按照 GB/T13016-2009 的要求，木材标准体系应包含基础标准、技术标准和管理标准三部分，三者相互独立、互为补充、彼此协调、共同发展。

（三）木材标准分类体系构建

按照图 2 所示的木材工业标准体系，中国木材与木制品流通协会统计与标准部对全国新颁布的木材标准进行了分类和数量统计，结果见图 3 与表 1。

基于对象，将木材标准分为木材、人造板木

质成品和木工机械四部分。其中，木材又细分为基础类标准、原木类标准、锯材类标准、处理材类标准和结构材类标准。人造板、木质成品、木工机械同样细分。根据不同分类对基础标准、技术标准和管理标准进行数量统计。

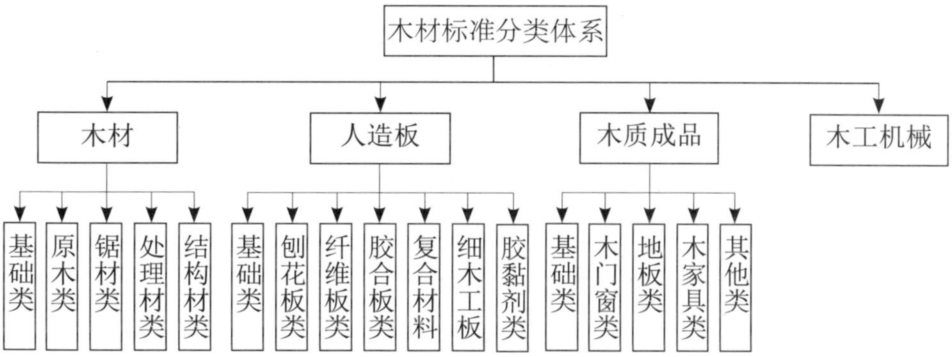

图 3　木材标准分类图

表 1　木材标准分类数量统计表

类别		国标	行标	基础标准	技术标准	管理标准
原材	基础类	36	40	47	6	23
	原木类	25	21	0	46	0
	锯材类	15	29	0	41	3
	处理材类	28	30	2	52	4
	结构材类	13	12	0	25	0
人造板	基础类	26	31	0	39	18
	刨花板类	13	14	0	21	6
	纤维板类	15	12	0	23	4
	胶合板类	22	29	0	47	4
	木质层积材与木质复合材料类	5	7	0	12	0
	细木工板类	1	2	0	2	1
	胶黏剂类	2	9	0	11	0
木制品	基础类	1	20	5	10	6
	木门窗类	1	11	0	11	1
	木地板类	28	35	0	57	6
	木家具类	13	6	0	17	2
	其他	2	15	0	17	0
木工机械		2	8	0	1	9

如表 1 所示，已经颁布实施的木材标准中，人造板分类中的木质层积材与木质复合材料类标准、细木工板类标准与胶黏剂标准的数量相对于其他类别木材标准较少，同样情况出现在木门窗类和木工机械类标准，说明我国的木材标准体系还不完整。在多种类别中，国家标准的数量少于

行业标准数量，例如木制品类标准中，国家标准只有一项，而行业标准有20项，说明在木制品行业，国家标准的制、修订还有待加强和完善。

表2 现行木地板主要相关标准

标准类别	标准名称	标准号
产品标准	半硬质聚氯乙烯块状地板	GB/T 4085—2005
	聚氯乙烯卷材地板 第1部分：带基材的聚氯乙烯卷材地板	GB/T 11982.1—2005
	聚氯乙烯卷材地板 第2部分：有基材有背涂层聚氯——乙烯卷材地板	GB/T 11982.2—1996
	实木地板 第1部分：技术要求	GB/T 15036.1—2009
	实木地板 第2部分：检验方法	GB/T 15036.2—2009
	浸渍纸层压木质地板	GB/T 18102—2007
	实木复合地板	GB/T 18103—2000
	实木复合地板	GB/T 18103—2013
	天然材料体育场地使用要求及检验方法 第2部分：综合体育场馆	GB/T 19995.2—2005
	体育馆用木质地板	GB/T 20239—2006
	竹地板	GB/T 20240—2006
	浸渍纸层压秸秆复合地板	GB/T 23471—2009
	浸渍纸层压板饰面多层实木复合地板	GB/T 24507—2009
	木塑地板	GB/T 24508—2009
	阻燃木质复合地板	GB/T 24509—2009
	竹木复合层积地板	GB/T 27649—2011
	热处理实木地板	GB/T 28992—2012
	木质楼梯	GB/T 28994—2012
	舞台用木质地板	GB/T 28997—2012
	重组竹地板	GB/T 30364—2013
	抗静电木质活动地板	LY/T 1330—2011
	抗菌木（竹）质地板 抗菌性能检测方法与抗菌效果	LY/T 1926—2010
	实木集成地板	LY/T 1614—2011
	软木类地板	LY/T 1657—2006
	地采暖用木质地板	LY/T 1700—2007
	装饰单板层压木质地板	LY/T 1739—2008
	居住建筑套内用木质楼梯	LY/T 1789—2008
	室内高湿场所用木地板	LY/T 1854—2009
	涂饰浸渍纸层压木质地板	LY/T 1858—2009
	仿古木质地板	LY/T 1859—2009
	户外用木地板	LY/T 1861—2009
	重组木地板	LY/T 1984—2011
	直接印刷木地板	LY/T 1986—2011
	阻燃木质地板	WB/T 1049—2012

续表

原辅材料标准	室内木质地板安装配套材料	GB/T 24599—2009
	浸渍纸层压木质地板用表层耐磨纸	GB/T 26390—2011
	地板基材用纤维板	LY/T 1611—2011
	实木复合地板用胶合板	LY/T 1738—2008
	楼梯用木质踏板	LY/T 1976—2011
	实木地板坯料	LY/T 2058—2012
	木质模压工业托盘	LY/T 2061—2012
	活动地板基材用石膏纤维板	LY/T 2372—2014
	浸渍纸层压木质地板用表层耐磨纸	QB/T 4035—2010
	水性聚合物乳液型地板上光剂	QB/T 4437—2012
	硬质地板清洗剂	QB/T 4532—2013
	强化木地板底层用平衡原纸	QB/T 4758—2014
	木地板铺设辅料	WB/T 1050—2012
	木地板养护油精	WB/T 1052—2012
	木地板胶黏剂	JC/T 636—1996
铺装验收标准	木质地板铺装、验收和使用规范	GB/T 20238—2006
	竹木复合地板生产线验收通则	GB/T 26912—2011
	木质楼梯安装、验收和和使用规范	GB/T 30356—2013
	低地板及低入口城市客车结构要求	GB/T 19260—2003
	木地板铺设面层验收规范	WB/T 1016—2002
	木地板保修期内面层检验规范	WB/T 1017—2006
	木地板铺设技术与质量检测	WB/T 1030—2006
	地面辐射供暖木质地板铺设技术和验收规范	WB/T 1037—2008
	木质地板铺装工程技术规程（附条文说明）	CECS 191—2005
	木地板企业等级划分规范	SB/T 11103—2014
环保指标标准	室内装饰装修材料 聚氯乙烯卷材地板中有害物质限量	GB 18586—2001
	实木复合地板生产综合能耗	GB/T 23899—2009
	实木地板 生产综合能耗	LY/T 1703—2007
	浸渍纸层压木质地板生产综合能耗	LY/T 2073—2012

在现行木地板主要相关标准中，产品标准共计 34 项，原辅材料标准共计 15 项，铺装验收标准有 10 项，环保指标标准有 4 项，分别占木地板行业相关标准的 53.97％、23.81％、15.87％和 6.35％。其中，产品标准中，国家标准有 20 项，行业标准有 14 项，分别占木地板行业产品标准的 58.82％与 41.18％；原辅材料标准中，国家标准有 2 项，行业标准有 13 项，分别占木地板行业原辅材料标准的 13.33％和 86.67％；铺装验收标准中，国家标准有 4 项，行业标准有 6 项，分别占木地板行业铺装验收标准的 40％与 60％；环保指标标准中，国家标准有 2 项，行业标准有 2 项，均占木地板行业环保指标标准的 50％。

表 3　现行木门窗主要相关标准

标准类别	标准名称	标准号
产品标准	木门窗	GB/T 29498—2013
	室内木质门	LY/T 1923—2010
	木质门	WB/T 1024—2006
	实木门窗	JC/T 2081—2011
	建筑木门、木窗	JG/T 122—2000
铺装验收标准	木质门安装规范	SB/T 10725—2012
	木质门修理、更换和退货规范	SB/T 10726—2012
	木门企业等级划分规范	SB/T 10844—2012
	木质门安装规范	WB/T 1047—2012
	木质门修理、更换和退货规范	WB/T 1048—2012
	上海市建筑产品推荐性通用图集 15HL 装饰木门	J/T 602—1997
环保指标标准	环境标志产品技术要求 木质门和钢质门	HJ 459—2009

在现行木门窗主要相关标准中，产品标准共计 5 项，无原辅材料标准，铺装验收标准有 6 项，环保指标标准有 1 项，分别占木门窗行业相关标准的 41.67%、50%和 8.33%。其中，产品标准中，国家标准有 1 项，行业标准有 4 项，分别占木地板行业产品标准的 20%与 80%；铺装验收标准中，无国家标准，行业标准有 6 项；环保指标标准中，无国家标准，只有 1 项行业标准。

表 4　现行纤维板主要相关标准

标准类别	标准名称	标准号
产品标准	中密度纤维板	GB/T 11718—2009
	湿法硬质纤维板 第 1 部分：定义和分类	GB/T 12626.1—2009
	湿法硬质纤维板 第 2 部分：对所有板型的共同要求	GB/T 12626.2—2009
	湿法硬质纤维板 第 3 部分：试件取样及测量	GB/T 12626.3—2009
	硬质纤维板 检验规则	GB/T 12626.4—1990
	硬质纤维板 产品的标志、包装、运输和贮存	GB/T 12626.5—1990
	硬质纤维板 含水率的测定	GB/T 12626.6—1990
	硬质纤维板 密度的测定	GB/T 12626.7—1990
	硬质纤维板 吸水率的测定	GB/T 12626.8—1990
	硬质纤维板 静曲强度的测定	GB/T 12626.9—1990
	难燃中密度纤维板	GB/T 18958—2003
	难燃中密度纤维板	GB/T 18958—2013
	浮雕纤维板	LY/T 1204—2013
	地板基材用纤维板	LY/T 1611—2011
	轻质纤维板	LY/T 1718—2007

续表

	椰壳纤维板	LY/T 1795—2008
	活动地板基材用石膏纤维板	LY/T 2372—2014
	室内木质门用纤维板	LY/T 2386—2014
	建筑幕墙用高压热固化木纤维板	JG/T 260—2009
	鞋用纤维板屈挠指数	QB/T 1472—2013
	出口危险货物中型散装容器检验规程 第 7 部分：纤维板中型散装容	SN/T 0987.7—2013
原辅材料标准	纤维板生产用镀锌钢丝垫网	LY/T 1020—2013
	中密度纤维板生产线验收通则	GB/T 18002—2011
	危险货物纤维板中型散装容器检验安全规范 性能检验	GB 19434.7—2004
	中密度纤维板工程设计规范（附条文说明）	GB 50822—2012
生产验收标准	纤维板生产综合能耗	LY/T 1451—2008
	清洁生产标准 人造板行业（中密度纤维板）	HJ/T 315—2006

在现行木地板主要相关标准中，产品标准共计 21 项，原辅材料标准共计 1 项，铺装验收标准有 3 项，环保指标标准有 2 项，分别占木地板行业相关标准的 77.78%、3.70%、11.11% 和 7.41%。其中，产品标准中，国家标准有 12 项，行业标准有 9 项，分别占木地板行业产品标准的 57.14% 与 42.86%；原辅材料标准中，无国家标准，行业标准有 1 项；生产验收标准中，国家标准有 3 项，无行业标准；环保指标标准中，无国家标准，行业标准有 2 项。

四、基于对象化的木材标准体系框架特点

1. 以职能式组织形式为内容划分对象，突出管理标准的地位与作用，实现目前标准化工作从基础和辅助地位，向指导生产的主导地位转变。

2. 领域划分的完整性。新体系框架不仅包含了原有木材体系结构层次图的内容，而且提出管理管理，对象性更强。

3. 木材标准分类统计表可以用来直观分析我国现有木材各类标准的数量，探讨研究木材标准体系的进一步补充与完善。

木材标准体系既是木材安全运行及林业执法的重要依据，更是我国进军国际木材技术领域的必要保障。现阶段我国木材标准体系还不够完整，需要更进一步的补充与完善。这对促进木材工业化生产，消除木材贸易壁垒有至关重要的作用。这就需要各级职能部门团结合作，进一步扩大木材标准化宣传力度，增强木材标准化意识与社会影响力，使其能够为我国木材行业的健康、可持续发展发挥更大、更强的作用。

（中国木材与木制品流通协会标准部
谢满华 王晓蒙）

中国木材与木制品行业现行标准分类汇总

（截止到2014年12月底）

一、木材相关标准

1、基础类

GB/T 1927—2009	木材物理力学试材采集方法
GB/T 1928—2009	木材物理力学试验方法总则
GB/T 1929—2009	木材物理力学试材锯解及试样截取方法
GB/T 1930—2009	木材年轮宽度和晚材率测定方法
GB/T 1931—2009	木材含水率测定方法
GB/T 1932—2009	木材干缩性测定方法
GB/T 1933—2009	木材密度测定方法
GB/T 1934.1—2009	木材吸水性测定方法
GB/T 1934.2—2009	木材湿胀性测定方法
GB/T 1935—2009	木材顺纹抗压强度试验方法
GB/T 1936.1—2009	木材抗弯强度试验方法
GB/T 1936.2—2009	木材抗弯弹性模量测定方法
GB/T 1937—2009	木材顺纹抗剪强度试验方法
GB/T 1938—2009	木材顺纹抗拉强度试验方法
GB/T 1939—2009	木材横纹抗压试验方法
GB/T 1940—2009	木材冲击韧性试验方法
GB/T 1941—2009	木材硬度试验方法
GB/T 1942—2009	木材抗劈力试验方法
GB/T 1943—2009	木材横纹抗压弹性模量测定方法
GB/T 6043—2009	木材 pH 值测定方法
GB/T 13942.1—2009	木材耐久性能 第 1 部分：天然耐腐性实验室试验方法
GB/T 14017—2009	木材横纹抗拉试验方法
GB/T 14018—2009	木材握钉力试验方法
GB 14192—2005	木材采伐运输安全通则
GB/T 15035—2009	木材干燥术语
GB/T 15777—1995	木材顺纹抗压弹性模量测定方法
GB/T 15780—1995	竹材物理力学性质试验方法
GB/T 16734—1997	中国主要木材名称
GB/T 17660—1999	木材缓冲容量测定方法
GB/T 17663—1999	主要商品木材树种代号

续表

GB/T 18000—1999	木材缺陷图谱
GB/T 18513—2001	中国主要进口木材名称
GB/T 18959—2003	木材保管规程
GB/T 29409—2012	木材储存保管技术规范
GB/T 29563—2013	木材保护管理规范
GB/T 29894—2013	木材鉴别方法通则
SB/T 10383—2004	商用木材及其制品标志
SB/T 10544—2009	木材节约代用品分类
SB/T 10606—2011	木材保护实验室操作规范
SB/T 10970—2013	木材与木制品交易市场管理规范
LY/T 1124—1993	木材采运企业安全性评价
LY/T 1444.1—2005	林区木材生产能耗第 1 部分：综合能耗
LY/T 1444.2—2005	林区木材生产能耗第 2 部分：油锯燃料消耗量
LY/T 1444.3—2005	林区木材生产能耗第 3 部分：集材机械燃料消耗量
LY/T 1444.4—2005	林区木材生产能耗第 4 部分：绞盘机装车燃料消耗量
LY/T 1444.5—2005	林区木材生产能耗第 5 部分：汽车运材燃料消耗量
LY/T 1444.6—2005	林区木材生产能耗第 6 部分：贮木场生产能源消耗量
LY/T 1680—2006	木材综合利用规范
LY/T 1788—2008	木材性质术语
LY/T 1806—2008	木材工业气力除尘（运输）系统设计规范
LY/T 1822—2009	废弃木材循环利用规范
LY/T 1862—2009	木材工业气力运输与除尘系统节能技术规范
LY/T 1975—2011	木材和工程复合木材的持续负载和蠕变影响评定
LY/T 2002—2011	木材工业气力输送系统验收通则
LY/T 2053—2012	木材的近红外光谱定性分析方法
LY/T 2072—2012	木材干燥生产综合能耗
LY/T 2102—2013	二元立木材积表编制技术规程
LY/T 2103—2013	根径立木材积表编制技术规程
LY/T 2147—2013	木材除湿干燥工艺规程
LY/T 2151—2013	木材综纤维素和酸不溶木质素含量测定近红外光谱法
LY/T 2152—2013	木材抗冲击压痕性能的测定方法
LY/T 2153—2013	森林工程木材物流规划设计符号
LY/T 2376—2014	户外景观用木材与木质材料一般要求
WB/T 1015—2000	木材交易市场开业技术条件
WB/T 1025—2006	木材交易市场管理规范
WB/T 1038—2008	中国主要木材流通商品名称
SN/T 1126—2002	进出境木材检疫规程

续表

SN/T 1796—2006	进出口木材及木制品中砷、铬、铜的测定电感耦合等离子体原子发射光谱法
SN/T 1877.8—201	木材及木制品中多环芳烃的测定气相色谱—质谱法
SN/T 2679—2010	木材及木制品中砷含量的测定氢化物发生—原子荧光光谱法
SN/T 3361—2012	木材及木制品中有机锡化合物的测定气相色谱—质谱法
SN/T 3376—2012	木材及木制品中有机氯杀虫剂的测定气相色谱法
QB/T 4374—2012	家具制造木材拼板的作业和工艺
JJG 474—1986(2005)	木材万能试验机检定规程
JJG 986—2004	木材含水率测量仪检定规程
TB/T 1134—1974	货车木材技术条件

2、原木类

GB 142—1995	直接用原木坑木
GB/T 142—2013	直接用原木坑木
GB/T 143—2006	锯切用原木
GB/T 144—200	原木检验
GB/T 155—2006	原木缺陷
GB/T 4812—2006	特级原木
GB/T 4813—1995	阔叶树锯切用用原木尺寸、公差、分等
GB 4814—1984	原木材积表
GB/T 4814—2013	原木材积表
GB/T 4815—2009	杉原条材积表
GB/T 4820—2013	罐道木
GB/T 5039—1999	杉原条
GB/T 7909—1999	造纸木片
GB/T 11716—2009	小径原木
GB/T 11717—2009	造纸用原木
GB/T 15106—2006	刨切单板用原木
GB/T 15779—2006	旋切单板用原木
GB/T 15787—2006	原木检验术语
GB/T 17659.1—1999	原木锯材批量检查抽样、判定方法第 1 部分：原木批量检查抽样
GB/T 17659.1—2003	原木锯材批量检查抽样、判定方法第 1 部分：原木批量检查抽样、判定方法
GB/T 17659.2—1999	原木锯材批量检查抽样、判定方法第 2 部分：锯材批量检查抽样
GB/T 17662—1999	原木缺陷术语符号

续表

GB/T 18107—2000	红木
GB 28010—2011	红木家具通用技术条件
GB/T 29893—2013	轻型木结构锯材用原木
LY/T 1079—2006	小原条
LY/T 1157—2008	檩木
LY/T 1158—2008	椽木
LY/T 1294—1999	直接用原木电杆
LY/T 1294—201	直接用原木 电杆
LY/T 1353—1999	立木材积表
LY/T 1369—2011	次加工原木
LY/T 1371—2013	原木归楞
LY/T 1503—2011	加工用原木 枕资
LY/T 1506—2008	短原木
LY/T 1507—2009	木杆
LY/T 1509—2008	阔树叶原条
LY/T 1511—200	原木产品 标志 号印
LY/T 1793—2008	木纤维用原木
SN/T 1373—2004	进境欧洲水青冈原木检验规则
SN/T 1380—2004	进境非洲原木检验规程
SN/T 1484—2004	进境原木火车熏蒸操作规程
SN/T 1724—2006	进境针叶树原木、木制品和木质包装材料中松材线虫的检疫操作规程
SN/T 2771—2011	进境原木船舶熏蒸操作规程
SB/T 10758—201	红木商用名称
SB/T 10759—201	红木制品等级

3、锯材类

GB/T 153—2009	针叶树锯材
GB 154—2013	枕木
GB/T 449—2009	锯材材积表
GB/T 4817—2009	阔叶树锯材
GB/T 4822—1999	锯材检验
GB/T 4823—2013	锯材缺陷
GB/T 4823—1995	锯材缺陷
GB/T 6491—1999	锯材干燥质量
GB/T 6491—201	锯材干燥质量
GB/T 11917—2009	制材工艺术语

续表

GB/T 17659.1—1999	原木锯材批量检查抽样、判定方法 第1部分：原木批量检查抽样、判定方法
GB/T 17659.2—1999	原木锯材批量检查抽样、判定方法第2部分：锯材批量检查抽样、判定方法
GB/T 17661—1999	锯材干燥设备性能检测方法
GB/T 20445—2006	刨光材
GB/T 28993—2012	结构用锯材力学性能测试方法
LY/T 1002—1991	车立柱
LY/T 1062—2006	锯材生产综合能耗
LY/T 1068—2002	锯材窑干工艺规章
LY/T 1068—201	锯材窑干工艺规程
LY/T 1069—2002	锯材气干工艺规章
LY/T 1069—201	锯材气干工艺规程
LY/T 1156—1994	造纸板皮
LY/T 1184—1995	橡胶木锯材
LY/T 1184—201	橡胶木锯材
LY 1200—1997	机台木
LY/T 1285—2011	船舶锯材
LY/T 1293—1999	原条材积表
LY/T 1295—1999	铁路货车锯材
LY/T 1295—201	铁路货车锯材
LY/T 1296—1999	载重汽车锯材
LY/T 1296—201	载重汽车锯材
LY/T 1352—1999	毛边锯材
LY/T 1352—201	毛边锯材
LY/T 1513—1999	乐器器材钢琴锯材
LY/T 1513—201	乐器锯材钢琴锯材
LY/T 1656—2006	实木包装板箱
LY/T 1798—2008	锯材干燥设备通用技术条件
LY/T 1974.1—201	民族乐器锯材第1部分：古琴用材
LY/T 1974.2—201	民族乐器锯材第2部分：琵琶用材
LY/T 2054—2012	锯材机械加工性能评价方法
LY/T 2148—201	脱脂松木锯材
LY/T 2382—2014	应力波无损测试锯材动态弹性模量方法
QB/T 2979—2008	乐器用材钢琴锯材
QB/T 4220—201	乐器用材提琴锯材

续表

4、处理材类

GB/T 13942.1—2009	木材天然耐久性实验室试验方法
GB/T 13942.2—2009	木材天然耐久性野外试验方法
GB/T 14019—2009	木材防腐术语
GB/T 17658—1999	阻燃木材燃烧性能试验火传播试验方法
GB/T 18260—2000	木材防腐剂对白蚁毒效实验室试验方法
GB/T 18261—2000	防霉剂防治木材霉菌及蓝变菌的试验方法
GB/T 18261—2013	防腐剂对防治木材毒菌及蓝变菌试验方法
GB/T 18261—2013	防霉剂对木材霉菌及变色菌防治效力的试验方法
GB/T 22102—2008	防腐木材
GB 22280—2008	防腐木材生产规范
GB/T 23229—2009	水载型木材防腐剂分析方法
GB/T 27651—2011	防腐木材的使用分类和要求
GB/T 27652—2011	防腐木材化学分析前的预处理方法
GB/T 27653—2011	防腐木材中季铵盐的分析方法 两相滴定法
GB/T 27654—2011	木材防腐剂
GB/T 27655—2011	木材防腐剂性能评估的野外埋地试验方法
GB/T 28990—2012	古建筑木构件木材内部腐朽与残余弹性模量应力波无损检测测试规章
GB/T 29399—2012	木材防虫（蚁）技术规范
GB/T 29406.1—2012	木材防腐工厂安全规范 第 1 部分：工厂设计
GB/T 29406.2—2012	木材防腐工厂安全规范 第 2 部分：操作
GB/T 29407—2012	阻燃木材及阻燃人造板生产技术规范
GB/T 29896—2013	接触土壤防腐木材的防腐剂流失率测定方法
GB/T 29900—2013	木材防腐剂性能评估的野外近地面试验方法
GB/T 29901—2013	木材防水剂的防水效率测试方法
GB/T 29902—2013	木材防腐剂性能评估的土床试验方法
GB/T 29905—2013	木材防腐剂流失率试验方法
GB 50828—2012	防腐木材工程应用技术规范（附条文说明）
GB/T 276565—2011	水果支护用防腐木（农作物支护用防腐木小径木）
SB/T 10405—2006	防腐木材化学分析前的湿灰化方法
SB/T 10432—2007	木材防腐剂—铜氨（胺）季铵盐 (ACQ)
SB/T 10433—2007	木材防腐剂—铜铬砷 (CCA)
SB/T 10434—2007	木材防腐剂—铜硼唑—A 型 (CBA—A)
SB/T 10435—2007	木材防腐剂—铜唑—B 型 (CA—B)
SB/T 10440—2007	真空和（或）压力浸注（处理）用木材防腐设备机组

续表

SB/T 10502—2008	铜铬砷（CCA）防腐剂加压处理木材
SB/T 10503—2008	铜氨（胺）季铵盐（ACQ）防腐剂加压处理木材
SB/T 10558—2009	防腐木材及木 材防腐剂取样方法
SB/T 10605—2011	木材防腐企业分类与评价指标
SB/T 10628—2011	建筑用加压处理防腐木材
SB/T 10896—2012	结构木材 加压法阻燃处理
LY/T 1283—2011	木材防腐剂对腐朽菌毒性实验室试验方法
LY/T 1284—2012	木材防腐剂对软腐菌毒性实验室试验方法
LY/T 1635—2005	木材防腐剂
LY/T 1636—2005	防腐木材的使用分类和要求
LY/T 1925—2010	防腐木材产品标识
LY/T 1985—2011	防腐木材和人造板中五氟苯酚含量的测定方法
LY/T 2374—2014	防腐木材和阻燃木材中有效药剂透入度测试方法
SN/T 2145—2008	木材防腐剂与防腐处理木材及其制品中五氯苯酚的测定 气相色谱法
SN/T 2308—2009	木材防腐剂与防腐处理后木材及其制品中铜、铬和砷的测定 原子吸收光谱法
SN/T 2406—2009	玩具中木材防腐剂的测定
SN/T 3025—2011	木材防腐剂杂酚油及杂酚油处理后木材、木制品取样分析方法杂酚
JT/T 29.19—2004	交通行业职业技能要求港口第 19 部分木材防火喷涂工
YB/T 5168—2000	木材防腐油
YB/T 5171—1993	木材防腐油试验方法 40℃结晶物测定方法
YB/T 5172—199	木材防腐油试验方法 闪点测定方法
YB/T 5173—1993	木材防腐油试验方法 流动性测定方法
NY/T 1153.4—2013	农药登记用白蚁防治剂药效试验方法及评价 第 4 部分：农药木材处理预防白蚁
TB/T 3172—2007	防腐木枕

5、结构材类

GB/T 22349—2008	木结构覆板用胶合板
GB/T 28985—2012	建筑结构用木工字梁
GB/T 28986—2012	结构用木质复合材产品力学性能评定
GB/T 28987—2012	结构用规格材特征值的测定方法
GB/T 29895—2013	横向震动法测试木质材料动态弯曲弹性模量
GB/T 29897—2013	轻型木结构用规格材目测分级规则
GB 50005—200	木结构设计规范（附条文说明）（包含局部修订条文 1 份）

续表

GB 50005—2003(2005)	木结构设计规范（2005 年版）（附条文说明）
GB 50165—199	古建筑木结构维护与加固技术规范（条文说明）
GB 50206—2012	木结构工程施工质量验收规范（附条文说明）
GB/T 50329—201	木结构试验方法标准（附条文说明）
GB/T 50708—201	胶合木结构技术规范（附条文说明）
GB/T 50772—201	木结构工程施工规范（附条文说明）
LY/T 1523—1999	拆装式钢木结构活动房屋技术条件
LY/T 1524—1999	拆装式钢木结构活动房屋 房板检测方法
LY/T 2059—201	木结构用钢钉
LY/T 2146—2013	古建筑木构件木材腐朽的非破坏性检测评价
LY/T 2375—2014	托盘用木材质量分级
LY/T 2383—2014	结构用木材强度等级
LY/T 2388—2014	轻型木结构连接件通用技术条件
LY/T 2389—2014	轻型木结构建筑覆面板用定向刨花板
JB/T 8137.2—1999	电线电缆交货盘 第 2 部分：全木结构交货盘
JB/T 8137.2—2013	电线电缆交货盘 第 2 部分：全木结构交货盘
JTJ 025—1986	公路桥涵钢结构及木结构设计规范（附条文说明）
JG/T 434—2014	木结构防护木蜡油

二、人造板相关标准

1、基础类

GB/T 15102—2006	浸渍胶膜纸饰面人造板
GB/T 15104—2006	装饰单板贴面人造板
GB/T 17657—1999	人造板及饰面人造板理化性能试验方法
GB/T 17657—2013	人造板及饰面人造板理化性能试验方法
GB/T 18003—1999	人造板机械设备型号编制方法
GB/T 18259—2009	人造板及其表面装饰术语
GB/T 18262—2000	人造板机械通用技术条件
GB/T 18263—2000	人造板机械 热压机术语
GB/T 18514—2001	人造板机械安全通则
GB 18580—2001	室内装饰装修材料 人造板及其制品中甲醛释放限量
GB/T 19367—2009	人造板的尺寸测定
GB/T 21129—2007	竹单板饰面人造板
GB/T 23472—2009	浸渍胶膜纸饰面秸秆板
GB/T 23825—2009	人造板及其制品中甲醛释放量测定气体分析法
GB/T 23898—2009	木质平托盘用人造板

续表

GB/T 28995—201	人造板饰面专用纸
GB/T 29899—2013	人造板及其制品中挥发性有机化合物释放量试验方法 小型释放舱法
GB/T 29000—2012	单板干燥节能技术规范
GB/T 29407—201	阻燃木材及阻燃人造板生产技术规范
GB/T 29903—2013	人造板工业清洁生产技术要求
GB/T 29904—2013	人造板工业清洁生产评价指标体系
GB 50879—2013	人造板生产热能中心工程设计规范（附条文说明）
GB/T 50887—2013	人造板工程环境保护设计规范（附条文说明）
GB/T 50888—2013	人造板工程节能设计规范（附条文说明）
GB 50889—2013	人造板工程职业安全卫生设计规范（附条文说明）
GB 50890—2013	饰面人造板工程设计规范（附条文说明）
LY/T 1033—2013	人造板制胶钢制焊接容器设备
LY/T 1070—2013	不饱和聚酯树脂装饰人造板
LY/T 1070.1—2004	不饱和聚酯树脂装饰人造板 第 1 部分：技术条件
LY/T 1070.2—2004	不饱和聚酯树脂装饰人造板 第 2 部分：试验方法
LY/T 1143—2006	饰面用浸渍胶膜纸
LY/T 1279—2008	聚氯乙烯薄膜饰面人造板
LY/T 1287—201	人造板热压机节能监测方法
LY/T 1382—2008	人造板机械分类术语
LY/T 1612—2004	甲醛释放量检测用 1m³ 气候箱
LY/T 1658—2006	直接印刷人造板
LY/T 1659—2006	人造板工业生产性粉尘控制技术规程
LY/T 1660—2006	竹材人造板术语
LY/T 1697—2007	饰面木制墙板
LY/T 1717—2007	人造板抽样检验指导通则
LY/T 1794—2008	人造板木片
LY/T 1831—2009	人造板饰面专用装饰纸
LY/T 1857—2009	软木饰面板
LY/T 1927—2010	集成材理化性能试验方法
LY/T 1978—2011	甲醛释放量测定抽吸法
LY/T 1980—2011	挥发性有机化合物及甲醛释放量检测箱
LY/T 1981—2011	甲醛释放量气体分析法检测箱
LY/T 1982—2011	人造板及其制品甲醛释放量检测用大气候室
LY/T 1983—2011	铜箔、铝箔饰面人造板
LY/T 1985—2011	防腐木材和人造板中五氟苯酚含量的测定方法
LY/T 2230—2013	人造板防霉性能评价

续表

LY/T 2380—2014	楼面和屋面用结构人造板在集中荷载和冲击荷载作用下承载性能测试
HJ/T 315—2006	清洁生产标准 人造板行业（中密度纤维板）
HJ 571—2010	环境标志产品技术要求 人造板及其制品
HG/T 4105—2009	人造板 防水剂
SN/T 2163—2008	进出口木制品检验规程 人造板
SN/T 2307—2009	人造板及其制品中甲醛释放量的快速测定 气体分析法

2、刨花板

GB/T 4897.1—200	刨花板 第 1 部分：对所有板型的共同要求
GB/T 4897.2—200	刨花板 第 2 部分：在干燥状态下使用的普通用板要求
GB/T 4897.3—2003	刨花板 第 3 部分：在干燥状态下使用的家具及室内装修用板要求
GB/T 4897.4—200	刨花板 第 4 部分：在干燥状态下使用的结构用板要求
GB/T 4897.5—200	刨花板 第 5 部分：在潮湿状态下使用的结构用板要求
GB/T 4897.6—200	刨花板 第 6 部分：在干燥状态下使用的增强结构用板要求
GB/T 4897.7—200	刨花板 第 7 部分：在潮湿状态下使用的增强结构用板要求
GB/T15105.1—2006	模压刨花制品 第 1 部分：室内用
GB/T 18264—2000	刨花板生产线验收通则
GB/T 21723—2008	麦（稻）秸秆刨花板
GB/T 24312—2009	水泥刨花板
GB/T 28996—201	涂装水泥刨花板
GB 50827—201	刨花板工程设计规范（附条文说明）
LY/T 1057.1—1991	船用贴面刨花板 定义和分类
LY/T 1057.2—1991	船用贴面刨花板 技术要求
LY/T 1057.3—1991	船用贴面刨花板 检验规则
LY/T 1530—2011	刨花板生产综合能耗
LY/T 1580—2010	定向刨花板
LY/T 1598—2011	石膏刨花板
LY/T 1802—2008	水泥（石膏）刨花板压机通用技术条件
LY/T 1804—2008	石膏刨花板生产线验收通则
LY/T 1842—2009	竹材刨花板
LY/T 1856—2009	挤压法空心刨花板
LY/T 1979—2011	刨花板生产节材和减排技术规范
LY/T 2060—2012	室外用模压刨花制品
LY/T 2389—2014	轻型木结构建筑覆面板用定向刨花板
LY/T 2395—2014	竹材刨花板生产综合能耗

续表

3、纤维板

GB/T 11718—2009	中密度纤维板
GB/T 12626.1—2009	湿法硬质纤维板 第1部分：定义和分类
GB/T 12626.2—2009	湿法硬质纤维板 第2部分：对所有板型的共同要求
GB/T 12626.3—2009	湿法硬质纤维板 第3部分：试件取样及测量
GB/T 12626.4—1990	硬质纤维板检验规则
GB/T 12626.5—1990	硬质纤维板产品的标志、包装、运输和贮存
GB/T 12626.6—1990	硬质纤维板含水率的测定
GB/T 12626.7—1990	硬质纤维板密度的测定
GB/T 12626.8—1990	硬质纤维板吸水率的测定
GB/T 12626.9—1990	硬质纤维板静曲强度的测定
GB/T 18002—2011	中密度纤维板生产线验收通则
GB/T 18958—200	难燃中密度纤维板
GB/T 18958—2013	难燃中密度纤维板
GB 19434.7—2004	危险货物纤维板中型散装容器检验安全规范 性能检验
GB 50822—201	中密度纤维板工程设计规范（附条文说明）
LY/T 1020—2013	纤维板生产用镀锌钢丝垫网
LY/T 1204—2013	浮雕纤维板
LY/T 1451—2008	纤维板生产综合能耗
LY/T 1611—2011	地板基材用纤维板
LY/T 1718—2007	轻质纤维板
LY/T 1795—2008	椰壳纤维板
LY/T 2372—2014	活动地板基材用石膏纤维板
LY/T 2386—2014	室内木质门用纤维板
HJ/T 315—2006	清洁生产标准 人造板行业（中密度纤维板）
JG/T 260—2009	建筑幕墙用高压热固化木纤维板
QB/T 1472—2013	鞋用纤维板屈挠指数
SN/T 0987.7—2013	出口危险货物中型散装容器检验规程 第7部分：纤维板中型散装容

4、胶合板

GB/T 7911—1999	热固性树脂浸渍纸高压装饰层积板（HPL）
GB/T 7911—2013	热固性树脂浸渍纸高压装饰层积板（HPL）
GB/T 9846.1—2004	胶合板 第1部分：分类
GB/T 9846.2—2004	胶合板 第2部分：尺寸公差

续表

GB/T 9846.3—2004	胶合板 第 3 部分：普通胶合板通用技术条件
GB/T 9846.4—2004	胶合板 第 4 部分：普通胶合板外观分等技术条件
GB/T 9846.5—2004	胶合板 第 5 部分：普通胶合板检验规则
GB/T 9846.6—2004	胶合板 第 6 部分：普通胶合板标志、标签和包装
GB/T 9846.7—2004	胶合板 第 7 部分：试件的锯制
GB/T 9846.8—2004	胶合板 第 8 部分：试件尺寸的测量
GB/T 13010—2006	刨切单板
GB/T 13123—200	竹编胶合板
GB/T 13144—2008	包装容器 竹胶合板箱
GB/T 17656—2008	混凝土模板用胶合板
GB 18101—2000	难燃胶合板
GB/T 18101—2013	难燃胶合板
GB/T 19536—2004	集装箱底板用胶合板
GB/T 22349—2008	木结构覆板用胶合板
GB/T 22350—2008	成型胶合板
GB/T 24311—2009	组合式包装箱用胶合板
GB/T 28999—2012	重组装饰单板
GB/T 211040—2007	指接材 非结构用
LY/T 1055—200	汽车车厢底板用竹材胶合板
LY/T 1115—2012	乒乓球拍用胶合板
LY/T 1170—1995	茶叶包装箱用胶合板
LY/T 1170—2013	茶叶包装箱用胶合板
LY/T1278—2011	电工层压木板
LY/T 1364—2006	铁路客车用胶合板
LY/T 1417—2011	航空用桦木胶合板
LY/T 1529—201	胶合板生产综合能耗
LY/T 1574—2000	混凝土模板用竹材胶合板
LY/T 1575—2000	汽车车厢底板用竹篾胶合板
LY/T 1599—2011	旋切单板
LY/T1600—2012	混凝土模板用浸渍胶膜纸贴面胶合板
LY/T 1654—2006	重组装饰单板
LY/T 1655—2006	重组装饰材
LY/T 1738—2008	实木复合地板用胶合板
LY/T1787—2008	集成材 非结构用
LY/T1815—2009	非结构用竹集成材
LY/T 1860—2009	非甲醛类热塑性树脂胶合板
LY/T 2062—201	防虫胶合板

续表

LY/T 2074—201	竹材胶合板生产综合能耗
LY/T 2167—201	胶合板热压机
LY/T 5004—2014	竹材胶合板工程设计规范
JG/T 156—2004	竹胶合板模板
JG/T 428—2014	钢框组合竹胶合板模板
JG/T 3059—1999	钢框竹胶合板模板
JB/T 6564—199	出口机床竹胶合板包装箱
JGJ 96—2011	钢框胶合板模板技术规程（附条文说明）
BB/T 0040—2007	拼装式胶合板箱
SN/T 0503—1995	出口商品运输包装竹胶合板箱检验规程
5、木质层积材与木质复合材料	
GB/T 20240—2007	指接材 非结构用
GB/T 20241—2006	单板层积材
GB/T 21128—2007	结构用竹木复合板
GB/T 26899—2011	结构用集成材
GB/T 28998—201	重组装饰材
LY/T1072—200	竹篾层积材
LY/T 1278—2001	电工层压木板
LY/T 1401—2013	木材层积塑料
LY/T 1416—2013	纺织用木质层压板
LY/T 1613—2004	挤压木塑复合板材
LY/T 1787—2008	集成材非结构用
LY/T 2228—2013	轻型木结构 结构用指接规格材
6、细木工板	
GB/T 5849—2006	细木工板
LY/T 2071—201	细木工板生产综合能耗
CCGF 306.1—2010	细木工板、胶合板、实木地板、竹地板、浸渍纸层压木质地板抽查规范
7、人造板用相关胶黏剂	
GB/T 14074—2006	木材胶黏剂及其树脂检验方法

续表

GB/T 14732—2006	木材工业胶黏剂用脲醛、酚醛、三聚氰胺甲醛树脂
LY/T 1180—2006	脲醛预缩液
LY/T 1206—2008	木工用氯丁橡胶胶黏剂
LY/T 1280—2008	木材工业胶黏剂术语
LY/T 1601—2011	水基聚合物—异氰酸酯木材胶黏剂
LY/T 1740—2008	木器用不饱和聚酯漆
LY/T 2056—2012	木粉腻子及其性能评价方法
LY/T 2371—2014	木材工业用复合改性玉米淀粉基—异氰酸酯胶黏剂
LY/T 2373—2014	木材工业用豆基蛋白胶黏剂
HG/T 2727—2010	聚乙酸乙烯酯乳液木材胶黏剂

三、木制品

1、基础类

GB 16487.3—2005	进口可用作原料的固体废物环境保护控制标准—木、木制品废料
SN/T 1724—2006	进境针叶树原木、木制品和木质包装材料中松材线虫的检疫操作规程
SN/T 1791.3—2006	进口可用作原料的废物检验检疫规程 第 3 部分：木、木制品废料
SN/T 1796—2006	进出口木材及木制品中砷、铬、铜的测定 电感耦合等离子体原子发射光谱法
SN/T 1877.8—2011	木材及木制品中多环芳烃的测定 气相色谱—质谱法
SN/T 2163—2008	进出口木制品检验规程 人造板
SN/T 2203—2008	食品接触材料 木制品类 食品模拟物中多环芳烃的测定
SN/T 2204—2008	食品接触材料 木制品类 食品模拟物中五氯苯酚的测定 气相色谱
SN/T 2369—2009	进出境木制品检疫规程
SN/T 2370—2009	木制品家具检疫除害处理方法
SN/T 2500—2010	进出口木制品、家具检验规程 抽样与制样
SN/T 2611—2010	食品接触材料 木制品中游离甲醛的测定 气相色谱法
SN/T 2679—2010	木材及木制品中砷含量的测定 氢化物发生—原子荧光光谱法
SN/T 2875—2011	进出口室内木制品及木制家具安全技术规范
SN/T 3025—2011	木材防腐剂杂酚油及杂酚油处理后木材、木制品取样分析方法 杂酚

续表

SN/T 3026—2011	木制品和家具产品中甲醛释放量的测定 气候箱法
1 SN/T 3361—201	木材及木制品中有机锡化合物的测定 气相色谱—质谱法
1 SN/T 3376—201	木材及木制品中有机氯杀虫剂的测定 气相色谱法
QB/T 2991—2008	木制品上光蜡
CECS 288—2011	建筑装饰工程木制品制作与安装技术规程（附条文说明）
RB/T 109—2013	能源管理体系人造板及木制品企业认证要求

2、木门窗

GB/T 29498—2013	木门窗
LY/T 1923—2010	室内木质门
WB/T 1024—2006	木质门
JC/T 2081—2011	实木门窗
JG/T 122—2000	建筑木门、木窗
SB/T 10725—201	木质门安装规范
SB/T 10726—201	木质门修理、更换和退货规范
SB/T 10844—201	木门企业等级划分规范
WB/T 1047—201	木质门安装规范
WB/T 1048—201	木质门修理、更换和退货规范
J/T 602—1997	上海市建筑产品推荐性通用图集 15 HL 装饰木门
HJ 459—2009	环境标志产品技术要求 木质门和钢质门

3、木地板

GB/T 4085—2005	半硬质聚氯乙烯块状地板
GB/T 11982.1—2005	聚氯乙烯卷材地板 第 1 部分：带基材的聚氯乙烯卷材地板
GB/T 11982.2—1996	聚氯乙烯卷材地板 第 2 部分：有基材有背涂层聚氯乙烯卷材地板
GB/T 15036.1—2009	实木地板 第 1 部分：技术要求
GB/T 15036.2—2009	实木地板 第 2 部分：检验方法
GB/T 18102—2007	浸渍纸层压木质地板
GB/T 18103—2000	实木复合地板
GB/T 18103—2013	实木复合地板
GB 18586—2001	室内装饰装修材料 聚氯乙烯卷材地板中有害物质限量
GB/T 19260—200	低地板及低入口城市客车结构要求
GB/T 19995.2—2005	天然材料体育场地使用要求及检验方法 第 2 部分：综合体育场馆

续表

GB/T 20238—2006	木质地板铺装、验收和使用规范
GB/T 20239—2006	体育馆用木质地板
GB/T 20240—2006	竹地板
GB/T 23136—2008	家用和类似用途地板抛光机性能测试方法
GB/T 23471—2009	浸渍纸层压秸秆复合地板
GB/T 23899—2009	实木复合地板生产综合能耗
GB/T 24507—2009	浸渍纸层压板饰面多层实木复合地板
GB/T 24508—2009	木塑地板
GB/T 24509—2009	阻燃木质复合地板
GB/T 24599—2009	室内木质地板安装配套材料
GB/T 26390—2011	浸渍纸层压木质地板用表层耐磨纸
GB/T 26912—2011	竹木复合地板生产线验收通则
GB/T 27649—2011	竹木复合层积地板
GB/T 28992—201	热处理实木地板
GB/T 28994—201	木质楼梯
GB/T 28997—2012	舞台用木质地板
GB/T 30356—2013	木质楼梯安装、验收和和使用规范
GB/T 30364—2013	重组竹地板
LY/T 1330—2011	抗静电木质活动地板
LY/T 1611—2011	地板基材用纤维板
LY/T 1614—2011	实木集成地板
LY/T 1657—2006	软木类地板
LY/T 1700—2007	地采暖用木质地板
LY/T 1703—2007	实木地板 生产综合能耗
LY/T 1738—2008	实木复合地板用胶合板
LY/T 1739—2008	装饰单板层压木质地板
LY/T 1789—2008	居住建筑套内用木质楼梯
LY/T 1854—2009	室内高湿场所用木地板
LY/T 1858—2009	涂饰浸渍纸层压木质地板
LY/T 1859—2009	仿古木质地板
LY/T 1861—2009	户外用木地板
LY/T 1926—2010	抗菌木（竹）质地板 抗菌性能检测方法与抗菌效果
LY/T 1976—2011	楼梯用木质踏板
LY/T 1984—2011	重组木地板
LY/T 1986—2011	直接印刷木地板
LY/T 2058—201	实木地板坯料
LY/T 2061—2012	木质模压工业托盘

续表

LY/T 2073—201	浸渍纸层压木质地板生产综合能耗
LY/T 2372—2014	活动地板基材用石膏纤维板
QB/T 4035—2010	浸渍纸层压木质地板用表层耐磨纸
QB/T 4437—2012	水性聚合物乳液型地板上光剂
QB/T 4532—2013	硬质地板清洗剂
QB/T 4758—2014	强化木地板底层用平衡原纸
WB/T 1016—200	木地板铺设面层验收规范
WB/T 1017—2006	木地板保修期内面层检验规范
WB/T 1030—2006	木地板铺设技术与质量检测
WB/T 1037—2008	地面辐射供暖木质地板铺设技术和验收规范
WB/T 1049—201	阻燃木质地板
WB/T 1050—201	木地板铺设辅料
WB/T 1052—201	木地板养护油精
SB/T 11103—2014	木地板企业等级划分规范
CECS 191—2005	木质地板铺装工程技术规程（附条文说明）
JC/T 636—1996	木地板胶黏剂

4、木家具

GB/T 2913.1—2007	板式家具成品名词术语 第1部分：柜架类家具成品名词术语
GB/T 2913.2—2007	板式家具成品名词术语 第2部分：桌（台）类家具成品名词术语
GB/T 2913.3—2007	板式家具成品名词术语 第3部分：床类家具成品名词术语
GB/T 3324—2008	木家具通用技术条件
GB/T 3326—1997	家具 桌、椅、凳类主要尺寸
GB/T 3327—1997	家具 柜类类主要尺寸
GB/T 3328—1997	家具 床类主要尺寸
GB 5296.6—2004	消费品使用说明 第6部分：家具
GB/T 14532—2008	办公家具 木制柜、架
GB 18584—2001	室内装饰装修材料 木家具中有害物质限量
GB/T 26694—2011	家具绿色设计评价规范
GB 28010—2011	红木家具通用技术条件
GB/T 28202—2011	家具工业术语
QB/T 4452—2013	木家具 极限与配合
QB/T 4453—2013	木家具 几何公差
QB/T 4461—2013	木家具表面涂装技术要求

续表

QB/T 1951.1—2010	木家具 质量检验及质量评定
QB/T 2385—2008	深色名贵硬木家具
SN/T 3068—2011	出境木家具检验检疫操作规程

5、其他

GB/T 19790.1—2005	一次性筷子第一部分：木筷
GB/T 20446—2006	木线条
LY/T 1159—2006	木牙签
LY/T 1171—2006	单板用湿黏性胶纸带
LY/T 1180—1995	脲醛预缩液
LY/T 1512—2003	木质卫生筷子
LY/T 1579—2000	单板内贴式有孔胶纸带
LY/T 1794—2008	人造板木片
LY/T 1855—2009	木制百叶窗帘和百叶窗用叶片
LY/T 1924—2010	木制茶具
LY/T 1977—2011	木制板材用热熔胶线
LY/T 1987—2011	木制踢脚线
LY/T 2055—2012	木镜
LY/T 2143—2013	实木衣架
LY/T 2145—2013	梳篦
LY/T 2149—2013	木质太阳伞
LY/T 2229—2013	木质相框

6、木工机械

GB/T 20458—2006	林业机械 铰接臂式木材装卸机 鉴别词汇、分类和构件名称
GB/T 23136—2008	家用和类似用途地板抛光机性能测试方法
LY/T 1047—1991	轮胎式木材装载机
LY/T 1095—199	木材生产机械设备配属规范
LY/T 1097—1993	木材生产机械产品命名及型号编制规则
LY/T 1148—1993	装载机木材抓具
LY/T 1567—1999	环式木材剥皮机
LY/T 1603—2002	木材干燥室（机）型号编制方法
LY/T 2000—2011	废旧木材破碎机
JB/T 9387—2008	液压式木材万能试验机技术条件
JB/T 50179—1999	木材蒸汽干燥室能耗分等（内部使用）

（中国木材与木制品流通协会标准部）

中国木材与木制品行业相关专利汇总

一、木门最新专利

申请号：201420083945.X

发明名称：一种加强型防火自动吸合多功能实木门

公开号：CN203867400U

申请人：江山市旗邦门厂

摘要：本实用新型公开了一种加强型防火自动吸合多功能实木门，包括门板和门框，所述的门板和门框通过转轴连接，在门板四角位置连接有角钢板，在门板的中部部分设有若干个加强钢板条，门板的内外两表面均设有硅钙防火板，门框的安装转轴另一侧设有长条铁皮，门板安装转轴另一侧设有强力磁铁，所述的内侧的硅钙防火板的上侧还设有温度计和湿度计。本实用新型的有益效果为：由于在门板上装有钢板，所以使木门更加稳定牢固，不易变形，使用寿命更长，设置硅钙防火板，提高其防火性能，能够自动吸合，可实时显示室内温度、湿度，实现多功能。

申请号：2013208779132

发明名称：一种外扣线木门结构

公开号：CN203808778U

申请人：四川峨眉山龙马木业有限公司

摘要：本实用新型一种外扣线木门结构，包括门挺、门芯板和外扣线条，门挺与门芯板用铁件螺丝连接用硅胶固定，外扣线下方上有高分子塑料弹性卡子，卡入门挺上的卡槽即可固定。本实用新型外扣线木门结构的部件可分开砂光和油漆，能更好地满足和实现工业化、自动化流水线生产的需要。

申请号：2014202226328

发明名称：原木门

公开号：CN203835165U

申请人：重庆市屋之巧装饰材料有限责任公司

摘要：本实用新型属于原木门，具体涉及一种双向开启的原木门结构，便于门扇对应门框双向启闭动作。为了使门扇能相对于门框作双向启闭动作，从而提升原木门的使用便利性与适用性，提供原木门，包括：侧门框，设用转角部，门扇，设于侧门框一侧，其一端部位于转角部位置，且该端部设置有斜边；中心型铰链，与门扇接合，该轴心与门扇端角之距离小于该轴心与侧门框之转角部第一、二侧面的距离。本实用新型原木门主要是作为需要双向启闭的家用门。

申请号：201420083882.8

发明名称：一种防变形宽度可调防火实木门

公开号：CN203867399U

申请人：浙江金旗门业有限公司

摘要：本实用新型公开了一种防变形宽度可调防火实木门，包括门板，所述的门板分为左右两部分插接在一起，在门板四角位置连接有角钢板，在左右两部分门板的中部部分分别设有加强钢板条，所述的门板的四个侧立面均开有槽，在门板上还设有若干个固定左右两部分插接的钢板，在门板的两侧面还设有防火板。本实用新型的有益效果为：由于在门板上装有钢板，所以使木门更加稳定牢固，不易变形，使用寿命更长，开设的槽可以抵消门板的内应力，进一步防止其变形，宽度可以调节，具有防火的功能。

申请号：201420083862.0

发明名称：一种防变形宽度可调防火环保木门

公开号：CN203867398U

申请人：浙江金旗门业有限公司

摘要：本实用新型公开了一种防变形宽度可调防火环保木门，包括门板，所述的门板分为左右两部分插接在一起，在门板四角位置连接有角钢板，在左右两部分门板的中部部分分别设有加强钢板条，所述的门板的四个侧立面均开有槽，在门板上还设有若干个固定左右两部分插接的钢板，在门板的两侧面还设有防火板，防火板的外侧面通过热压黏合的干漆胶带。本实用新型的有益效果为：由于在门板上装有钢板，所以使木门更加稳定牢固，不易变形，使用寿命更长，开设的槽可以抵消门板的内应力，进一步防止其变形，宽度可以调节，具有防火的功能，免除了制作过程中的打磨步骤，而且不用涂漆，环保。

申请号：201420223440.9

发明名称：一种嵌插组合式木门门扇

公开号：CN203808779U

申请人：史先锋

摘要：一种嵌插组合式木门门扇，涉及组合门扇技术领域。本实用新型的目的是为了解决现有技术中门扇的芯板、边框和装饰线通过胶合方式固定，会产生有害的化学物质，利用钉子钉死方式增加了工作繁琐程度，而且一旦芯板或者边框出现损坏，整修拆卸困难，造成浪费的问题。本实用新型结构包括芯板、边框、装饰线，芯板、边框和装饰线通过嵌插方式连接，边框内侧设有两条边框凹槽，定义两条边框凹槽的共用凸边为边框内凸边，装饰线上设有装饰线凸边，装饰线凸边与边框凹槽嵌插配合安装，装饰线上设有边框凹槽的棱边避让槽，芯板的四周为芯板凸边，芯板凸边嵌插到由两条装饰线的相对面和边框内凸边构成的组合凹槽内。本实用新型结构简单，绿色环保，健康安全。

申请号：201420067173.0

发明名称：一种带隐蔽通风气道的实木门

公开号：CN203783390U

申请人：上海全筑建筑装饰集团股份有限公司

摘要：本实用新型公开了一种带隐蔽通风气道的实木门，包括门体、把手和门锁，所述的门体由矩形门扇和框体结构的龙骨拼接而成，在龙骨横向拼接缝隙处设置有∧型或∨型通风气道，在其表面的拼接处设置了腾空的框型饰条加以装饰，通风气道不透直射光线，隐蔽而不易察觉，在不影响木门的整体性能的同时，既满足了室内的通风需求，又避免了木门使用时门体内外产生的大气压差带来的开闭阻力。

申请号：201420104504.3

发明名称：一种凹型木门

公开号：CN203769581U

申请人：浙江开洋门业有限公司

摘要：一种凹型木门，包括面板层、凹形线条和填充板，凹形线条的线条面包括线条内凹槽和左右连接端，连接端设有与内凹槽相连接的沿面和连接面，沿面和连接面之间设有阶梯面，设有中间芯板，凹形线条的胶合面和填充板分别胶贴在中间芯板的正反面，填充板顶面与凹形线条的连接面处于同一平面，面板层胶贴在填充板顶面和凹形线条的连接面上，面板层的顶面与凹形线条的沿面处于同一平面，面板层与凹形线条的沿面上设有饰面层。本实用新型保证了凹形线条和填充板不易开裂，提高了木门使用寿命，同时凹形线条可丰富了门扇表面凹槽的不同变化。

申请号：201320646515.X

发明名称：一种集成材仿古木门

公开号：CN203769580U

申请人：西安高科幕墙门窗有限公司

摘要：本实用新型公开了一种集成材仿古木门，包括门框及门扇，门框包括上下、左和右门框，上门框下方设置有多个平行与上门框的第二内边框，第二内边框将门框分成上下两个安装腔，上安装腔中安装有多个上屏窗，下安装腔中通过固定在左、右门框上的合页安装有门扇，门扇四周均安装有两道密封条。通过将上、下、左、右四个门框直接固定连接而非采用卯榫结合，从而防止了木门的走形，延长了木门的使用寿命，且取消了插销结构对木门的固定，简化了安装过程，降低了成本，同时，在门扇的四周安装有两道密封条，因而增加了隔音效果，并采用合页连接提高了门扇的灵活度。此外，该木门采用涂刷有水性油漆的集成材制成，因而具有较高的防腐性能，抗氧化性较高。

申请号：201420133118.7

发明名称：一种隔音木门

公开号：CN203742403U

申请人：张国阳

摘要：本实用新型公开了一种隔音木门，涉及了木门领域，其结构包括门框和通过铰链与门框连接的门扇，门扇包括前门面与后门面，后门面中间设置用来放置吸音材料的凹槽，凹槽内均匀设置7个螺孔座，前门面设有与螺孔座对应的圆孔，门扇顶部与门框连接处设有门弓器，前门面的形状与所述后门面中间的凹槽吻合，前门面厚度为所述凹槽三分之一，凹槽内的吸音材料为槽木吸音板、孔木吸音板或木丝吸音板，门框表面设有海绵橡胶条，本木门在生产成本低的情况下一样能够起到隔音效果，而且当损坏时修理简单。

申请号：201420041647.4

发明名称：侧固定隐形铝框木门

公开号：CN203742396U

申请人：李文生

摘要：侧固定隐形铝框木门，涉及家具的领域，尤其涉及衣柜门的结构，包括门芯板和门框，门框包括两个竖框、一个上横框和一个下横框，上横框和下横框的两端分别与相应的竖框连接，所述门框设置在门芯板的背面，门框与门芯板相连接。本实用新型通过以上制作，门框隐藏在门芯板的背面，具有节约资源、质量好、新品开发成本低、难度小、周期短等优点。

申请号：201320869014.8

发明名称：一种衣柜门板

公开号：CN203684961U

申请人：巩宪民

摘要：本实用新型涉及一种衣柜门板，包括构成衣柜门板外形的木板，所述木板由一体成型的多层实木板构成，每相邻的两层所述实木板之间均设置有多个加强装置，多个所述加强装置沿所述实木板的宽度方向均匀设置在相邻的两层实木板之间，所述衣柜门板正面以及所述衣柜门板四周的侧壁均设置有包装层，所述衣柜门板背面设置有防护层，所述包装层由混水漆涂覆形成，所述防护层由清水漆涂覆形成。本实用新型的有益效果在于，提供一种美观、强度高以及防水性能好的衣柜门板。

申请号：201320756126.2

发明名称：改进型耐用木门

公开号：CN203603722U

申请人：湖州南浔恒峰家居科技有限公司

摘要：本实用新型公开了改进型耐用木门，该木门的本体为复合层结构，本体与一个门框通过合页铰接，该复合层结构中包括一个钢板层，钢板层的两侧设置有实木板层，中间的钢板层与其两侧的实木板层之间形成一个沟槽，沟槽中设置有密封条，门框上开有凹槽，凹槽内设置有圆柱形木条，圆柱形木条的中轴线部分开有贯穿的通孔，圆柱形木条的外廓与所述凹槽的内廓对应匹配。本实用新型的有益技术效果是：木门本体为复合层结构，中间设置有钢板层，加强了木门整体的结构强度；门框上开有凹槽，凹槽内设置有圆柱形木条，能够很好地防止木门因热胀冷缩或风吹日晒而导致变形，加强了门框的结构强度，提高了使用寿命。

申请号：201320643799.7

发明名称：一种全实木套装门

公开号：CN203584217U

申请人：上海琴艺木业有限公司

摘要：本实用新型涉及实木门结构，特别是一种全实木套装门。它包括门芯板和门厅；其特征在于：该门芯板对应于门厅的安装端具有安装沿，该门厅对应于门芯板的安装端安装有固定条；另在固定条和门厅的安装沿两侧具有第一压线条和第二压线条，并通过第一压线条和第二压线条将固定条和门厅的安装沿组成的安装部夹紧。它主要针对现有实木门使用不久容易裂开，且无法修复的技术问题，使用本实用新型结构，不管在任何条件下都不会开裂，而且在门关闭时也不会发出响声，万一发生门芯板变形只要换门芯板就行。

申请号：201320542549.4

发明名称：一种简易防盗木门

公开号：CN203584216U

申请人：浙江吉安木业有限公司

摘要：本实用新型涉及一种简易防盗木门，包括门框及置于门框内的门体，所述门体包括前后双侧木面板，所述门框包括左右两侧的金属侧框以及上下两侧的金属横框，所述前后双侧木面板之间设有若干从下至上横向设置的紧固长螺栓，两侧的金属侧框内侧设有卡槽，木面板左右两侧分别卡接与卡槽内，所述紧固长螺栓两端分别与其两侧金属侧框紧固连接。

申请号：201320585211.7

发明名称：一种加强型实木门

公开号：CN203570130U

申请人：江山市福连年门业有限公司

摘要：本实用新型公开了一种加强型实木门，包括门扇骨架和设在门扇骨架内的门芯板，所述的门芯板包括中间层、设在中间层两侧的装饰层，所述的中间层的一面设有若干凹槽，所述的凹槽内设有钢筋条。钢筋条安装在中间层上的凹槽内，从而增加中间层抗变形的能力，由于中间层也是由多块木板通过连接榫拼接成的，钢筋条把多块木板拉紧连接，不易开裂，钢筋条还能增加整个实木门的强度，提高使用寿命。

申请号：2014200930913

发明名称：一种防变形宽度可调防裂木门

公开号：CN203879322U

申请人：浙江金旗门业有限公司

摘要：本实用新型公开了一种防变形宽度可调防裂木门，包括门板，所述的门板分为左右两部分插接在一起，在门板四角位置连接有角钢板，在左右两部分门板的中部部分分别设有加强钢板条，所述的门板的四个侧立面均开有槽，在门板上还设有若干个固定左右两部分插接的钢板，在门板的两侧面设有包门边，包门边与门板之间设有伸缩胶条。本实用新型的有益效果为：由于在门板上装有钢板，所以使木门更加稳定牢固，不易变形，使用寿命更长，开设的槽可以抵消门板的内应力，进一步防止其变形，宽度可以调节，设置的伸缩胶条可以防止门板裂缝。

申请号：201320550036.8

发明名称：一种插销内置木门

公开号：CN203531678U

申请人：胡显三

摘要：本实用新型涉及一种插销内置木门，包括木门本体和门框，其特征在于：所述木门本体内部开有销槽，销槽内设有插销，所述插销包括销座和销杆，销杆上设有7字形把手，所述木门本体对应把手的位置开有方形孔，把手通过方形孔伸至木门本体外部。本实用新型结构简单，设计合理，插销设置在木门本体内部既美观，又避免了人们日常生活的不便，插销设有7字形把手使人们使用时更加便利。

申请号：201320537832.8

发明名称：防止油漆开裂木门

公开号：CN203452588U

申请人：山东京华家居装饰有限公司

摘要：一种防止油漆开裂木门，其中包括门横枋、门竖枋、门芯板，所述的门横枋和门竖枋内则开有凹槽，门芯板安装在凹槽内，凹槽两边分加开有边槽；边槽与凹槽的走向一至，边槽的长度与凹槽的长度相等；凹槽两边的边槽的位置以凹槽为对应线，相互对应；本实用新型的优点是：本实用新型的结构中，凹槽的两边开有边槽，在刷油漆的过程中，油漆浸入边槽内，避免了油漆开缝、门芯板变形开缝。

申请号：201320540431.8

发明名称：一种医用防辐射复合木门

公开号：CN203441321U

申请人：湖州市南浔亨力木制品厂

摘要：本实用新型公开了一种医用防辐射复合木门，它是由门框、固定于门框两面的门板及中间的填充层构成；门板上设有防辐射涂层；门框的底部设有长方形槽体，防辐射泄漏装置为一半圆柱体结构，所述防辐射泄漏装置设于长方形槽体内；外侧门板上设有电磁辐射报警装置，电磁辐射报警装置包括微控制器、辐射探头、存储器、显示屏、蜂鸣器和LED灯，辐射探头、存储器、显示屏、蜂鸣器和LED灯均与微控制器连接。本实用新型能够提高门的防辐射性能，制造工艺简单，成本低，移动门时不费力，并能及时发现辐射泄漏问题，提醒人员疏散。

申请号：201320527639.6

发明名称：一种防裂实木复合免漆门

公开号：CN203441314U

申请人：湖州市南浔祥龙木业制造厂

摘要：本实用新型公开了一种防裂实木复合免漆门，包括由两条横边和两条竖边组成的长方形硬质实木框，长方形硬质实木框的框内设有中间芯层，中间芯层为中密度板，所述长方形硬质实木框和中间芯层的两侧覆有装饰面板；所述中间芯层的两侧均设有门高方向的盲槽，盲槽的截面呈内宽外窄的T形，且盲槽内填充有EVA塑料，所述盲槽在中间芯层的两侧错落设置。本实用新型通过在将硬质实木和中密度板配合有机塑料EVA的使用，可以使各材质在热膨胀方面得到有效的平衡，使其在环境稳定变化较大的情况向，仍然能保持形状，从而使本实用新型的免漆门结构稳固，不会发生面板脱胶、门板开裂等现象。

申请号：201320552276.1

发明名称：一种新型实木复合门结构板

公开号：CN203420600U

申请人：张青善

摘要：本实用新型涉及一种新型实木复合门结构板，上支撑板和下支撑板的横截面均呈字母“L”形状，上支撑板和下支撑板合围而构成两端开口且中空的框体结构，在所述框体结构的两端均设有密封板，在框体结构的两端分别设有两组加固支撑组件，设置于同一侧的两个工字型钢构件的安装孔均对中，在位于框体结构两端的安装孔之间设有水平横置的加固钢管，且在框体结构内填充有发泡水泥。本实用新型结构简单，设计合理，巧妙的采用L形支撑板上、下合围成“口”字形结构，并通过两端的加固支撑组件，避免了木头与木头之间采用传统的螺纹连接的形式，即使得实木门结构板的实用寿命大为提高，同时也提高了生产的效率，避免传统木头切屑多、人为因素不可控的问题。

申请号：201320383941.9

发明名称：一种双木铝门

公开号：203412475

申请人：杨永斌

摘要：本实用新型公开了一种双木铝门，包括铝合金基体，所述铝合金基体包括门框和门扇框；所述的门扇框包括室外面和室内面，门扇框中间固定有玻璃层，所述的铝合金基体两面通过若干拍扣与扇外木板材一体成型，在门扇框有一个凹型结构。拍扣为π形结构；玻璃层为两层或三层中空玻璃；门扇框的室外木材侧面上有一个木花格为外开；门扇框的室内木材侧面上有一个木花格为内开。本实用新型采用木铝木结构，以穿条隔热门铝型材为主体，室内外两面加扇外木板材装饰，室内外效果与实木门相同但外观高雅、节能、环保、不变形、密封性好，有良好的视觉效果，大大降低了取暖和制冷的能量消耗，能够取得良好的效果。

申请号：201320515660.4

发明名称：木门中池板与边枋改进的结合结构

公开号：CN203412475U

申请人：安徽富煌钢构股份有限公司

摘要：本实用新型公开了一种木门中池板与边枋改进的结合结构，所述木门由处于四周的边枋与处于中心的池板构成，所述边枋与池板结合处的台阶中设有压线，在所述边枋的内侧侧边设置有凹槽，所述池板的外周侧边设有紧配合插接在所述凹槽中的榫头，并在所述榫头的前端部与所述凹槽的内腔壁之间的空腔中设有伸缩胶条。本实用新型使得池板和边枋形成类似榫卯结构，使门体结构更为稳定，并在池板与边枋的结合部设置伸缩胶条，可以使池板冷缩湿胀产生的变量起到一个缓冲的作用，有效地防止了压线与边枋、池板结合部变形开裂现象。

申请号：201320452738.2

发明名称：一种纯实木门

公开号：CN203347630U

申请人：天津华隆鑫木制品有限公司

摘要：本实用新型属于家居建材技术领域，尤其涉及一种纯实木门，包括门边、档头、门芯板、实木表层，所述门边、档头围成门框，所述门芯板位于所述门框内，所述门边位于所述门芯板的左右两侧，所述档头位于所述门芯板的上端和下端，所述门边与所述档头通过棒榫连接，所述实木表层黏接在所述门芯板表面，其特征在于所述门边、所述档头分别为长条形的实木指接板，所述实木表层的厚度为3—5mm，所述门芯板由三层实木组合而成，所述门芯板上设有横条。本实用新型的有益效果为：在使用过程中不发生开裂，不需要使用整块木料，提高了木材利用率，大量节约木料成本，同时本实用新型的实木门相对污染较小，环保性能远远优于中密度板和大芯板。

申请号：201320309712.2

发明名称：一种新型工艺木门

公开号：CN203308337U

申请人：湖州世友门业有限公司

摘要：本实用新型公开了一种新型工艺木门，它涉及一种防开裂、防崩漆的木门。它包括池板、第一倒角和边枋，池板与边枋的压线结合处设置有第一倒角。本实用新型能够避免其结合处油漆面开裂、崩漆，使用效果好。

申请号：201320272922.9

发明名称：一种无栓木艺门

公开号：CN203271480U

申请人：安徽坤城木艺有限公司

摘要：本实用新型公开了一种无栓木艺门，包括门板：还具有左右两块侧边板，门板左右两侧设置有三个凸起边沿，其中中间的一个凸起边沿较高，左右两侧边板内侧边均具有三个凹槽，三个凸起边沿插入三个凹槽配合并使用黏合剂固定连接；门板为木板整体成型，无任何连接件。本实用新型通过在门体侧边设置凸起与侧边板上的凹槽相互配合的结构，能够有效固定连接门板与其他部分，省去了若干工艺步骤，大大提高了生产效率，并降低了木艺门废品率。

申请号：201320255797.0

发明名称：一种易组合实木门扇

公开号：CN203271479U

申请人：广东圣堡罗门业有限公司

发明人：吴国洪

摘要：本实用新型公开了一种安装简单，结构稳定、不易开裂的易组合实木门扇；其技术方案是这样的：该易组合实木门扇，包括池板和门边，所述的门边是由池板边缘的延伸部和贴合在该延伸部两侧的边板构成，至少一侧的边板和相应的池板侧面构成固定整体式装饰框的卡位，装饰框通过木榫扣接在卡位内；属于门扇设计技术领域。

申请号：201320250272.8
发明名称：带边框的门结构
公开号：CN203271478U
申请人：广东欧派家居集团有限公司
发明人：黄教涤
摘要：本实用新型公开一种带边框的门结构，属于门制造技术领域。该门结构包括芯板和固定于芯板四周边缘的边框；所述芯板边缘设有卡接件或卡接槽，所述边框上设有与该卡接件或卡接槽匹配的卡接槽或卡接件；所述卡接槽的深度大于所述卡接件塞入该卡接槽部分的长度。在边框与芯板组合完成后，卡接槽内还留有一定的空隙，为芯板可能发生的膨胀留有余地，避免由于膨胀导致的边框脱离现象。

申请号：201320251549.9
发明名称：一种大规格木门扇
公开号：CN203239189U
申请人：浙江亚厦装饰股份有限公司
摘要：本实用新型公开了一种大规格木门扇，它包括正反二个面板、四个侧面板和油漆层，所述油漆层在正反二个面板、四个侧面板的外侧，它还包括钢支架和若干个支架连接木枋，所述钢支架包括若干个相互固定的纵梁和横梁，所述纵梁和横梁侧面固定若干个支架连接木枋，所述正反二个面板的内侧分别紧靠在支架连接木枋的内外二个侧面，并且正反二个面板的内侧与支架连接木枋的内外二个侧面固定，所述四个侧面板与正反二个面板的端面固定。由钢支架替代了木材，其重量较实心的木材轻许多。具有节约木材、重量轻等特点，保证木门扇安装后，在使用过程中轻便、耐用、不易变形。

申请号：201320232876.X
发明名称：一种铜包木门
公开号：CN203213856U
申请人：北京瑞茂金属装饰有限公司
摘要：本实用新型涉及门领域，尤其涉及一种铜包木门。该铜包木门，包括保温板、外金属强化板、内金属强化板、外装饰板和内装饰板；所述外装饰板、外金属强化板、保温板、内金属强化板、内装饰板依次层叠为铜包木门板。该铜包木门的抗击强度大，保温性能好。

申请号：201320099589.6
发明名称：实木门扇
公开号：CN203161009U
申请人：广东圣堡罗门业有限公司
摘要：本实用新型公开了一种实木门扇，旨在提供一种结构稳定、加工方便，可灵活调整门扇大小的实木门扇；其技术要点是：该实木门扇，包括池板和门边，池板的延伸部两侧贴合有边板，两侧的边板与池板的延伸部的侧面形成定位槽，定位槽内设有定位条，池板边缘的延伸部和贴合在该延伸部两侧的边板以及定位槽内定位条构成门边；属于门扇设计技术领域。

申请号：201320089536.6
发明名称：一种定向结构 OSB 木门
公开号：CN203145757U
申请人：湖北宝源装饰材料有限公司
摘要：一种定向结构 OSB 木门，它由定向结构 OSB 板和一组合页安装实木块组成，一组合页安装实木块安装在定向结构 OSB 板的一侧。本实用新型优点是：本实用新型采用OSB（学名是定向结构刨花板），采用这种板材的原因就是无甲醛释放，并且结实耐用，且重量轻，平整度较好。

申请号：201220732175.8

发明名称：一种带语音提醒的木门

公开号：CN203008691U

申请人：张善元

摘要：本实用新型涉及一种家庭和办公室常用的旋转木门，尤其涉及一种带语音提醒的木门，包括木门板、木门框，木门板通过合页安装在木门框上，还包括有触点开关、语音提示装置、语音提示扬声器，所述的语音提示装置、语音提示扬声器通过电连接，触点开关串联在语音提示装置、语音提示扬声器的电路中，当木门板打开状态时，所述的电路通过触点开关接通；当木门板闭合状态时，所述的电路通过触点开关断开，采用上述技术方案的一种带有语音提醒的木门，当人们进出卧室房门、办公室人员进出领导办公室门后没有关闭门时，即木门板打开状态时，语音提示装置连通语音提示扬声器对人们进行提醒，从而避免了没有关闭门造成的尴尬或者其他影响。

申请号：201220536073.9

发明名称：玉浮雕木门

公开号：CN202970338U

申请人：姜凤岐

摘要：一种玉浮雕木门，包括：木质芯板、高密板、仿玉料层和仿玉浮雕块；上述玉浮雕木门的内层设置木质芯板，在木质芯板的外围设置高密板，高密板与木质芯板相互固定并将木质芯板包围；在上述高密板的外部整体涂覆仿玉料，形成包覆在高密板外侧的仿玉料层；至少有一块仿玉浮雕块设置在仿玉料层的外表面上。本实用新型中的玉浮雕木门在保证木门整体强度的前提下，使木门的外观更具美感，提升了木门整体的视觉效果，使玉浮雕木门更加高雅华贵，从而提升了产品的市场竞争力。

申请号：201220573220.X

发明名称：一种便于提高喷涂效率的木门

公开号：CN202866576U

申请人：重庆迪雅套装门有限责任公司

摘要：本实用新型公开了一种便于提高喷涂效率的木门，包括门扇框、门芯板、花线框和芯板铣型位四大部分，其特征在于：所述门扇框和花线框分体成型后钉接在一起。由于门扇框和花线框分别预先加工好再通过钉子固定在一起，因此可以对门扇框和花线框分别进行上漆处理，而门扇框为平面，可采用高质量、高效率的机器滚涂，因此就上漆工艺而言，可以降低人工成本、降低产品不合格率、提高生产进度。同时，门扇框和花线框两者分离出来，彼此加工都更容易，而且门扇框和花线框分体成型也降低了对材料大小的要求，便于对材料的利用。

二、木地板最新专利

申请号：2014202175646

发明名称：一种塑木地板

公开号：CN203867144U

申请人：南京工业职业技术学院

摘要：本实用新型属于复合材料领域，具体涉及一种塑木地板，包括地板本体，地板本体上设有平行的上下两层通孔，地板本体的两侧还设有凹槽。本实用新型塑木地板，除具有传统地板所具有的使用效果外，更具有密度小、重量轻、成本较低、安装维护方便等优势；本实用新型塑木地板，设计合理，结构简单，生产制造方便，只需采用横截面和本实用新型一致的口模，便可采用传统的塑木复合材料板生产工艺生产该塑木地板，生产过程中机械化程度高，所需劳动力少，生产成本低。

申请号：2013206266122

发明名称：二氧化硅纳米保温毡楼地面木地板面保温结构

公开号：CN203795676U

申请人：纳诺科技有限公司；浙江中联建设集团有限公司

摘要：本实用新型涉及一种二氧化硅纳米保温毡楼地面木地板面保温结构，属于建筑施工结构的技术领域，包括由下而上依次设置的结构层、找平层、保温层、面层，其中结构层为混凝土现浇楼面，找平层为水泥砂浆层，保温层为二氧化硅纳米保温毡，面层为木地板。本实用新型二氧化硅纳米保温毡楼地面木地板面保温结构，厚度小，对室内垂直使用空间无影响；高效的保温隔热作用，完全阻隔上下层空间热传递；隔音隔声，保护隐私；在底层地面中还可隔离地下湿气，保持底层室内舒适清爽。

申请号：2014200249772

发明名称：防变形木地板

公开号：CN203795797U

申请人：海门市生大木业有限公司

摘要：本实用新型提供了一种防变形木地板，包括木基层，木基层的两侧设有相互匹配的凸榫和凹槽、背面设有多条防滑纹，还包括贴合层，贴合层黏结固定在木基层的正面，该木基层的背面还设有一至多条贯穿其上的防变形槽Ⅰ、正面设有多条贯穿其上的防变形槽Ⅱ。本实用新型的优点是：该木地板通过正面和背面的防变形槽，有效避免了木质材料因受潮发生变形、起拱现象的发生；贴合层选用珍贵实木材料，中间贴合层、木基层选用普通木材，既不影响美观度和防变形效果，又降低了成本，利于普及推广。

申请号：2012101996025

发明名称：木地板块及木地板

公开号：CN102720333B

申请人：安徽扬子地板股份有限公司

摘要：木地板块及木地板，包括两个相邻木地板块，以及将相邻木地板块相互锁合的连接件；木地板块的支撑面上每一侧面的位置对称设置有一贯穿与侧面相邻两侧面的锁槽；连接件包括第一锁合部、第二锁合部和第三锁合部；第一锁合部和第二锁合部分别与相邻木地板块的锁槽相契合；第三锁合部用于锁合在相邻木地板块的邻接处形成的舌榫。该木地板锁合装置，能节约木材资源、结构简单并且安装快速便捷。

申请号：2014200917675
发明名称：一种集装箱木地板自动钻孔装置
公开号：CN203779610U
申请人：天津市诚智通达科技有限公司
摘要：本实用新型公开了一种集装箱木地板自动钻孔装置，包括横移台车部分和钻孔台车部分，其特征在于：所述横移台车部分包括横移台车机架，横移台车机架的底端面上设置有主动轮组以及从动轮组，并且在横移台车机架上设置有与需钻孔集装箱的侧向定位机构和前后定位机构；所述钻孔台车部分包括钻孔台车机架，钻孔台车机架上设置有直线轨道，直线导轨上设置有伺服驱动的钻孔机构，并且在钻孔台车机架上设置有定位导向机构。本实用新型设计合理，提高了钻孔的工作效率高，取消了人工钻孔的划线工艺及钻孔的工位，仅一个工位就可完成所有孔的钻孔工作，并且提高钻孔效果，同时本实用新型的设计节约了制作成本，便于推广。

申请号：2014200161456
发明名称：一种木地板螺丝机
公开号：CN203765275U
申请人：南通通佳机械模具有限公司
摘要：本实用新型公开了一种木地板螺丝机，包括主框架和电动扳手，所述主框架上设置有电动机、旋转送料转盘、螺丝输送轨道和自动扫料装置，所述旋转送料转盘通过轴承固定在所述主框架上，所述电动机通过链轮和链条带动所述旋转送料转盘转动，所述旋转送料转盘与所述螺丝输送轨道连接，所述自动扫料装置设置在所述螺丝输送轨道上部，所述螺丝输送轨道下端连接出钉装置；所述螺丝输送轨道装有震动器装置；所述主框架右端设置有直线导轨，所述电动扳手与所述直线导轨连接，所述电动扳手的钳口正对所述出钉装置的出钉口。本实用新型提供的一种木地板螺丝机，使用方便、提高了工作效率、节约了成本，降低了工人的劳动强度。

申请号：2014201239142
发明名称：木地板加工用传输装置
公开号：CN203753767U
申请人：湖州市南浔亨力木制品厂
摘要：本实用新型公开了一种木地板加工用传输装置，装置构成包括由大半圆形支撑架和小半圆形支撑架的半圆形机架，沿着大支撑架和小半圆形支撑架的圆周方向上设有多个间距相同的传送辊，传送辊两端设置在轴承座上，轴承座安装在大半圆形支撑架和小半圆形支撑架上，靠近大半圆形支撑架的传送辊端部设有齿轮，相邻两个传送辊上的齿轮经连接链条啮合连接，其中一个传送辊上的齿轮上还通过驱动链条连接驱动轮，驱动轮固定安装在减速器的输出转轴上，减速器的输入轴连接电机的输出轴，半圆形机架的两端设有木地板操作台。本实用新型可减轻工作人员的劳动强度，提高生产效率。

申请号：2013208942878
发明名称：体育场木地板盖板结构

公开号：CN203755606U

申请人：浙江天华建设集团有限公司

摘要：本实用新型涉及一种建筑工程结构，尤其是涉及一种体育场木地板盖板结构。体育场木地板盖板结构由底板和盖板构成，底板下安装有钢架结构，钢架结构由槽钢对口焊接组成，底板上层面安装有下龙骨，盖板下层面安装有上龙骨，上龙骨与下龙骨互相对应接触，上龙骨与下龙骨之间设置有弹性垫。本实用新型具有设计较合理，施工成本较低，拆装较方便，不易失去弹性等特点。

申请号：2014200374664

发明名称：木地板切割机切割机构

公开号：CN203738912U

申请人：巢湖大国地板有限公司

摘要：一种木地板切割机切割机构，涉及地板加工设备技术领域，包括一机架本体，所述机架本体上部为工作面，在所述工作面上设有地板支架，所述地板支架一侧设有一组导轨，在所述导轨上设置有地板固定架，所述地板固定架底部通过滑槽安装在导轨上，所述机架本体底部安装有电机，所述电机连接有电锯，所述电锯的锯片位于地板支架与地板固定架之间的缝隙中，所述地板固定架两端各安装有一地板夹持件。本实用新型结构简单，设计新颖，整体强度高，稳定性好，能够满足木地板的切割要求，且便于安装及维护。

申请号：201420037521X

发明名称：木地板切割机地板压紧机构

公开号：CN203738920U

申请人：巢湖大国地板有限公司

摘要：一种木地板切割机地板压紧机构，涉及地板加工设备技术领域，包括一机架本体，所述机架本体上部为工作台面，在所述工作台面上设有一组导轨，所述导轨上滑动安装有地板固定架，该地板固定架能够在导轨上滑动，所述地板固定架一侧为切割机构，所述地板固定架两端各连接有一角钢，在两块角钢之间连接有一横梁，所述横梁位于工作台面上方，所述横梁两端各安装有一压紧气缸，所述压紧气缸的活塞杆前端部穿过横梁并连接有一压紧头，用于压紧位于地板固定架上的地板。本实用新型结构简单，设计新颖，稳定性好，能够满足木地板的切割要求，且不会划伤地板。

申请号：2013207133382

发明名称：一种木地板

公开号：CN203594203U

申请人：湖州市南浔祥龙木业制造厂

摘要：本实用新型公开了一种木地板，包括有木地板本体，木地板本体一端设置有圆球形凸起，木地板本体的另外一端设置有圆球形凹槽，相邻的两块木地板之间一块木地板的圆球形凸起卡入另外一块木地板的圆球形凹槽中，所述木地板本体与地面接触的底部还设置有圆环形凹槽。与现有技术相比，本实用新型设置有的圆球形凸起卡入到圆球形凹槽中，相邻的两块木地板之间产生相互约束力，避免了木地板发生位移，而且该凸起和凹槽在加工过程中均容易加工；在木地板的底部设置有圆环形凹槽，当木地板的底部受潮变形时，该凹槽在分散应力过程中应力的分散比较平均，不会出现应力集中地问题。本实用新型结构简单，容易制造加工，安装方便，能够很好地 防止木地板变形。

申请号：2012102748319

发明名称：一种浮雕强化木地板及其制造方法、浮雕模压模板

公开号：CN102767274B

申请人：湖南圣保罗木业有限公司

摘要：一种浮雕强化木地板及其制造方法、浮雕模压模板。使用专用浮雕模压模板，由平衡纸、高密度纤维板、粉纸、耐磨纸经热压固化而成；所述粉纸由木纹纸经使用三聚氰胺甲醛树脂浸渍和干燥、单面再使用耐磨胶液涂布和干燥而制得，耐磨胶液为由 100 质量份三聚氰胺甲醛树脂、3 ～ 4 质量份气相二氧化硅、10 ～ 12 质量份凹凸棒土、30 ～ 32 质量份刚玉粉、0.5 ～ 0.7 重量份分散剂、0.3 ～ 0.4 质量份三聚氰胺甲醛树脂的固化剂、0.2 ～ 0.3 质量份消泡剂制得。在保证产品木纹图案清晰度良好的前提下，可以生产耐磨值 2 万转以上的浮雕强化木地板，特别适用于在人流量大的公众场所装饰使用。

申请号：2014200375510

发明名称：木地板切割机地板定位机构

公开号：CN203738921U

申请人：巢湖大国地板有限公司

摘要：一种木地板切割机地板定位机构，涉及地板加工设备技术领域，包括一机架本体，所述机架本体上部为工作台面，在所述工作台面上设有一组导轨，所述导轨上滑动安装有地板固定架，该地板固定架能够在导轨上滑动，所述地板固定架一侧为切割机构，所述地板固定架两端各连接有一固定板，在所述固定板内侧连接有一轴套，所述轴套内壁设有螺纹，在该轴套内螺纹连接有一定位杆，所述定位杆上端穿过轴套连接有旋紧手柄，定位杆下端穿过轴套连接有定位块，该定位块用于抵住地板的边部。本实用新型结构简单，设计新颖，稳定性好，能够满足木地板的切割要求，确保地板在切割过程中不会产生位移，提高切割质量。

申请号：2012101996010

发明名称：木地板的铺设方法

公开号：CN102720332B

申请人：安徽扬子地板股份有限公司

摘要：木地板铺设方法，分为以下步骤：（1）第一列中每一木地板块预装连接件；（2）第一列在靠近地面边缘的木地板块上增加连接件；（3）第一列中将相邻木地板块通过连接件契合；（4）将第二列每一木地板块预装连接件；（5）第二列在靠近地面边缘的木地板块上增加连接件；（6）第二列中将上下、左右相邻的木地板块通过连接件契合；（7）按照上述第（3）、（6）的步骤，完成每一列的铺设；（8）按照上述第（4）、（5）、（6）、（7）的步骤，完成整个待铺地面的铺设。铺设省时省力。

申请号：2012100773725

发明名称：强化木地板彩色固体封蜡及其制备方法

公开号：CN102627862B

申请人：嘉兴学院；浙江东腾蜡业有限公司

摘要：一种强化木地板彩色固体封蜡，它的成分及其质量百分比为：石蜡 50% ～ 85%，高分子材料 10% ～ 45%，有机颜料 1% ～ 8%，表面改性剂 1% ～ 8%。制备方法为：按比例称取所需原料，将原料熔融混合，然后冷却。运用这种强化木地板彩色固体封蜡处理木地板的锁扣处，不仅具备传统石蜡处理之后的防潮、润滑

的效果，而且对地板锁扣处基材进行有效遮盖，可以根据地板表面颜色，配置出与地板表面颜色统一的彩色固体封蜡，获得颜色均一的效果，极大提高地板的整体美观程度。

申请号：2011101092524

发明名称：一种重蚁木地板的上漆工艺方法

公开号：CN102179360B

申请人：广东省宜华木业股份有限公司

摘要：一种重蚁木地板的上漆工艺方法，包括如下步骤：首先，将重蚁木规格坯料放入干燥窑中进行升温加湿，在温度及湿度达到设定值后，保持一段时间，使重蚁木规格坯料脱脂和去除黄钟花醌；然后，将表层完全脱脂和去除了黄钟花醌的重蚁木规格坯料在室温下平衡养生一段时间后加工成重蚁木地板素板；接着，在重蚁木地板素板上喷涂PU水性底漆，并让其自然干燥；最后，在喷涂了PU水性底漆的重蚁木地板素板上依次涂布UV底漆、腻子及UV面漆，完成重蚁木地板的上漆。通过本上漆工艺方法能有效地达到脱脂、去除和封堵重蚁木地板板面油脂及黄钟花醌的目的，从而增强了其表面油漆附着力，并确保了其表观质量及板面油漆效果，且油漆干燥时间短，生产效率高。

申请号：2011101224951

发明名称：一种木地板扣件

公开号：CN102277950B

申请人：久盛地板有限公司

摘要：本发明公开了一种木地板扣件，本发明包括片状的山字形主体，主体的两端部为嵌入地板的侧壁，主体的中部 为弯折成拱形的立柱；立柱两外侧面设有向外侧突出的突起。本发明不仅解决了钉子对木地板内部结构的破坏问题，而且 可以调节木地板的横向移动，有效地解决木地板因干缩湿胀导致出缝、起拱的问题，此外本发明免打龙骨，安装拆卸简单。

申请号：2011103137290

发明名称：一种抗潮透气木地板及其制作工艺

公开号：CN102418411B

申请人：季资清；叶昌海

摘要：本发明公开了一种抗潮透气木地板以及制作工艺，包括四面企口后的木地板，木地板上表面上设置有若干个通孔，所述任一个通孔的中心轴均垂直于木地板表面；所述任一个通孔所在木地板的上表面处还设置有一个与通孔具有同一中心轴的盲孔，盲孔的孔径比通孔的孔径大10mm，盲孔的深度为3mm。上述木地板的制作工艺如下：首先在木地板上设置通孔和盲孔，然后干燥、油饰并装上铆钉。且工艺中用到了由桐油、蓖麻油和雪松油组成的特制防潮油。本发明的木地板具有抗潮透气、抗菌以及保健按摩的优点。

申请号：2011102638121

发明名称：一种木地板专用的高密度复合板材及其制造方法

公开号：CN102409835B

申请人：李茂林

摘要：本发明涉及一种木地板专用的高密度复合板材及其制造方法，它是以可再生的速生树种木材为主要原料，由水溶性酚醛树脂、防腐剂、磺化木素、液体膨润土组成木材改性剂，对木单板或木丝条进行改性处理后，与无纺布共同组成坯料，坯料经高温高压胶合，制成密度为

0.8—1.2g/cm³的高密度复合板材，改变了木材湿涨干缩的材性，可以满足木地板对硬度、尺寸稳定性、外观、脚感、力学性能、环保等各项指标的要求，以木地板专用的高密度复合板材替代天然硬质木材制作地板，在满足人们对地面装修需求的同时，起到保护天然林资源，减少对水泥、瓷砖等高耗能地面装修材料的使用，从而间接达到节能减排的效果。

申请号：2014202175646

发明名称：一种塑木地板

公开号：CN203867144U

申请人：南京工业职业技术学院

摘要：本实用新型属于复合材料领域，具体涉及一种塑木地板，包括地板本体，地板本体上设有平行的上下两层通孔，地板本体的两侧还设有凹槽。本实用新型塑木地板，除具有传统地板所具有的使用效果外，更具有密度小、重量轻、成本较低、安装维护方便等优势；本实用新型塑木地板，设计合理，结构简单，生产制造方便，只需采用横截面和本实用新型一致的口模，便可采用传统的塑木复合材料板生产工艺生产该塑木地板，生产过程中机械化程度高，所需劳动力少，生产成本低。

申请号：2014200249772

发明名称：防变形木地板

公开号：CN203795797U

申请人：海门市生大木业有限公司

摘要：本实用新型提供了一种防变形木地板，包括木基层，木基层的两侧设有相互匹配的凸榫和凹槽、背面设有多条防滑纹，还包括贴合层，贴合层黏结固定在木基层的正面，该木基层的背面还设有一至多条贯穿其上的防变形槽Ⅰ、正面设有多条贯穿其上的防变形槽Ⅱ。本实用新型的优点是：该木地板通过正面和背面的防变形槽，有效避免了木质材料因受潮发生变形、起拱现象的发生；贴合层选用珍贵实木材料，中间贴合层、木基层选用普通木材，既不影响美观度和防变形效果，又降低了成本，利于普及推广。

申请号：2013207070928

发明名称：一种塑木地板拼接扣件

公开号：CN203603411U

申请人：格林美（武汉）城市矿产循环产业园开发有限公司

摘要：本实用新型公开了一种塑木地板拼接扣件，包括立板、左卡扣及右卡扣。其中，所述立板竖直放置，其具有第一侧沿及第二侧沿；所述左卡扣包括第一定位件及第一卡接件，所述第一定位件为所述第一侧沿的两端向左弯折延伸形成，所述第一卡接件为所述第二侧沿的中部向左弯折延伸形成；所述右卡扣包括第二定位件及第二卡接件，所述第二定位件为所述第一侧沿的中部向右弯折延伸形成，所述第二卡接件为所述第二侧沿的两端向右弯折延伸形成。本实用新型安装方便，连接可靠，不易松脱，安装后塑木地板固定牢固。

申请号：2013207073057

发明名称：一种塑木地板堵头

公开号：CN203603419U

申请人：格林美（武汉）城市矿产循环产业园开发有限公司

摘要：本实用新型公开了一种塑木地板堵头，

包括一呈矩形的板体以及数个与塑木地板型腔相配合的插件，所述插件一体成型于所述板体的一侧。所述插件包括中间插件与侧边插件，所述中间插件成型于所述板体的中间，所述侧边插件对称地成型于所述中间插件的两侧。所述中间插件为垂直立于所述板体上的板状体。所述侧边插件由一板状体以及从所述板状体的侧面平行延伸出的另两板状体形成。本实用新型结构简单，方便实用，能有效地防止雨水或异物进入空腔地板内部。

申请号：2013207803685

发明名称：具有天然石材表面的木地板

公开号：CN203594202U

申请人：湖州南浔双林振森实木加工厂

摘要：本实用新型公开了一种具有天然石材表面的木地板，它包括板体，其特征在于：在板体表面涂覆树脂黏接层，树脂黏接层上铺设石英砂层，在石英砂层上涂覆耐磨漆。石英砂是石英石经破碎加工而成的石英颗粒，石英石是一种非金属矿物质，是一种坚硬、耐磨、化学性能稳定的硅酸盐矿物，其主要矿物成分是二氧化硅。石英砂的颜色通常为乳白色、或无色半透明状。本实用新型在木地板表面铺设石英砂层，能够得到天然石材般的视觉效果和质感，同时兼顾了天然石材美观，木地板环保、轻便、便于安装的优点。

申请号：201320713340X

发明名称：一种方便安装的木地板

公开号：CN203594204U

申请人：湖州市南浔祥龙木业制造厂

摘要：本实用新型公开了一种方便安装的木地板，包括有木地板本体，木地板本体的左右两端各向水平方向延伸出一个延伸部，第一延伸部的上表面与木地板本体上表面齐平，其下表面设置有1个或1个以上的向下伸出的凸起，第二延伸部的下表面与木地板本体下表面齐平，其上表面设置有1个或1个以上的凹槽，相邻两块的木地板安装时，一块的凸起卡入另外一块的凹槽中，所述木地板本体与地面接触的底部还设置有圆环形凹槽。本实用新型的木地板在安装时，只需要在木地板的凸起和凹槽上涂上胶水，然后将1块木地板的凸起放入另外一块木地板的凹槽中即可，该拼接方式比较简单，而且设置有的凸起和凹槽可以避免相邻的两块木地板之间出现水平方向的位移。

申请号：2013203965731

发明名称：木地板干燥储藏室

公开号：CN203586687U

申请人：河南阳光木业有限公司

摘要：本实用新型涉及一种储藏室，具体地说是涉及一种木地板干燥储藏室。木地板干燥储藏室，包括储藏室，其特征在于：所述的储藏室呈长方形结构，前部设有仓门，所述的仓门上部设有排湿口，所述的储藏室后部设有进风口，中间设有木地板放置架，所述的木地板放置架下部设有干燥装置，所述的干燥装置连接在储藏室外的电控箱上。这样结构的木地板干燥储藏室具有对木地板加热烘干，室内排湿，安全、方便的优点。

申请号：2013206660472

发明名称：千年桐改性木地板

公开号：CN203569845U

申请人：阎建华

摘要：本实用新型公开了一种千年桐改性木地板，取材于人工速生经济林的非用材林。通过对千年桐木材进行碳化、密化、强化的改性处理，使其内部结构达到生态林阔叶材的密度标准。经改性的千年桐木地板具有不易变形、防水耐腐、表面耐磨、抗虫性能好且制造成本低的优点。

申请号：2013206318790

发明名称：一种塑木地板用不锈钢扣件

公开号：CN203547091U

申请人：深圳市格林美高新技术股份有限公司

摘要：本实用新型公开了一种塑木地板用不锈钢扣件，其包括夹持部及安装部，所述夹持部为弯折结构，包括相连的竖直侧板与水平压板；所述安装部包括水平安装板及竖直安装板，所述水平安装板及竖直安装板上均设有供螺栓插入的安装孔，所述水平安装板及竖直安装板均与所述竖直侧板下端相连。安装部包括水平安装板及竖直安装板，安装强度提高，并且安装时，夹持部的水平压板安装于塑木地板的侧槽内，不外露，不影响塑木地板的整体美观。

申请号：2013206232323

发明名称：一种木地板测试用万能测试机

公开号：CN203551384U

申请人：江苏肯帝亚木业有限公司

摘要：本实用新型公开了一种木地板测试用万能测试机，包括底座、与底座一体连接的机架、上下滑动的横梁和抗弯铁板，机架其中一机架腿上竖向设置有刻度栏和卡槽，卡槽上设置若干可移动的圆形铁块；横梁架设在机架中部上，在横梁其中一端部固定设置固定卡板；横梁上端面与机架顶梁下端面分别沿竖向导向设有限位伸缩器，限位伸缩器下端通过滑动槽与夹持部滑动连接；横梁下端面通过连接轴与重锤活动连接，重锤的正下方、在底座上设有抗弯铁板；在底座前后两侧面上分别设置与底座转动连接的卡板，卡板卡住抗弯铁板的两端部，卡板通过螺纹固定连接一调节座。采用本实用新型的有益效果是：节省成本，方便操作，资源共享，测量精确度高，机器的稳定性好。

申请号：2013206233523

发明名称：一种用于测试木地板滚动磨损的试验装置

公开号：CN203551414U

申请人：江苏肯帝亚木业有限公司

摘要：本实用新型公开了一种滚动磨损试验装置，尤其涉及一种用于测试木地板滚动磨损的试验装置，主要包括机台、水平载物体、测试装置以及转动装置，所述测试装置由活动杆、研磨轮、环形砝码以及转动轴组成；所述转动装置由压板、固定板以及活动轴组成；所述水平载物体设置在所述机台上端面，在所述水平载物体中心孔上适配固定螺栓；所述机台后侧设置带有挡板的后槽，所述后槽上端固定设置四个支撑体，其中两个支撑体之间固定连接一固定支架；所述机台其中一侧通过吸尘管连接一吸尘器。其主要的技术特点是：结构简单，操作方便、灵活，吸尘效率高，降低环境污染，测试精确度高，节约时间，节省人力。

申请号：2013203966715

发明名称：木地板烘干装置

公开号：CN203508352U

申请人：河南阳光木业有限公司

摘要：本实用新型涉及一种木地板加工设备，具体地说是涉及一种木地板烘干装置。木地板烘干装置，包括机体，其特征在于：所述的机体上设有传送滚轮，所述的传送滚轮上下设有烘干装置，所述的机体连接在制板机后部，所述的烘干装置上设有固定罩，所述的固定罩内部设有一层隔热陶瓷壁，所述的隔热陶瓷壁上设有电加热丝，所述的固定罩内部两侧设有红外探测仪，所述的电加热丝和红外探测仪连接外部的温控箱。这样结构的木地板烘干装置具有可自动化生产，降低劳动力，生产效率高的优点。

申请号：2013202473566

发明名称：新型耐磨木地板

公开号：CN203514725U

申请人：浙江瑞澄木业有限公司

摘要：本实用新型公开了一种新型耐磨木地板。它包括基板，基板的侧边设有凹槽和凸榫；所述的基板的表面从上至下敷设有三氧化二铝层、精密润色层、热固性树脂装饰层和高韧性油漆层。本实用新型具有非常优越的耐磨性能，表面硬度高，同时本实用新型表面光泽度好，手感细腻，纹理清晰、自然，视觉效果好。

申请号：2013206349290

发明名称：全自动仿古木地板加工机

公开号：CN203496071U

申请人：盐城工学院

摘要：本实用新型公开了一种全自动仿古木地板加工机，包括进料装置、加工单元和出料装置，所述的加工单元包括机架，机架上安装有传送装置、压紧装置、台板装置和切削系统，传送装置安装在台板装置上，压紧装置设置在传送装置的传送带内，且压紧装置的压紧轮压置在传送带的下部带上；在压紧装置下方的台板装置上设置与切削系统对应的切削槽。本实用新型通过滚动摩擦提高了传送效率和传送稳定性，单主轴多刀盘和升降装置提高了切削纹理效果的多变性，具有结构简化、成本降低且加工效率高的特点，适宜推广使用。

申请号：201320565157X

发明名称：木地板尺寸测量装置

公开号：CN203464919U

申请人：江苏肯帝亚木业有限公司

摘要：本实用新型的目的是提供一种木地板尺寸测量装置，包括测试台、测试架，控制器，所述测试台左侧设置有定位块，定位块垂直于测试台的顶面，测试台顶面开有凹槽，凹槽内设置有动力装置，所述测试架位于测试台右侧的凹槽内，测试架与凹槽内的动力装置相连，测试架上装有位移传感器，测试架上设置夹持板，夹持板上设有压力传感器，所述控制器位于测试台的正面，所述动力装置、压力传感器和位移传感器与控制器电气连接。可测量具有规格形状的物品，测量范围可调，体积较小，操作简单，适用于任何工作环境和任何操作者，准确度高，避免重复工作，提高了工作效率。

三. 防腐木最新专利

申请号：2014102871172

发明名称：一种用于景观绿化中的耐久性强的防腐木

公开号：CN104029264A

申请人：江苏东珠景观股份有限公司

摘要：本发明提供给了一种用于景观绿化中的耐久性强的防腐木，所述防腐木经过如下步骤进行处理：首先将剥皮、干燥后的木材装入防腐处理罐中进行初步真空；然后在持续真空下，将防腐剂压入防腐处理罐，直至木材完全沉没于防腐剂中为止，防腐剂注满处防腐理罐后，进行加压，直到木材不能再吸收防腐剂时，停止加压；最后真空高压处理后的木材取出进行干燥处理，直至木材的含水率＜15%；所述防腐剂包括以下质量份的各组分：松香乳液5—10份；抗氧化剂4—6份；辛酸1—2份；聚乙二醇 3—4份；四水合八硼酸钠3—5份；螯合剂0.5—1.5份；亚麻籽油2—3份；乙醇90—100份。本发明的防腐木其防腐性、耐久性都大大地提高。

申请号：2013105327104

发明名称：一种防腐木塑复合型材

公开号：CN103613823A

申请人：安徽环嘉天一再生资源有限公司

摘要：本发明公开了一种防腐木塑复合型材，它是由下述质量份的原料组成的：聚乙烯树脂粒子30—40、木质纤维50—60、聚乙二醇400 2—3、2,6—二甲基苯硼酸1—2、马来酸酐接枝聚丙烯3—4、氢氧化铝1—2、聚酰胺蜡微粉2—3、改性增塑剂3—4；本发明的木塑复合型材具有很好的力学性能、持续的耐菌蚀和防腐性能，应用广泛，使用寿命长。

申请号：2013104983229

发明名称：无钉防腐木安装结构

公开号：CN103590573A

申请人：苏州金螳螂建筑装饰股份有限公司

摘要：本发明公开了一种无钉防腐木安装结构，它包括防腐木、连接扣件、木龙骨、陶粒混凝土基层，陶粒混凝土基层固定在地面上，木龙骨通过膨胀螺栓安装到陶粒混凝土基层上，相邻两块防腐木之间通过连接扣件连接成一体，连接扣件通过紧固件安装到木龙骨上。本发明的无钉防腐木安装结构，它表面无钉眼，采用无钉安装因扣件与基层连接，有效解决传统工艺的质量通病，不会因钉子长期受力松动产生的声响；平整度好，受力均匀，使用中不易翘曲变形，在使用中牢固度大大增加；美观大方，且一定年限后不会因钉子锈蚀影响美观。

申请号：2014102497536

发明名称：一种3D喷墨防腐木瓷砖的制备方法

公开号：CN104016683A

申请人：南安协进建材有限公司

摘要：本发明实施例提供了一种3D喷墨防腐木瓷砖的制备方法，能够制备一种表面为仿木材纹路的瓷砖，制备的瓷砖不易变形，且不易吸水膨胀，使用寿命长不易腐朽。该方法包括：准备混合粉料；其中，所述混合粉料中各颗粒度的粉料的组成含量为：30目粉料占13.8%，40

目粉料占31.6%，60目粉料占40.2%，80目粉料占5.8%，100目粉料占4.1%，120目粉料占2.1%，120目以上粉料占2.4%；所述混合粉料经过陈腐后，利用压坯机将所述粉料压制成瓷砖坯；烘干，在烘干温度180—210℃经过烘干窑烘干50分钟；施防腐木纹釉，采用3D喷墨设备或甩釉设备对烘干后的所述瓷砖坯表面施防腐木纹釉；烧制成型，施防腐木纹釉后的所述瓷砖坯经过棍道窑加热烧制，烧制时间为90分钟。

申请号：2011104426283

发明名称：一种防裂防腐木的生产方法及浸注液

公开号：CN103171007A

申请人：福建省漳平木村林产有限公司

摘要：本发明公开了一种防裂防腐木的生产方法及浸注液，该方法包括:步骤1,用于配置浸注液，浸注液包含木材防裂药液和ACQ木材防腐剂，木材防裂药液为 水溶性氟—硅表面活性复合材料水溶液；步骤2，用于采用浸注方式使木材吸收浸注液；步骤3，用于固化木材，使浸注液有效成分在木材内固着。它具有如下优点：采用一种水溶性氟—硅表面活性复合材料及水配制而成木材防裂药液，与ACQ木材防腐剂一起真空加压浸注木材，浸注液有效成分固化后，能对木材进行深度的防裂保护。

申请号：2013206087620

发明名称：防腐木人行桥面结构

公开号：CN203514195U

申请人：中国建筑装饰集团有限公司

摘要：一种防腐木人行桥面结构，支撑在桥身悬挑梁上，所述桥身悬挑梁架设次梁，所述次梁上沿次梁的长度方向铺设有防腐木桥面，防腐木桥面是由一块一块的防腐木沿背楞的长度方向、平行并排拼装而成，单块防腐木均通过短螺丝与背楞连接，单块防腐木上开有用于短螺丝穿过的穿孔，次梁的下方、紧贴次梁布置有连接杆，防腐木和连接杆通过长螺丝固定连接，防腐木上开有用于长螺丝穿过的通孔。本实用新型结构具有简单，安装牢固，易于调节的优点，保证了人行桥面安装工程的质量和效率，还有利于保护成品以及进行破损防腐木的更换。可广泛应用于超厚架空木质饰面施工工程，特别适用于木质饰面厚度大、重量大、安装条件受限制、要求安装牢固且便于拆卸的场合。

四、工程木最新专利

申请号：2013104153285

发明名称：一种工程木—压型钢板—轻骨料混凝土组合梁及制备安装方法

公开号：CN103437494A

申请人：南京工业大学

摘要：本发明公开了一种工程木—压型钢板—轻骨料混凝土组合梁及制备安装方法，包括：工程木梁、压型钢板、轻骨料混凝土翼板、横向钢筋、纵向钢筋；该制备安装方法包括：制作工程木梁；方法为：用钻孔机在工程木梁的顶部标注好的位置用钻头预钻孔；铺设压型钢板，然后用电动扳手将连接件穿过压型钢板钉入工程木梁顶部的预钻孔中；制作轻骨料混凝土翼板；进行混凝土养护，待轻骨料混凝土达到设计极限抗压强度后再拆除压型钢板端头的堵头板或挡板。本发明通过将工程木梁与压型钢板、轻骨料混凝土翼板的组合，降低了组合梁的造价、提高了组合梁的刚度和承载力，使得工程木材和混凝土发挥了各自的优势，提高了工程木材的抗拉性能和混凝土的抗压性能

五、红木最新专利

申请号：2014102306026

发明名称：一种红木家具清洁剂

公开号：CN104031766A

申请人：滁州斯迈特复合材料有限公司

摘要：本发明涉及一种红木家具清洁剂，属于家具清洁用品技术领域。它由以下质量分配比的原料制备而成：3—甲基—3—乙基庚烷15—18份，2—溴—3—甲基丁酸12—15份，庚二酸10—12份，1,6—已二胺6—8份，醋酸妊娠双烯酮肟5—7份，苯甲酸苄酯4—6份，对羟基偶氮苯2—3份，氰氨化钙1—2份，水70份。本发明的红木家具清洁剂，其制备工序简单，清洁力强，去污效果明显，且对红木家具无腐蚀、无损伤，利于红木的经久保持。

申请号：2014101690292

发明名称：一种嵌砖雕红木桌及其制备方法

公开号：CN103989314A

申请人：苏州市中平砖雕文化发展有限公司

摘要：本发明公开了一种嵌砖雕红木桌及其制备方法，嵌砖雕红木桌包括红木桌外框结构、砖雕以及钢化玻璃，其中桌面为凹槽结构，砖雕嵌于红木桌外框结构凹槽内的木托之上，砖雕上覆盖有透明的钢化玻璃层；精细的砖雕与红木搭配成桌子具有实用性及观赏型，一种嵌砖雕红木桌的制备方法，解决了木质在气候干燥的情况下容易产生干裂，在湿度相对大的环境下容易膨胀，而使固定在里面的砖雕难以与木质材料完美契合的问题，具有很强的实用价值。

申请号：201410201367X

发明名称：一种红木屏风底座的电镀工艺

公开号：CN103952736A

申请人：石家庄东方紫铜浮雕工艺品有限公司

摘要：本发明公开了一种红木屏风底座的电镀工艺，其在红木的电镀区域涂覆一层导电胶，使得电镀区域金属化，再利用电镀工艺将铜电镀到电镀区域。本发明具有不损坏红木，产品美观，工艺简单，效率高，成本低的优点。

申请号：2014101508586

发明名称：能充分发挥红木家具保健功能的干燥方法

公开号：CN103925774A

申请人：中山市东成家具有限公司；华南农业大学

摘要：本发明为了能充分发挥红木家具保健功能，其干燥方法包括有木材装窑、真空阶段、预热阶段、干燥阶段、降温阶段和木材出窑，它通过降低干燥室内的真空度来降低了水的沸点，在较低的温度下使水分快速蒸发甚至沸腾，在此基础上实现木材干燥，这种在较低的干燥温度下能够有效抑制干燥过程中红木木材中具有保健功能成分的挥发，进而最大限度地保留了红木木材中大量有益于人类身体健康的成分，这样长期居住在红木家具装饰的家庭生活空间中，红木木材中的有效保健成分能够使人舒筋活血，改善睡眠，降气散淤、止血定痛，对于心脏病、高血压、风湿腰腿病、消化不良及感冒咳嗽等都有很好地预防及治疗作用，从而真正发挥在日常使用红木家具时的保健功能。

申请号：2013100035148

发明名称：一种红木加工的欧式家具及其制作方法

公开号：CN103909553A

申请人：朱东海

摘要：本发明涉及一种红木加工的欧式家具，还涉及该种红木加工的欧式家具的制作方法，经过A. 以红木为基材，根据红木本身的纹理设计造型；B. 按照设计的造型，顺着红木本身的纹理制作成家具的各个连接件，并进行曲线的造型处理，雕刻各种雕饰图案；C. 将制成的连接件通过榫卯结构连接在一起，制作成红木加工的欧式家具等三个步骤，步骤C中还可以镶嵌金银珍珠来装饰以及上漆或打蜡。本发明将红木家具具有民族性和人文文化的制作工艺和欧式家具高贵华丽的式样结合起来，制作出红木加工的欧式家具，具有另一番王者风范，在欧式家具的制作方法上具有革命性的意义。

申请号：2014100676828

发明名称：红木家具的制造方法

公开号：CN103817764A

申请人：江苏虞林世家红木家具有限公司

摘要：本发明公开了一种红木家具的制造方法，最大限度地减少了木性变化而引起的抽胀、开裂减少木材原有蜡质的流失，增加木材的力学性能，减少木材原有韧性的降低；榫卯结构精确度高、效率高、松紧适宜；能保持着家具材质天然的纹理、色泽、气息，并且色泽温和自然；易于辨认出家具的真正材质；易于辨认雕工、打磨等制作工艺的精细度；在家具表面上的蜡天然环保，符合健康生活定位；使用过程中，打蜡家具表层光泽会越来越光亮。

申请号：2014100189935

发明名称：一种多功能红木橱柜

公开号：CN103735046A

申请人：常熟市福达红木家具厂

摘要：本发明公开了一种多功能红木橱柜，包括：橱柜本体、连接孔、连接柱、储物槽和储物抽屉，所述橱柜本体包括上层柜体、中层柜体和底层柜体，所述橱柜本体由酸枝木制作而成，所述连接孔设置于所述橱柜本体上，所述连接柱设置于所述连接孔内，所述储物抽屉设置于所述上层柜体内，所述储物槽设置于所述中层柜体和所述底层柜体内。通过上述方式，本发明一种多功能红木橱柜，可以充分的利用橱柜的空间，增加了储物的地方，而且可以随意地进行旋转，方便人们使用。

申请号：2014100189920

发明名称：一种多功能红木屏风

公开号：CN103735100A

申请人：常熟市福达红木家具厂

摘要：本发明公开了一种多功能红木屏风，包括：屏风本体、旋转柱、连接件、框架、双面装饰板和底座，所述屏风本体包括若干个屏风分体，所述连接件设置于所述屏风分体上，所述框架设置于所述屏风分体内，所述旋转柱设置于所述框架的顶部和底部，所述双面装饰板设置于所述框架内，所述底座设置于所述屏风分体的底部。通过上述方式，本发明一种多功能红木屏风，不仅可以变换屏风上的画面，增加屏风的美观性，而且还可以根据自己的需求来进行组装，更加方便人们的使用。

申请号：201410019042X

发明名称：一种多功能红木梳妆台

公开号：CN103689918A

申请人：常熟市福达红木家具厂

摘要：本发明公开了一种多功能红木梳妆台，包括：梳妆台本体、储物架和化妆凳，所述梳妆台本体包括台体、盖板、撑架和储物格，所述储物架包括架体、储物抽屉和凳槽，所述梳妆台本体与所述储物架相连接，所述盖板和撑架置于所述台体的顶部，所述储物格设置于所述台体内，所述储物抽屉设置于所述架体内，所述凳槽设置于所述架体的底部,所述化妆凳设置于所述凳槽内。通过上述方式，本发明一种多功能红木梳妆台，不仅可以用于梳妆打扮，存放化妆用品等物品，还可以充分的利用空间，而且可以增加梳妆台的使用寿命，具有收藏价值。

申请号：2013106679666

发明名称：一种红木家具专用蜡膏及其制备方法

公开号：CN103694902A

申请人：青岛海芬海洋生物科技有限公司

摘要：本发明公开了一种及一种红木家具专用蜡膏及其制备方法，按质量百分数计配比如下：蜂蜡 4—8 份；白油 2—5 份；虫蜡 0.3—1.6 份；甜橙油 1.5—2.5 份；海藻多糖 4—6 份；杀菌肽 5—7 份。本发明的含海洋生物抗菌成分的红木家具专用蜡膏，由于含有海藻多糖、杀菌肽作为生物杀菌、抗菌组分，无腐蚀性，可有效防止红木家具因环境潮湿发生霉变。经常使用有保护红木家具光泽度，防止开裂，填补修复划痕，使家具保新增亮，延长其使用寿命的优点。

申请号：201410019035X

发明名称：一种多功能红木晒衣架

公开号：CN103696211A

申请人：常熟市福达红木家具厂

摘要：本发明公开了一种多功能红木晒衣架，包括：晾衣架本体，所述的晾衣架本体包括受力架、平铺架、左晾衣杆和右晾衣杆，所述的平铺架与所述的受力架相连接，且所述的受力架设置于所述的平铺架顶部，所述的平铺架的左右两侧分别设置有左晾衣杆和右晾衣杆，所述的左晾衣杆和所述的右晾衣杆的两侧分别设置有晒被杆，所述的左晾衣杆上垂直设置有晒衣篮。此晒衣架包括有多个分隔区，有用来晒上衣的，也有用来晒裤子的，还有用来晒内衣的，分隔明确，外形美观，可折叠不占空间。

申请号：2013105520239

发明名称：硬杂木缺氧高温处理仿功能红木工艺

公开号：CN103586949A

申请人：北华大学

摘要：本发明是一种硬杂木缺氧高温处理仿功能红木工艺。其特点是选用木材纹理特征与红木相似的硬杂木作为材料，经缺氧高温及微孔化处理，使其外观颜色达到红木类木材材色参数的色空间分布特征范围，同时木材经缺氧高温微孔化处理增强气相吸附性能，能够吸附甲醛、苯、二甲苯等有害气体，使其具有净化空气的功能。本发明具有外观逼真、生产成本低、效率高，产品无有害物质等优点。

申请号：2013103993295

发明名称：一种多用途红木餐椅

公开号：CN103549788A

申请人：常熟市三新红木家具厂

摘要：本发明公开了一种多用途红木餐椅，该红木餐椅包括椅背、座板、椅腿和扶手，所述的椅背、座板、椅腿和扶手之间采用榫连接，所述的扶手包括左、右扶手，两扶手的内侧开设凹槽，其内各设置一防护杆，所述的防护杆的前端与扶手的凹槽之间采用转轴连接，防护杆可相对扶手转动，所述的防护杆完全转动打开后与扶手呈 90°，所述的左、右扶手上的防护杆完全转动打开后在一直线上。本发明揭示了一种多用途红木餐椅，该红木餐椅结构设计合理，在其左、右扶手上各设置一防护杆装置，该防护杆可在幼儿用餐时对其身体起到良好的限制作用，防止其从餐椅中滑落；同时，该防护杆装置使用、收藏方便，餐椅同样适合成年人使用，确保了餐椅良好的实用价值。

申请号：2013104165352
发明名称：一种实用型红木餐桌
公开号：CN103462354A
申请人：常熟市福达红木家具厂
摘要：本发明公开了一种实用型红木餐桌，该红木餐桌包括桌体和桌腿，两者采用榫连接，所述的桌体由左、右半圆板和中间板拼接而成，所述的中间板为长方体结构，由盖板和内板组成，所述的盖板呈“凹”字，直接套设在内板的上部，所述的盖板和内板之间采用销孔连接，所述的内板上增设一圆形转盘体，该圆形转盘体可相对桌体作 360° 转动。本发明揭示了一种实用型红木餐桌，该红木餐桌结构设计独特，其桌体内增设了圆形转盘装置，该装置可为坐在餐桌远端用餐士提供方便，避免了用餐时出现无法够到食物的尴尬现象的发生，提升了红木餐桌的实用性；同时，该圆形转盘装置外部设置盖板结构，有效地确保了红木餐桌的整体外观性。

申请号：2013104165691
发明名称：一种舒适型红木椅
公开号：CN103504850A
申请人：常熟市福达红木家具厂
摘要：本发明公开了一种舒适型红木椅，该红木椅包括椅背、座板、椅脚和扶手，所述的椅背和座板之间采用转轴连接，椅背可相对座板在一定角度内转动，所述的扶手由手扶杆和支撑杆组成，两者的连接部采用分离结构设计，所述的手扶杆一端与椅背固连，所述的支撑杆一端与座板固连。本发明揭示了一种舒适型红木椅，该红木椅结构设计合理，其椅背和座板之间的角度可调，满足了不同状态下人们的使用需求，为人们提供了更为舒适的办公状态；同时，椅背和座板之间的角度调节方便，调节后红木椅的稳定性能优良，可确保红木椅正常的使用寿命。

申请号：2013103995074
发明名称：一种多功能红木写字台
公开号：CN103462361A
申请人：常熟市三新红木家具厂
摘要：本发明公开了一种多功能红木写字台，该红木写字台包括桌面、桌体和底脚，所述的桌面划分为多个功能区，主要由太阳能电池区、暖手区和杂物摆放区组成，所述的太阳能电池区位于桌面的上部，暖手区位于桌面下部的正中，杂物摆放区位于暖手区的左右两侧，所述的太阳能电池区内设薄膜太阳能电池，该电池可为暖手区中的电热垫提供电能。本发明揭示了一种多功能红木写字台，该红木写字台结构设计合理，功能独特，桌面上增设暖手装置，其太阳能电池区可为暖手区提供电能，实现暖手效果；同时，该暖手装置使用安全、可靠、高效，且符合节能、环保理念，有效地提升了红木写字台的实用性。

申请号：2013104166105

发明名称：一种实用型红木写字台

公开号：CN103462362A

申请人：常熟市福达红木家具厂

摘要：本发明公开了一种实用型红木写字台，该红木写字台包括桌面、桌体和底脚，所述的桌面内增设旋转式盘景架，该盘景架设置在桌面的左、右两个上角部位，所述的盘景架与桌面之间采用定轴连接，盘景架可相对桌面作360°转动，所述的桌面内设置弹性锁装置，该装置由弹性按钮、联动杆、弹性触头等部件组成，所述的弹性按钮设置在桌面靠近桌角的位置。本发明揭示了一种实用型红木写字台，该红木写字台结构设计合理，在其桌面内增设的旋转式盘景架结构，使得写字台上可摆放更多植物盘景，可为人们营造更为舒适的办公环境；同时，该盘景架结构设计合理，使用方便，可有效扩充写字台的办公空间，确保写字台桌面的整洁性。

申请号：2013103989088

发明名称：一种高度可调的红木椅

公开号：CN103462395A

申请人：常熟市三新红木家具厂

摘要：本发明公开了一种高度可调的红木椅，该红木椅包括椅背、座板、椅脚和扶手等部件，各部件之间采用榫卯结构进行连接，所述的椅脚下部增设高度调节装置，该高度调节装置为手动调节装置，主要由地垫、转杆和定杆组成，所述的地垫与转杆的下端固连，定杆固定设置在椅脚内，所述的转杆与定杆之间采用传动螺纹连接，所述的地垫在转杆带动下转动并相对定杆上下移动。本发明揭示了一种高度可调的红木椅，该红木椅结构设计合理，其椅脚上增设的高度调节装置可有效调节椅身的整体高度，满足特殊人群的使用要求；同时，该高度调节装置具有良好的强度和稳定性，高度调节方便、精度较高，可有效确保红木椅良好的舒适度。

申请号：2013103993153

发明名称：一种具有保健功效的红木椅

公开号：CN103462399A

申请人：常熟市三新红木家具厂

摘要：本发明公开了一种具有保健功效的红木椅，该具有保健功效的红木椅包括椅背、座板、椅脚和扶手，所述的椅背、座板以及扶手上均增设按摩珠装置，该按摩珠装置由滚珠、定轴和架体组成，所述的滚珠在外摩擦力作用下相对定轴转动，所述的架体用于固定定轴，所述的按摩珠装置采用嵌入式结构设计，其外部均安装盖板。本发明揭示了一种具有保健功效的红木椅，该红木椅结构设计合理，功效独特，其椅背、座板以及扶手上增设了按摩珠装置，当人体的手臂、臀部以及背部相对按摩珠装置移动摩擦时，各部位相应的穴道得到了有效的按摩和刺激，可起到强身健体的功效，极大地提升了红木椅的实用价值；同时，该按摩珠装置使用方便，其外部设置的外盖有效地确保了红木椅的外观性能。

申请号：201310416611X

发明名称：一种新型红木转椅

公开号：CN103462400A

申请人：常熟市福达红木家具厂

摘要：本发明公开了一种新型红木转椅，该红木椅包括椅背、座板、椅脚和扶手，所述的座板采用双层结构设计，由上座板和下座板组成，所述的上、下座板之间设置滚动环装置，所述的滚动环装置由滚动环和环形槽组成，所述的滚动环安装在上座板的正中部，所述的环形槽安装在下座板的正中部，所述的下座板内设置制动装置，该制动装置由制动按钮、制动杆、制动片以及弹性锁扣组成。本发明揭示了一种新型红木转椅，该红木椅结构设计独特，其底座采用双层结构设计，上部可相对下部自由转动，便于人们的入座和离座，有效地提升了红木椅的实用性；同时，底座内置的滚动环装置结构设计合理、强度高，配合其内设置的制动装置，使红木椅的转动性能更加的稳定和高效。

申请号：2013104165672

发明名称：一种新型红木雕花椅

公开号：CN103462401A

申请人：常熟市福达红木家具厂

摘要：本发明公开了一种新型红木雕花椅，该红木椅子包括椅背、座板、椅腿和扶手，所述的椅背上设有红木雕花图案，该椅背由表层、雕花层和底层组成，所述的表层和底层采用框架结构设计，其结合面上对称设置若干凹陷结构，所述的雕花层的中部为雕花图案，沿其周边设置若干连接块结构，所述的连接块结构与凹陷结构的位置和尺寸配合，以实现表层、雕花层和底层良好的定位连接效果。本发明揭示了一种新型红木雕花椅，该红木雕花椅结构设计独特，其椅背由多层板料复合而成，其中的红木雕花图案可进行独立制备，有效地降低了红木料的损耗，且适于进行批量生产；同时，椅背的多层结构结合性能突出，外观性能优良，有效地提升了红木雕花椅的市场竞争力。

申请号：2013104165687

发明名称：一种新型红木花瓶

公开号：CN103462419A

申请人：常熟市福达红木家具厂

摘要：本发明公开了一种新型红木花瓶，该红木花瓶包括瓶体和底座，两者采用可分离结构设计，瓶体叠放在底座之上，所述的瓶体内增设一内胆结构，该内胆整体采用不锈钢材质，所述的内胆与瓶体通过螺纹连接实现固连，所述的内胆下部的外表面上设有外螺纹，瓶体下部的内表面上设有内螺纹。本发明揭示了一种新型红木花瓶，该红木花瓶结构设计独特，其瓶体内增设内胆结构，使得红木花瓶不仅作为摆设使用，还可作为普通花瓶安插鲜花使用，有效地提升了红木花瓶的实用性；同时，上述内胆结构可脱卸，使用清洗方便，且具有良好的防水性能，确保了红木花瓶的使用性能。

申请号：2013104165367

发明名称：一种新型红木雕花椅的制备方法

公开号：CN103465335A

申请人：常熟市福达红木家具厂

摘要：本发明公开了一种新型红木雕花椅的制备方法，该制备方法包括如下步骤：a）制备椅背前、后层，b）制备椅背雕花层，c）装配椅背，d）制备其余部件，e）组装雕花椅，f）刮磨，g）上蜡。本发明揭示了一种新型红木雕花椅的制备方法，该制备方法工序安排合理，实施简便，其红木雕花部分可进行独立制备，有效的降低了红木料的损耗，简化了生产工艺，有利于中小作坊进行组织生产。

申请号：2013103994226
发明名称：一种多功能红木笔筒
公开号：CN103465702A
申请人：常熟市三新红木家具厂
摘要：本发明公开了一种多功能红木笔筒，该红木笔筒包括筒体和底座，两者采用螺钉实现固连，所述的底座外部增设一圆环套结构，该圆环套可相对底座向上移动并在最高位产生相对固定，所述的筒体和圆环套为红木材质，底座为工程塑料材质，所述的底座为一环形插线器装置，其圆周面上设置若干插座结构，内部设有相应的铜片、导线、保险管等元器件。本发明揭示了一种多功能红木笔筒，该红木笔筒结构设计合理，功能独特，其底座设计成环形插线器装置，可作为应急拖线板使用，为现代化办公提供方便；同时，底座的外部设置环形套结构，可确保笔筒正常使用时良好的外观性能。

申请号：2013103995089
发明名称：一种复式红木笔筒
公开号：CN103465703A
申请人：常熟市三新红木家具厂
摘要：本发明公开了一种复式红木笔筒，该红木笔筒包括筒体和底座，两者采用可分离结构设计，所述的筒体和底座均为独立的置物体，分别存放不同规格、种类的办公用品，所述的底座的上表面开口，与筒体底面接触的环形面上设置插孔结构，所述的筒体底面上设置插销结构，所述的插孔与插销的位置相对应，以实现筒体和底座的配合连接。本发明揭示了一种复式红木笔筒，该红木笔筒结构设计合理，其筒体和底座采用可分离结构设计，拆卸、装配方便，其底座内可存放体积较小的常用办公用品，使红木笔筒更具实用性。

申请号：2013104165668
发明名称：一种新型红木笔筒
公开号：CN103465704A
申请人：常熟市福达红木家具厂
摘要：本发明公开了一种新型红木笔筒，该红木笔筒包括筒体和底板，两者采用木销固连，所述的筒体由隔板均分成前半部和后半部，所述的前半部上部封顶，回转面由两扇弧形门构成，其内腔中平行的设置若干半圆形置物格，所述的后半部上部开口，其内腔中可放置笔、尺等直条型物件。本发明揭示了一种新型红木笔筒，该红木笔筒结构设计合理，其筒体由前、后两部分组成，其内可存放各类常用办公用品，且办公用品可分类存放，便于人们的使用，有效地提升了红木笔筒的实用性。

申请号：2013104165704
发明名称：一种具有灯光效果的红木笔筒
公开号：CN103465705A
申请人：常熟市福达红木家具厂
摘要：本发明公开了一种具有灯光效果的红木笔筒，该红木笔筒包括筒体和底座，筒体套设在底座上，两者采用间隙配合，所述的笔筒内增设彩灯装置，该彩灯装置由灯柱、灯管、蓄电池、电路板、充电插孔、变压器、开关以及相关电路组成，所述的灯柱从底座内穿出后贯穿整个筒体，其上部的灯管整体位于筒体之外。本发明揭示了一种具有灯光效果的红木笔筒，该红木笔筒结构设计独特，其内增设的彩灯装置使得笔筒可作为装饰灯具使用，满足时尚人士的使用需要；同时，该彩灯装置使用方便，制备工艺简便，是古典艺术和现代工艺的完美结合。

申请号：2013104165776

发明名称：一种组合式红木笔架

公开号：CN103465706A

申请人：常熟市福达红木家具厂

摘要：本发明公开了一种组合式红木笔架，该红木笔架包括底座、支柱和横杆，三者可拆卸，相互之间均采用螺纹连接，所述的底座右侧部增设一盒体，该盒体与底座高平齐，所述的盒体上盖可滑移打开，其内可存放砚台，所述的底座的左侧部设置一水筒，该水筒可与底座分离，两者之间采用插销连接。本发明揭示了一种组合式红木笔架，该红木笔架结构设计合理，外形美观、大方，使用方便，该笔架内可收藏砚台，并与水筒进行了有机的结构，为人们的书画创作提供便捷性；同时，该红木笔架可有效确保写字台的整洁性，为人们提供了更为优良的书画环境。

申请号：2013103993280

发明名称：一种红木家具抗菌面漆

公开号：CN103468043A

申请人：常熟市三新红木家具厂

摘要：本发明公开了一种红木家具抗菌面漆，该抗菌面漆的主要成分及其百分含量配比为：熟漆85％—95％、纳米抗菌剂5％—10％，其余为相关助剂。本发明揭示了一种红木家具抗菌面漆，该抗菌面漆成分配制合理，在赋予红木家具表层防水、防霉、防划痕等能力的同时还使其具有一定的抗菌能力，使表层能够主动的抵御和杀灭常见细菌，对人体起到良好的保护作用；同时，该抗菌面漆有效地减少了抗菌清洗液的使用频率，确保了红木家具良好的外观性能和使用寿命。

申请号：201310399305X

发明名称：一种红木家具抗菌面漆的制备方法

公开号：CN103468050A

申请人：常熟市三新红木家具厂

摘要：本发明公开了一种红木家具抗菌面漆的制备方法，该制备方法包括如下步骤：a）炼制熟漆，b）抗菌化处理，c）浓缩处理，d）纱网过滤，e）装瓶保存。本发明揭示了一种红木家具抗菌面漆的制备方法，该制备方法工序安排合理，制备工艺简便，成本适中，制得的面漆在赋予红木家具表层防水、防霉、防划痕等能力的同时还使其具有一定的抗菌能力，使表层能够主动的抵御和杀灭常见细菌，对人体起到良好的保护作用，极大地提升了面漆的实用性。

申请号：2013103993168

发明名称：一种红木家具清洗液

公开号：CN103468151A

申请人：常熟市三新红木家具厂

摘要：本发明公开了一种红木家具清洗液，该清洗液的主要成分及其百分含量配比为：天然蜂蜡25％—35％、天然植物蜡20％—30％、天然植物油40％—50％。本发明揭示了一种红木家具清洗液，该清洗液选用纯天然原料，其成分配制合理，制备工艺简便，成本适中，清洗液具有清洗和养护双重功效，适合于不同表层特性的红木家具使用，实用性能突出。

申请号：2013103993365

发明名称：一种红木家具清洗液的制备方法

公开号：CN103468152A

申请人：常熟市三新红木家具厂

摘要：本发明公开了一种红木家具清洗液的制备方法，该制备方法包括如下步骤：a）选材备料，b）加热混料，c）超声波振荡处理，d）静置过滤，e）装瓶。本发明揭示了一种红木家具清洗液的制备方法，该制备方法工序安排合理，制备工艺简便，成本适中，清洗液采用纯天然原料，对红木家具的清洗和养护功效显著，适合于不同表层特性的红木家具使用。

申请号：2013101593298

发明名称：一种红木家具的制造方法

公开号：CN103203789A

申请人：田庆记

摘要：本发明实施例公开了一种红木家具的制造方法，包括步骤：A. 根据设计方案中家具的外形、颜色、纹理选择原木；B. 将原木放置在烤窑中进行烘烤处理；C. 挑选合适尺寸的木材进行解板；D. 采用合金刀刨料，取直、取方； E. 制作燕尾榫、明榫、暗榫、半榫、套榫、长短榫、插肩榫、格肩榫、托肩榫、 抱肩榫和托角榫；F. 将制作好的零部件采取卯榫结合；G. 对组装好后的家具进行刨面。从上述技术方案中可以看出，本发明实施例公开的红木家具的制造 方法中在家具组装之前，先对原木进行烘烤，烘烤后提高了原木的稳定性，防止木材适度较大而产生的收缩、开裂、变形现象。

申请号：2014201801958

发明名称：一种重竹仿红木矮柜

公开号：CN203776415U

申请人：福建茗匠竹艺科技有限公司；李吉庆

摘要：本实用新型提供一种重竹仿红木矮柜，其特征在于：具有位于后部的背板，位于两侧的旁板，圆榫穿过并过盈配合地固定在背板表面和旁板侧面所开设的榫孔中而将背板和旁板固定连接；旁板顶部有水平的面板；两个旁板之间具有底板；底板和面板之间具有水平的搁板；两个旁板的内侧在位于搁板上方的位置分别具有金属滑道，一个抽屉可滑动地架设在金属滑道上；两个门板分别与两个旁板以铰链连接，门板位于抽屉下方。本实用新型符合再生或循环经济和绿色环保性的要求；具有很好的艺术效果；制备方法简单，制备的矮柜保持了竹材原有的质地细腻感，充分利用我国丰富的竹子资源，提高了竹材的附加值，具有较好的经济利益和社会效益。

申请号：2014201802202

发明名称：一种重竹仿红木椅

公开号：CN203776469U

申请人：福建茗匠竹艺科技有限公司；李吉庆

摘要：本实用新型提供一种重竹仿红木椅，其特征在于：具有座位面板，座位面板下方固定插设连接有四根椅腿，在两根椅腿之间具有水平连接条；座位面板上方插设地固定连接有两根靠背支撑杆，靠背支撑杆之间具有靠背；座位面板上方插设有两排扶手支撑杆，每排扶手支撑杆的上方插设固定有一个水平的扶手，两根水平扶手的末端均为圆榫状并插入对应的靠背支撑杆所设的榫孔中。本实用新型符合再生或循环经济和绿色环保性的要求；具有很好的艺术效果；制备方法简单，制备的仿红木椅保持了竹材原有的质地细腻感，充分利用我国丰富的竹子资源，提高了竹材的附加值，具有较好的经济利益和社会效益。

六、胶合板最新专利

申请号：201310039060X

发明名称：一种胶合板及其制作方法

公开号：CN103963114A

申请人：戴武兵

摘要：本发明提供了一种制作胶合板的方法，其中，所述胶合板由两个以上的单板压贴而成，该方法包括：在相邻的两单板之间铺上胶黏剂，先热压后冷压，其中，所述冷压的压力不低于热压的压力，所述胶黏剂含有低密度聚乙烯和聚丙烯。本发明提供了本发明的所述的方法制作得到的胶合板。本发明中，通过控制冷压的压力不低于热压的压力，且通过将低密度聚乙烯和聚丙烯配合使用作为胶黏剂，使得按照本发明的方法制作得到的胶合板具有更好的耐水性、耐干燥性及牢固性。

申请号：201410150498X

发明名称：一种斜纹胶合板的制造方法

公开号：CN103934866A

申请人：黑龙江省木材科学研究所

摘要：一种斜纹胶合板的制造方法，它涉及一种斜纹胶合板的制造方法。本发明的目的是为了解决现有胶合板纵向强度与横向强度差异较大的问题，本发明制造方法为：一、将木材单板的长边端面斜磨，然后在斜磨处涂胶，加压接长，得到接长后单板；二、将接长后单板的进行截断加工，然后沿宽度方向上接长，得到接长平行四边形单板；三、将接长平行四边形单板相邻层按木材纤维方向相互垂直的方式，沿厚度方向进行连续组坯，在作为芯板的接长平行四边形单板的双面涂胶；预压后再截断；四、将截断后的坯板放入热压机热压，然后进行齐边，即完成。本发明显著改善了胶合板横纹强度低的不足，使胶合板各向力学性能趋于均匀。本发明应用于胶合板制造领域。

申请号：2014100875380

发明名称：一种胶合板的生产工艺

公开号：CN103846986A

申请人：林华敏

摘要：一种胶合板的生产工艺，包括如下步骤：将用于生产胶合板的单板进行弯曲处理，所述弯曲处理是将单板向横纹方向弯曲，使单板表面产生沿着单板厚度方向开裂、顺着木纹方向分布的裂纹；将以上经过弯曲处理的单板与塑料薄膜复合组坯；再经热压、冷压处理后，即制得成品。本发明的生产工艺提供一种没有甲醛、苯酚等有害物质污染，具有较好的胶合强度、抗弯强度、稳定性和耐水性的胶合板。

申请号：2012104167940

发明名称：防变形胶合板

公开号：CN103770161A

申请人：仪征市金海木业有限公司

摘要：一种防变形胶合板。板材的四个拐角由弧形曲面相连，在板材的正反面上各设有两个窄长的铁皮，每个铁皮的两端分别与板材的两个斜对角通过连接件固定相连，在板材的中心处设有贯穿铁皮和板材的连接件。板材弧形的拐角减少板材水分的丧失和与其他物体的碰撞，板材两面的斜对角上共设有四个铁皮，铁皮起到阻止板材变形和起胶的作用。

申请号：201210416796X

发明名称：凹凸式胶合板

公开号：CN103770162A

申请人：仪征市金海木业有限公司

摘要：一种凹凸式胶合板。板材相对的两边上，一边设有凹槽，另一边凹槽相对的位置上设有与凹槽相配合的凸块。使用时，相邻的胶合板相嵌组合成一个整体，不容易变形，提高胶合板使用效果。

申请号：2012104167974

发明名称：组合式胶合板

公开号：CN103770163A

申请人：仪征市金海木业有限公司

摘要：一种组合式胶合板。其由长度不同的长板材和短板材通过胶黏剂胶合而成，短板材位于长板材的中间位置，且短板材和长板材的厚度相同，长板材和短板材由多层单板通过胶黏剂胶合组成。相邻的胶合板相嵌组合成一个整体，由于相邻胶合板之间的支撑作用，使得需要支撑胶合板的支撑架比较少。

申请号：2012104167989

发明名称：建筑用胶合板

公开号：CN103770164A

申请人：仪征市金海木业有限公司

摘要：一种建筑用胶合板。板材的四个拐角由弧形曲面相连，板材的每个拐角的正反两面各设有一块铁皮，在板材的每个拐角处设有一个贯穿铁皮和板材的连接件。板材弧形的拐角减少板材水分的丧失和与其他物体的碰撞，拐角处的铁皮起到加固板材的目的，防止板材起胶。

申请号：2014100240749

发明名称：一种竹束胶合板生产工艺

公开号：CN103770167A

申请人：仁化县奥达胶合板有限公司

摘要：本发明涉及一种竹束胶合板生产工艺，包括竹席、竹束单板和酚醛胶，其工艺步骤包括备料；剖解；制备竹束单板；剖篾；一次干燥；竹束单板浸胶；二次干燥；成型铺装；热压；裁边入库。具有工艺简单、竹材利用率高、生产成本低的特点，制造出的竹胶合板具有胶合板内部黏接强度更高、生产密度可调、板面强度高等优点，可广泛用作建筑模板、车厢底板、装饰材料、家具用材等，是一种性能优良的建筑装饰工程材料。

申请号：2012104167955

发明名称：防变形建筑用胶合板

公开号：CN103774788A

申请人：仪征市金海木业有限公司

摘要：一种防变形建筑用胶合板。在板材的一面上至少设有两根长条形的木方板，木方板与板材之间通过连接件相连。由于木方板的硬度比板材高，木方板起到阻止板材变形的目的，提高胶合板的使用寿命。

申请号：2014100579230

发明名称：一种木塑复合材覆面胶合板模板及其制备方法

公开号：CN103758340A

申请人：东北林业大学

摘要：一种木塑复合材覆面胶合板模板及其制备

方法，它涉及一种胶合板模板及其制备方法。本发明是要解决现有技术制备的木质胶合板模板存在强度低、耐久性差的问题。一种木塑复合材覆面胶合板模板由木塑薄板、改性无纺布和芯层胶合板制备而成。制备方法：一、木塑薄板的制备；二、无纺布改性处理；三、芯层胶合板的制备；四、铺装；五、成型。本发明一种木塑复合材覆面胶合板模板，制造成本低廉，强度高韧性好使用寿命长，抗潮湿不易胀模，耐腐不锈，表面光洁平整易于脱模，重量轻运输和施工方便。本发明一种木塑复合材覆面胶合板模板作为建筑模板使用。

申请号：2014100211125

发明名称：一种胶合板制备系统和方法

公开号：CN103737679A

申请人：迪芬巴赫机械设备服务（北京）有限公司

摘要：本发明公开了一种胶合板制备系统和方法，其中，制备系统包括：铺设皮带运输机、连续热压机以及皮带运输机组；所述皮带运输机组包括多个皮带运输机；在所述第 2n － 1 皮带运输机的上游侧设置有第 2n － 1 真空吸盘吊具；在所述第 2n 皮带运输机的上游侧设置有第 2n 真空吸盘吊具和第 2n 涂胶设备；所述第 2n － 1 皮带运输机和所述第 2n 皮带运输机沿所述铺设皮带运输机的运输方向依次交替分布于所述铺设皮带运输机的同一侧，其中所述 n 为 1 以上的整数；所述连续热压机将所述铺设皮带运输机输送的所述复合板坯成型为胶合板。本发明的胶合板制备系统可以连续组装复合板坯和连续热压成型。

申请号：2012103922149

发明名称：PVC 胶面覆膜胶合板

公开号：CN103722593A

申请人：刘晶

摘要：本发明公开了一种 PVC 胶面覆膜胶合板，它是在经过糙化处理的胶合板上连接一层 PVC 胶层，在 PVC 胶层上有一层 TPU 覆膜，这种胶合板具有最佳耐水性和耐磨性，在增加胶合板板材使用寿命的同时，还不影响胶合板板材的柔软性能。

申请号：2012103789477

发明名称：一种复合胶合板

公开号：CN103707369A

申请人：刑建国 ； 高志英

摘要：本发明的目的是提供一种能节约竹材、木材用椰子树枝、叶、韧皮、椰壳纤维为原料或用椰子树枝、叶、韧皮、椰壳纤维、竹材、木材为混合原料制造的复合胶合板，代替现有的竹材、木材的胶合板，节省竹材、木材资源，降低成本，保护了生态环境，本发明变废为宝，避免枝叶脱落伤人和砸坏车辆。

申请号：201310659938X

发明名称：一种炭化胶合板及其制作方法

公开号：CN103692505A

申请人：福建农林大学

摘要：本发明公开了一种炭化胶合板及其制作方法，该炭化胶合板以单板、冷固化型胶黏剂为原料，采用连续式热压机将单板炭化、对炭化单板涂胶、冷压制成。经本发明方法制作的炭化胶合板，不容易变形，吸水率低，耐老化性能好，且炭化胶合板的长度能达 2440mm，宽度能达 1220mm，厚度能达到 1000mm。可作为地板、公园的庭木、景观亭、景观栈道等，成本较普通炭化木低，性能较普通炭化木好，克服了普通炭化木生产时间长，幅面较小，工艺复杂的问题。

申请号：2013106159445
发明名称：一种阻燃隔热胶合板的加工工艺
公开号：CN103659948A
申请人：湖州立方塑木新材料有限公司
摘要：本发明公开了一种阻燃隔热胶合板的加工工艺，包括以下步骤：将木质薄板放入阻燃剂中浸渍90—120min，阻燃剂温度控制为55—65℃；将浸渍后的木质薄板干燥至含水率7%—11%；将木质薄板、木质薄板、隔热板、木质薄板和木质薄板从上至下依次排列并通过胶黏剂黏结成板坯；在板坯的表面涂覆阻燃剂，然后冷压、热压、裁边、砂光、布面，加工出来的胶合板具有良好的阻燃性和隔热性。

申请号：2013106757557
发明名称：一种阻燃胶合板的生产方法
公开号：CN103624843A
申请人：北京林业大学
摘要：本发明公开了一种阻燃胶合板的生产方法。该阻燃胶合板具有热释放速率小、甲醛释放量低等特点。本发明的阻燃胶合板按如下步骤进行生产：对木单板浸渍一定浓度的聚磷酸铵／分子筛溶液，单板干燥后进行涂胶、组坯和热压等处理。

申请号：2013106757985
发明名称：一种阻燃胶合板的制备方法
公开号：CN103624844A
申请人：北京林业大学
摘要：本发明公开了一种阻燃胶合板的制备方法。该阻燃胶合板具有热释放速率小、甲醛释放量低等特点。本发明的阻燃胶合板按如下步骤进行制备：对木单板浸渍一定浓度的聚磷酸铵／分子筛溶液，单板干燥后进行涂胶、组坯和热压等处理。

申请号：2013106812893
发明名称：一种阻燃胶合板的制造方法
公开号：CN103612292A
申请人：北京林业大学
摘要：本发明公开了一种阻燃胶合板的制造方法。该阻燃胶合板具有热释放速率小、甲醛释放量低等特点。本发明的阻燃胶合板按如下步骤进行制造：对木单板浸渍一定浓度的聚磷酸铵／分子筛溶液，单板干燥后进行涂胶、组坯和热压等处理。

申请号：201310643471X
发明名称：一种利用纤维素改性豆胶制备无醛胶合板的方法
公开号：CN103612295A
申请人：南京林业大学
摘要：本发明是一种利用纤维素改性豆胶制备无醛胶合板的方法，包括，（1）纤维素改性豆胶的制备；（2）木质单板预处理；（3）将木质单板在常压冷等离子体改性处理；（4）涂胶胶合：（5）进行组坯，再经热压后制成板材。优点：（1）胶合强度高：本发明结合等离子表面处理工艺与纤维素增强手段，利用本发明生产得到的木质单板人造板，其胶合强度可提高5%～40%，（2）节能环保：本项发明提出了一种木质单板表面物理改性与胶黏剂改性相结合的处理技术，节约能源，大大降低胶黏剂用量，且无公害。符合当前工业化生产节能减排的要求。（3）操作简便，可控性强：可根据产品的要求通过调整处理工艺控制处理效果，且处理时间短，效率高。

申请号：2012102384929

发明名称：笋衣胶合板及其生产工艺

公开号：CN103538123A

申请人：赤壁家鄉笋衣开发有限公司

摘要：采用毛竹、金竹、麻竹、雷竹、把竹、霸王竹等各类竹笋衣为原料使用透明水晶胶，经1、面板备料生产工艺：漂洗除毛—溶液处理（清水70%，醋酸27%，乙醇3%）—水洗—干燥—展平—模压拼图。2、基板生产工艺：漂洗除毛—干燥—展平—编帘—铺平—施胶—热压。3、将面板拼图拼接铺平—施胶—热压在基板表面—锯边—分级检验—包装入库，由以上三步工艺加工成笋衣胶合板，可以用于工业、建筑业、家具、地板、装饰、包装等用途广泛。充分体现了变废为宝，克服了现有胶合板存在的诸多问题。采用本发明工艺加工成的笋衣胶合板生产成本低，强度大、防潮、防水性能好，不易变形，低碳环保，经久耐用，又能节约资源。为我国胶合板业发展提供新的替代产品。

申请号：2013103637680

发明名称：一种低甲醛释放量的胶合板的制造方法

公开号：CN103484046A

申请人：湖北省宏源药业有限公司

摘要：本发明实施例提供了一种低甲醛释放量的胶合板的制造方法，属于胶合板制备技术领域。该方法包括施胶工序，在施胶工序中，胶黏剂的施用量为胶合板绝干质量的6%—8.5%，胶黏剂由改性脲醛树脂和固化剂组成，固化剂的质量为改性脲醛树脂的质量的0.3%—0.5%；改性脲醛树脂由尿素、乙二醛、三聚氰胺、硼砂和玉米淀粉制成，其中尿素、乙二醛和三聚氰胺的摩尔比为1:0.8—1.1:0.05—0.1；固化剂的组成以质量百分含量计为：氯化铵10.0%—15.0%、六亚甲基四胺2.0%—4.5%、草酸0.3%—0.8%、其余为水。本发明实施例提供的低甲醛释放量的胶合板的制造方法，可以将胶合板的甲醛释放量控制在E0级或新E0级。

申请号：2013104444401

发明名称：一种防火胶合板及其制造工艺

公开号：CN103468014A

申请人：徐州安联木业有限公司

摘要：本发明公开了一种防火胶合板及其制造工艺，属于木材加工领域。由以下材料组成：木粉20%—40%、竹粉10%—20%，氧化镁粉20—40%、聚乙烯醇10%—20%、酚醛树脂3%—5%、玻璃纤维5%—10%、石棉5%—10%。本发明具有加工容易，韧性强，使用寿命长，具有良好的阻燃和防水功能。

申请号：2013104455919

发明名称：一种胶合板用脲醛树脂胶的配方及其制备方法

公开号：CN103468185A

申请人：徐州安联木业有限公司

摘要：本发明公开了一种胶合板用脲醛树脂胶的配方及其制备方法，属于胶合板用胶黏剂技术领域，质量配比如下：37%的甲醛650—700kg，98%的尿素450—500kg，20%的氯化铵0.1—0.2kg，30%的烧碱10—20kg，聚乙烯醇3—5kg，甲醛捕捉剂3—5kg。本发明将甲醛的含量控制到最低，从而相对的减少了在制备过程中流离甲醛的含量；同时，本发明在制备过程中，将反应釜中的温度降至60—65℃，同时加入烧碱将反应釜中的反应液pH值中和之后，再加入甲醛捕捉剂对甲醛吸收，确保了脲醛树脂胶的胶合强度的同时，减少了制备后脲醛树脂胶中流离甲醛的数量，从而确保了使用者的身体健康。

申请号：2012101512559

发明名称：一种植物香料胶合板的制造方法

公开号：CN103419254A

申请人：谢黎新

摘要：本发明公开了一种植物香料胶合板的制造方法，其特征在于包括以下步骤：步骤一：将单板进行拼接；步骤二：将行经步骤一处理的单板进行涂胶；步骤三：在经步骤二处理的单板上喷涂植物香料；步骤四：将经步骤三处理的单板进行排版、冷压；步骤五：将经步骤四处理的原料进行修理和热压；步骤六：将经步骤五处理的原料进行砂光、涂胶、贴面、热压、裁边。本发明的技术方案工序简单，而且由于喷涂了植物香料，所以所生产出的胶合板能散发香味，无刺激性气味，利于人们的身体健康。

申请号：201310309114X

发明名称：用于包覆异型基材的UV漆贴面胶合板及其方法

公开号：CN103395102A

申请人：黄明辉

摘要：公开了一种用于包覆异型基材的UV漆贴面胶合板及其方法。该用于包覆异型基材的UV漆贴面胶合板包括：可加热弯折的胶合板材、无纺布、木皮饰面、UV漆面和PET保护膜，其中可加热弯折的胶合板材的下表面设置有与异型基材对应的包覆槽，所述包覆槽内设置有热熔包覆胶，所述可加热弯折的胶合板材通过所述热熔包覆胶黏合在异型基材上，所述无纺布贴合在可加热弯折的胶合板材上表面与木皮饰面下表面之间，所述木皮饰面的上表面设置有UV漆面，所述UV漆面上设置有PET保护膜。该环保UV漆贴面胶合板包覆技术可根据不同异形基材包覆成型各种造型，从而为装饰及家居行业的成品木型材提供了产品的多样性和高效性。

申请号：2013102409117

发明名称：一种生态无醛装饰胶合板

公开号：CN103331787A

申请人：浙江升华云峰新材股份有限公司

摘要：本发明公开了一种生态无醛装饰胶合板，其加工步骤是首先利用了无醛的改性淀粉乳液，再按胶合板生产过程中不同阶段的不同要求，按不同的比例加入增黏剂、填充剂、增强剂，进行改性淀粉胶黏剂的调制，经过基板的制作，装饰单板的贴面这两个步骤后最终制得了无醛生态环保的装饰胶合板。从根本上消除了原有的装饰胶合板释放甲醛的隐患，提高人们的生活质量，保障人们的身心健康。

七．刨花板最新专利

申请号：2014102783415

发明名称：山核桃外果皮改性用于制造竹刨花板的方法

公开号：CN104029269A

申请人：浙江省林业科学研究院

摘要：一种山核桃外果皮改性用于制造竹刨花板的方法，包括如下步骤：将山核桃外果皮进行干燥、粉碎、筛选、改性处理后，添加到竹刨花中混合均匀，按常规竹刨花板制造工艺制造成一种环保型竹刨花板。本发明利用山核桃外果皮中含有的大量木质素经漆酶改性处理，以此替代胶黏剂，在热压过程中，改性的山核桃外果皮能够与竹刨花发生一系列的化学作用，从而产生胶黏物质，用以制造环保型竹刨花板。本发明的有益效果是，添加改性后山核桃外果皮可以完全或部分代替施加胶黏剂，成本低廉，工艺简单，板材性能优异，无游离甲醛释放，产品环保，能耗低，具有产业化生产前景。

申请号：201410287680X

发明名称：一种玉米秆刨花板的加工方法

公开号：CN104029270A

申请人：绥阳兴翰轮盘制造有限公司

摘要：本发明公开了一种玉米秆刨花板的加工方法，该方法包括原料制备→筛分→刨片→烘干→储存→拌料→入模→热压→检验入库等步骤，本发明的加工方法加工的刨花板具有优异的力学性能，其静曲强度≥ 16MPa、弹性模量≥ 2117MPa、内结合强度≥ 0.4MPa、吸水厚度膨胀率小于8%，且具有成本低廉、加工工艺简便、不会产生污染物、不破坏生态环境，且先对原料进行切片后再刨花，能保证刨花的品质均匀性，进而提高成品刨花板的表面光滑度和细致度。

申请号：2014103023185

发明名称：一种高粱秆刨花板的加工方法

公开号：CN104029271A

申请人：绥阳兴翰轮盘制造有限公司

摘要：本发明公开了一种高粱秆刨花板的加工方法，该方法包括原料制备→筛分→刨片→烘干→储存→拌料→入模→热压→检验入库等步骤，本发明的加工方法加工的刨花板具有优异的力学性能，其静曲强度≥ 16MPa、弹性模量≥ 2117MPa、内结合强度≥ 0.4MPa、吸水厚度膨胀率小于8%，且具有成本低廉、加工工艺简便、不会产生污染物、不破坏生态环境，同时，先对原料进行切片后再刨花，能保证刨花的品质均匀性，进而提高成品刨花板的表面光滑度和细致度。

申请号：201410251104X

发明名称：综合利用多种废弃物生产的刨花板及其生产方法

公开号：CN103978538A

申请人：芒市风平镇德旺木业有限公司

摘要：综合利用多种废弃物生产的刨花板及其生产方法，属人造板技术领域。发明产品含有以下重量比的组分：锯木灰29%-31%，麦秸19%-21%，玉米秆29%-31%，碎木渣19%-21%。生产方法为按以下步骤进行：将木渣，麦秸、玉米秆进行粉碎；按质量比将所得的碎麦秸，碎玉米秆，碎木渣，以及收集到的锯木灰进行调配混合；拌胶；铺装；热压；锯边；砂光。本发明能综合利用多种废弃物生产出合格的刨花板，可保护环境，减少城市垃圾，保护森林资源。

申请号：2013100374560

发明名称：一种硼类阻燃定向刨花板及其制备方法

公开号：CN103963132A

申请人：北京林业大学

摘要：本发明公开了一种阻燃定向刨花板的制备方法及其产品。该阻燃定向刨花板的制备过程采用价格低廉的速生材木刨花为原料、采用阻燃性能好、低毒和抑烟效果好的硼酸/硼砂为阻燃剂和具有的两性离子化合物的特性的十二烷基二甲基甜菜碱为助剂。本发明生产工艺简单，生产成本低，污染小，制备的阻燃定向刨花板各项性能都达到国标，尤其是内结合强度及阻燃性提高幅度很大，适用范围广。

申请号：2013103363515

发明名称：一种刨花板含水率梯度构建方法

公开号：CN103950085A

申请人：西南林业大学

摘要：本发明公开了一种刨花板板坯含水率梯度构建方法，该方法由分级干燥、分别拌胶、分别铺装三个工艺环节构成。分级干燥的特征在于设立二级干燥系统，在一级和二级干燥系统间设立刨花分选工序。分级干燥后的刨花分别储存，计量后分别拌胶，稳定芯表层刨花含水率差异，之后，刨花计量后分别铺装，最终在刨花板板坯横断面构建含水率梯度。该含水率梯度使板坯在加热过程中表面迅速汽化，产生蒸汽冲击效应，加快传热速度，提高芯层升温速度，最终达到缩短热压时间、提高热压效率的目的，此外，通过构建板坯含水率梯度，可显著改善刨花板成品板材性能和表面质量，增加板材静曲强度，同时所制得刨花板的表面更加光滑平整，有利于减少刨花板的砂光损失。

申请号：2014101944301

发明名称：一种零甲醛刨花板及其制造方法

公开号：CN103934877A

申请人：简瑞聪

摘要：本发明涉及一种零甲醛刨花板及其制造方法，该零甲醛刨花板由热塑性塑料粉末和碎木片两种成分制作而成，并以热塑性塑料粉末作为胶黏剂，熔化、胶合住碎木片；具体包括：首先将热塑性塑料粉末与碎木片充分搅拌混合，然后将附着有热塑性塑料粉末的碎木片铺装在金属板上，接着将铺装好碎木片连同金属板一起送入热压机进行热压，再接着将热压后的碎木片连同金属板一起快速的送入冷压机进行冷压，形成不含甲醛的刨花板型材，最后将刨花板型材依次进行剪切、砂光，生产出零甲醛，胶合强度高，防水性能好，无毒环保的优质刨花板，且生产过程也不会产生大量甲醛等有毒气体，既保障了生产工人的人身安全，也不会造成周边环境的污染，有利于普及推广。

申请号：2013100824505

发明名称：一种定向刨花板饰面复合板材

公开号：CN103818057A

申请人：湖北省林业科学研究院

摘要：本发明涉及一种定向刨花板饰面复合板材。该复合板材具有至少三层结构，经胶合热压而成，中间基层是定向刨花板，二面为饰面层，或一面为饰面层，另一面为平衡层。饰面层可以是装饰纸和耐磨纸的组合也可以是其中一种，平衡层可以是牛皮纸或其他材料。定向刨花板可钉、可刨、高强、密度小、材质均匀、稳定性好；饰面层花色繁多，装饰性强。定向刨花板饰面板具有定向刨花板和装饰层的双重优良特性，还可以根据需求增加耐磨材料，提高耐磨性和耐划痕性能。本发明所提供的定向刨花板饰面复合材的各项理化性能指标均能够满足家具及室内装饰用板要求等。本发明的保护范围应包括那些对普通技术人员来说显而易见的变换或替代以及改型。

申请号：2014101006560

发明名称：一种新型低毒刨花板用脲醛胶黏剂

公开号：CN103820064A

申请人：浙江红高粱木业有限公司

摘要：本发明公开了一种新型低毒刨花板用脲醛胶黏剂。以重量份计，本发明由以下组分组成：尿素：10-30，20%质量浓度甲醛溶液：12-18，甲酸：1-3，三聚氰胺：3-8，氢氧化钠：0.1-0.3，水：60-80。上述技术方案中，所述的刨花板用低毒脲醛胶黏剂的制备工艺为：按配方，将各种组分混合，搅拌均匀后即可得成品。与现有技术相比，本发明具有产品性能好、制备工艺简单、成本低廉等有益效果。

申请号：201410025238X

发明名称：一种刨花板

公开号：CN103802194A

申请人：老虎粉末涂料制造（太仓）有限公司

摘要：本发明涉及一种刨花板，包括刨花板板体，所述板体侧面具有封边涂层，所述封边涂层上和所述板体表面上设有热固涂层，其中，所述封边涂层采用在板体侧面上采用封边用粉末涂料静电喷涂、固化处理后得到；所述热固涂层采用在所述封边涂层上和所述板体表面上采用低温固化用粉末涂料静电喷涂、固化处理后得到；本发明实现对刨花板的良好封边效果，有效避免刨花板侧面产生裂纹，且实现采用静电喷涂，封边工艺简单方便，适合各种形状基材工件的封边。

申请号：2012103989628

发明名称：一种特种定向刨花板及其制备工艺

公开号：CN103770187A

申请人：北京泛欧瑞得科技有限公司

摘要：本发明公开了一种特种定向刨花板及其制备工艺，包括表层和芯层，经过施胶和铺装工艺，热压而形成三层结构或者多层结构的定向刨花板，所述表层由碎料刨花组成，所述芯层由大刨花组成，也可以表层由大刨花组成，芯层由碎料刨花组成，现有定向刨花板的使用的原料多为小径规格材，原料要求高，本发明的特种定向刨花板使用的为普通刨花板的原材料，大刨花和碎料刨花都得到了综合的利用，提高木材的利用率，节约木材；特种定向刨花板，大刨花可以用于表层制成大片刨花板，物理性能优越；大片刨花也可以用于芯层，碎料刨花用于表层，增强板材的表面涂饰和加工性能；不但可以做到三层定向结构，还可以做到多层定向铺装，实现板材性能的巨大提升。

申请号：2013106245493

发明名称：一种刨花板制作工艺

公开号：CN103660002A

申请人：湖州立方塑木新材料有限公司

摘要：本发明公开了一种刨花板制作工艺，依次包括以下步骤：a）先将木头磨成木屑颗粒，木屑颗粒经干燥后加入胶黏剂、硬化剂、防水剂；b）然后将混合好的木屑颗粒撒在编织成的玻璃纤维网上，在200—300℃温度环境下压制成板坯；c）最后将至少两块板坯叠在一起压制成最终的刨花板。本发明刨花板制作工艺操作步骤较少，制造出来的刨花板具有重量轻，具有极佳的强度和尺寸稳定性的优点，易推广。

申请号：2013106774514

发明名称：膨胀珍珠岩低密度复合刨花板及其制造方法

公开号：CN103624859A

申请人：福建农林大学

摘要：本发明涉及一种膨胀珍珠岩低密度复合刨花板及其制造方法，以刨花、膨胀珍珠岩为原料，经热压制得膨胀珍珠岩低密度复合刨花板。本发明制造的膨胀珍珠岩低密度复合刨花板，采用木质或竹质刨花与无机非金属材料——膨胀珍珠岩为原料，制得低密度木质复合材料，不仅生产成本低，并且具有轻质、保温、隔音、防火、环保等特性，在一定程度上可替代传统人造板产品用于室内装饰装修、包装、家具制造等行业，具有广阔的市场前景。

申请号：201180070216X

发明名称：防火定向刨花板及其制造

公开号：CN103635295A

摘要：本发明涉及一种由木材刨花制造防火板材的方法，该方法包括给定顺序的以下步骤：(a) 提供木材刨花，(b) 将木材刨花浸渍在阻燃剂化学品组合物的水溶液中，(c) 将木材刨花互相分离开，(d) 至少部分地干燥木材刨花，(e) 将黏合剂施用于木材刨花，并且 (f) 由该刨花形成预定形状的板材。本发明还进一步涉及通过多个木材刨花与黏合剂压制和黏合在一起形成的板材，其中该板材进一步包含阻燃剂化学品组合物，所述组合物包含磷酸盐化合物。

申请号：2012800190128

发明名称：防火定向刨花板及其制造

公开号：CN103608156A

申请人：约翰·格里姆

摘要：本发明涉及一种由木材刨花制造防火板材的方法，该方法包括给定顺序的以下步骤：(a) 提供具有在5%到25%之间的湿度的木材刨花，优选在5%到20%之间，甚至更优选在8%到20%之间，(b) 将木材刨花浸渍在阻燃剂化学品组合物的水溶液中，(c) 将木材刨花互相分离开，(d) 至少部分地干燥木材刨花，由此提供干燥的经浸渍的木材刨花，(e) 将黏合剂施用于木材刨花，(f) 由该刨花形成预定形状的板材。本发明还进一步涉及通过多个木材刨花多个木材刨花与黏合剂压制和黏合在一起形成的板材，其中该板材进一步包含阻燃剂化学品组合物，所述组合物包含磷酸盐化合物。

申请号：2013104647675

发明名称：利用竹屑生产竹刨花板的方法

公开号：CN103465336A

申请人：赤水市新生竹纤维板有限公司

摘要：利用竹屑生产竹刨花板的方法，它包括以下步骤：下料—烘干—分选—拌胶—铺装—预压—热压—锯边；其中：拌胶是采用一种低摩尔比改性脲醛树脂胶，采用搅拌式气流喷胶法施胶，用胶量110千克／立方米；所述热压压力2.0MPa，热压温度 170℃，热压时间 20s / mm。本发明利用绿竹竹材韧性好、硬度高的特点，克服了普通刨花板易变形，静曲强度低等缺点，利用本发明生产的产品板面细腻光滑、密度高、内部结构均匀不易变形，并具有防水防潮、环保、坚固耐用的优点，同时充分利用竹废弃物，减少了森林资源的损耗浪费；产品质量达到国家 A 类刨花板一等品标准。

申请号：2013104647571

发明名称：竹纤维刨花板黏合剂及其制备方法

公开号：CN103468186A

申请人：赤水市新生竹纤维板有限公司

摘要：竹纤维刨花板黏合剂及其制备方法，黏合剂配比为：甲醛溶液 32％、氢氧化钠溶液 20％、尿素 31％、氯化铵溶液 6％、甲酸 5％、防水剂溶液 3％、聚乙烯醇 3％；制备方法步骤为：往反应釜投入甲醛溶液，加入第一批尿素及防水剂溶液；升温至 40℃时，加入聚乙烯醇，至 90℃时保温 10—30 分钟；30 分钟后加入第二批尿素，加氢氧化钠溶液并降温；80℃时加入第三批尿素；68℃时加入第四批尿素；40℃以下放料。本发明摩尔比 0.3，减少了树脂中的游离尿素，提高了胶的接合度；减少表面层固化时间，捕捉树脂中的游离甲醛，减少了游离甲醛的释放量，从 27mg / 100g 降至 5.5mg / 100g，制作工艺简单，粘结强度高、绿色环保。

申请号：2012101545158

发明名称：低吸水厚度膨胀率的防潮刨花板及其生产方法

公开号：CN103419263A

申请人：大亚木业（福建）有限公司；

摘要：本发明公开了一种低吸水厚度膨胀率的防潮刨花板及其生产方法，具体步骤包括：制备刨花→调胶→热压→冷却→成品，所述调胶步骤中，分为表层原料和芯层原料分别调胶，所述表层原料包括刨花、胶水 10％—13％、固化剂 0.5％—1％、防水剂 3—4kg/m^3，加入适量水后进行搅拌，所述芯层原料包括刨花、胶水 8％—10％、固化剂 1.3％—2％、防水剂 2—3kg/m^3，加入适量水后进行搅拌；所述热压步骤中，热压速度为 270—450mm/s，采用分区热压方式进行。本发明低吸水厚度膨胀率的防潮刨花板，适用于潮湿的环境下，不变形，使用寿命长。

申请号：2012101545162

发明名称：超低密度高性能刨花板生产方法

公开号：CN103419264A

申请人：大亚木业（福建）有限公司；

摘要：本发明公开了一种超低密度高性能刨花板生产方法，具体步骤包括：刨花制作：小径材经削片后，进行刨片，制备刨花厚度为 0.2—0.5mm；刨花干燥：采用烟气干燥，干燥后刨花含水率为 2％—3％；施胶：搅拌机低速拌胶，施胶量为 10％—11％，固化剂 2％—3％；热压：施胶后刨花经机械铺装后进行热压，采用分区控制法控制热压温度和热压压力进行均匀热压；冷却：热压后板坯经冷却存放 24 小时后砂光、检验、入库。本发明超低密度高性能刨花板生产方法，可以实现快速降压和快速降温工艺，所生产的刨花板密度即使在 600—630kg/m^3，其成品的各项理化性能指标均符合标准及用户的要求。

申请号：2012102565695

发明名称：一种柔性薄木饰面水泥刨花板

公开号：CN103422647A

申请人：北华大学

摘要：一种柔性薄木饰面水泥刨花板，包括基板，上浸渍三聚氰胺柔性薄木层，基板的一侧与平衡层及上浸渍三聚氰胺柔性薄木层压贴成一体固定，所述的上浸渍三聚氰胺柔性薄木层在低温条件下，采用低温固化浸渍用三聚氰胺胶黏剂固化浸渍柔性薄木实现，三聚氰胺浸渍柔性薄木层通过平衡层贴于基板表面，固化后没有任何VOC等有害物质的释放。本发明用于屋顶、天花板、地板、非承重内外墙、屋面望板、隔音板、防火板、建筑模板等。本发明能够克服现有细木工板、密度板及其它人造板在使用过程中喷漆处理带来的二次污染和尺寸稳定性。浸渍柔性薄木饰面水泥刨花板上固定的三聚氰胺柔性薄木在低温的条件下通过平衡层能够较好地与人造板板面较好胶合的问题。

申请号：2013102962641

发明名称：一种香蕉秆刨花板及其制作方法

公开号：CN103406971A

申请人：福建农林大学

摘要：本发明公开了一种香蕉秆刨花板及其制作方法，包括以下步骤：备料、削片制刨花、纤维干燥、施胶、热压、锯边或开料、检验分等、修补、包装。本发明实现了农作物废料利用，符合再生或循环利用以及绿色环保性的要求；香蕉秆刨花板具有变形小、尺寸稳定、强度大、刚度好、耐磨损的特点；可进行锯截、刨削、镂铣、开榫、钻孔、砂光、装配和表面装饰等加工方式。

申请号：2012101444072

发明名称：阻燃刨花板及其制造方法

公开号：CN103386701A

申请人：北京林业大学

摘要：本发明公开了一种具有阻燃特性的阻燃刨花板及其制造方法。该阻燃刨花板包括刨花、胶黏剂及阻燃材料，其特征在于：所述阻燃材料为磷酸氢二铵、磷酸二氢铵与4A分子筛，添加量为刨花质量的15%—20%，胶黏剂添加量为刨花质量的12%—15%。采用该配方及方法制作的阻燃刨花板可用于家具、包装、建筑、室内外装饰等领域。

申请号：2012100960647

发明名称：一种以碱木质素为胶黏剂的无醛环保刨花板制备方法

公开号：CN103358385A

申请人：中国科学院过程工程研究所

摘要：本发明属于板材或包装材料领域，特别涉及以木质纤维素为原料，以碱木质素为胶黏剂通过热压成型制备无醛刨花板方法。该刨花板通过以下步骤制备：木质纤维素材料制成刨花后加碱活化；加入碱木质素溶液，混合均匀，维持一定含水量，预压成一定厚度薄板；通过喷涂方法二次施加木质素溶液于薄板表面，多层薄板重叠一起，热压成型。本发明直接利用碱木质素在高温下的胶黏作用替代传统胶黏剂对木质纤维素材料进行热压板，彻底解决了传统胶黏剂的甲醛气体污染问题，同时相对廉价碱木质素的使用降低了压板的生产成本，提高了刨花板的经济效益。

申请号：2013102726988

发明名称：定向刨花板箱板的加工方法

公开号：CN103341899A

申请人：江苏快乐木业集团有限公司

摘要：本发明公开了一种定向刨花板箱板的加工方法，包括步骤：A、旋切工序：由原木的外圆面螺旋靠近原木的中心线并进行旋转切削，得到薄木片之后，切割薄木片得到旋切片；B、制板工序；C、饰面工序：在定向刨花板箱板毛坯的两个承载面上分别黏接防磨加强层，得到定向刨花板箱板。本发明提供的加工方法，由于旋切工序沿着原木的圆周方向切削，得到的薄木片位于原木同一年轮组织层上，则旋切片的密度和组织结构更均匀，不需要过多的筛选，提高了木材的利用率；压制时不会出现定向刨花板箱板毛坯变形，保证了箱板的质量，提高了箱板的结构性能；并且箱板粘结有防磨加强层，增强了箱板的耐磨和耐碰撞的能力，减少了箱板的损坏，提高了箱板的强度。

申请号：2014202120056

发明名称：空心刨花板切割装置

公开号：CN203876007U

申请人：安徽肯帝亚皖华人造板有限公司

摘要：本实用新型公开了一种空心刨花板切割装置，属于板材加工技术领域，所述空心刨花板切割装置包括固定导轨和位于所述固定导轨上并可沿所述固定导轨移动的切割机，所述固定导轨倾斜安装在竖向挤压成型装置的下方，所述切割机沿所述固定导轨的移动速度的竖向分量与空心刨花板的排出速度相同。与现有技术相比，本实用新型的空心刨花板切割装置切割成型的空心刨花板端面整齐，没有角度，不需要进行二次修整，故生产效率高，并且不会产生不可重复利用的边角废料，降低了空心刨花板的成本。

申请号：2014201977298

发明名称：适合贴面使用的小颗粒表面定向刨花板

公开号：CN203792464U

申请人：李波

摘要：本实用新型涉及一种解决了现有定向刨花板因表面粗糙不平，无法直接贴面使用；可广泛应用于家具面板及家庭装修的适合贴面使用的小颗粒表面定向刨花板。包括表面层、刨花层和芯层，所述刨花层的数目为两个，并分别设置在所述芯层的上下两侧，所述表面层的数目为两个，并分别设置在所述的两个刨花层的外侧，所述表面层由细碎表面小颗粒制成，表面层的厚度为整体厚度的10％—20％。所述刨花层纵向铺装，刨花层由长8—120mm、宽5—20mm、厚0.6—2mm的长片刨花制成，刨花层厚度为整体厚度的10％—20％。所述芯层横向铺装，芯层由长8—120mm、宽5—20mm、厚0.6—2mm的长片刨花制成。该芯层厚度为整体厚度的20％—50％。

申请号：201420048296X

发明名称：一种环保型刨花板

公开号：CN203738933U

申请人：昌吉州锐通木业有限公司

摘要：本实用新型公开了一种环保型刨花板包括刨花芯板，所述芯板的上下两侧黏压有中密度板；所述芯板的中间复合有纺织的纤维布层；所述芯板通过石油树脂水性胶层与所述中密度板面板相黏结；本实用新型的优点在于：不会释放甲醛，不会造成污染，不会伤害人体健康，强度高，环境友好，且结构简单、性能可靠。

申请号：2014200482851

发明名称：一种复合型刨花板

公开号：CN203738953U
申请人：昌吉州锐通木业有限公司
摘要：本实用新型公开了一种复合型刨花板，包括刨花芯板，所述芯板的上下两侧黏压有中密度板；所述芯板的中间复合有纺织的纤维布层；所述中密度板的外表面设有三氧化二铝膜层、热塑性塑料层、热固性塑料层或橡胶层；本实用新型的优点在于：产品对环境适应性好，不易变形，机械强度高，握钉力强，表面光滑细密，装饰效果好。

申请号：2014200482974
发明名称：一种防潮型刨花板
公开号：CN203680462U
申请人：昌吉州锐通木业有限公司
摘要：本实用新型公开了一种防潮型刨花板，包括刨花芯板，所述芯板的上下两侧黏压有中密度板，所述芯板的四周设有凹槽，所述凹槽内充满有石蜡层；所述芯板的中间复合有纺织的纤维布层；本实用新型的优点在于：产品防潮防水效果好，机械强度高，对环境适应性好，不易变形，提高了产品质量。

申请号：2014200456895
发明名称：一种高强度刨花板热压成型设备
公开号：CN203680463U
申请人：昌吉州锐通木业有限公司
摘要：本实用新型公开了一种高强度刨花板热压成型设备，包括底座和顶架，所述底座上设有热压板，所述热压板上方设有一个可向热压板加压的加压座，所述加压座与顶架之间连接有提升轨与液压油缸相连，由液压油缸控制加压座沿着提升轨上下运动；所述热压板的底部设有金属电极板，所述加压座上设有高频电加热装置，所述高频电加热装置为微波发生器；本实用新型的优点在于：通过采用微波加热，穿透力强，由内向外均匀加热，加热快，节能，使水蒸气快速散出，不需烘干室烘干，材质密度高，其内不存有微缝隙，减少了投资，提高了生产效率。

申请号：2014200457417
发明名称：一种利用三废木料生产刨花板的系统
公开号：CN203665658U
申请人：昌吉州锐通木业有限公司
摘要：本实用新型公开了一种利用三废木料生产刨花板的系统，包括由输送系统依次相连的鼓式削片机、环式刨片机、湿刨花料仓、转子式干燥机、圆形振动筛、气流风选机，所述气流风选机的出口端分别与表层干料仓和芯层干料仓相连，所述的表层干料仓和芯层干料仓均匀通过刨花计量器与拌胶机相连；所述拌胶机的出口端依次连接有分选式机械铺装机、板坯横截锯、热压机、翻板冷却机、锯边机和砂光机；本实用新型的优点在于：利用农作物秸秆例如棉秆等自然资源是取代木材料生产刨花饭，由于秸秆代木属废物利用，大大降低原料成本，提高了市场竞争力。

八、细木工板最新专利

申请号：2014103148782

发明名称：一种低醛的细木工板加工工艺

公开号：CN104097241A

申请人：黔西南州宏森木业有限公司

摘要：本发明公开了一种低醛的细木工板加工工艺，属于木板加工技术领域，包括芯板拼接、中板贴面、表板贴面和修边降醛步骤，所述芯板拼接包括原木切短、开条、烘干、四面刨光、纵向开榫、一次涂胶、排板、侧压拼板和常温自干，所述中板贴面包括二次涂胶、贴中板、一次热压、自然冷却和一次砂光，所述表板贴面包括三次涂胶、贴表板、二次热压和自然冷却，所述修边降醛包括裁边、二次砂光、入库和两端封边。本技术方案通过在传统的黏胶剂凝固后在其表面涂布环保黏胶，将传统的黏胶剂层封闭在内层，在保证板条拼接强度的同时，达到了有效减少游离态甲醛释放的效果。

申请号：2014100990410

发明名称：一种改进的细木工板用脲醛胶黏剂

公开号：CN103820063A

申请人：浙江红高粱木业有限公司

摘要：本发明公开了一种改进的细木工板用脲醛胶黏剂。以质量份计，本发明由以下组分组成：35%重量浓度的甲醛溶液：20-40，甲酸：3-5，尿素：20-30，氢氧化钠：0.2-0.4，六亚甲基四胺：3-6，水：30-50。上述技术方案中，所述的细木工板用脲醛胶黏剂的制备工艺为：按配方，将各种组分混合，搅拌均匀后即可得成品。与现有技术相比，本发明具有产品性能好、制备工艺简单、成本低廉等有益效果。

申请号：2014100266749

发明名称：一种杨木二级芯板的烘干方法及生态细木工板的制造方法

公开号：CN103759502A

申请人：任学东

摘要：本发明公开了一种杨木二级芯板的烘干方法及生态细木工板的制造方法。烘干二级芯板的过程为：将打完腻子的二级芯板放入窑内，窑底部均匀铺好锯末，点燃锯末封好窑门，使窑内温度控制在110-130℃，17-19h后，出窑，即可获得含水率为8%-12%的二级芯板；生态细木工板的制造方法中采用上述土窑烘干的方法对二级芯板进行烘干。本发明利用土窑烘干二级芯板，增加了细木工板厂中土窑的用途，使物尽其用，避免了烘干室的建设，及相关设备的配置，大大降低了用地成本、设备成本，提高了能源利用率；且以废料锯末为燃料，无污染、环保、节能，产品成本低，提高经济效益；本发明方法操作简便，工作效率高，烘干效果好。

申请号：2014100178606

发明名称：一种利用大豆蛋白胶生产的细木工板及工艺方法

公开号：CN103737677A

申请人：孙小力

摘要：一种利用大豆蛋白胶生产的细木工板及工艺方法，属于木板制作技术领域。芯板之间有第一大豆蛋白胶层，芯板与第一大豆蛋白胶层组合后形成芯板与第一大豆蛋白胶层的组合中心板，组合中心板的顶面与白坯层之间有第二大豆蛋白胶层，白坯层的另一面与第一木皮层连接；组合中心板的底面与第二木皮层之间有第三大豆蛋白胶层。本发明相对于实木，节约资源，外形更美观大方。压缩比比普通多层板大、板芯结构更紧密、密实度更高、握钉力更强、板材抗折抗压强度更高。板材含水率低，不膨胀，不缩水，不变形。采用大豆蛋白胶为胶黏剂，蛋白质胶黏剂挥发性特别低，不脱胶。制成的细木工板耐热水性优良，完全达到国家标准对Ⅱ类胶合板的要求。

申请号：2013105167410

发明名称：一种利用边角料板生产细木工板的生产工艺

公开号：CN103600404A

申请人：黄山市永锦工艺品有限公司

摘要：本发明公开一种利用边角料板生产细木工板的生产工艺，包括如下过程：将原木旋切时产生的边角料板，进行去皮处理；再在变薄机器上进行变薄处理；再在边角料处理机的组坯台上根据细木工板产品的要求进行组坯，组坯过程中，对所述边角料板的侧面进行施胶；将施胶组坯后的边角料板设置蒸汽气压为1—1.5Pa，温度为130—145℃的条件下，在边角处理机高温蒸汽液压台上进行高温蒸汽烘干和液压处理，处理时间为20分钟；将经高温蒸汽液压处理过的坯板自然冷却后，进行定厚砂光处理，再进行精细砂光处理得成品。本发明提供一种利用废弃的原木旋切边角料板加工制作细木工板的生产工艺，胶合成型的细木工板纹理丰富、韧性强可直接用于加工地板、家具。

申请号：2013105179028

发明名称：一种指接细木工板的生产工艺

公开号：CN103600382A

申请人：黄山市永锦工艺品有限公司

摘要：本发明公开一种指接细木工板的生产工艺，包括如下过程：锯截分段，将原木按照实际可用性锯截分成若干木段；旋切，将木段旋切成预定厚度的原木旋切单板；变薄，在变薄机器上进行变薄处理；剖片，将原木旋切单板经剖片机剖切成预定宽度的板条；干燥，将剪切的板条直竖间隔错位垒堆，放进蒸汽干燥窑中进行干燥；陈放，将干燥后的板条陈放2—3天；制榫，对板条的两端制榫，两端的榫分别为公榫和母榫；将板条进行拼接、涂胶、组坯成板坯；将板坯经热压、厚砂、精砂和裁边处理得细木工板成品。本发明提供一种指接细木工板的生产工艺，板条通过榫合、胶合和热压的方法生产成细木工板，增强了木工板纵向胶合强度高和横向静曲强度高。

申请号：2013104414529

发明名称：一种低碳次生细木工板及其制造方法

公开号：CN103507122A

申请人：广西大学

摘要：本发明公开了一种低碳次生细木工板及其制造方法，该次生细木工板主要由板芯和上、下覆盖面板组成；其中，所述的板芯主要由以人造板的裁边料为原材料制成的细方条拼接而成，且在拼接好的板面上采用胶纸条以“N”字形黏贴固定拼接好的细方条。该次生细木工板的制造步骤包括：（1）细方条的制备，（2）板芯拼装，（3）铺装组坯，（4）预压，（5）

热压，（6）裁边，（7）砂光及饰面处理，（8）检验及成品入库。本发明制造工艺简单、加工成本低、节能低碳环保、综合性能更为优越，而且具有对人造板（母板）功能的传承性，具有较好的经济效益和社会效益。

申请号：2012101908912
发明名称：一种香杉细木工板的生产方法
公开号：CN103481339A
申请人：广西凌云县永健木业有限公司
摘要：本发明涉及一种木工合成板材的制作技术领域，具体涉及一种香杉细木工板的生产方法。具体包括：用香杉原木为主要原料做成半成品芯板，再组合成细木工板成品。通过实施本发明，使用的香杉原料利用率高达90%左右，而其他原料的利用率仅为70%左右；成型的成品其硬度及平整度都优于传统细木工板，而且板面平整性好，板材不易变形，重量较轻，有利于使用；本发明还可以有效的防潮、防腐。通过实施本发明，还可以使香衫树材得以多级增值，增加产业附加值。

申请号：2013101379133
发明名称：一种细木工板及其制造方法
公开号：CN103213178A
申请人：德华兔宝宝装饰新材股份有限公司
摘要：本发明涉及细木工板制备领域，具体涉及一种细木工板及其制造方法。一种细木工板，它包括处于中间的杉木芯板层，分别粘结在所述杉木芯板层的上下两表面的杨木单板层以及分别黏结在所述杨木单板层外表面的奥古曼单板层；相邻的所述板层之间按木材纹理的互相垂直的方向进行粘结；相邻的所述板层之间采用改性大豆胶进行粘结。本发明制造的实木细木工板在具备高黏合强度、甲醛释放量低的同时，还具有防霉、防腐、防虫和防水功能。

申请号：2012105783668
发明名称：一种生态无醛细木工板
公开号：CN103072157A
申请人：浙江升华云峰新材股份有限公司
摘要：本发明公开了一种生态无醛细木工板，其加工步骤是首先利用了无醛的改性淀粉乳液，再按细木工板生产过程中不同阶段的不同要求，按不同的比例加入增黏剂、填充剂、增强剂，进行改性淀粉胶黏剂的调制，经过板芯的制作，板芯与木单板的胶合制成坯板，坯板表面经装饰单板的饰面制成成品这三个步 骤后最终制得了无醛生态环保的细木工板。从根本上消除了原有的细木工板释 放甲醛的隐患，提高人们的生活质量，保障人们的身心健康。

申请号：2012105933754
发明名称：一种具有超低释醛性的细木工板和胶合板
公开号：CN103072158A
申请人：武汉市鹰冠木业有限公司
摘要：本发明为一种具有超低释醛性的细木工板和胶合板，属家具及家装型材领域，本发明细木工板由面板、中板、中心芯板和相关连接界面黏结层组成，胶木板由面板、中板、中心中板和相关连接界面黏结层组成，所述相关连接界面黏结层是含负离子粉的吸醛黏结层，本发明充分发挥了负离子粉的持续吸收甲醛等有害气体的作用，并在中板与面板吸醛黏结层中添加了甲醛清除剂，在面板之外表面施有甲醛清除剂涂层，使本发明层板产品粘结层由内向外层层设防，有效吸收和抑制了有机涂层有害的甲醛气体的释放，达到了国家标准对室内用细木工板和胶合板甲醛释放限量E0级的佳值水平，赋予了产品优良的超低醛环境保护效果，大大有利环境保护和人体健康。

申请号：2011104504140

发明名称：利用杉木梢头制造细木工板芯板及细木工板的加工方法

公开号：CN102514054B

申请人：福建农林大学

摘要：本发明涉及利用杉木梢头制造细木工板芯板及细木工板的加工方法，该发明能够有效的利用资源丰富，价格低廉的杉木梢头资源，解决杉木梢头加工中出材率低的问题。该方法利用山场废弃物杉木梢头，采用机械设备对杉木梢头进行截断、分选、干燥、加工六棱柱、涂胶、组坯、冷压、压刨等加工工艺，生产出规格杉木六棱柱方材，再经细木工小带锯，加工成杉木六棱柱板材，备用。再与杨木单板和柳桉面板配套使用，生产出低成本、高品质的杉木梢头细木工板材，可以满足建筑和装修行业生产日益增长的板材需要。

申请号：2012100055594

发明名称 一种阻燃细木工板的制造方法

公开号：CN102554981B

申请人：浙江升华云峰新材股份有限公司

摘要：本发明公开了一种阻燃细木工板的制造方法，本发明主要是将细木工板生产中使用的原料之一单板，首先用ZRP阻燃剂水溶液在常态条件下进行阻燃处理；然后将经过阻燃处理的单板，由涂胶机涂上改性脲醛树脂、ZRP阻燃剂、面粉与磷酸混合的胶黏剂，与板芯组坯后进行一次预压与热压作业制成板坯后，再将板坯经涂胶机涂上上述胶黏剂，与用于表层的木皮组坯，经二次预压与热压作业后，即制成性能良好的阻燃细木工板。从上述的过程中可以看到，本发明制作的阻燃细木工板的方法较为简单，只对原料之一的单板进行了在常态条件下的处理，即可得到阻燃性能优良的细木工板。

申请号：2013208939536

发明名称：一种吸醛细木工板

公开号：CN203665645U

申请人：福建省晋江市新顺兴装饰材料有限公司

摘要：本实用新型涉及一种细木工板，提供一种不易变形损坏，且醛释放量较低的吸醛细木工板，有利于环保及人体健康。包括芯板、设于芯板上下表面的单板，所述芯板由复数块方块板拼接而成，所述方块板由两块截面为L形的木板互相咬合拼接而成，所述方块板之间、木板之间、单板与芯板的接合处均设有吸醛胶黏层。

申请号：2013208939610

发明名称：一种环保复合型细木工板

公开号：CN203665646U

申请人：福建省晋江市新顺兴装饰材料有限公司

摘要：本实用新型涉及一种细木工板，提供一种可有效吸收甲醛、减少甲醛含量、保护环境、使用寿命长的环保复合型细木工板，包括细木工板本体，所述细木工板本体的上表面设有浸入竹活性炭的单板，所述细木工板本体与浸入竹活性炭的单板之间设有电气石黏合层，所述浸入竹活性炭的单板的上表面设有布面层，所述布面层上设有耐磨纸层，所述布面层与耐磨纸层之间设有纳米二氧化钛涂层，所述细木工板本体的下表面设有纸层，所述纸层的下表面设有碳纤维板。

申请号：2013208939540

发明名称：一种防水耐腐细木工板

公开号：CN203665647U

申请人：福建省晋江市新顺兴装饰材料有限公司

摘要：本实用新型涉及一种细木工板，提供一种防水耐腐细木工板，其内芯具备良好的防水防潮性能，因此整体不易变形，使用寿命长，包括上、下面板，设于上、下面板之间的内芯板，所述内芯板上下表面分别设有一层三聚氰胺树脂胶黏剂浸渍纸，所述内芯板由两块截面为L形的木板反向互相咬合拼接而成，所述木板的拼接缝隙之间设有硅油层。

申请号：2013205940461

发明名称：一种低碳阻燃细木工板

公开号：CN203557476U

申请人：广西万林林产业有限责任公司

摘要：本实用新型公开了一种低碳阻燃细木工板，主要由板芯和上、下覆盖面板组成；其中，所述的板芯主要由以阻燃纤维板的裁边料为原材料制成的细方条拼接而成，所述细方条两行之间的端面拼缝相互错开，且在拼接好的板面上黏贴有“N”字形胶纸条对拼接好的细方条进行固定。所述的覆盖面板为普通横纹单板或浸渍单板或三聚氰胺饰面板。本实用新型的细木工板制造工艺简单、加工成本低、节能低碳环保、全板内外整体阻燃，抗流失和阻燃耐久性好，是阻燃纤维板生产企业极佳的低耗高值副产品，具有较好的经济效益和社会效益。

申请号：2013205939394

发明名称：一种低碳防潮细木工板

公开号：CN203557477U

申请人：广西万林林产业有限责任公司

摘要：本实用新型公开了一种低碳防潮细木工板，主要由板芯和上、下覆盖面板组成；其中，所述的板芯主要由以防潮纤维板的裁边料为原材料制成的细方条拼接而成，所述细方条两行之间的端面拼缝相互错开，且在拼接好的板面上黏贴有“N”字型胶纸条对拼接好的细方条进行固定。所述的覆盖面板为普通横纹单板或浸渍单板或三聚氰胺饰面板。本实用新型的防潮细木工板制造工艺简单、加工成本低、节能低碳环保，是防潮纤维板生产企业极佳的低耗高值副产品，具有较好的经济效益和社会效益。

申请号：2013205940974

发明名称：一种低碳新型细木工板

公开号：CN203557478U

申请人：广西万林林产业有限责任公司

摘要：本实用新型公开了一种低碳新型细木工板，主要由板芯和上、下覆盖面板组成；其中，所述的板芯主要由以人造板的裁边料为原材料制成的细方条拼接而成，所述细方条两行之间的端面拼缝相互错开，且在拼接好的板面上黏贴有“N”字型胶纸条对拼接好的细方条进行固定。所述人造板为中密度纤维板或刨花板或胶合板。所述的覆盖面板为普通横纹单板或高密度纤维板或三聚氰胺饰面板。本实用新型的细木工板制造工艺简单、加工成本低、节能低碳环保、综合性能更为优越，而且具有对人造板（母板）功能的传承性，是普通人造板生产企业极佳的低耗高值副产品，具有较好的经济效益和社会效益。

申请号：2013202518001

发明名称：全自动细木工板生产设备

公开号：CN203496061U

申请人：郭殿君

摘要：本实用新型公开了一种全自动细木工板生产设备，属于木板生产设备技术领域。其包括自动控制系统、输送机构、输送带转动电机、热压机和接板升降平台，热压机包括液压泵、热压机主油缸、测压油缸、侧向推板、上托、中托、下托、热压板、立板，中托、下托间固定有热压机主油缸，热压板活动设置在上托、中托间的立板上且为多层，其中一层热压板固定在中托上表面上，下托固定在立板下端，热压板上设有侧压油缸和侧向推板，在支架前端上方设有断板锯，在输送机构和热压机间设有多层往复式可升降自动接板进板装置。本实用新型具有效率更高、产品平整度好、强度高的优点。

申请号：2013203008260

发明名称：生态细木工板

公开号：CN203401769U

申请人：廊坊三利木业有限公司

摘要：本实用新型公开了一种板材技术领域，特别是涉及一种生态细木工板；本实用新型的生态细木工板，不易变形或弯曲，平整度较好，不用涂刷油漆，有效节省森林资源，同时生产成本较低；基材的两侧均设置有三聚氰胺纸，基材为细木芯板。

申请号：201320483775X

发明名称：一种细木工板

公开号：CN203391056U

申请人：大竹县宏森胶合板加工厂

摘要：本实用新型公开了一种细木工板，包括中心板、上高密度板和下高密度板；上高密度板和下高密度板胶合于中心板的两侧；上高密度板和下高密度板的一侧向内凹陷形成凹槽；凹槽呈锥台形；中心板夹在上高密度板和下高密度板形成的凹槽之间。本实用新型提供的细木工板通过上高密度板和下高密度板设置的凹槽，将中心板包裹在内，由于凹槽的切面设计，能够承受一定的强度，进而避免中心板受压变形。

申请号：2013204968328

发明名称：细木工板

公开号：CN203380979U

申请人：杭州华海木业有限公司

摘要：本实用新型属于板材设备技术领域，涉及木工板材，尤其是涉及一种细木工板。它解决了现有细木工板易被虫蛀、强度低、使用寿命短等技术问题。本细木工板，包括上、下两层单板，在上、下两层单板之间设有至少两层芯板，所述的单板与芯板胶接，相邻的芯板之间设有加强板，所述的加强板与相邻的两层芯板固定连接，在芯板的侧面设有连接槽口。本实用新型的优点在于：设计合理，结构简单，坚固耐用，能够防止虫蛀，减少缝隙对强度的影响，延长使用寿命。

申请号：2013202530766

发明名称：细木工板芯连续成型机

公开号：CN203344121U

申请人：内蒙古通辽市锦秀木业有限公司

摘要：本实用新型涉及一种机械装置，即一种细木工板芯连续成型机，其特点是：主体是一条往复式传送带，传送带一端设有切割台，切割台的后面设有承接架，切割台横跨在传送带和承接架接合部的上方，切割台上部设有可沿立框上下滑动的压板，压板上设有与切割锯相配合的锯口，切割台下部设有可上下升降的轨道，轨道上安装有可沿轨道平移的滑板，滑板上面装有电机，电机的轴端装有圆盘状切割锯。其有益效果是：小木条连续摆放在传送带上随传送带移动到承接架一端进行切割，生产效率显著提高，人力成本显著降低，为增加细木工板的产量，满足市场需求，替代优质木材，保护森林和环境提供了适用设备。

申请号：201320196546X

发明名称：一种细木工板

公开号：CN203171751U

申请人：德华兔宝宝装饰新材股份有限公司

摘要：本实用新型涉及一种工板，尤其涉及一种细木工板。一种细木工板，它包括处于中间的杉木芯板层，分别粘结在所述杉木芯板层的上下两表面的杨木单板层以及分别黏结在所述杨木单板层外表面的奥古曼单板层；所述杉木芯板层与杨木单板层之间沿长度方向涂有第一黏胶层；所述下杨木单板层与奥古曼单板层之间沿长度方向涂有第二黏胶层；所述的第一黏胶层和所述的第二黏胶层为大豆胶防虫黏胶层。本实用新型的细工木板甲醛释放量低，防虫效果好，使用寿命长。

申请号：2013201622972

发明名称：一种环保型三聚氰胺贴面细木工板

公开号：CN203141930U

申请人：东北林业大学

摘要：本实用新型涉及一种环保型三聚氰胺浸渍胶膜纸饰面的刨花板，是一种具有紫外光催化降解有机污染物功能的室内装饰装修材料。其结构包括刨花板、浸渍三聚氰胺的装饰纸和耐磨纸，其中上下表面耐磨纸分别浸渍含有纳米二氧化钛的三聚氰胺胶液，形成具有光催化降解有机污染物的纳米自洁层。刨花板上下 表面分别与上装饰纸、下装饰纸通过三聚氰胺浸渍胶黏合贴压成一体，上装饰纸外侧固化耐磨纸，下装饰纸外侧固化耐磨纸。由于刨花板表面黏贴具有纳米二氧化钛自洁层的耐磨纸，使材料表面经紫外线照射后具有光催化降解有机污染物的性能，大大降低了由人造板材料释放的有机污染物对室内环境造成的污染。 本实用新型产品可用于室内装饰装修和家具生产。

九、纤维板最新专利

申请号：2013100948160

发明名称：UF 树脂胶生产麦秸纤维板的方法

公开号：CN104057530A

申请人：合肥安诺新型建材有限公司

摘要：本发明公开了一种 UF 树脂胶生产麦秸纤维板的方法，包括备料、预处理、湿磨、施胶、预压、热压和后期处理步骤。本发明生产成本低廉、生产工艺简单，使用木聚糖酶对麦秸秆进行预处理，改善了麦秸秆的表面特性，提高了 UF 树脂胶与麦秸秆胶合强度，制备的麦秸纤维板具有内结合强度高、抗拉强度高等优良的物理特性。

申请号：2014102536884

发明名称：中密度纤维板专用尿醛树脂胶黏剂的制备方法

公开号：CN104059584A

申请人：杨超

摘要：中密度纤维板专用尿醛树脂胶黏剂的制备方法，涉及化工技术领域，由以下质量的原料组成，尿素 31.7％、浓度为 36.5％的甲醛 59.7％、浓度为 18％的氨水 3.2％、浓度为 30％的氢氧化钠 3.7％、浓度为 25％的氯化铵 1.7％。本发明的有益效果是：本发明制备方便简单，环保无污染，原料易得，设备投资少，纯度高，便于操作，制备的中密度纤维板专用尿醛树脂胶黏剂使用效果好，黏度适应，安全可靠。

申请号：2014102749113

发明名称：一种大豆蛋白改性胶无醛中密度纤维板的制作方法

公开号：CN104059598A

申请人：东营人造板厂

摘要：本发明提供一种大豆蛋白改性胶无醛中密度纤维板的制作方法，属于密度纤维板制作技术领域，该方法是以原材料豆粕、变性剂、交联剂、消泡剂、防腐剂、水进行加热搅拌混合反应，再经胶体磨和均质机制成大豆蛋白无醛胶黏剂，并在该大豆蛋白无醛胶黏剂中添加防水剂、固化剂及缓冲剂于室温搅拌混合后，与木质纤维均匀混合，经干燥，铺装，热压而制成大豆蛋白改性胶无醛中密度纤维板。该方法环保，无污染，胶接强度高，耐水性好，价格低廉，黏度低，易于处理加工，使用时热压冷压均可，不易开裂。并与纤维等进行粘结，控制加工工艺，即可制得一种环境友好型纤维板。

申请号：2014102522665

发明名称：一种阻燃剂及含其的阻燃中、高密度纤维板

公开号：CN103993527A

申请人：蒋启荣

摘要：本发明公开了一种阻燃剂及含其的阻燃中、高密度纤维板，该阻燃剂是由下述质量份的原料制成：聚磷酸铵 40—90 份、膨胀剂 5—50 份、硼化物 5—20 份，该阻燃剂呈粉状，属高效膨胀性阻燃剂，具有热稳定性好，阻燃效率高，成本低廉的特点。在制造阻燃中、高密

度纤维板时，可直接施加至纤维的输送管道，在管道中与悬浮的纤维通过气流作用均匀混合，几乎不改变原有的生产流程，可以克服现有中、高密度纤维板成本高、阻燃剂添加量大、干燥能耗大、产品吸湿性强的问题。

申请号：2012800568930

发明名称：中密度纤维板面板

公开号：CN103958137A

申请人：泰坦木业有限公司

摘要：本文公开了中密度纤维板(MDF)面板。面板包括用黏合剂挤压在一起的最大尺寸为7mm或更小的木质纤维。面板是大而薄的类型，纵横比至少为100且表面积至少为1m^2。与此类大而薄的面板相关联的典型问题，例如翘曲性，通过采用由乙酰化木材制成的木质纤维解决。

申请号：2014101896948

发明名称：中密度纤维板及其制造方法和用途

公开号：CN103934878A

申请人：攀枝花钢城集团印刷广告有限公司

摘要：本发明涉及中密度纤维板及其制造方法和用途，属于人造板制造领域。本发明中密度纤维板的制造方法，包括如下步骤：a、木质纤维混合物的制备：将改性酚醛树脂黏合剂和石蜡喷射于木质纤维上，干燥，得木质纤维混合物；b、预压：于0.5-2MPa下压制；c、热压：于4-8Mpa压制，再于0.5-2.0MPa压制，得含水率低于6wt%的中密度纤维板；其中，热压温度控制在180-220℃；d、镀膜：在PVC膜上涂布EVA树脂热熔胶，然后其裱贴于c步骤得到的中密度纤维板上，即得本发明中密度纤维板。本发明中密度纤维板，具有强度高、韧性好、防水性好等优点，可应用于工业产品包装上，尤其适用冷轧卷和冷轧板的包装。

申请号：2012800490090

发明名称：一种利用棕榈生物质生产纤维板的方法

公开号：CN103906607A

申请人：马来西亚棕榈油总署

摘要：本发明涉及一种使用100%油棕榈树干（OPT）生产纤维板的方法，和一种使用包含OPT、橡胶木（RW）和混合热带硬木（MTH）的混合物生产纤维板的方法。生产纤维板的方法包括：切削油棕榈树干（OPT）；用蒸汽处理切削的OPT；在蒸汽加压精炼机中机械精制OPT木片；将树脂和/或蜡加入到精制的OPT纤维；使树脂处理过的纤维形成板坯；和压制板坯。使用尿素、乙酸和水的混合物可选地对精制纤维进行化学处理。

申请号：2014100766275

发明名称：一种无醛竹木纤维板的制作方法

公开号：CN103878858A

申请人：中国科学院宁波材料技术与工程研究所

摘要：本发明提供了一种无醛竹木纤维板的制作方法。该方法结合无胶纤维板技术与含无醛胶的纤维板技术，在竹木纤维中添加少量的无醛环保型胶黏剂，采用干燥、铺装成板坯、微波预热、热压成型等过程制得竹木纤维板，其厚度能够达到5-18mm，密度能够达到0.7-1.1g/cm^3。与现有技术相比，该方法不仅能够降低生产成本、提高生产效率，而且能够提高纤维板质量稳定性，是一种具有良好应用前景的纤维板制备技术。

申请号：2014101254838

发明名称：竹柳纤维板制造工艺

公开号：CN103862551A

申请人：南京林业大学

摘要：本发明涉及竹柳纤维板制造工艺，包括：选取原料，制得木片，制备纤维，施胶，制得竹柳纤维板。本发明可将竹柳小径级材和枝丫材制成竹柳纤维板，实现竹柳人造板的工业化生产，提高对竹柳木材原材料的需求，进而促进竹柳的广泛种植。

申请号：2012800466000

发明名称：超细纤维板

公开号：CN103827375A

申请人：可乐丽股份有限公司

摘要：本发明提供一种超细纤维板，其包含由平均纤维直径500nm以下的超细纤维构成的纤维聚集体。所述超细纤维板具备超细纤维聚集体，所述超细纤维聚集体由作为主成分的重均分子量为5000—10万的溶剂可纺性聚合物和作为副成分的具有与聚合物相比为10倍以上的重均分子量的聚合物构成；构成纤维的平均纤维直径为10—500nm。聚合物可以是低传导性或非传导性聚合物，聚合物可以是增稠性聚合物。

申请号：2013107423074

发明名称：一种地聚物基纤维板

公开号：CN103803939A

申请人：广西启利新材料科技股份有限公司

摘要：本发明公开了一种地聚物基纤维板。该纤维板主要由液态水玻璃、硅铝酸盐、木纤维、增强纤维等原料组成，还提供了上述地聚物纤维板的制备方法：称取各种原料；将硅铝酸盐、木纤维、增强纤维加入搅拌机中搅拌均匀，得到干粉料；在充分混匀的干粉料中加入液态水玻璃，混合均匀，得到浆料；把充分混好的浆料倒进纤维板模具中，刮平，用2.5MPa的压力挤压成型；自然条件下养护6小时后脱模，放在自然条件下养护7—10天可得。本发明强度高，耐水性能好，吸水膨胀率极低，养护工艺条件简单方便，隔音隔热效果较好，耐高温、生产成本低，对人体无害，克服现有材料生产能耗大、养护条件要求高、生产成本高的问题，还能提高工业废弃钢渣的利用率。

申请号：2013105998043

发明名称：一种矿化纤维板制备方法

公开号：CN103786229A

申请人：东莞市德迈特隔热材料有限公司

摘要：本发明公开了一种矿化纤维板制备方法，其特征在于，其依次通过切碎机切碎处理、振动筛过滤处理、第一搅拌机搅拌矿化处理、熟料干燥处理、第二搅拌机搅拌处理、滚压机滚压成坯处理、热压机热压固化处理、裁边机裁切处理、砂光机抛光处理等工艺步骤，其中，第一搅拌机将有机纤维、矿化液浆料、表面活性剂以及添加剂搅拌均匀并形成熟料，有机纤维、矿化液浆料、表面活性剂以及添加剂四种物料的重量比为50％—70％：12％—15％：5％—12％：10％—25％。通过上述工艺步骤，本发明能够快速且有效地制备矿化纤维板。

申请号：2012103961849

发明名称：一种以麦秆为原料制备纤维板的方法

公开号：CN103770189A

申请人：天津德为环保工程设备有限公司

摘要：一种以麦秆为原料制备纤维板的方法，包括下列步骤：（1）切割粉碎：将收集来的麦秆粉碎至2cm左右；（2）麦秆预处理：采用乙酸进行预处理；（3）烘干：烘干至含水量为10%左右；（4）二次粉碎；（5）过筛；（6）施胶：加入12%的脲醛树脂黏合剂和1%的氯化铵固化剂；（7）铺装；（8）压制成型。本发明解决了利用麦秆为原料制备纤维板过程中采用脲醛树脂为黏合剂时，制板黏合效果不好的难题，将麦秆经过化学预处理后，降低了麦秆表面的pH值，提供了有利脲醛树脂黏结剂与纤维形成良好胶合界面的环境，有利于提高麦秆纤维板的胶合强度和综合性能，实现了农作物麦秆资源化利用，降低了麦秆人造板的成本，为麦秆人造板的大规模市场化提供了新途径。

申请号：2013107479296

发明名称：一种轻质阻燃纤维板的制造方法

公开号：CN103753687A

申请人：广西丰林木业集团股份有限公司

摘要：本发明公开了一种轻质阻燃纤维板的制造方法，其特征包括以下工艺步骤：木材削片、择选、蒸煮、纤维分离、调施胶、干燥分选、铺装、成型、预压、热压、翻板冷却、砂光、检验分等及入库包装等。所述调施胶步骤中施加增强型胶黏剂，施加量为160—195kg/m^3。所述的干燥分选步骤中施加有粉剂阻燃剂，施加量为30—150kg/m^3。为成功实现本发明制造方法，还提供对应的增强型胶黏剂及粉剂阻燃剂的制造工艺。本发明显著提高轻质纤维板的机械胶合强度，又赋予轻质纤维板的阻燃防火性能，极大满足社会对轻质板材的环保、安全及机械强度高等多功能需要。

申请号：2014100142411

发明名称：利用造纸污泥生产硬质纤维板的方法

公开号：CN103711041A

申请人：河北嘉诚环境工程有限公司

摘要：本发明属于造纸污泥的处理，特别是指利用造纸污泥生产硬质纤维板的方法。方法包括除臭、匀浆、成型、烘干等工艺步骤，本发明解决了现有技术存在的工艺复杂、成本高、产品环保性差等问题。具有可有效利用工业废料、生产成本低、产品符合国家标准要求，环保性好且价格低廉等优点。

申请号：2013105974208

发明名称：一种低能耗生物酶纤维分离的纤维板制备方法

公开号：CN103600405A

申请人：西南林业大学

摘要：本发明公开了一种低能耗生物酶纤维分离的纤维板制备方法。将木质原料、农作物秸秆或竹材制成木片或碎料，利用生物酶在一定的条件下进行预处理：生物酶溶解在温度20-60℃的水中，生物酶的浓度为0.05%-50%，木片或碎料与生物酶溶液的比例为10%-50%，处理时间为5-120min。后利用盘磨机进一步将木片、碎料或竹片分离成纤维，以取代传统的纤维板制备过程中的热磨法分离纤维用于纤维板的制备。本发明首创性地利用生物酶可以降解纤维胞间层中果胶质和木质素的原理，来分离纤维，与热磨法相比具有清洁环保、能耗低、成本低的特点。有助于降低纤维板生产过程中的能耗、生产成本，具有良好的社会效益和经济效益。

申请号：2012102872975

发明名称：一种用硅藻土制造高密度纤维板的方法

公开号：CN103586957A

申请人：李军

摘要：本发明涉及一种用硅藻土制造高密度纤维板的方法，是将杨木和柞木按质量比为0.5—1 ∶ 1进行配料，然后切削成木片，再将木片、硅藻土，胶贴剂和石蜡按质量比为22 ∶ 1 ∶ 10 ∶ 0.5进行配料，将配好的料，通过风送入系统管道，进入旋风分离器，将湿纤维中的水分分离出来，将干纤维料经过铺装热压和砂光后，进行包装和检验，提高高密度纤维板的吸附性，减小高密度纤维板的孔隙。

申请号：2013105373140

发明名称：一种竹木复合纤维板的制造工艺

公开号：CN103586958A

申请人：大亚木业（肇庆）有限公司

摘要：本发明公开了一种竹木复合纤维板的制造工艺，包括材料筛选、清洗、蒸煮、热磨、调施胶、干燥、铺装成型、热压和冷却步骤，其中：木片筛选中，竹木配比为1:3.5—1:4；蒸煮步骤中，蒸煮压力为7.3—7.7bar，蒸煮时间0.8—1.2min；热磨步骤中，蒸煮过的木片通过热磨机解纤，同时向磨机里添加熔融石蜡，石蜡施加量为4.0—4.5kg，磨机功率在180—190kwh/t；调施胶步骤中，将胶黏剂和固化剂混合施胶，胶黏剂量为12％—12.5％；干燥步骤中，干燥后的含水率在10％—11％。本发明生产出的竹木复合纤维板质量稳定，板材性能可以达到纯木质纤维板的性能要求；另外，由于竹材比木材便宜，能大大降低生产成本，增加生产效益。

申请号：2012102540768

发明名称：利用甘蔗渣干法生产中密度纤维板的方法

公开号：CN103568096A

申请人：南宁市横县恒基板业有限公司

摘要：本发明公开了利用甘蔗渣干法生产中密度纤维板的方法，包括：1）备料：将甘蔗渣按照纤维的长短分成长甘蔗渣和短甘蔗渣两类，分别送往两个设置有不同碎料时间参数的碎料机进行粉碎，并将两个粉碎机粉碎得到的一次甘蔗渣纤维进行混合；2）干燥分成：湿刨花料仓定量输出的二次蔗渣纤维经螺旋运输机送入转子式干燥机；3）施胶：将氧化镁、硫酸镁、有机硅防水剂、固含量50％—60％的脲醛树脂，以及增塑剂按照质量比20-40 ∶ 40-50 ∶ 10-15 ∶ 70-80 ∶ 2—3的比例混合，混合搅拌并升温至60摄氏度，用氢氧化钠调节至pH值介于7.5 ～ 8.0之间，冷却至自然温度，制成胶液；4）成型热压。利用本发明的方法制造的中密度纤维板质量上乘，节能环保，且具有很高的经济价值。

申请号：2012102698061

发明名称：一种新型稻秸秆纤维板材的配制方法

公开号：CN103568104A

申请人：长沙创远环保科技有限公司

摘要：一种新型稻秸秆纤维板材的配制方法，是由：稻秸秆粉46％—56％；石粉12％—15％；滑石粉5％—10％；氧化镁25％—33％；添加剂(1)0.2％—0.6％；添加剂(2)0.4％—0.8％组成，所述的百分比为重量百分比。将所述的稻秸秆等有机纤维材料粉碎、磨粉；将有机纤维粉、石粉、滑石粉、氧化镁搅拌均匀混合；向有机纤维粉、石粉、滑石粉、氧化镁混合料中加入添加剂(1)、添加剂(2)，加入水并均匀搅拌，混合；在调和温度和调湿温度的条件下，将所述的拌合料装入模具，冷压成形，脱模；将脱模的半成品按产品的规格要求进行修边处理；将脱模后修边处理的半成品装入保压养护模具中养护，即可成品入库。

申请号：2013104734118

发明名称：一种利用棉花秸秆制备木质杆生产中高密纤维板的方法

公开号：CN103538135A

申请人：成明生；梁国柱

摘要：本发明公开一种利用棉花秸秆制备木质杆生产中高密纤维板的方法，通过提供优良的棉花秸秆制备木质杆工艺技术，进而利用木质杆生产中高密纤维板。棉花秸秆作为制造纤维板重要原料，但因含有25％皮质纤维和4.5％芯，直接使用将严重影响纤维板强度、耐水性等纤维板质量指标。本发明在常规工艺基础上，通过改进棉花秸秆碱煮去皮、催化改性、无胶热压环节，使产品达到甲醛释放、质量强度和耐水性标准，实现棉花秸秆变废为宝资源化合理利用和生产效益、节约生产成本、减少能源消耗、降低排放量效果，具有广泛的应用价值。

申请号：2014100781097

发明名称：一种高防潮薄型中密度纤维板的制备方法

公开号：CN103878859A

申请人：东营正和木业有限公司

摘要：一种高防潮薄型中密度纤维板的制备方法，步骤如下：（1）将原料辐射松与鲜杨混合得到混合木片；（2）将混合木片经预蒸煮、蒸煮处理，加入熔融态的石蜡热磨解纤；（3）热磨后的纤维施加苯酚改性三聚氰胺脲醛树脂和液体复合固化剂；（4）施胶纤维进行干燥，干燥过程中加入粉体防水剂；（5）干燥后纤维经分选、铺装成型后通过连续平压压制而成。本发明利用PMUF树脂替代传统MUF树脂生产高防潮薄型纤维板，树脂成本降低10％-15％，压制高防潮薄型纤维板的生产成本降低180-220元/立方米。引入异氰酸酯作为PMUF树脂的固化剂，改善了树脂固化后的分子结构，提高了纤维板的耐水性。

申请号：2012800208704

发明名称：防水纤维板

公开号：CN103534424A

申请人：USG内部有限责任公司

摘要：本发明公开了一种吸声建筑材料和制造方法，其引入了均匀分散的反应性有机硅以改进防水性和物理性质。

申请号：2012102259365

发明名称：一种制备彩色人造纤维板的方法

公开号：CN103507138A

申请人：中山市大自然木业有限公司

摘要：本发明提供了一种制备彩色人造纤维板的方法，所述方法包括如下步骤：提供木质纤维；

对所述木质纤维进行染色处理；将上述染色后的木质纤维压制成型。其中，所述染色处理为喷色染色。按本发明方法生产出的人造纤维板因为染色处理而具有色彩花纹，具有很好的美观度。

申请号：2013104440256

发明名称：超低甲醛释放量中高密度纤维板的制造方法

公开号：CN103496025A

申请人：广西三威林产工业有限公司

摘要：本发明公开了一种超低甲醛释放量中高密度纤维板的制造方法，涉及化工技术领域，它的制作步骤是：将木材削片、水洗、蒸煮软化、热磨成纤维，再施加超E0级胶黏剂、尿素与氯化铵混合固化剂，然后干燥、风选、铺装成型、热压、横锯、冷却，最后砂光裁边，将锯切后的规格板材按要求标识包装，即得；本发明在纤维板制造的过程中施加超E0级胶黏剂、尿素与氯化铵混合固化剂，甲醛释放量符合标准，不需要增加设备另外进行氨熏，造成增大投资及电力消耗的问题，也不存在造成板材物理性能差异及外观缺陷的问题，也不会产生氨气等刺激性气味。

申请号：2013104881117

发明名称：一种秸秆纤维板的制造方法

公开号：CN103496029A

申请人：杭州创源基业能源科技有限公司

摘要：制成板材强度高、质量好的一种秸秆纤维板的制造方法，由备料和压板工序组成；所述备料是将秸秆送入涡流撕裂机，撕裂成长度3cm—6cm的碎丝条；碎丝条送入水力研草机，加水，升温至180—220℃，研揉，150-450转/分，脱水，形成湿泥状物料，湿泥状物料送入纤维疏解机揉搓后，送入浆池，加入回用水泡涤，湿泥状物料与回用水的重量比为1:6—8；泡涤3次或4次，用圆网浓缩机脱水浓缩，再用压力筛除去杂质及较组的纤维，得含水率70%—80%的秸杆湿纤维料；所述压板是将所述秸%湿纤维料脱水处理，得含水率5%—10%的秸秆干纤维料，秸杆干纤维料施胶后铺装，用热压机于180～220℃下压制成秸秆纤维板。本发明适用于秸秆制纤维板。

申请号：2013104359983

发明名称：一种高强度无甲醛的环保型纤维板的生产方法

公开号：CN103465339A

申请人：湖北工业大学

摘要：本发明属于人造板生产的技术领域，具体地说是一种高强度无甲醛的环保型纤维板的生产方法。它是在160—190℃条件下，将木素、低分子木素脱氢聚合物与秸秆颗粒混合均匀，然后进行热压成型，木素用量为原料总质量的10%—30%，低分子木素脱氢聚合物为原料总质量的5%—10%，余量为秸秆颗粒。本发明制备的纤维板首先不含甲醛，这是其最为显著的特点，其次，本发明制备的纤维板具有较好的弹性模量和良好的抗水性能，这主要是木素具有刚性和抗水性所致。由于采用了DHP作为高效的交联剂，使得废木素及秸秆中三大主成分之间发生交联，大大提高了纤维板的表面结合强度和内结合强度。本发明开发的生产工艺和产品均无甲醛污染。本发明的主要原料为农作物秸秆，原料价格低廉。由于采用干法工艺，生产过程不产生废水和废气。

申请号：2013103290355

发明名称：一种纤维板及其制作方法

公开号：CN103437070A

申请人：浏阳市南方椰棕厂

摘要：本发明公开了一种纤维板及其制作方法。该纤维板，包括：第一纤维层和第二纤维层。第二纤维层的顶面和底面均设置有第一纤维层，且第一纤维层和第二纤维层的径向投影的形状相同。该纤维板的制作方法，包括以下步骤：将低熔点皮芯复合纤维与再生三维中空纤维混合后开松，得到第一混合纤维；将低熔点皮芯复合纤维与椰棕纤维混合后开松，得到第二混合纤维；将第一、第二混合纤维均梳理成束状后铺摊均匀，分别得到第一纤维层和第二纤维层；将第二纤维层铺在第一纤维层上，并在第二纤维层上再覆盖第一纤维层，得到初纤维板；将初纤维板在110-160℃下烘烤，得到混合板；将混合板压缩定型，得到纤维板。上述纤维板，不易出现发霉、长虫的现象。

申请号：2013102933047

发明名称：高级环保阻燃纤维板及其制造方法

公开号：CN103406968A

申请人：广西大学

摘要：本发明公开了一种高级环保阻燃纤维板及其制造方法，以木片为原料，热磨得到纤维，加入辅助原料制造得到高级环保阻燃纤维板，每1m³成品纤维板组成和重量为：纤维580-630kg、石蜡7-9kg、胶黏剂200-230kg（固含量40％-50％）、固化剂0.2-0.3kg、染色剂1.0-2.0kg、阻燃剂38-50kg和水适量。其制造方法主要包括热磨、混合、干燥、成型、热压、裁边、砂光工序。该生产工艺简单、技术参数精确、工艺可靠性强、生产效率高，而且生产出来的产品阻燃性能好、甲醛释放量低、物理力学性能优越。

申请号：2013102960650

发明名称：一种香蕉秆中密度纤维板及其制作方法

公开号：CN103406969A

申请人：福建农林大学

摘要：本发明公开了一种香蕉秆中密度纤维板及其制作方法，包括以下步骤：备料、削片、蒸煮软化、纤维分离、纤维干燥、施胶、热压、锯边或开料、检验分等、修补、包装。本发明实现了农作物废料利用，符合再生或循环利用以及绿色环保性的要求；香蕉秆中密度纤维板具有变形小、尺寸稳定、强度大、刚度好、耐磨损的特点；可进行锯截、刨削、镂铣、开榫、钻孔、砂光、装配和表面装饰等加工方式。

（中国木材与木制品协会信息中心）

典型篇

“30强”双承诺木门企业

中国木材与木制品流通协会木门窗专业委员会是经中华人民共和国民政部批准的唯一的全国木门窗行业组织，2004年成立至今一直致力于中国木门行业健康有序发展。所开展的全国木门企业“产品质量、售后服务双承诺”活动以维护消费者权益、规范市场为宗旨。2010年，经中共中央、国务院同意，国资委下发国资厅发纪检〔2010〕21号文件，明确保留该项活动。正是信得过的质量、良好的售后服务，提升了参与此项活动企业的社会形象和知名度。品牌木门的市场影响力日渐提高，成为消费者以及工程项目的首选。经过十年的培育，其已经成为一个品牌，在行业和市场中都享有很高的声誉。

2014年“30强”企业名单

1 广东润成创展木业有限公司

2 北京闼闼同创工贸有限公司

3 浙江梦天木业有限公司

4 淄博万家园木业有限公司

5 泉州嘉森木业有限公司

6 重庆星星套装门（集团）有限责任公司

7 浙江金迪门业有限公司

8 山西孟氏实业有限公司

9 黑龙江三和木业（集团）有限公司

10 山东鑫迪家居装饰有限公司

11 重庆美心家美木业有限公司

12 安徽富煌钢构股份有限公司门窗分公司

13 吉林兄弟木业集团有限公司

14 江山欧派门业股份有限公司

15 哈尔滨光明伟业木制品有限公司

21 秦皇岛卡尔·凯旋木艺品有限公司

22 北京德威木业有限公司

23 北京伯艺创展木业有限公司

24 北京和玺建筑成套木作系统有限公司

25 山西泰亨科技有限公司

26 佛山市奇田木业有限公司

27 青岛彬城木业有限公司

28 湖北永和安霍斯门业有限公司

29 北京安居益圆工贸有限公司

30 北京润成创展木业有限责任公司

31 东莞宏利木品厂有限公司

32 成都千川木业有限公司

33 山东洪涛装饰（工厂化）工程有限公司

34 宁夏华泰家俱制造有限公司

35 四川峨眉山龙马木业有限公司

16 青岛一木实木门有限公司
17 大自然木门
18 北京市博亮木业有限公司
19 吉林森林工业股份有限公司北京门业分公司
20 天津龙甲特种门窗有限公司
36 北京市木材厂有限责任公司
37 辽宁瀚森木业有限公司
38 沈阳九州阳光木业有限公司
39 廊坊华日家具股份有限公司
40 宁波材源帝木业有限公司
41 大连凯峰家具有限公司
42 山东德泰木业有限公司
43 吴江市金丰木门厂
44 吴江市固友木门厂
45 辽宁赛斯木业有限公司
46 北京龙鼎基业工贸有限公司
47 北京佳业福满门工贸有限公司
48 山西嘉艺木业有限公司
49 佛山市南海盈康创建家居制造有限公司
50 重庆什木坊门业有限公司
51 山东盛世佳成木业股份有限公司
52 营口经济技术开发区卓友木门有限公司
53 浙江兔宝宝门柜有限公司
54 湖州南浔关亨木业有限公司
55 淄博崇正盛达家私有限公司
56 湖州世友门业有限公司
57 广东圣堡罗门业有限公司
58 天津金朵尔木业有限公司
59 北京九鼎创展门业有限公司
60 江西省华府豪门装饰制品有限责任公司
61 广州蓝白木业有限公司
74 德州市豪森木业有限公司
75 北京桥饰木业有限公司
76 苏州市吴江三鑫木业有限公司
77 丽水市大东园木业有限公司
78 浙江佰心木业有限公司
79 温州蔡氏木业有限公司
80 山东凯勒蓝房家居文化发展有限公司
81 北京黎明文仪家具有限公司
82 厦门盈轩木制品有限公司
83 冠星迦南门业（厦门）有限公司
84 佛山市南海名杉木业制造有限公司
85 淄博鸿发木业有限公司
86 济宁瑞宏家具装饰工程有限公司
87 山东美华装饰材料有限公司
88 桦甸市惠邦木业有限责任公司
89 温州富仁家具有限公司
90 北京伦特木业有限公司
91 佛山市南海区大沥树兴木门厂
92 江苏同际木业发展有限公司
93 湖北省大荣木业有限公司
94 湖北宝业建筑工业化有限公司

62 杭州好迪装饰家私有限公司
63 重庆美冠装饰材料有限公司
64 浙江金凯门业有限责任公司
65 浙江金凯德工贸有限公司
66 浙江开洋门业有限公司
67 湖北柯尚木业有限公司
68 成都天天木业有限公司
69 四川爱心木业股份有限公司
70 北京日上工贸有限公司
71 昆明红塔木业有限公司
72 石家庄市冀中木业有限责任公司
73 浙江喜盈门木业有限公司
107 河北赞木木制品有限公司
108 浙江江山五福门业有限公司
109 北京市精益利元装饰材料加工厂
110 重庆绿平方木制品有限公司
111 山东隆森木业有限公司
112 安徽御福堂木业有限公司
113 重庆市恒美门业有限公司

95 苏州好宜家木业有限公司
96 北京市建筑木材有限责任公司
97 唐山浩森木业有限公司
98 四川省郫县泰来贸源有限责任公司
99 浙江家园门业有限公司
100 浙江正信门业有限公司
101 东营市正通门业有限公司
102 吉林市茜茜家居有限责任公司
103 太原市锦世源木业有限公司
104 山西庆峰科技有限责任公司
105 江苏振通门业有限公司
106 浙江王牌门业有限公司
114 保定市凯美森家居制造有限公司
115 北京诺客诺格装饰有限公司
116 北京建铭恒达装饰材料有限公司
117 北京陆锋工贸有限公司
118 博鸣木业有限公司
119 雨之林木门制品有限公司
120 承德华玉家具有限公司

（中国木材与木制品流通协会
木门窗专业委员会）

木地板行业全国“30家”双承诺活动十五年风雨历程

木地板行业起源于20世纪80年代初，以其脚感舒适、温馨、高贵典雅等突出的优点，成为人们地面装饰的首选材料，其市场需求也呈直线上升趋势。面对巨大的市场需求，地板企业激增到5000多家，大小不一、良莠不齐，一时间市场鱼龙混杂，木地板流通及售后服务方面一直问题不断涌现，为了规范行业发展，打造出木地板行业的知名品牌，中国木材与木制品流通协会在2001年率先引导国内100多家知名的木地板企业经过自愿报名、质量评选、产品检测和评审等严格的程序，推选出了全国“30家”实木地板、实木复合地板双承诺企业。这些企业联合宣言，以自己的真诚商业行为赢得了广大消费者、中国消费者协会、各地工商局和政府的信赖。为防止名牌终身制，“30家”评选依据企业每年的实际销售量、生产量、全国覆盖面、售后服务质量进行客观、公正的考评，因而能做到企业信服、消费者认可，每年还要进行不定期抽检，对企业进行监督。自2001年起始的“30家”实木地板企业双承诺活动，已经走过了十五年的风雨历程。这一过程中，“30家”自律、承诺、奉献、创新，在不断自我完善中，带动全行业健康发展。

2010年3月9日，国务院国有资产监督管理委员会办公厅发文《关于印发国资委评比达标表彰保留项目的通知》，对中国木材与木制品流通协会开展的“30家地板质量、售后服务”双承诺活动给予肯定和支持。国务院国资委的认可，给予“30家”企业极大的鼓舞，更大的动力。“30家”企业将兢兢业业，不断加强自身建设，加强团队管理。把产品质量做精，严把每一道质量关;在售前、售中、售后每一项服务中制定切实可行的措施，让消费者买得放心，用得安心。

木地板“30家”双承诺活动开展14年来，为提升行业形象做出了巨大的贡献，评选出了行业知名品牌，这些品牌历经发展已经成长为地板行业的中坚力量；“30家”为消费者放心选购地板提供了依据，大大减少了地板装修的投诉和纠纷。截至2014年年底，共有132家企业参与进来，其中，连续参加10年以上的共有12家，分别是大自然地板、富林地板、富得利地板、港星地板、骏牌地板、联丰地板、融汇地板、美丽岛地板、新绿洲地板、格尔森地板、世友地板、久盛地板；连续14年参与的有两家，即大自然地板、融汇地板。这些都体现“30家”双承诺活动在木地板企业心里的重量和公信力，也相信“30家”双承诺活动将继续引领行业前进。

活动回顾：

2001年“30家”因地板行业初期无序的竞争下，首次向消费者推出“地板质量、售后服务”双承诺，引导地板业向良性发展。

2002年“30家”向市场规范地板树种名称，有效地打击了树种以次充好获取暴利欺诈消费者的不法行为，促进地板市场规范。

2003年“30家”向行业倡议，开展“取于自然，还于自然”公益植树活动，已连续8年每年捐款五十万元用于植树造林、支持青年绿桥活动每年向青少年基金会捐款10万元，总共捐款800万元，为祖国首都建起绿色屏障。

2004年“30家”开展“多层实木复合地板”双承诺，规范实木复合地板市场。

2005年“30家”在营销终端门店创新应用电子触摸屏，消费者可自行了解木地板选购要点，铺设方法，地板维护事项等基本知识，让消费者明明白白消费。

2006年“30家”地板企业推出铺装工持证上岗，“30家”品牌企业铺装工通过培训考试后获得劳动与保障部木地板铺装工技术等级证书，铺装技术是地板质量的关键，铺装工上岗培训是规范地板铺设市场最积极的措施。

2007年“30家”向社会公布全国咨询投诉免费电话“4006-100-100转地板315”，便于全国各地的企业和消费者咨询投诉，维护地板市场秩序。

2008年“30家”地板企业在奥运会倒计时中向社会发起商业诚信的倡议。

2009年“30家”企业在九年“地板质量、售后服务”双承诺活动的基础上，首推“买我地板无风险，为您服务无止境”的市场承诺。

2010年“30家”企业双承诺活动第十年，突出‘铺装’作用，提出“一分地板，九分铺装”的新理念。

2011年“30家”高举环保大旗，“30家”木地板企业开展“取于自然，还于自然”公益植树活动的理念与举措向社会各界广为传播，为保护和改善祖国生态，减少自然灾害，减少沙尘风暴筑起绿色屏障起到了积极推动作用。

2012年“30家”严把质量关，协会委托中国物流与采购联合会木材保护质量监督检验测试中心作为承检单位，对部分双承诺企业进行了产品抽检。

2013年“30家”主推“中国好地板”，积极推广行业信赖品牌及优秀百强经销商。

2014年“30家”联合家居卖场，开创地板行业“首届中国地板文化节”，宣传行业诚信经营的地板品牌，塑造市场品牌店的良好形象，加深社会对地板行业的了解，传播中国地板文化，为中国地板行业搭建了一个产业与文化共同发展繁荣的平台。

2015年“30家”将主抓企业服务与诚信建设，树立良好的市场环境。

“30家”双承诺活动造就消费者心目中的地板名牌，企业将始终发扬双承诺 精神，承担起对社会、消费者的责任。

“30家”双承诺活动经历了十五年风雨沧桑取得了阶段性成绩，辉煌已成为过去。行业将继续坚守“双承诺”精神，加强技术创新、营销创新、管理创新，以崭新的面目，开创卓越的明天。

2014年全国木地板“30家”企业名单

大自然地板、融汇版图地板、久盛地板、书香门地地板、升达地板、格尔森地板、世友地板、大卫地板、贝亚克地板、鹦鹉地板、瑞嘉地板、格林地板、生活家地板、龙森地板、安心地板、好运地板、柏尔地板、欧人地板、安信地板、红高粱地板、益嘉地板、欧朗地板、金桥地板、宏耐地板、天和·百贯地板、新绿洲地板、兔宝宝地板、大国地板、绿意地板、立象地板、尚典地板、牛师傅地板。

（中国木材与木制品流通协会
木地板流通专业委员会）

2013年度中国木材与木制品行业年度人物

（排名不分先后）

上海怡黄木业有限公司总经理 江小成

江小成领导的上海怡黄木业有限公司是名品家居板材集成供应商。公司初创于1998年，三年时间里，在上海浦西连开了三个分店，成为上海小有名气的板材经销商。2002年，公司注册成立了上海怡黄木业有限公司，同时设定了公司标识、使命和愿景；同年，公司成为上海木材行业协会常务理事单位。到2005年止，在上海浦东浦西开设了八个门店，成为上海地区影响力最大的人造板运营商。2006年与大亚合作，开启了怡黄板材新的发展阶段，同年，他当选为上海木材行业协会副会长。到2008年年底，公司在杭州、江苏、安徽三省新开七个门店，成为华东地区最大的中高纤板集成供应商。2009年，公司走出华东突入成都，连开两店，率先成为中国跨区域家居板流通运营商。组织形式、渠道建设、经营管理、人才团队、销量税利全方位得以提升。2011年，公司在江苏建立了昆山好生活家居板有限公司，占地30000平方米。集高端环保、深加工、仓储配送、区域辐射、运营中心为一体，成为板材流通新一代运营模式。2012年，在企业运营中进行了四点创新：

1. 经营模式创新，在2012年整个人造板经营市场疲软，产品用量下降之际，他带领怡黄木业在产品采购，物流配送方面多次创新，产品走高端定制，个性化道路，节约成本，做节约性组织，对客户提升服务，从单一的经营产品模式，向下游制造，深加工延伸，形成初具规划的产销及深加工一条龙模式，提高了产品的附加值，增强了对客户需求的服务力度，走出了自有的一套创新模式。

2. 管理创新，在积极开展销售的同时，对内部管理制度完善，改革，增加员工素质教育，进行深度挖掘内部潜力，积极增强团队建议，打造了一个高素质，专业化，年轻化的管理和销售团队。

3. 分配机制创新，探索骨干员工合伙人制，与企业共命运，使员工有归属感，增加企业凝聚力。

4. 企业内涵创新：做有社会责任的企业，以企业的力量积极推动人造板流通行业向健康方向发展，引领行业规范经营，诚信经营，关怀社会，扶危济贫，打造了一个有责任感、有企业文化内涵的民族企业。

2011年5月，他当选为中国木材与木制品流通协会副会长，11月当选为中国人造板流通联盟执行会长，并担任APEC中小企业家联盟委员会成员、上海抚州商会常务副会长、阳光信友会执行会长。

2013年怡黄木业在以下这7个方面做了一些探索和努力：

1. 通过国际会展、网络推广、电视媒体，向市场传播高端板材集成供应商概念，引导产品制造走向环保化、差异化、个性化、定制化、系列化、高端化；

2. 作为流通商，下决心投资贴面深加工，增强消费者对我们提供的产品黏性，市场对我们更有信心；

3. 积极参加木材与木制品进出口分会的活动，为进口人造板在中国的流通做准备；

4. 率先支持中国木材与木制品现货交易平台，成立华东人造板运营中心；

5. 利用每月一次的中国人造板流通联盟市场分析电话会议，让全国人造板流通从业者及时获取市场信息，促进人造板流通健康发展；

6. 积极推进阳光信友会各项工作，致力将阳光信友会打造成中国本土源于上海的国际化爱心联盟，引导企业家在经营好企业的同时，更多地助力社会；

7. 开始筹建阳光铭传书画院，在两岸交流过程中，在中华文化的传播过程中付出我们的心力。

广东润成创展木业有限公司董事长 关润开

业精于勤，行成于思，他以睿智的眼光审视着全局。以自己特有的坚定，自信和从容，踏实中走出一条成长路，给我们描绘出润成创展辉煌而精彩的事业画卷。他就是广东润成创展木业董事长——关润开。

他，从一个丝棉织厂的厂长，发展到一个成功的企业家。关润开董事长以其前瞻性的战略规划定位，坚定企业发展方向，以“品牌、荣誉、责任”为指导思想，坚持走自主创新之路。带领着润成创展从最初的茁长萌芽阶段渐渐成长为至今家喻户晓的品牌，以其独树一格的新颖设计理念，突破多次销售瓶颈，着力培育更专业优质团队。润成创展赢得市场的肯定之余，还当选为“中国木材流通协会木门专业委员会常务副会长单位”、连续八年荣获“AAA+级中国质量信用企业”，连续九年入选全国木门30强双承诺企业等多项荣誉和称号。

2013年，关润开董事长以其科学、稳健的运营，在传统产业与创新工业化大生产结合的探索之路孜孜以求。引领行业节能减排，响应低碳环保的理念，走可持续发展的道路，投资上百万建设环保车间，全面淘汰高粉尘，高污染生产线。配备更完善的大规模、现代化的木质门生产流水线。

将“仁”和“德”传统文化理念融入企业文化的管理中，吸引大批优秀人才，营销与品牌建设，技术与生产，组建了能从外形、工艺结构、材料等方面研发和生产属于自己产权、高科技和高环保含量产品的卓越团队。重视工作与生活的平衡，完善员工便利的吃食住行硬件环境，积极开展丰富员工文化生活的活动，强化营造自己独特的企业文化氛围。

着重产品质量，提高售后服务，关注员工福利外，还着力员工内在专业素质的提高，投资数场培训会，聘请行业内知名的培训讲师为公司员工和全国经销商培训，为2014年养精蓄锐，提供源源不断的前进动力。与此同时，还积极承担环保、公益等社会责任，为企业长足发展、行业可持续发展奠定坚实基础，为木门行业的发展不遗余力作出贡献。关润开董事长因在木门行业所取得了一系列成绩，荣获众多殊荣：2013年荣获中国木材与木制品流通协会颁发“2012中国木材与木制品行业年度人物”；2013年荣获中国木材与木制品流通协会木门窗专业委员会颁发“2012年中国木门窗行业年度人物”；2013年《木质门安装规范》（SB/T 10725—2012）主要起草人；2013年“《木质门修理、更换和退货规范》（SB/T 10726—2012）主要起草人。

从发展路上的越渐开阔来看，他的荣誉无不反映着他不断探索，果断务实的个人的独特魅力，还与他决策上的高瞻远瞩，工作上的脚踏实地，勇于奉献的精神分不开。“路漫漫其修远兮，吾将上下而求索。”未来的路，不容忽视，让我们见证百年企业的成长足迹，为自己写上更美丽的诗篇。

久盛地板有限公司董事长 张恩玖

张恩玖，男，1960年生，现任久盛地板有限公司董事长，湖州市政协委员。1984年起开始经商，2001年创立久盛地板有限公司，目前久盛地板已发展成为国内最大的木地板制造、销售企业之一。

1984年，他开始个体经商收购兔毛，并于1990年创办湖州适溪畜产品加工有限公司，成为浙江省土畜产进出口集团公司定点生产企业，1998年起名列全国兔毛销量的第一；2001年，他又转型创办久盛地板有限公司，大手笔地引进具有世界先进水平的设备、建立全国地板行业最早的省级技术研发中心……一系列的举措，让久盛地板一举成为全国木地板行业中硬件最优，产能较大的企业之一，并在短短十二年赢得了17个全国“行业第一”。

在让久盛地板从业务规模、服务能力、技术研发、品牌建设等多方面取得了良性发展的同时，张恩玖还真心系员工、感恩尽责任，每年都投入几百万资金用于员工的培训，并在浙江林学院、南京林业大学设立了久盛奖学基金，鼓励人才成长；定期组织员工外出旅游、学习，陶冶员工情操、精神；向绿化基金会捐款，用于植树造林；汶川大地震刚刚发生，张恩玖就以个人的名义向灾区捐款，并对企业中的四川籍员工表示了最真挚的关爱并提供特别资助……

智谋企业发展，勇挑社会责任，也让张恩玖获得了“浙江省民营企业常务理事”、“浙江省地板协会副会长”、“第九届浙江省优秀企业家”、“2009年全国地板行业风云人物”、国家林业局“低碳竞争力焦点领军人物”、“中国木材行业突出贡献企业家”、“全国建材行业劳动模范”“2013中国家居产业领袖人物”等众多荣誉称号，共同见证着这位浙商的创业之路。

2013年，无数奋勇拼搏的日夜已经远去，却依然在我们脑海里光芒闪耀；无数战场已经偃旗息鼓，却依然利剑高悬战马嘶鸣。回望过去的一年，我们久盛人应该引以为豪，在遭遇行业深度整合、市场环境竞争严峻、上游原材料涨价迅猛的多重影响下，张恩玖信心百倍，千帆竞发、击楫中流，带领全体员工用最为饱满的热情和无往不胜的斗志，创造了久盛事业新的巅峰。

这一年，他勇做产业转型升级的先锋，继续深化改革、科学布局，从而带动了整个南浔地板产业的良性循环，激活了中国地板行业健康发展；这一年，他全面达成公司预定目标，成绩在行业内独树一帜；这一年，他的规范管理功绩赫赫，公司已经从人性化管理向科学化管理转变，成为行业楷模；这一年，他用创新带动发展，品牌知名度和美誉度大幅提升；这一年，精益管控模式深入人心，团队建设不断优化；这一年，公司在规模扩张、技术革新、完善现代企业制度、人才战略、多元化发展战略等各方面均取得了辉煌的成就，企业的综合实力和核心竞争力进一步增强！

上海福人投资集团有限公司总经理 万由庆

万由庆，男，1963年6月，硕士学历，中共党员，现任上海福人投资集团有限公司总经理，中国木材与木制品流通协会常务理事，中国家具协会传统家具委员会副主任，上海木材行业协会副会长。

1981年8月—2003年2月在空军部队服役，两次荣立三等功、十六次获嘉奖并多次被评为“优秀共产党员”。2003年2月至今，历任上海晋福木制品有限公司总经理、上海福人林产品批发市场经营管理有限公司总经理等职；

万由庆现任上海福人投资集团有限公司总经理，全面负责集团各项经营与管理工作。主要业绩贡献有：

1、作为公司经营团队核心成员，全力打造名贵木平台，拓展名木市场。集团旗下的福人木材市场成立至今，已经发展成为全国最大的名贵木材市场之一，市场占地500亩，有500多家进驻企业。年木材交易总量超过100万立方米。福人市场地板区已成为全国最大的地板坯料批发中心，地板料交易量占全国60%，品种俱全，辐射全国。福人（国际）木皮区经过8年多的发展，已成为华东地区最大的木皮交易市场，汇聚了国内外近百家品牌木皮厂商。福人是家具制造业、装饰业、地板、木门木线条、木工艺品等工厂的购货主渠道，并成为中国五星级市场之一。常年采购商5000家以上，销售范围以华东地区为主，向东北及中西部辐射，已形成“买名贵木材到福人”的传动效应。

市场先后荣获中国木材五星级明星市场、3A诚信企业、全国林业产业先进单位、上海市质量放心市场等荣誉称号。

2、发展文化产业，提升行业高度。2011年，公司在对中国名贵木材市场多年观察研究的基础上，并顺应国家大力发展文化产业的新形势，开创性地提出建立全国首家木文化主题园－尊木汇国际艺术广场的构想，并得到当地政府的支持获得实现。尊木汇是全国首创名木商业旅游文化一体化复合地标平台，以“尊天下艺术，汇雅士风尚”为理念，以“率性养心传世”的木道精神为引领，通过会所体验，艺术展览，旅游休闲，珍品交流等手段，打造高端名木艺术品消费平台。尊木汇首创一个公园——世界木博园；一个中心——艺术会展中心；一条街——艺术品手工街；一个品牌集群——46尊艺术会所及上海市一级艺术馆——尊木艺术馆。尊木汇集聚名木、名家、名作，以360°情景式、体验式消费模式，给商家、玩家、藏家带来全新升级体验，完美演绎海派雅士的生活方式。

其中，尊木艺术馆坐落于尊木汇国际艺术广场南侧的龙头位置，是由公司倾力打造的“国家级木雕艺术大师殿堂”。是以“名木、名家、名作”为主题的全国首创体验式典藏馆。为上海市文广局批复成立的市一级艺术馆，汇聚40多位国家级工艺美术大师的700多件艺术精品，展现了中式审美生活情趣，是雅士们的“新天地”。

3、开拓金融板块，创新金融服务。2012年，公司联合行业龙头企业，申请并获批开办上海木业界首家融资担保公司，为木材行业提供融资担保服务。

2013年，成立上海福人投资集团公司，已经发展成为仓储、物流、信息、投融资担保、文化产业、进出口服务、贸易等一体化的集团公司。

打造交易平台，贡献地方经济。公司打造的木材交易平台，集聚了五百多家商户，常年采购商近万家，成就了一大批千万亿万富翁，同时解决了近千人的就业，带动宝山区域的餐饮、宾馆、租房业的发展，累计直接上缴利税过亿元，为宝山地方经济发展做出贡献。

积极参加相关协会的活动，为规范和提升行业的发展献计献策。作为主要起草人参与了《木材交易市场管理规范》等行业标准的制定工作。

黑龙江三和木业（集团）有限公司董事长胡林彬

胡林彬，男，1951 年生人，现任黑龙江三和木业（集团）有限公司董事长、中国木材与木制品流通协会木门窗专业委员会常务副会长、齐齐哈尔市质量协会理事会长、黑龙江省家具协会副会长、齐齐哈尔家具装饰协会执行会长、齐齐哈尔标准化协会理事会长、齐齐哈尔市政协委员等职务。

1998 年 3 月至今，任黑龙江三和木业（集团）有限公司董事长职务。

任职期间胡林彬董事长立足全局、着眼未来，根据公司价值取向，领导全体员工在客观评价现行管理的基础上，广泛收集公司内外部信息并进行了解深入分析，制定了中长期发展战略及质量战略并加以贯彻执行。

胡林彬董事长经常对员工说“我们的行业是传统行业，但关系着百姓安居，关系着千家万户，所以我们的成功不算成功，用户的满意才是我们的成功”为此他从战略高度推动质量管理工作。以“一次成功原则”构建质量管理体系和强化质量管理、以“技术领先原则”提高产品质量，提升竞争实力、以“顾客满意原则”强化公司质量竞争优势。并以多种形式推动企业群众性质量活动如：“三和质量日”、“质量信得过班组和员工”、“顾客满意度征询卡”、“6S 管理活动”等。他将在十几年的生产过程中形成的具有科学化、规范化、制度化的独特三和管理模式及自身的经验贡献给木门制造行业，为整个木门行业的生产规范、制度建立做出了巨大的贡献。胡林彬先生是中国木质门《行业标准》、《木质门安装规范》、《木质门修理、更换和退货规范》及《木门企业等级划分规范》的主要起草人之一，被评为“中国木门行业优秀企业家”，“中国木门十大功勋人物”与“木门窗行业年度人物”。

胡林彬董事长深知企业的发展离不开创新，在他的带领下公司技术人员锐意改革、不断创新，几年来在举办的行业展会中获得了十余项金奖，同时他带领研发人员钻研新技术、新工艺、新产品，连续三年申报国家专利技术近二十项，其中发明专利二项，黑龙江三和木业（集团）有限公司被评为“黑龙江省民营科技企业”“黑龙江省专利优势试点企业”

2013 年，是三和木业（集团）有限公司发展中的一年，也是具有里程碑意义的一年，在胡林彬董事长的带领下，企业发生了翻天覆地的变化。

胡林彬董事长高瞻远瞩，在继 2010 年干漆热压项目后，在 2013 年新研发推出了“环保柔性家装产业化项目”，该项目是将印刷业的转印技术在家装行业的大胆尝试。他带领三和研发团队深入生产一线，再经过无数次的试验与改进后，此技术已基本成熟，该技术若能顺利实施在家装行业中也将具有重大意义，此项工艺技术现正在申报国家发明专利。

2013年9月三和集团研发中心大楼正式落成，标志着三和集团在研发、生产、销售等领域进入全方位的专业化发展阶段。研发中心内设有设计室、研发试验室等设施，并将根据研发的深入将进一步扩大规模，研发中心的投入使用，对提升企业综合实力起到有力的推动作用。

为保证产品品质，2013年胡林彬董事长提出了“品质赢天下”的企业文化理念，以“好家、好门、三和造”为企业的经营理念。胡林彬董事长为保证产品质量花巨资购入了德国、意大利生产线，并购入十余台数控机床对传统设备进行更新换代。

用心做企业、用爱做公益。胡林彬董事长站在成就与责任与日俱增的今天，始终立足于企业公民的高度、秉持“创建非凡、至善共生”的理念，在不断追求更高发展的同时，积极参与慈善事业，勇于承担社会责任，他每年都会携公司高层，到齐齐哈尔市SOS儿童村，看望那里的孩子们，为孩子们送去了生活必需品及慰问金，十年间从未间断，被授予爱心人士称号。同时为齐齐哈尔助学教育基金募捐，推动了当地公益事业的发展。

在董事长胡林彬同志的带领下，黑龙江三和木业（集团）有限公司成为全国建材系统AAA级企业。企业通过ISO9001国际标准质量体系认证、ISO14001环境管理体系认证，首批通过中国绿色环保家装认证，获中国首批建材产品CTC质量、健康双认证。2005-2013年连续九年被评为“全国木门30强企业”，2004-2012年度中国木门行业最具影响力品牌，2011-2013中国林业产业创新奖（木门业），2011-2013年获中国木门十大功勋品牌，中国木门、整体家居领先品牌，全国百佳质量优秀门业品牌，中国木门十大功勋企业，中国木门领军企业。三和木业（集团）公司注重品牌的打造，维护企业的品牌形象，被齐齐哈尔市政府授予“行业诚信标兵企业”。连续十年被评为“省级守合同、重信用企业”、三和牌商标连续九年被评为“黑龙江省著名商标”、产品连续八年获“黑龙江省名牌”等殊荣。

大道之上，我自远行。董事长胡林彬，将以弘扬木门文化、打造深度品质生活为己任，努力拼搏，再铸辉煌，带领三和人昂首迈向“品质赢天下”的未来无限广阔空间。

温州木材集团有限公司董事长 徐贤俊

徐贤俊，男，1974年生人，硕士、高级经济师，现任温州木材集团有限公司党委书记、董事长兼总经理职务。中国木材与木制品流通协会副会长。

2000年11月—2013年2月，历任温州快鹿集团杭州分公司经理，温州快鹿集团总经理助理、副总经理、党委书记兼总经理。

2013年3月至今，任温州木材集团有限公司党委书记、董事长兼总经理。

徐贤俊同志，曾是一名优秀的公司营销业务员，基层的工作练就了他吃苦耐劳和踏实苦干的品格；快鹿集团杭州分公司经理的工作经历使他的沟通协调和开拓能力脱颖而出；他还是一位出色的营销专家，创造出一套科学营销理念，作为快鹿集团负责人带领企业腾飞与“快鹿”品牌发展立下汗马功劳。

现在，他则是木材集团历届班子最年轻的“掌门人”，他通过一系列的改革与创新，让木材集团“老树绽新花”，让老国有企业焕发新活力。

2013 年 3 月，徐贤俊同志主持整个木材集团运营，迅速展示出不一般的营销、管理才能，尤其是从企业体制、内部管理、营销渠道构建等方面提出许多创新思路，并结合公司和市场实际，从动态性、前瞻性的战略视角出发，经过实践和科学分析创造一套科学适合公司实际的销售、管理理念，为再创木材新辉煌奠定了扎实的基础。同时他带领公司上下迎难而上、开拓进取、奋力拼搏，扎实推进各项工作，实现了公司跨越式发展，圆满完成了年度目标任务。2013 年，木材集团实现销售收入 13.8 亿元，完成项目投资总额 10.81 亿元，全年利润总额大突破，各项收入比往年均有所增长。

多年来，徐贤俊同志以其对事业的热爱与忠诚，以高度的责任感和使命感，认真履行职责，真抓实干，为温州市的发展做出了突出的贡献，并得到了市领导和市工业集团领导的高度肯定，先后当选为温州市 2009—2010 年度劳动模范、第十二届温州市十大杰出青年、第九届中国经济十大创新人物，并于 2013 年 5 月被推选为浙江省第十四届总工会代表，还多次荣获国资委、市工业集团先进个人荣誉称号。

黑龙江柏杉林木业有限公司董事长 初汶泽

黑龙江柏杉林木业有限公司董事长初汶泽先生出生于 20 世纪 50 年代，是黑土地长大的东北黑龙江人，从事木材行业工作 40 余年，积累了非常丰富的从业经验。初汶泽先生从上世纪 80 年代开始创业，在木材行业享有较高的声望，先后担任了中国木材与木制品流通协会副会长，圭亚那中国企业协会秘书长，中国林产工业协会地板委员会副会长，与中国木材流通协会共同创办圭亚那林业开发商务中心并担任主任，中国木材与木制品流通协会南美木材应用研究所副所长。并在企业经营方面，有着非常丰富的经营管理经验，早期在黑龙江省五常市（营城子）木器厂担任厂长，之后成立沈阳龙兴木制品有限公司并创建沈阳龙王集团，本世纪初，借助国家“走出去”战略机遇，亲赴圭亚那注册成立圭亚那柏杉林国际林业开发有限公司，投资开发热带红木森林资源，并在国内注册成立黑龙江柏杉林木业有限公司，通过控股圭亚那柏杉林国际林业有限公司创造了中国人在海外拥有最多热带森林资源的奇迹。

初汶泽先生从 20 世纪 80 年代开始创业，正值我国改革开放政策支持的年代，前期从事木制品终端产品的生产销售，随着行业经验的积累，生意经营的顺风顺水，但自 20 世纪 90 年代中期以后，我国森林资源经过长期的过量采伐，违背森林生长发育的自然规律和林业经济规律，造成了对森林资源毁灭性的破坏，环境问题层出不穷，自 1998 年大洪水后政府即制定并从严实施天然林保护政策等，自实行“天保”工程后，国内原木生产量骤减，但木材需求量却大大增加，因此原木进口量激增。很多企业开始转向从国外寻求木材原料供给。

与此同时，我国正在全面深化改革，在根据经济全球化新形势和国民经济发展的内在需要提出了“走出去”战略，希望通过积极扩大我国企业的对外投资和跨国经营，利用国内国外两个市场、两种资源，积极参与区域经济合作和全球多边贸易体系，从而发挥我国比较优势的对外投资。

初汶泽先生正是借助这一历史发展机遇，开

启了自己的“走出去”之行。

初汶泽先生从2003年首次踏入南美洲圭亚那共和国便被该国茂密的热带森林资源所吸引。他只身一人带一向导，深入丛林半个月，渴了喝雨水，饿了吃压缩饼干，困了睡吊床。经历了千辛万苦，探明了森林资源储量状况。圭亚那国土面积21.4万平方公里，森林面积占全国土地面积的83%，像黑酸枝、南美花梨、紫心木、绿心樟等珍贵树种材质上乘，经济价值巨大，而且价格低廉，价值洼地效应非常明显。 他当机立断注册成立圭亚那柏杉林国际林业有限公司，从零开始，从头做起，投资开发圭亚那本国森林资源。

2009年，初汶泽先生在国内注册黑龙江柏杉林木业有限公司，注册资金4亿元人民币，注册地位于黑龙江省“哈尔滨牛家工业园区”（五常市），2010年黑龙江柏杉林木业有限公司经国家发改委和商务部境外投资批准在圭亚那投资设立了圭亚那柏杉林国际林业开发有限公司，在圭亚那从事森林开发、木材加工、木材出口业务，旗下拥有可可尼公司、卡兰公司、外口公司、奎巴拿和蛇木公司等多家圭亚那木业实体控股子公司。此时初汶泽先生已经在圭亚那拥有了超过96万公顷的森林资源采伐权，是他人无人能够企及的。初汶泽先生不满足于现状，为争取更多的森林资源，继续奋力向前，截止2013年，在圭亚那已拥有13家公司，并取得圭亚那政府批准的125万公顷森林采伐许可权，木材积蓄总量达1.5亿立方米，可采伐原木总量为2,500万立方米，成为圭亚那中国林业产业第一大公司，也是拥有热带森林资源最多的中国企业，投资几亿美元，筑路400多公里，平整土地1.2平方公里，建起圭亚那最大的中国商品城，拥有挖掘机、压路机、拖木机、运输车辆等机械设备500台套，建有木材加工基地一处。在圭亚那已经是非常成功的华商，已经成为了圭亚那人民的好朋友，是圭亚那总统、总理的座上宾。

东莞中城木业有限公司总经理　黄文华

黄文华，男，1977年，现任东莞中城木业有限公司 总经理，中国木材与木制品流通协会副会长。

2008年7月—2013年12月，任总经理职务。

中城木业是一个拥有近20年历史，处于壮年阶段的天然木皮生产企业。中城拥有强大的专业人才团队，采购、技术、生产、销售、财务、管理、经营各个部门核心负责人无不是工作8-10年以上工龄的专家级一线人才。然而人才的集聚有时并非智慧和力量的总和，反之，会造成无谓的相互牵制和资源损耗，发挥不了核心人才在经营上的作用与积极性。如何将人才根据专业经验进行合理的分工，设置合理的管理运营架构与考核方式，使人尽其才，才尽其用，充分调动核心人员的积极性。

任职期间推动与建立了以利润中心为主的事业部管理模式，推动企业组织的变革，建立了产供销一体化下的独立核算、利润考核机制，使每个团队拥有独特的市场竞争意识，使得成本控制成为一种企业文化。

2013年推动了原来各事业部的单纯利润考核，与目标经营业绩考核相结合，让各团队在利润冲刺的过程中，满怀信心，始终沿着企业的整体方向前进，使得公司利益与个人利益得到了很好的平衡！

广东省鱼珠林产集团有限公司总经理 张健民

张健民同志，男，汉族，1960年4月出生，广东普宁人，工程师，中共党员。现任广东广物木材产业有限公司总裁、党委书记，广东鱼珠国际木材市场总经理，广东省木材行业协会会长，系广州市黄埔区第八、第九届人大代表。

张健民同志的开拓创新精神体现在其过人的市场经济意识和对市场信息的敏锐性。他注重调查研究，及时掌握各类关于市场建设与需求的信息，利用企业居于珠三角优越的地理位置、行业品牌的优势，高瞻远瞩，果断地实施企业转型。在2001年对公司进行产业结构调整的同时，他积极做好木材市场的规划建设，主动协调与当地政府有关部门的关系，赢得了政府的大力支持，化解市场建设过程中存在的实际问题。经过四年时间分期分批建成“广东鱼珠国际木材市场”。

自2006年起，张健民同志陆续创办鱼珠木材电子商务体系，包括：鱼珠木材网、鱼珠木材移动WAP网、鱼珠·中国木材指数网等，对传统木材行业起到推动作用，被广州市政府指定为电子商务服务项目，与阿里巴巴、慧聪网一起被列入“2009年度广州市中小企业电子商务服务提供商”，共同为广州市1万多家中小企业开展电子商务活动，2010年再次成为广州市中小企业电子商务服务提供商。

2012年11月28日，经国家发改委批准，“鱼珠·中国木材价格指数”在广州正式发布，这是我国第一个由企业发布的价格指数。鱼珠·中国木材价格指数运行以来，通过持续的数据统计与市场行情比照分析，指数与市场运行情况吻合，真实地反映了木材市场价格变动和交易走势，同时结合指数分析，更直观、通俗而及时地通报市场行情，深受行业欢迎和好评，也赢得了越来越多用户的信赖和支持。

2013年10月，企业积极参与交割仓库竞选工作，在全国上百家企业竞争中，顺利通过了专家组现场严格考评，获批成为大连商品交易所胶合板（广州仓库、佛山仓库）、中纤板期货交割仓（广州仓库、佛山仓库），也是木材行业企业中唯一一家入选的仓库，全国仅有13个胶合板交割仓库和11个中纤板交割仓库入列。

在张健民同志的领导下，精心经营总结硕果，市场的经营业务蒸蒸日上，实现了在全国同行的“六个第一”：经营规模最大、经营品种最全、营业面积最大、物流设施最优、行业集聚和辐射力最强、管理措施最完善。他发挥广东省木材行业协会作用，使鱼珠木材市场在行内有较强的凝聚力和吸引力，成为国内木材行业最大规模和最具影响力的企业之一。如今鱼珠国际木材市场的木材及制品价格已成为华南木材行业的“风向标”，形成了“广州鱼珠木材价格”。市场创造了社会就业岗位4000多个，取得了较好的经济效益和社会效益。

多年来，张健民同志在工作的突出表现和不畏困难、勇于拼搏的精神，赢得了职工群众的好评和上级组织的肯定，多次被评为广东物资集团公司优秀经理和广东省国资委系统“优秀党务工作者”荣誉称号。

广东鱼珠国际木材市场也先后荣获“中国木材行业优秀企业”、“中国木材明星市场”、“广东省文明诚信市场”、“用户采购质量、信誉双保障放心单位”、“广东省重合同守信用企业”、广东省商品竞争力“五十强市场”等称号；被广东省人民政府认定为“广东省现代批发市场龙头企业”和“广东省林业龙头企业”。

绥芬河市友谊木业（集团）有限公司董事长陈湘峰

陈湘峰，男，1956年生人，现任绥芬河市友谊木业（集团）有限公司、董事长，中国木材与木制品流通协会常务理事。

1976年—1981年，在南海舰队服役。

1981年—1992年，在绥芬河市人民医院，任主治医师。

1992年至今，创立绥芬河市友谊木业（集团）有限公司。

丰富的人生阅历，造就了坚韧、百折不挠、追求完美的工作作风，绥芬河市友谊木业（集团）有限公司成立20年来，在陈湘峰董事长的带领下，无论是顺境、还是逆境，总是不断攀登高峰。

目前，绥芬河市友谊木业（集团）有限公司已经发展成国内外知名企业，在业内享有极高的声誉。

厚德载物，有容乃大的华夏文化精髓已经成为企业生存的基础。

行稳致高，激扬无限是企业快速发展的内在动力。

企业文化的多样性，带来企业全面发展，从单一经营俄罗斯木材发展到进口几十个国家的产品，经营足迹已经遍布世界。

2013年，分别获得中国木材与木制品流通协会授予的2012中国5强俄罗斯白松原木进口商，2012中国5强俄罗斯落叶松原木进口商，2012中国5强俄罗斯白松锯材进口商。

北京闼闼同创工贸有限公司董事长 吴晨曦

TATA木门董事长

TATA品牌创始人之一

中国木材与木制品流通协会木门窗专业委员会副会长

吴晨曦可以说是一个传统与现代的结合体，他崇尚儒家文化，工作之余总不忘给自己充电，潜心研究儒家文化，并以此来解释TATA经济学以及TATA文化，形成了自成一体的一套文化体系，并教导教育TATA的所有员工。他迷恋IT，尤其酷爱电脑，因为他洞察到了计算机的前景，在营销中特别注重网销，在行业界首次运用了电子商务并取得了不菲的业绩和口碑，至今仍然起着不可替代的作用。

从外在形象看，没有一点农村娃的痕迹，但在他的脑海里始终没忘自己是一个出生在贫困的安徽农村孩子，贫困锻炼了他坚强的意志，也养成了从不浪费，从不显摆的习惯。

吴晨曦学设计出身，经过深入的考究选择了木门。开始筹划创业时，他先后将地板、橱柜、木门、暖气罩、窗套、哑口，甚至柜门都逐一纳入视线，经过仔细考察，发现这些产品要么已经形成气候、要么就是被其他产品所取代，唯独木门还没有多少企业关注。“我就把木门作为主项，进行工业化生产、标准化管理、品牌化打造。”——吴晨曦称

从1999年起，TATA一直沉浸在苦练木门内功之中，相继提出了“组合木门”、“套装木门”、“成品木门”等新概念。直到2002年下半年，科宝、珊嘉等知名企业恍然大悟般地进入这个行业时，TATA却已经在其中锤炼了4年的光阴，俨然是傲视群雄的“老前辈”了。

胆识决定成就。因为掌门人的胆识和魄力，

TATA成了行业的先锋领军。在其他商家瞻前顾后翘首观摩时，视频签售、封笔签售，电子商务已经相继在TATA闪亮登场，在创造不菲业绩的同时，也将TATA在业界的名声推上了极致，TATA在行业界以“创新求变”著称，TATA的创新求变显示的是一种机智，显示的是一种魄力。目前TATA正在筹建全亚洲最大的豪华时尚木门展厅，即将竣工，面积达5000平方米，由国际顶级设计师倾情设计独具TATA风格，简约时尚的展厅震撼业界。

责任有多大，舞台就有多大。TATA木门分店、加盟商遍布全国，吴晨曦名震四海，产品驰名中外，展厅震惊亚洲，然而随之而来的是责任感的越来越强，吴晨曦郑重承诺，“到2015年TATA要力求提供5万个就业单位”，在列入“大富”行列的同时，从没有忘记感恩和肩挑的重任——一定要为社会做贡献，他了解当今大学生的尴尬，学历高没经验，初入社会很多企业都不愿意聘用他们，但是TATA不怕，吴晨曦不怕，TATA就是为刚毕业的学生提供学习与成长的平台的。对于刚毕业的大学生他还有自己独到的见解，他认为：“谁都不是一开始就会，都是一点点地积累起来的，况且年轻人思维活跃，活泼好动，敢作敢当，尽管容易犯错误，但具有可塑性”。

有这样一位掌门人的把关，相信TATA的未来绝对会更加辉煌……

东莞市鸿普轩（国寿）家具有限公司董事长陈国寿

陈国寿，东莞市鸿普轩（国寿）家具有限公司董事长，中国木材与木制品流通协会红木流通专业委员会常务理事，中国广作红木传承企业。东莞名家具俱乐部第五届副理事长。鸿普轩创始人，他以数十年生产红木家具的经验和对中华民族文化的精深解读认为，作为文化载体之一的红木家具，已成为中华民族文化复兴的“晴雨表”。作为中国家具业著名企业家、在多个行业组织身居要职的陈国寿把自己的名字作为换代升级品牌名，昭示天下，鸿普轩将倾力打造国寿红木家具品牌，让消费者放心，并因此倾尽心力，带领鸿普轩家具人创造辉煌的成绩，打响了品牌，有力地传播了红木文化，并为红木家具行业的可持续发展指明了方向，备受同行的爱戴和敬仰。

三十多年来，陈国寿先生紧随时代步伐，顺应现代家居环境之变化与时代发展之审美需求，逐步主导以设计，开发制作具有独立知识产权的中式新古典风格家具为主体，将品牌重新升级为“国寿红木”，并进行经营推广，产品遍及神州，远销海外，为众多行家口碑推崇，成为全国知名的高端红木家具品牌。陈国寿先生认为，要做百年企业，就必须秉承将中国儒家禅文化与当今生活相融汇的理念，定位创立具有中国传统文化特色的新古典风格红木家具，在品质与经营管理中，建立科学合理的生产制作流程、品质管理标准与企业管理制度，方可赢得市场。因此，鸿普轩多年来始终致力于在传统经典与现代生活之间，打造新古典风格红木精品家具的桥梁，使得中国传统家具文化以新的面貌走走入千家万户，将中式古典家具文化发扬光大。

2013年：

2013年6月22日中国红木企业家大会暨中国红木委成立大会，国寿红木担任“中国红木委常务理事单位”。

2013年6月22日中国红木企业家大会暨中

国红木委成立大会，国寿红木荣获“中国广作红木传承企业”称号。

2013 年 6 月 22 日中国红木企业家大会暨中国红木委成立大会，国寿红木董事长“陈国寿”先生被授予“中国广作红木传承人”荣号。

2013 年 1 月成为“广东省社会团体单位会员”。

2012 年 ：

2012 年 12 月 25 日陈国寿董事长被评为“2012 年中国红木家具行业突出贡献风云人物 ”。

2011 年 4 月 28 日担任广东省家具协会设计专业委员会委员。

四川升达林业产业股份有限公司副董事长江山

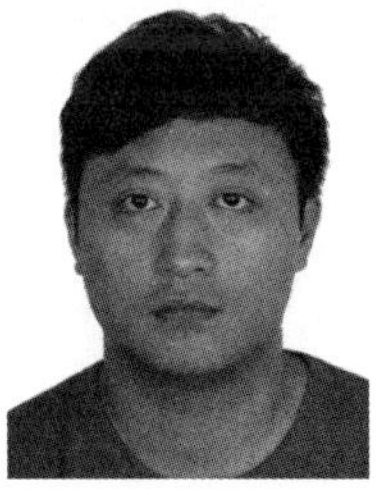

江山，男，1980 年生人，硕士，毕业于英国伦敦城市大学国际商业与经济专业。现任四川升达林业产业股份有限公司副董事长、总裁，并在公司控股股东四川升达林产工业集团有限公司担任董事。

江山作为公司新一届领导班子的核心成员，在其担任公司管理工作以来，勇于开拓，鼓励创新。

2007 年 2 月—2008 年 8 月，任公司营销副总监

任职期间，公司营销业务稳定提升，渠道建设和建店管理成绩卓越，销售量和利润率都较往年有明显增长。

2008 年 8 月—2009 年 5 月，任公司华东事业部总裁。

任职期间，公司华东区域业务拓展成效显著，积极开拓渠道，建设网点，一方面通过业务拓展，促使华东地区销售量大幅度提升，另一方面通过管理销售费用，实现费用下降，从而提升了盈利能力，实现利润率增长。

2009 年 5 月—2011 年 2 月，任公司副总裁兼任地板事业部总裁。

任职期间，公司地板产销量和效益指标均居全国同行业前列。同时积极开拓进出口业务，升达地板作为出口免验产品，远销 80 多个国家和地区，铺进了世博园。期间升达广元年产 22 万立方米中（高）密度纤维板项目于 2010 年 8 月建成正式投产。达州年产 16 万立方米中密度纤维板生产线工程项目及青白江年产 30 万套欧式实木复合门生产线工程项目投入建设，公司产业链体系将进一步完善和巩固。

2011 年 2 月—2012 年 5 月，任公司常务副总裁，全面负责公司经营管理工作，并兼任家居事业部总裁。

任职期间：

1. 广元工厂技改启动，拉开了公司主营业务产品结构调整的序幕；

2. 加大了公司家居门、柜业务的推进力度；

3. 通过精简机构和控制费用，公司的管理费用、销售费用有较大下降；

4. 调整市场区域结构，集中资源打优势市场；

5. 减少固定资产投资，注重轻资产投资，发展品牌、市场研发等轻资产投资。

2012 年 5 月 - 至今担任公司副董事长、总裁，全面负责公司经营管理工作。

2013 年度，其任职期间

1. 公司进入清洁能源行业，开始布局 LNG 工厂、LNG 加气站、终端城镇燃气三大业务板块，拉开了公司主营业务结构调整的序幕；

2. 进行了门、柜业务的改革，正在建立新的利润增长点；

3. 地板业务得到了恢复，13 年比 12 年销量增长 7.12%，收入增长 4.25%，且股份公司总体净利润同比增长 19.2%；

4. 人造板业务通过广元技改，增加了复合板的品种；

5. 实现公司的管理费用、销售费用有较大下降，其中销售费用同比下降 8%；

6. 资金占用正趋向合理，13 年比目标少占用 6000 万元，财务费用同比下降 21% 。

江山总裁在公司的经营管理中取得了不俗成绩，确保公司经营健康转变，稳定发展。其也被评为 2012 年地板行业十大风云人物。

浙江世友木业有限公司总经理　倪月忠

倪月忠，男，1979 年生人，现任浙江世友木业有限公司总经理。

1999 年 5 月—2000 年 5 月，苏州吴江市土畜进出口公司任业务员。

2000 年 6 月—2000 年 12 月，南浔进出口公司任土畜产品部经理。

2001 年 1 月—2004 年 12 月，浙江世友木业有限公司历任生产部副经理、副总经理。

2005 年 1 月—至今，浙江世友木业有限公司任总经理。

自担任浙江世友木业总经理一职以来，该公司的规模从 2005 年的 315 人发展到现在的 1400 人，年销售额也从 5 亿元增加 2013 年的几十亿元。重视公司先进制造业的建设，坚持现代科技同传统制造业的融合，领导公司相关部门制定科技创新规划和预算，亲自挑选研发带头人和组织团队，积极参与了公司多项新产品新技术的研发管理工作，有效促进了公司把技术创新作为企业的长远发展战略。公司通过了高新技术企业、省级研发中心和技术中心的认证，先后承担国家级项目 3 项，承担省部级科技项目 20 多项。截止 2013 年，已有 8 项核心技术通过省级验收。公司已申报各类专利 100 多项，已获得发明专利授权 20 项，包括 3 项美国发明专利。此外，世友先后参与国行标修制订 17 项，其中，《高温热处理实木地板》国家标准，世友公司是以第一起草单位组织制定。世友新产品新技术还获得国家专利奖优秀奖、浙江省成果转化二等奖和科技进步奖三等奖、湖州市科学技术进步一等奖、中国林产工业协会科技创新一等奖等。先后发表科技论文 2 篇，编著出版《实木地板干燥技术》，为公司和地方经济的发展做出了巨大贡献，促进了南浔木地板产业科技创新水平的提高。

2013 年是世友突飞猛进的一年，在倪月忠的带领下更是获得了浙江省政府质量奖，同时也是浙江省木业企业中首个“浙江省政府质量奖”，并填补了湖州市“省政府质量奖”的空缺。

同年世友也喜获“浙江名牌产品”“中国地板双十品牌”“2013 放心建材品牌”“2013 年度红星美凯龙推荐家居绿色环保领跑品牌”等各种荣誉。

在倪月忠的管理下，公司不仅仅只关注经济效益，公司通过了 ISO9001：208、ISO14001：2004、OHSA18001-2001、标准化体系、计量体系、中国环境标志产品认证、FSC 国际森林监管链认证等多个管理体系认证。获得了“浙江省清洁生产阶段性成果企业”被评为“省绿色企业”称号。

倪月忠同时也非常热衷公益事业，对希望小学的资助及贫困农民工子弟的资助方面已达 260 万元，每年都会设立救灾基金，并且组织员工献血，献血量超过20000ml。作为公益事业的先行者，倪月忠被评为“优秀企业家”等称号。

桐乡市汇才红木家俱有限责任公司董事长总经理　潘福初

潘福初先生，现任桐乡市汇才红木家俱有限责任公司董事长兼总经理，一九五六年七月二十二日出生于浙江省桐乡市现龙翔街道翔厚村的一个小乡村。父母务农，育有四男三女，潘福初先生排行最小，自幼聪明伶俐，喜欢画画、喜欢树木，五十多年的人生阅历，四十余年的木工生涯，从木工到雕花，从设计到制作，从采购到经营，潘福初先生与“红木”结下了不解之缘。由潘福初先生亲自设计描绘的各类家具新款图纸都是工匠师傅生产制作的蓝本，电脑制作的样本。公司厂区绿树成荫，遍植香樟、银杏。“沁檀园”内小桥流水、亭台楼阁、柳绿花红尽现江南园林风韵。

潘福初先生17岁结束学业后，便跟随年长他12岁的二哥学做木匠，19岁起独自揽活给村坊邻居打造家具，22岁离家去县城（梧桐镇）和乌镇等地做木匠。偶遇恩师金卢新（原东阳木雕厂老师傅），潘福初先生的绘画基础和木工、雕花手艺，深得卢新师傅的赏识，卢新师傅便主动收徒，结下师徒之约，随其学习雕花手艺。由于潘福初先生肯动脑、悟性强、不识辛苦、勤奋好学，白天做木工，晚上学雕花，起早落夜、日复一日、天天如此、从不间断，经过几年打拼，使潘福初先生木工和雕花技艺大进。其间卢新师傅又带潘福初先生去东阳木雕厂参观，感受木雕之乡的精品之作，那活灵活现、栩栩如生的木雕工艺品，深深地吸引和震撼了潘福初先生年轻的心灵，使其大开眼界，暗下决心：要学到真功夫，练出真本领，做出象他们一样，甚至比他们更好的作品来。

改革开放让浙江的个私企业的发展如沫春风，一九八七年潘福初先生有了一点积蓄便在家乡翔厚村的集镇上买下了几间店面房开起了家具店。一九九二年（37岁）时，创办了龙翔红木雕刻工艺家具厂（即汇才红木家俱有限责任公司的前身）。一九九四年（39岁）时经朋友鼓励、支持，将厂址迁至县城所在地——梧桐镇东门320国道旁。一九九五年七月企业更名为“桐乡市汇才红木家俱有限责任公司”，二00六年底由于城市发展需要，公司再次迁址至现所在地——桐乡市梧桐街道环城东路2671号。公司现占地60余亩，建筑面积达3万余平方米，其中家具陈列、展示厅面积达1万余平方米。

改革开放的春风让红木家具这一古老传统行业得于迅猛发展，但市场经济的无情，大浪淘沙，优胜劣汰，也使不少红木家具生产企业或生生死死，或被淘汰出局。汇才公司至所以能稳步、健康地壮大、发展，第一、离不开潘福初先生孜孜不倦的创业精神和对企业发展与产品定位的正确。始终把“传承与发扬”、“改革与创新”作为企业发展的生命线，九十年代大部分红木家具生产企业还在仿制广式家具，生产低档次产品时，潘福初先生就意识到红木家具不是一般的家具，“红木”——是上苍赐予人类稀有的树种，利用这稀有的树种作原料生产的家具，绝非是一般的家具，她不仅具有舒适的家具使用属性，还应具有相当的观赏和收藏的艺术属性，否则中国明清红木家具也不会享誉世界流传至今。因此，潘福初先生集中精力去专功苏作明清红木家具，他借鉴故宫明清家具的范本，通过不断改良、创新使生产的明式家具，具有典雅精致、造型简洁明快、风格素雅、清新之美；清式家具，具有端庄大气、结构均衡庄重、雕工精严华丽之雅。

第二、潘福初先生敏锐感到近年来红木家具行业内存在的三大弊端对行业健康发展的危害：一是弄虚作假，以次充好，扰乱市场，欺骗顾客，给整个行业抹黑；二是一哄而上的红木家具生产企业，粗制滥造，浪费材料，糟蹋资源；三是市场缺乏规范，尤其是红木原材料市场的不规范和游资对红木市场的炒作，给诚信企业带来不应有的负担和压力。为此，潘福初先生利用各种场合向有关部门呼吁：加强管理，规范市场，做诚信企业；反对浪费，珍惜“红木”资源，做精品家具。

第三、在企业内部加强管理，要求公司从中层管理到一线职工，从设计、选材、配料到制作等各道工序都要做到精打细算，精心选配，做到合理用料，节约用料，用好每根料，用好每块板，同时使“红木”瑰丽的自然纹理在每件家具中得到充分体现和展示，让苏作红木家具这一享誉世界的家具奇葩更添光彩。

在潘福初先生的带领下，经过22年的风雨洗礼，公司已成为浙北地区红木家具生产企业的龙头老大，产品远销全国各地，特别是在江、浙、沪一带影响甚广。上海世博会的浙江馆、杭州西溪湿地公园、西湖风景区的湖心亭、岳庙、吴山、云栖、虎跑、六和塔等景区及省博物馆、中国美院均有本公司产品陈列。公司始终坚持以“诚信为本，质量第一”为宗旨，以优质产品占领市场，以诚信服务赢得客户，公司“汇龙”商标为中国驰名商标。尽管公司广告费用投入很少，但通过客户的口口相传，声名远扬，销售稳定、年年进步。去年六月，公司被中国木材与木制品流通协会，红木流通专业委员会授予“全国红木企业产品质量，售后服务双承诺示范单位”称号和“中国苏作红木传承企业”称号。被中国工艺美术学会工艺设计分会授予“艺术家具实验基础”称号。目前，由潘福初先生亲自设计、策划并组织实施的“中国苏作红木博物园”正在筹建之中，为弘扬苏作红木文化，打造百年企业，再作贡献！

一、荣誉：

1、2014年3月　中国木材与木制品流通协会授予“2013年度中国木材与木制品行业年度人物”称号

2、2013年6月　中国木材与木制品流通协会红木流通专业委员会授予“中国苏作红木家具传承人”称号

3、2003年6月 桐乡市美术家协会聘为“桐乡市美术家协会顾问”

4、2002年12月　桐乡市民间技术职称评审委员会评为“工艺美术大师”

5、2000年7月省质量技术监督局聘请为“浙江质量工作指导委员会委员”。1999年、2000年、2001年、2003年、2004年、2006年桐乡市工商局授予“先进私营企业”“先进私营企业主”称号

6、2001年、2002年、2009年桐乡市统战部、工商联授予“光彩事业先进个人”“光彩事业先进企业家”称号

7、2011年梧桐街道授予“慈善之星”称号

二、获奖：

1、2013年4月　由省经信委组织的第三届中国浙江工艺美术精品博览会上，作品《云龙纹宝座》获“明清居杯”银奖；

2、2012年9月　由中国国际古玩收藏业协会、

中国工艺美术学会组织的第五届百慧杯中国红木艺术家具作品大赛上，作品《嵌银丝冰梅纹七件套》获卧房类创意银奖；

3、2011年10月由中国国际古玩收藏业协会，中国工艺美术学会组织的第四届百慧杯中国艺术家具匠心神工精华大赛上，作品《小叶紫檀多宝格》获书房类工艺金奖；

4、2010年11月由中国家具工业信息中心、中国工艺美术学会工艺设计分会组织的第三届明韵清风，中式家具精品设计大赛上，作品《云龙纹大供桌》获书房类设计金奖；

5、2010年5月由省经信委组织的第二届中国浙江工艺美术精品博览会上，作品《云龙纹条案》获“天工艺苑杯金奖”；

6、2006年由省文联、省文化厅、省国际文化交流协会、省工艺美术行业协会组织的第六届（杭州）国际民间手工艺品展览上，作品小叶紫檀《诚信鼎》获银牌奖；作品红酸枝《宝鼎阁几》获金牌奖；

7、2005年由省民间文艺家协会、省文联、省文化厅、省国际文化交流协会组织的第五届杭州国际民间手工艺品展览上，作品《五幅金蟾》获铜牌奖，作品《报春图》获金牌奖

8、2004年由省民间工艺家协会，省文联，省文化厅，省国际文化交流协会组织，杭州．国际民间手工艺品展览上，作品《刘海戏金蟾》获银牌奖；

9、2003年杭州国际民间手工艺品展览上，作品《紫檀笔筒》获银奖；

10、2002年杭州国际民间手工艺品展览会上，作品《高扶手南管帽椅带几》获银奖、作品《樱木双豹》获铜奖；

11、2001年由省文联、省国际文化交流协会、省旅游集团组织的首届杭州国际民间手工艺品展览会上，作品《如意》获金奖

12、2000年11月由国家轻工业局、中国工艺美术学会组织的第二届中国（国家级）工艺美术大师精品展暨第二届中国工艺美术优秀作品评选上，作品《如意》获中国工艺美术铜奖；

13、1999年12年由中国工艺美术学会组织的中国国家级工艺美术精品展暨中国优秀工艺美术作品评选上，作品《牛》获中国工艺美术优秀奖。

2014年中国木材行业企业信用等级评价企业名单及介绍

宁波材源帝木业有限公司 全国AAA级信用企业

宁波材源帝木业有限公司成立于1998年，一家以专业原木门、整体原木家装制作及系列产品的开发、制造、销售和服务为一体的自主创新型企业，现为中国木材流通协会木门专业委员会常务理事单位。公司拥有30000平方米及15000平方米生产基地各一座，员工400余人，月生产能力可达10000套以上，公司具有较完善的设计、开发、检验和制作产品的能力，并且率先通过ISO9001：2000国际质量管理体系认证。配备多套德国进口生产线，原材料全部来自印尼专业木材供应商PT.SARIBUANA公司，精选全球顶级优质木材，产品严格按照国家标准，经过几十道工序精制而成，使产品达到质与美的完美结合。

材源帝木门取法天然，别成格致。不断从中国古代建筑、家具中探寻创作灵感，使产品融北派的方正大气及南派的婉约细致于一身，深得有识之士的钟爱。

材源帝深知品牌以质量为本、质量以人为本，为此材源帝不断引进优秀人才，吸收先进的管理模式，建立一套科学、规范、健全、高效的管理机制，努力提升现代型企业的形象意识、品牌观念，在设计、制造、营销、服务于一体的每一个环节都力争完美，全力以赴、止于至善。

“天行健，君子以自强不息；地势坤，君子以厚德载物”。我们将坚定不移地推进实施名牌，名店战略，共创材源帝原木门的辉煌！

公司网址：www.cncyd.com

联系电话：0574-83005856

0574-83005859

黑龙江三和木业（集团）有限公司 全国AAA级信用企业

以“世界大湿地，中国鹤家乡”和“中国魅力城市”而闻名于世的黑龙江省齐齐哈尔市，同样是“中国木门制造业”基地之一，得天独厚的自然资源和悠久、厚重的人文历史，历练了鹤城人聪慧、勤劳的品质，也书写了许许多多木门制造业的传奇史话，黑龙江三和木业（集团）有限公司就是一家享誉全国的著名企业。

黑龙江三和木业（集团）有限公司成立于1998年，公司坐落于黑龙江省齐齐哈尔市铁锋经济开发区联通大道88号，是专业生产“三和”牌各种实木复合门、实木工艺门、现代装饰门和室内一体化装修等产品的大型企业，在历史悠久的木门生产行业中，是一支充满朝气的新生力量。

三和集团生产的“三和牌”木门及配套家装产品，采用量体裁衣的装修方式，可随时按用户要求设计色调、图案和造型，具有光洁雅致，隔音保温，环保安全，耐用不变形等特点，现场施工不需举斧动锯，不需现场涂饰，全部工厂化生产，现场安装无污染。

三和集团今天的成绩，是与三和人严谨、务实的作风和专业的品质是分不开的。三和人以“今天的质量，明天的市场”为企业发展动力，以“处处要仔细，件件是精品”为企业工作标准，以“打造中国名牌”为企业奋斗目标，把质量视为企业的生命线，通过一系列的现代化管理手段，使整个生产和管理过程的每一个环节、每一道工序，都处于严格的监控之中，努力做到原木加工质量是第一流的，金属附件是国内名牌厂家生产的，油漆和胶黏剂是绿色环保的，原材料的购进和成品的输出，每一道工序都有严格的自控、互控来作为标准，并有专兼职质检员充实在每个班组、每道工序上严把质量关，来做到工厂生产的产品100% 的合格率。

三和木业（集团）公司自成立以来始终把握产品质量是企业的命脉这一关，在生产管理上引进科学的管理制度，具有规范化、制度化、科学化形成了成型的生产管理模式和标准，并将成型的经验贡献给木门生产行业，为行业生产规范化、制度化作出了贡献，三和集团是木质门行业标准、安装规范和保修规范的主要起草单位，中国木材与木制品流通协会木门专业委员会常务副会长单位，三和集团以通过 ISO9001 国际标准质量体系认证、ISO14001 环境管理体系认证、建材产品质量认证 CTC 认证、CTC 产品健康认证，被授予全国建材系统 AAA 级企业，荣获“中国木门 30 强8连冠”、“中国实木复合门十大品牌（欧式）”、“中国木门整体家居领先品牌”、“中国木门领军企业”、“中国木门十大功勋企业”、“中国木门十大功勋品牌”、“黑龙江省著名商标”、“黑龙江省名牌”等称号和荣誉。

实力创造经典，品牌打造盛誉，“三和”人将以追求完美的著着的精神，将为“三和”品牌打造成名牌产品不断地创造辉煌，向着更高的目标迈进。

山西泰亨科技有限公司　全国 AAA 级信用企业

山西泰亨科技有限公司是一家以集研发、生产、销售、服务为一体的高新技术企业，主要生产室内门及室内装饰配套产品，公司成立于 1995 年，坐落于山西省榆次工业园区修文基地 1 号路，占地 300 多亩，建筑面积达 100000 平方米，地理位置优越，实力雄厚。

泰亨室内门拥有高中低档免漆系列、高档 PEE 系列、烤漆系列、淋漆系列产品，并成功推出了“幸运花”、“澳森”、“澳威尔”、“和风日系”、“原生·木”、“法风欧尚”、“CPL 木门”、“镜面时代木门”、“花系木门”、“韩系木门”、“鼎鑫木门”、“一鼎木门”、“时尚烤漆木门”、“新贵木门”等多个品牌。销售网点也逐步向全国各地辐射。公司通过 ISO9001：2000 国际质量管理体系认证，曾多次被消费者协会评为“消费者信得过单位”，享有中国装饰协会授予的“绿色装饰产品”和中国建筑装饰协会授予的“无毒害（绿色）产品”称号，被建材流通协会授予“中国 30 家实木门市场放心产品”，获得了“中国绿色材料标志”的权威认证。并成为中国《木质门》行业标准起草单位之一。连续六年被评为“中国木门30强双承诺单位”；在中国木材与木制品流通协会木门专业委员会三周年庆典上，泰亨被评为2004年—2007年度中国木门行业“新锐企业奖”；2007年，泰亨科技凭借技术开发的优势、稳定的质量和高效的企业管理，顺利通过了中国建材CTC产品质量和健康双认证。2009年在中国木材与木制品流通协会木门专业委员会五周年庆典上，泰亨被评为07年—09年度中国木门行业“最受工程项目好评奖”。荣获为“中国著名品牌”，“中国门业十大品牌”，公司又正式成为中国建筑装饰协会会员单位。并被中国林产品工业协会授予“30强诚信企业”称号。2010年成为“中国绿色材料标准”起草单位，并获得“国家科学技术成果”奖，相继被授予“木门下乡试点”单位。2011年1月正式成为了木材与木制品流通协会常务副会长单位。2012年获得“中国互联网最值得信赖木门品牌奖”公司电子商务销售平台逐步建立，现已成为健康、安全、环保型工程和家居装饰的首选用材。

完善的产品，广阔的市场空间，合理的价格政策，缜密的营销模式，完善的推广方案及服务保障体系。山西泰亨科技有限公司秉承“信对客户、义聚员工、诚报社会”的经营理念；以诚致信，以信致远，以诚信为立业之本，厂商一心，风雨同舟，期待与您的合作！

黑龙江柏杉林木业有限公司　全国AAA级信用企业

柏杉林国际林业开发有限公司（Baishanlin International Forest Development Inc.）位于圭亚那合作共和国，从事中国林业集团（香港）圭亚那森林开发、木材加工、原木出口业务，旗下拥有Haimorakabra Logging Company Inc.（可可尼公司）、Demarara Timbers Limited（DTL公司）、Karlam South American Timber (Guyana) Inc.（卡兰公司）、Wood Associated Industries Ltd.（Wacio　公司）、Kwebanna Wood Products Inc.（奎巴拿公司公司）和Sherwood Forests Inc.（蛇木公司），均是在圭亚那注册成立的具有独立法人资格的森林开发实体企业。其中DTL公司是圭亚那第二大原木采伐和木材加工企业。

2006年9月公司于南美洲圭亚那注册成立，2007年1月投入生产试运营。目前公司共有木材加工厂2个，员工约300人。公司总部位于East Coast Demerara（德莫拉拉东海岸），主要生产经营地点位于Mabura（玛布拉）、Kwakwani（可可尼）和linden（林登）等地。

目前，柏杉林国际林业开发有限公司已与大兴安岭林业集团合作，成为国有控股集团公司，共同开发圭亚那森林项目。公司在南美洲圭亚那拥有96万公顷的森林采伐许可权，木材积蓄量达115200000立方米。按照圭亚那森林采伐政策，25年一个循环采伐区间，每公顷限量采伐20立方米，96万公顷林地可采伐原木产量19200000立方米。公司已先后投资人民币9亿多元用于林区道路的开拓、森林采伐和木材加工，已形成一套完整的经营体系和生产链条。同时，公司不断完善各项管理体系，投入大量的资金和配备专业人员建立完善营销网络，已形成一套完整的经营体系和生产链条及营销网络。目前，产品主要销往中国、印度、韩国等多个国际市场。经过多年的拼搏努力，柏杉林国际林业开发有限公司已顺利完成了企业从原始积累到稳步发展的跨越，具备了更高更强的实力来迎接下一轮的挑战。

柏杉林国际林业开发有限公司目前经营的珍贵原木 20 余种。包括栾叶苏木（南美花梨）、南美铁木豆（南美黑酸枝）、紫檀、紫心木、绿心樟、钻石红檀、红木等名贵树种。多年的拼搏发展使得公司拥有丰富的木材出口经验，不断满足国际市场需求。

青岛一木实木门有限公司 全国 AAA 级信用企业

青岛一木实木门有限公司隶属于一木集团，是专业从事实木门、实木复合门、实木楼梯和整体衣柜等木制产品的生产企业，产品设计合理、工艺先进，多年来得到了广大消费者的支持和喜爱。在几十年的发展历程中，一木经历了从产品时代到品牌时代的转化，实现了从品牌市场向服务市场的升级。一木实木门、橱柜、楼梯、护墙板等整体木制作产品的完美艺术组合，更加满足了众多消费者对整体家装的理想概念追求，为更多青睐一木产品的有缘之士提供了创业的梦想舞台。

一木实木门还是中国木门专业委员会副会长单位，曾先后获得中国原创木门设计大赛“最佳木质门展示效果奖”、“最佳节能环保设计奖”、“时尚外观设计金奖”和“人文设计金奖”。在一木实木门所获众多奖项和荣誉的背后，是一木人多年来对优质产品、先进设计以及客户满意度的不懈追求。

“没有一木不成家”，一木实木门是众多有识之士尊贵门第的品位之选。今天的一木实木门经销商早已遍布全国各地，海之诺实木门也已走进了千家万户。一木臻品，海诺千金，一木人以实际行动践行企业“信誉可靠、产品放心、服务满意”的目标，为将一木做成百年品牌而不断努力奋斗。

温州木材集团公司 全国 AAA 级信用企业

温州木材集团公司为适应改革开放，使国有企业经济与个体经济，在社会主义市场经济中相辅相成，平等竞争，进行良性循环，于 1992 年创建温州木材市场（原名：温州木材交易市场），温州木材市场于 1992 年 4 月 18 日正式开业。

原温州木材市场地处市区西门浦桥，主要销售商品以原木、木材半成品、板材等为主、并配有二十余台的木材加工锯台，市场商品销售额从初始的几千万元，经过几十年的调整、发展，商品销售总额近十个亿。市场从 1994 年被评为“浙江省超亿元明星市场”、“浙江省示范市场”后，连续多次被全国木材流通协会评为“全国木材五星级明星市场”。成为浙南地区最大的木材专业市场。

为响应温州市人民政府《关于城市建设总体规划》需要，温州木材市场于 2010 年 5 月 23 日乔迁至温州市江滨路 B 线沿街两侧（温州木材集团公司北大门）开业经营。

温州木材市场以木材集团公司强大的财力、土地为后盾，首期推出经营面积达 15500 平方米，近 300 户经营业者入驻营业。商品品种从过去单一的原木、木材半成品、板材扩大到上百种，一楼经营面积约一万多平方米，经营原木、木料、各类板材（石膏板、高级贴面装饰板），建筑用材、木材制品、装潢材料、五金、墙布、陶瓷、电器、水暖、橱具等，形成市场主流商品。二楼经营面积3000多平方米，经营高档木门、地板，形成精品楼层区，锁具、木雕、水晶装饰也进入市场上架销售。

商品货源和销售网络辐射全国各地乃至海外。

温州木材市场将以至诚的服务型管理模式，为广大经营业主和消费者提供便利，并热情接迎待各地贵宾光顾选购。

数据篇

2004—2013年中国主要木材与木制品产量

产品 \ 年份	2004	2005	2006	2007	2008	2009	2010	2011	2012	2013
木材（万立方米）	5197.3	5560.3	6611.8	6976.7	8108.3	7068.3	8089.6	8145.9	8174.9	8438.5
热带木材	183.7	303.6	375.6	484.0	443.7	698.0	556.6	627.0	631.1	—
原木	4712.1	5022.9	6111.7	6492.1	7357.3	6476.3	7513.2	7449.6	7494.4	7836.9
薪材	485.2	537.5	500.1	484.6	751.0	592.0	576.4	696.3	680.5	601.6
锯材（万立方米）	1532.5	1790.3	2486.5	2829.1	2841.0	3229.8	3722.6	4460.3	5568.2	6297.6
热带锯材	104.9	57.3	155.9	145.0	127.5	147.4	—	—	—	—
木片（万实积立方米）	2400.8	1217.7	840.8	—	1000.8	1285.8	1873.5	2237.3	2906.9	3935.5
人造板（万立方米）	5446.5	6392.9	7428.6	8838.6	9410.0	11546.7	15360.8	20919.3	22335.8	25559.9
胶合板	2098.6	2515.0	2728.8	3561.6	3540.9	4451.2	7139.7	9869.6	10981.2	13725.2
纤维板	1560.5	2060.6	2466.6	2729.8	2906.6	3488.6	4354.5	5562.1	5800.4	6402.1
刨花板	642.9	576.1	843.3	829.1	1142.2	1431.0	1264.2	2559.4	2349.6	1885.0
木地板（万平方米）	12300.5	17322.8	23399.0	34343.0	37700.0	37800.0	47900.0	62900.0	60400.0	68900.0
实木地板	5109.9	7743.7	7355.0	7784.0	12300.0	8139.0	11200.0	12200.0	12500.0	13100.0
实木复合木地板	2763.4	1278.2	5184.0	11348.0	7903.0	11771.0	—	—	—	25800.0
强化木地板	2679.8	5126.3	8471.0	9486.0	11600.0	12716.0	—	—	—	17000.0
竹木复合地板	545.8	1565.9	613.0	2048.0	1368.0	2011.0	—	—	—	12900.0
木家具（万件）	—	—	21329.0	17467.0	18947.0	20501.0	26073.0	24800.0	23897.0	23600.0

2013年各地区主要木材工业产品产量

地区	木材（万立方米）	竹材（万根）	锯材（万立方米）	人造板（万立方米）合计	其中 胶合板	其中 纤维板	刨花板	木竹地板（万平方米）
全国合计	**8438.50**	**187685**	**6297.60**	**25559.91**	**13725.19**	**6402.10**	**1884.95**	**68926**
北　京	20.81	—	—	20.5	—	20.5	—	127
天　津	15.38	—	—	11.30	—	8.7	2.60	11
河　北	84.68	—	172.85	1494.59	504.60	435.65	261.53	140
山　西	11.92	—	4.27	35.33	0.97	16.35	11.38	—
内蒙古	186.24	—	641.70	75.44	29.34	6.39	26.63	15
辽　宁	178.27	—	383.41	562.48	272.22	131.93	48.18	2952
吉　林	347.41	—	140.6	361.82	155.55	97.80	61.29	3575
黑龙江	219.63	—	536.53	417.55	242.78	68.93	66.30	528
上　海	0.21	—	1.60	21.38	6.84	14.54	—	3244
江　苏	144.10	409	209.31	4463.96	27799.63	936.67	269.62	15482
浙　江	154.37	19924	303.09	676.00	281.52	104.01	13.88	12766
安　徽	477.54	12915	437.38	1841.67	1006.11	401.07	65.31	7394
福　建	572.27	56888	165.53	826.14	394.21	135.93	141.24	1972
江　西	266.91	16170	164.94	388.14	138.05	134.85	25.14	3542
山　东	559.10	—	1289.98	6422.25	4412.53	1097.34	466.62	8071
河　南	243.13	126	200.66	1581.2	705.00	386.55	87.46	127
湖　北	251.93	3297	88.84	500.89	117.86	258.15	47.61	3099
湖　南	474.92	6875	281.82	540.5	289.88	53.70	16.25	1217
广　东	809.15	13510	136.09	980.48	248.17	513.65	136.85	2884
广　西	2288.03	34656	542.07	2970.20	1719.91	738.42	102.31	181
海　南	122.33	1514	48.68	24.61	17.16	2.00	5.00	14
重　庆	30.06	503	27.69	83.36	37.13	44.66	0.40	5
四　川	237.10	8591	194.01	764.69	209.22	481.97	20.36	1147
贵　州	180.86	654	78.96	76.18	51.33	7.82	0.10	58
云　南	430.22	10774	196.76	273.97	66.70	186.12	7.69	351
西　藏	6.39	—	4.80	—	—	—	—	—
陕　西	10.16	881	24.12	108.3	10.23	97.48	0.29	6
甘　肃	3.11	—	0.23	0.80	0.80	—	—	—
青　海	0.61	—	0.07	—	—	—	—	—
宁　夏	0.90	—	—	1.60	—	1.6	—	—
新　疆	38.85	—	9.14	15.37	7.37	8.00	—	—
大兴安岭	71.92	—	12.45	19.22	0.09	11.33	0.93	19

2004—2013年中国主要木材与木制品进口量

产品　　年份	2004	2005	2006	2007	2008	2009	2010	2011	2012	2013
原木（万立方米）	2624.4	2936.8	3215.3	3709.1	2957	2805.9	3434.7	4232.6	3789.3	4515.9
针叶原木	1600.4	1827	1970.8	2321.7	1854.2	2029.7	2426.8	3144.7	2668.5	3293.2
阔叶原木	1030.5	1109.8	1244.5	1387.3	1102.8	776.2	1007.9	1086.1	1112.4	1199.6
热带木原木	335.7	241.3	228.9	263.8	232.0	192.9	214.1	193.0	175.6	198.9
锯材（万立方米）	600.4	597.3	606.8	649	705.3	986.3	1471.2	2151.8	2056.6	2394.7
针叶锯材	170	188.3	210.8	280.4	364.5	634.4	937.1	1492.6	1422	1691.0
阔叶锯材	430.4	409	396	368.6	340.8	351.9	534.1	659.2	634.6	703.7
热带木锯材	126.5	110.6	62.5	42.6	41.5	34.4	49.1	44.8	38.8	41.7
木片（万吨）	—	—	—	113.9	105.6	276.6	463.1	656.5	757.9	914.9
薄板（万吨）	11.6	11.4	10.1	9.8	6.9	5.4	8.2	15	25.7	45.0
胶合板（万立方米）	78	58.4	41.3	30.6	29.4	18	21.4	18.8	17.9	15.5
刨花板（万吨）	2.5	3.1	35.2	34.1	24.3	29	35	35.5	35.1	38.1
纤维板（万吨）	81.2	67.7	56.7	45.1	33.6	10.3	10.3	8.4	6.8	7.3
木浆、废纸及纸板（万吨）	2555	3062	2668.5	3005.3	3268.7	3988.9	3435.7	4038.3	4512.5	4470.3
木家具（万件）	69.5	72.9	105.9	216.3	275.1	273.9	358.5	449.9	527.9	585.2
木地板（万吨）	—	—	1.7	1.4	1.2	0.8	1.1	1.4	1.4	1.2
木门（吨）	—	556.9	786.9	713.5	437.9	677.4	524.0	589.6	846.0	556.2
木框架坐具（万件）	—	—	—	31.8	39.7	56.6	77.6	99.9	108.9	153.2

2004—2013 年中国主要木材与木制品进口额

产品 \ 年份	2004	2005	2006	2007	2008	2009	2010	2011	2012	2013
原木（亿美元）	28	32.4	39.3	53.5	51.8	40.9	60.7	82.7	72.5	93.2
针叶原木	11.7	13.9	17.1	24.0	24.1	22.3	32.4	48.6	37.5	50.7
阔叶原木	16.3	18.6	22.2	29.5	27.7	18.5	28.3	34.1	34.9	42.0
热带原木	7.1	5.5	5.8	7.8	7.5	5.6	7.5	7.8	6.8	7.8
锯材（亿美元）	13.8	15.1	16.9	17.6	20.0	23.1	38.4	56.9	54.8	67.8
针叶锯材	2.8	3.2	3.8	5.2	7.2	11.0	18.2	31.0	28.5	36.1
阔叶锯材	11.0	11.9	13.1	12.4	12.8	12.1	20.2	25.9	26.3	31.7
热带锯材	3.7	3.9	2.8	2.2	2.3	1.9	2.6	2.3	2.0	2.5
木片（亿美元）	—	—	—	1.6	1.8	3.5	6.7	11.6	13.3	15.5
薄板（亿美元）	1.1	1.2	1.2	1.4	1.0	0.6	0.9	1.2	1.4	1.4
胶合板（亿美元）	3.8	2.8	2.0	1.7	1.7	0.9	1.2	1.2	1.2	1.0
刨花板（万美元）	748.6	834	10173	10635.2	9184.6	8890	11386.5	12199.1	11653.9	12777.0
纤维板（亿美元）	2.7	2.3	2.0	1.8	1.6	0.6	0.7	0.6	0.6	0.7
木浆、废纸及纸板（亿美元）	82.5	92.6	60.1	90.7	116.1	100.8	133.6	181.7	165.8	165.7
木家具（亿美元）	0.6	0.7	0.9	1.7	2.4	2.3	2.8	4.0	4.5	5.1
木地板（万美元）	—	—	2742.9	2163.6	1965.6	1562.3	1983.5	3002.7	3103.5	2819.5
木门（万美元）	—	222.3	225.4	180.1	240.7	515.7	539.6	367.8	536	443.8
木框架坐具（亿美元）	—	—	0.2	0.5	0.7	0.7	1.1	1.4	1.5	2.0

2013 年原木进出口主要省（市）

省（市）	进口量（吨）	进口额（美元）	省（市）	出口量（吨）	出口额（美元）
总计	**45159021**	**9317138136**	**总计**	**13128**	**6656447**
江苏省	14263990	3065123786	江苏省	12485	4065237
山东省	7509306	1203835214	广西壮族自治区	472	2184683
内蒙古自治区	4808500	637249041	云南省	103	356760
上海市	3882137	881855895	黑龙江	48	32790
福建省	3743817	615048531	天津市	20	16977
黑龙江	3737107	513741707	—	—	—
广东省	2209543	956368166	—	—	—
天津市	1666626	295949203	—	—	—
云南省	917933	505509565	—	—	—
北京市	886328	164731163	—	—	—

表 6　2013 年锯材进出口主要省（市）

省（市）	进口量（吨）	进口额（美元）	省（市）	出口量（吨）	出口额（美元）
总计	**23939710**	**6779159560**	**总计**	**454301**	**323960673**
广东省	4684323	1785458881	山东省	155349	107457781
内蒙古自治区	4298189	763150136	辽宁省	114621	65759477
江苏省	2778507	708388891	河南省	44960	47912683
上海市	2591109	905982064	黑龙江	29442	25488064
浙江省	1765346	532604915	内蒙古自治区	26935	11943293
山东省	1634157	449335431	天津市	25013	21013707
黑龙江	1487562	298413348	吉林省	15083	13862175
天津市	1462356	373551759	福建省	12389	6682035
福建省	1164051	305486293	广东省	6937	2278812
辽宁省	726031	225726425	四川省	6322	8428099

2004—2013 年中国原木

	产品 \ 年份	2004	2005	2006	2007	2008
原木	用油漆、着色剂等防腐剂处理的原木	438	16	9607	32958	35155
	红松和樟子松	8425620	9531101	10275217	11453003	7546733
	白松（云杉和冷杉）	3128653	3566514	3846765	4569095	3779093
	辐射松	862823	652395	978538	1346224	2083920
	落叶松	3273789	4153609	4227278	5268991	4608361
	未列名针叶木	270597	366465	380203	580148	524213
	热带木	3356670	2413440	2289017	2638151	2319696
	红柳安木	281172	135291	94493	92101	56207
	柚木	63208	84541	51358	62669	88571
	奥克曼（奥克榄）	1161812	1068108	910901	1103324	1044008
	龙脑香	332373	323220	273605	403945	318566
	山樟木	72519	195824	185363	177024	147620
	印加木（波罗格）	893911	121478	62020	72086	104248
	大干巴豆（门格里斯）	88237	100207	124263	111649	101108
	异翅香	27911	28346	19381	38222	39283
	未列名热带木	435527	356425	567633	577131	420085
	栎木(橡木)	609017	967450	905271	1057253	928994
	山毛榉	218992	231862	325644	552523	435159
	楠木	1322	1350	683	20978	934
	樟木	251	1496	804	3191	2550
	红木	63661	65963	75047	162100	125150
	泡桐木	—	—	—	—	—
	水曲柳	363938	392224	437387	637373	537203
	北美硬阔叶木（包括樱桃木等）	73856	104627	119888	161015	115493
	未列名温带非针叶木	1418800	1893747	2627251	2891808	1651606
	未列名非针叶木	4175444	5025760	5654334	5716026	4875728

主要树种进口量

单位：立方米

	产品 \ 年份	2009	2010	2011	2012	2013
原木	用油漆、着色剂等防腐剂处理的原木	5254	5777	18098	83978	231888
	红松和樟子松	6994978	6730308	7572895	4979363	5749098
	白松（云杉和冷杉）	3552857	4150164	4522526	4329200	5210741
	辐射松	4833499	6611781	9025951	8974597	12338984
	落叶松	3736085	3426187	3440682	2907496	2207579
	未列名针叶木	1179933	3349806	6885128	5494517	7425308
	热带木	1928873	2140762	1930031	1755613	1989058
	红柳安木	100170	127509	73995	57992	55854
	柚木	65875	73396	87813	114164	163000
	奥克曼（奥克榄）	881985	860166	675370	655531	616825
	龙脑香	68363	119662	190594	103320	220548
	山樟木	97571	100163	69592	40019	42188
	印加木（波罗格）	132738	104381	202957	89095	214069
	大干巴豆（门格里斯）	105831	148795	73612	77927	51034
	异翅香	37772	60920	73184	96230	82112
	未列名热带木	438568	545770	482914	521335	543428
	栎木（橡木）	346489	456079	563719	380312	462094
	山毛榉	286055	411229	601891	578376	528869
	楠木	108	237	247	147	823
	樟木	273	1465	795	800	1822
	红木	91022	237463	565019	757159	1056277
	泡桐木	—	—	—	229	—
	水曲柳	194942	237364	242479	204562	190006
	北美硬阔叶木（包括樱桃木等）	65387	110222	107589	97255	142215
	未列名温带非针叶木	678983	629866	787467	920598	965519
	未列名非针叶木	4164523	5848779	6061331	6428514	6659152

2004—2013 年中国原木

产品 \ 年份	2004	2005	2006	2007	2008
原木	**279710.06**	**324356.2**	**392926.6**	**535061**	**518241.1**
用油漆、着色剂等防腐剂处理的	11.75	0.2	187.5	668.4	742.3
针叶木	116577.15	138795.8	171174.4	239685.3	240603.9
红松和樟子松	61785.47	72544.6	91548.6	121077.9	100738.1
白松（云杉和冷杉）	23078.34	27288.4	32215	45501.1	48346.3
辐射松	7991.63	6453.7	9877.9	15721.4	26083.2
落叶松	21264.82	29109	33592.6	50716.2	57021
未列名针叶木	2456.9	3400.1	3940.3	6668.7	8415.3
热带木	70580.35	54765.7	57994.6	77806.5	74693.9
（深红色、浅红色及巴栲）红柳安木	3925.51	2264.5	1732.5	1927.6	1271.1
柚木	2739.16	3754.5	2605	3633.3	6242.7
奥克曼木（奥克榄）	26332.29	25303.7	23367	34729.4	30879.6
龙脑香木克隆木	4631.61	5172.4	5268.7	9663.6	7869.4
山樟木（香木）	1122.61	3490.5	3515	3735	3499.5
印加木（波罗格）	18680.2	3041.5	2318.5	2857.7	4891.7
大干巴豆木（门格里斯或康派斯）	1409.56	1620.4	2097.5	1980.3	1771.2
异翅香木	427.38	502.1	397.5	820.5	887.1
未列名热带木	11312.02	9616.2	16693	18459.2	17381.6
其他	92540.79	130794.5	163570.1	216900.8	202201
栎木(橡木)	12337.15	20125.2	19306.2	23496.7	24094.5
山毛榉木	3828.83	3882.8	5408.3	9807.8	8860.1
楠木	11.89	45.8	24.1	169.4	35.4
樟木	6.79	32.5	22.2	73.4	59.9
红木	2990.11	3430	4961.9	17828	14455.2
泡桐木	—	—	—	—	—
水曲柳	6278.87	6540.1	6815.5	10980.5	11962.8
北美硬阔叶木（包括樱桃木等）	4445.67	6639.8	7890.8	9500.7	7724.3
未列名的温带非针叶木	11853.84	16280	23056.1	29529.8	23188.1
未列名非针叶木	50787.64	73818.3	96085	115514.5	111820.8

主要树种进口额

单位：万美元

产品　年份	2009	2010	2011	2012	2013
原木	**408651.8**	**607109.4**	**827313.2**	**725093.5**	**931735.2**
用油漆、着色剂等防腐剂处理的	170.4	119	361.8	1546.8	4409.6
针叶木	223272.6	323960.6	486099	374510.8	506995.2
红松和樟子松	80895.6	86452.1	107153.7	68278.2	76123.7
白松（云杉和冷杉）	41500.8	56310.4	74064.4	60852.5	80615.8
辐射松	45568.9	86651.2	127083.7	114740.8	176293.8
落叶松	40762.8	41792.2	53862.2	40906	29211.6
未列名针叶木	14544.5	52754.7	123935.1	89733.3	144750.3
热带木	56047.1	74710.8	77597.8	68419.8	78054.3
（深红色、浅红色及巴栲）红柳安木	1953	2463.7	1761.2	1458.9	1461.8
柚木	4492.4	5033.7	6076.9	9251.5	12613.9
奥克曼木（奥克榄）	24224.1	34195.5	30000.4	26522.9	22806
龙脑香木克隆木	1063.5	2497.1	4452.5	2091.7	3461.8
山樟木（香木）	2002.7	2256.3	2253.4	1254.4	1309.4
印加木（波罗格）	5039	5192.5	10718.2	4492.5	11001.5
大干巴豆木（门格里斯或康派斯）	1751.6	2687	1718.3	1831.9	1151.9
异翅香木	834.6	1531.8	1797.3	2327.3	2053.8
未列名热带木	14686.1	18853.3	18819.8	19188.7	22194.2
其他	129161.8	208319	263254.6	280616.1	342276
栎木(橡木）	10034.5	14462.1	18010	12513.8	15448.3
山毛榉木	5135.7	7081.5	11667.8	10648	10716
楠木	5.8	8.8	13.9	3.4	22.3
樟木	4.9	36.9	26	37.6	49.5
红木	10532	26460.8	71558.4	78907.7	122015.4
泡桐木	0	0	0	5.1	—
水曲柳	4724.2	6411.3	7345.2	5999.1	5490.3
北美硬阔叶木（包括樱桃木等）	4920.9	9219.5	9270.9	8228.3	10387.1
未列名的温带非针叶木	8601.7	8040.9	10829.2	12999.8	13567.6
未列名非针叶木	85202.2	136597.1	134533.3	151273.4	164579.6

2004—2013 年中国锯材

	产品＼年份	2004	2005	2006	2007	2008
锯材	红松和樟子松	648061	923226	1004955	1324292	1593137
	白松（云、冷杉）	217256	179850	197453	335170	616894
	辐射松	310296	364297	443989	444046	426228
	花旗松	11997	19026	12255	28260	32681
	其他针叶木	512156	396742	449620	672519	976134
	红柳安	76058	72409	45022	25636	15906
	白黄柳安	88144	89937	69496	49783	34487
	柚木	45460	77167	43158	42424	46850
	美洲桃花心	43450	17754	31895	22	0
	肉豆蔻	12493	8442	7835	5860	14729
	波罗格	26690	27327	46147	33746	61439
	伊罗科	—	—	—	116	64
	其他热带木	973184	812590	381241	268869	241507
	栎木	223154	317040	398775	363986	394150
	山毛榉	158626	139380	161844	176185	165115
	樟木、楠木、红木	29297	29835	27629	42181	42369
	泡桐木	2743	1346	1277	1967	2819
	枫木	—	—	—	39464	47769
	樱桃木	—	—	—	10751	23712
	北美硬阔叶木	61979	84438	121156	118601	131021
	其他温带非针叶材	90822	81609	111395	146558	168241
	白蜡木	—	—	—	38515	42863
	其他非针叶木	2471793	2330218	2512706	2321587	1974896

主要树种进口量

单位：立方米

	产品　　年份	2009	2010	2011	2012	2013
锯材	红松和樟子松	2322003	3053302	4102137	3952668	4748308
	白松（云、冷杉）	1856901	3526429	6304552	6192647	7319270
	辐射松	668873	746469	874935	999654	1365215
	花旗松	96336	372319	883935	355394	386359
	其他针叶木	1399975	1672490	2760148	2719805	3091064
	红柳安	17566	23696	16378	9602	9355
	白黄柳安	25699	26466	20894	15903	17164
	柚木	44941	49666	53902	55846	67621
	美洲桃花心	0	0	0	794	2780
	肉豆蔻	19404	46639	40669	13065	8014
	波罗格	42592	85035	93368	75903	103157
	伊罗科	21	16	24	30	—
	其他热带木	193481	259667	222946	216811	208726
	栎木	406539	640561	893832	888736	933414
	山毛榉	137497	219089	284462	315105	423863
	樟木、楠木、红木	19416	38356	68176	74450	98245
	泡桐木	1669	2493	1970	1318	1105
	枫木	41692	68704	74064	65831	72783
	樱桃木	15581	23529	24631	36755	58193
	北美硬阔叶木	153825	229073	316090	357423	497104
	其他温带非针叶材	237485	399910	592977	569686	496169
	白蜡木	50470	97877	169582	182365	245239
	其他非针叶木	2111466	3130037	3718529	3466140	3794092

2004—2013 年中国锯材

产品 \ 年份	2004	2005	2006	2007	2008
锯材，厚＞6	**138064.77**	**150778.8**	**168851.3**	**176197.8**	**199912.3**
红松和樟子松锯材	8500.91	12372.5	14315.3	20962.4	30795.3
白松（云、冷杉）锯材	4297.22	3603.7	3811.3	6018.2	11196.1
辐射松锯材	6219.65	8076.1	10023.7	10397	10462.4
花旗松锯材	149.06	320	333.8	614.7	677.2
其他针叶木锯材	8904.65	7326.8	9447.4	13547.6	19068.2
经纵锯切刨或旋切的红柳安木木材	1846.1	1756.5	1204	804.4	563.5
纵锯切刨或旋切的白黄柳安木等木材	1813.11	1996.1	1781.7	1290.9	1021.6
柚木木材	2372.99	4117.9	2325.2	2429.5	4046.8
经纵锯切刨或旋切的美洲桃花心木材	1622.54	697.9	1390.9	1.4	0
经纵锯切刨或旋切的肉豆蔻木等木材	624.56	379.9	386.1	396.6	846.4
波罗格木木材	945.65	1212.9	2488.8	2106.1	3630.3
纵锯切刨或旋切的伊罗科木木材				8.3	4.5
其他纵锯切、刨或旋切的热带木木材	27509.02	28521.6	18218.2	14641.9	13186.2
栎木木材	7110.8	10743.3	14745.3	14504	16619.1
山毛榉木木材	4476.02	4193.6	4885.5	5788.4	5802.4
樟木、楠木、红木锯材	942.04	1287.6	1568.9	3231.6	4461.3
泡桐木锯材	102.49	124.5	126.8	125.5	188.8
经纵锯纵切、刨或旋切枫木木材	—	—	—	1972.2	2299.2
经纵锯纵切、刨或旋切樱桃木木材	—	—	—	720.9	1199.4
经纵锯切、刨或旋切的北美硬阔叶材	2452.84	3849.9	6497.3	5945.4	5454.8
其他温带非针叶锯材	1814.59	1698.8	2526.6	3316.1	4269.3
经纵锯纵切、刨或旋切白蜡木木材	—	—	—	1301.7	1788.5
其他纵锯切、刨或旋切的非叶木木材	56360.45	58499.3	72774.4	66072.8	62330.9

主要树种进口额

单位：万美元

产品 \ 年份	2009	2010	2011	2012	2013
锯材，厚＞6	**230641.2**	**384327.5**	**568928.1**	**547925.7**	**678237.9**
红松和樟子松锯材	44054	60474.5	85244.6	79453.4	91950.8
白松（云、冷杉）锯材	26568.4	64800.4	125990.3	117664	160021.1
辐射松锯材	14512	18844	23051.4	26599.1	36630.2
花旗松锯材	1642.4	6644.3	18253.9	6868.6	8298.8
其他针叶木锯材	23102.8	31669.5	57521.1	54649	64398.8
经纵锯切刨或旋切的红柳安木木材	607.7	802.8	545.2	339.6	337.6
纵锯切刨或旋切的白黄柳安木等木材	729.8	808.2	642.1	579.9	1890.7
柚木木材	3925.1	4173.7	4505.9	4881.6	6198.7
经纵锯切刨或旋切的美洲桃花心木材	—	—	—	52	138.7
经纵锯切刨或旋切的肉豆蔻木等木材	1524	3445.5	2872.9	1060.8	568.7
波罗格木木材	2447.3	4576.5	4577.3	3597.3	5772.1
纵锯切刨或旋切的伊罗科木木材	1.4	1	1.2	1	—
其他纵锯切、刨或旋切的热带木木材	9411.2	12541.3	9720.2	9744.1	10509.3
栎木木材	16752.5	30745.6	45331.9	44491.4	51527.9
山毛榉木木材	4855.8	7812.5	10670.2	11596.4	16537.5
樟木、楠木、红木锯材	2176.8	4920.4	10101.6	11617.4	16016.7
泡桐木锯材	172.4	223.2	218.7	165.1	117.5
经纵锯纵切、刨或旋切枫木木材	1877.2	3559.5	3600.4	3509.4	4124
经纵锯纵切、刨或旋切樱桃木木材	833.3	1366.6	1645.2	2547	4146.6
经纵锯切、刨或旋切的北美硬阔叶材	5641.1	10472.2	14088.7	15623.1	21810.4
其他温带非针叶锯材	6788.7	13146.9	19062.8	16883.4	14576.5
经纵锯纵切、刨或旋切白蜡木木材	1912.3	4474.5	8558.2	9961.6	12918.9
其他纵锯切、刨或旋切的非叶木木材	61105.2	98824.2	122724.4	126040.7	149746.5

2004—2013年中国主要木材与木制品出口量

产品＼年份	2004	2005	2006	2007	2008	2009	2010	2011	2012	2013
原木（万立方米）	0.61	0.69	0.43	0.37	0.28	1.27	2.84	1.44	0.36	1.31
热带原木（立方米）	0.00	0.00	0.00	0.00	0.00	1649.00	209.00	194.00	241	393
锯材（万立方米）	47.26	61.53	80.83	74.74	68.53	55.57	53.31	53.88	47.44	45.43
热带锯材（立方米）	—	—	—	—	—	—	—	—	—	7835
薄板（万吨）	11.56	7.81	10.79	11.47	10.97	8.57	11.86	18.52	15.42	15.33
胶合板（万立方米）	78.00	554.34	830.37	878.18	718.43	563.48	754.69	95 – – 7.25	1003.26	1026.34
纤维板（万吨）	81.20	96.46	146.03	282.94	243.49	173.86	210.60	242.07	253.24	236.68
刨花板（万吨）	2.53	0.50	9.21	11.87	12.56	8.06	10.36	12.41	13.52	16.98
木浆、废纸及纸板（万吨）	5.27	1.08	7.49	11.18	7.23	8.73	8.15	10.27	8.22	8.39
木家具（亿件）	1.29	1.49	1.73	1.92	1.68	1.69	2.04	2.02	2.00	1.98
木地板（万吨）	—	—	51.89	51.67	48.63	38.22	43.20	39.95	41.53	39.91
木门（万吨）	—	24.98	31.65	33.78	30.30	25.37	31.04	30.76	32.13	34.17
木框架坐具（万件）	—	—	—	9256.09	7574.88	7801.80	9472.91	8756.71	8714.44	8973.52
木制餐具（万吨）	—	—	—	23.36	21.66	13.56	13.46	14.66	14.96	15.23

2004—2013年中国主要木材与木制品出口额

产品＼年份	2004	2005	2006	2007	2008	2009	2010	2011	2012	2013
原木（万美元）	195.88	204.05	136.83	121.09	98.58	458.04	1052.62	678.2	172.42	665.64
锯材（亿美元）	2.17	2.79	3.53	3.90	4.01	3.45	3.40	3.59	3.29	3.24
薄板（亿美元）	1.10	1.29	1.72	2.00	2.44	1.73	2.11	2.73	2.34	2.36
胶合板（亿美元）	3.77	18.36	29.11	35.78	34.00	25.24	34.02	43.40	47.96	50.34
纤维板（亿美元）	2.72	3.96	6.36	14.08	14.47	10.79	12.98	15.48	16.70	15.97
刨花板（万美元）	748.55	183.89	2518.25	3522.42	4587.31	3237.68	3791.89	5039.07	6328.57	8836.15
木浆、废纸及纸板（亿美元）	0.40	0.36	0.59	0.92	0.98	0.91	1.40	2.31	1.28	1.06
木家具（亿美元）	36.81	46.58	57.51	66.44	68.28	75.88	105.57	113.21	119.11	123.80
木地板（亿美元）	—	—	7.31	8.29	7.78	5.96	6.55	6.30	6.93	6.48
木门（亿美元）	—	3.50	4.94	5.57	5.43	4.57	5.62	5.79	6.19	6.60
木框架坐具（亿美元）	—	—	—	40.41	41.93	44.47	56.00	57.98	64.20	70.61
木制餐具（亿美元）	—	—	—	3.34	3.55	1.75	1.45	1.86	1.87	2.00
木框架坐具（万件）	—	—	—	9256.09	7574.88	7801.80	9472.91	8756.71	8714.44	8973.52
木制餐具（万吨）	—	—	—	23.36	21.66	13.56	13.46	14.66	14.96	15.23

2004—2013 年原木

国别 \ 年份	2004	2005	2006	2007	2008
总计	**26243871**	**29368019**	**32152934**	**37090784**	**29569988**
新西兰	837592	638001	899903	1270187	1908656
俄罗斯联邦	16961542	20043249	21826006	25395572	18665147
美国	147379	193735	245936	320217	397524
巴布亚新几内亚	1314697	1835233	2064261	2341025	2229673
加拿大	67923	131420	85250	115309	206597
所罗门群岛	449823	652734	774825	1049186	1158941
澳大利亚	289299	236020	389919	489578	429488
乌克兰	912	816	1040	1981	80
缅甸	1054287	1133217	1026842	717967	490353
法国	14485	25271	42726	91217	97087
刚果	492536	454093	367006	331402	394763
喀麦隆	98828	48842	299189	249594	201333
赤道几内亚	304698	304096	381003	487941	249375
马来西亚	2722040	1859974	1411956	1331419	816667
罗马尼亚	89	21	203	9751	23900
莫桑比克	80577	109028	126488	211595	157514
德国	359135	445279	467706	612253	303929
立陶宛	—	—	—	—	—
老挝	20261	20120	31259	57031	31011
科特迪瓦	10	114	734	606	595
贝宁	—	36	1125	19703	24460
拉脱维亚	—	—	—	—	110
比利时	36190	94519	119313	137539	89414
加纳		36	16	615	1400
冈比亚	201	331	597	13698	—
日本	7900	15137	27767	10198	14659
丹麦	918	1584	5675	13523	10546

进口主要国家和地区进口量（一）

单位：万立方米

国别＼年份	2009	2010	2011	2012	2013
总计	**28059261**	**34347489**	**42325788**	**37892716**	**45159021**
新西兰	4413492	5938174	8243311	8621415	11503998
俄罗斯联邦	14811529	14035469	14070927	11182945	10257822
美国	759452	2781444	4885916	3639377	5609720
巴布亚新几内亚	1659464	2477751	2799022	2581266	2751777
加拿大	372034	1178434	2461152	2440781	2720176
所罗门群岛	1124412	1454748	1774316	1916336	2035935
澳大利亚	732092	1056199	1576351	1221161	1742381
乌克兰	447	140281	561151	464720	1391383
缅甸	370222	432939	687645	616701	970100
法国	256496	296585	511295	501143	679452
刚果	436331	485645	621040	614250	502131
喀麦隆	246440	400132	333701	393033	435040
赤道几内亚	22512	217457	300666	351169	431396
马来西亚	721679	955381	551563	436679	386488
罗马尼亚	40697	146352	393894	155252	354153
莫桑比克	121489	233024	229994	322466	346550
德国	255001	326326	376609	271237	271326
立陶宛	25	1169	189457	110315	247177
老挝	44334	67396	107876	109631	205336
科特迪瓦共和国	1119	1644	8307	38212	190086
贝宁	32224	57787	156385	202348	168826
拉脱维亚	—	—	27442	72916	168524
比利时	67018	99665	172220	136273	147566
加纳	2470	18126	39747	125031	132434
冈比亚	123	19173	84805	149157	123286
日本	7824	10284	14653	14751	117406
丹麦	14303	33017	66039	84827	114179

2004—2013 年原木

国别 \ 年份	2004	2005	2006	2007	2008
白俄罗斯	—	—	—	—	—
刚果	1725	738	4297	6886	24030
中非	20425	25579	22381	13931	33718
爱沙尼亚	—	—	—	—	—
利比里亚	—	—	—	—	165
斯洛伐克	—	—	16733	22309	114558
尼日利亚	67	18		152	875
苏里南	560	3339	10951	6384	6145
塞拉利昂	—	40	110	12643	10423
越南	17109	44395	138835	216516	57416
圭亚那	3431	27207	64132	61833	50393
尼加拉瓜	51	145	40	—	33
多哥	76	53	660	17543	53140
斐济	—	264	72	82	8
乌拉圭	1245	254	300	1851	2761
朝鲜	139617	99758	210456	162758	92476
巴西	—	180	98	647	374
中国台湾	6167	5606	5598	6060	4643
柬埔寨	154	100	308	10595	3456
波兰	2006	42	26242	17763	4005
几内亚（比绍）	—	—	—	80	3551
加蓬	632531	814274	958028	1149934	1076787
印度尼西亚	92158	49897	35806	22373	13545
墨西哥	63	39	53	346	725
荷兰	4252	4568	4017	5662	5423
捷克	—	—	—	—	—
菲律宾	698	41	449	515	537
巴拿马	147	338	802	1515	4083

进口主要国家和地区进口量（二）

单位：万立方米

国别 \ 年份	2009	2010	2011	2012	2013
白俄罗斯	672		52	27962	108434
民主刚果	18085	44960	67034	88159	83396
中非	30380	56748	64189	84375	77135
爱沙尼亚		387	11450	13870	69913
利比里亚	56	706	47832	152958	62975
斯洛伐克	76234	78429	97690	81401	59779
尼日利亚	1031	1020	1740	5105	58961
苏里南	17277	27882	54008	68553	56230
塞拉利昂	21823	14303	15817	6981	53359
越南	22747	41624	134702	87543	52755
圭亚那	19302	50639	49635	40073	45485
尼加拉瓜	562	1241	9346	58416	39346
多哥	58776	93653	74651	61795	39191
斐济	34	131	76	47	31909
乌拉圭	8598	27939	136479	50892	30813
朝鲜	97418	30404	11417	14956	28165
巴西		2771	15355	5420	27708
中国台湾	3164	4419	8267	17798	22639
柬埔寨	5191	3381	9973	11923	21949
波兰	85	221	22	329	21428
几内亚（比绍）	3942	8621	7960	10569	15842
加蓬	1103041	738571	22687	36235	14612
印度尼西亚	8301	6809	17239	15714	11832
墨西哥	1130	3382	8703	11049	9244
荷兰	3551	6356	12253	5714	9141
捷克	—	—	7752	17219	8387
菲律宾	1486	13370	12003	5201	7811
巴拿马	2246	5882	20096	15038	7121

2004—2013 年原木

国别 \ 年份	2004	2005	2006	2007	2008
智利	365		168	719	354
伯利兹	—	—	—	—	25
卢森堡	254			568	1608
哥伦比亚		21	2354	4620	5570
阿根廷	2293	2256	3527	13948	11198
新加坡	43	202	35	—	56
斯洛文尼亚	—	—	—	21	—
哥斯达黎加	971	1292	38	2554	2064
克罗地亚	725	306	723	1346	1162
几内亚	—	5746	19362	8872	48247
坦桑尼亚	41699	21374	3579	17632	2251
瑞典	374	271	500	322	787
瑞士	230	837	465	273	685
安哥拉	—	113	—	764	—
赞比亚	—	8	—	822	1759
挪威	—	—	28	—	16
巴拉圭	931	876	1664	3600	3197
玻利维亚	254	23	1461	4692	7877
南非	955	778	763	79	173
厄瓜多尔	247	624	645	855	1435
奥地利	—	70	386	1193	954
洪都拉斯	—	—	—	—	—
西班牙	—	—	73	119	215
马里		21	—	142	2025
危地马拉	82	—	—	218	123
肯尼亚	640	—	61	119	16
泰国	2241	4555	7124	3199	2039
韩国	224	148	342	222	589

进口主要国家和地区进口量（三）

单位：万立方米

国别＼年份	2009	2010	2011	2012	2013
智利	37	342	41019	6448	6378
伯利兹	—	188	2579	6166	6216
卢森堡	409	372	1040	8121	5983
哥伦比亚	3889	6646	1967	3797	5901
阿根廷	1745	6190	10823	9434	5840
新加坡	—	18	32	2347	5824
斯洛文尼亚	—	813	3671	1676	5651
哥斯达黎加	1537	3014	3567	5689	5630
克罗地亚	4552	1433	14287	11639	4799
几内亚	10785	133492	34702	9310	3454
坦桑尼亚	881	1889	973	3931	2431
瑞典	514	445	775	1701	2321
瑞士	8	466	641	2727	2296
安哥拉	—	936	1873	12749	1769
赞比亚	646	1003	1107	372	1611
挪威	—	—	—	—	1498
巴拉圭	319	636	881	1239	1416
玻利维亚	3648	10528	8720	9010	1252
南非	139	442	593	869	1188
厄瓜多尔	577	731	2909	1623	931
奥地利	—	88	3172	2	873
洪都拉斯	—	—	—	82	756
西班牙	147	144	512	1007	666
马里	625	277	278	287	522
危地马拉	97	287	2068	3776	483
肯尼亚	16	160	828	56	350
泰国	2099	4565	5588	964	308
韩国	1405	497	235	21	294

2004—2013 年原木

国别 \ 年份	2004	2005	2006	2007	2008
马达加斯加	3052	6015	11024	3354	3476
芬兰	356	112	411	80	43
匈牙利	—	—	—	—	—
马拉维	—	—	46	345	1826
巴基斯坦	—	—	—	—	31
萨尔瓦多	—	—	—	—	—
保加利亚	—	—	—	—	—
乌干达	10	22	—	—	—
苏丹	30	37	32		59
瓦努阿图	—	—		2	66
葡萄牙	—	—	43	—	—
斯里兰卡	—	—	10	76	5
尼泊尔	114	379	556	1637	222
意大利	64	3	102	143	1583
波斯尼亚和黑塞哥维那	23	—	—	—	—
帕劳共和国	—	—	—	—	—
牙买加	—	—	—	—	—
利比亚	—	—	—	—	—
土耳其	—	—	2	4	—
东帝汶	—	—		97	—
阿拉伯联合酋长国	—	—	—	—	—
多米尼加共和国	—	—	—	—	—
摩尔多瓦	—	—	—	—	—
中国香港	—	—	—	—	—
印度	10	105	230	416	687
蒙古	—	—	—	—	436
塞内加尔	—	—	—	24	—
特立尼达和多巴哥	—	—	—	—	—

进口主要国家和地区进口量（四）

单位：万立方米

国别 \ 年份	2009	2010	2011	2012	2013
马达加斯加	5528	40688	6470	12018	251
芬兰	133	—	—	—	239
匈牙利		1103	2403	3903	223
马拉维	101	560	48	—	219
巴基斯坦	19	—	—	33	194
萨尔瓦多	27	—	62	63	168
保加利亚	—	—	1324		132
乌干达	—	—	64	23	126
苏丹	—	55	73	144	116
瓦努阿图	13	—	70	32	95
葡萄牙	—	—	—	—	75
斯里兰卡	—	134	1805	276	60
尼泊尔	36	13	49	585	57
意大利	0	50	149	0	42
波斯尼亚和黑塞哥维那	—	—	2712	166	41
帕劳共和国	—	—	—	39	32
牙买加	—	—	—	75	30
利比亚	—	—	—	354	17
土耳其	—	—	18	—	17
东帝汶	16	226	379	129	14
阿拉伯联合酋长国	—	278	384	—	12
多米尼加共和国	—	—	—	—	10
摩尔多瓦	78	112	280	123	2
中国香港	—	—	—	—	0
印度	216	177	311	179	0
蒙古	—			153	—
塞内加尔	—	22	32	136	—
特立尼达和多巴哥	—		41	127	—

2004—2013 年原木

国别＼年份	2004	2005	2006	2007	2008
塞内加尔	—	—	—	24	—
特立尼达和多巴哥	—	—	—	—	—
哈萨克斯坦	—	—	—	—	—
文莱	—	—	—	—	—
英国	20	14	—	19	73
埃塞俄比亚	—	—	—	—	—
秘鲁	—	561	20	—	283
津巴布韦	—	170	—	—	173
马尔代夫	—	—	—	—	
孟加拉国	—	—	—	—	11
布基纳法索	—	—	—	—	43
汤加	—	—	—	1	8
纳米比亚	—	67	—	—	25
法属圭亚那	—	—	27	—	21
伊朗	—	—	—	—	0
萨摩亚	227	—	—	80	—
非洲其他国家（地区）	—	—	20	104	—
吉尔吉斯斯坦	—	10	—	—	—
希腊	—	617	—	—	—

进口主要国家和地区进口量（五）

单位：万立方米

国别＼年份	2009	2010	2011	2012	2013
塞内加尔	—	22	32	136	—
特立尼达和多巴哥	—		41	127	—
哈萨克斯坦	—	—	—	62	—
文莱	—	—	—	0	—
英国	4	0	162	—	—
埃塞俄比亚	—	—	56	—	—
秘鲁	—	18	11	—	—
津巴布韦	3	—	11	—	—
马尔代夫	—	—	8	—	—
孟加拉国	—	—	—	—	—
布基纳法索	—	—	—	366	—
汤加	—	—	—	—	—
纳米比亚	—	—	—	—	—
法属圭亚那	—	—	—	—	—
伊朗	—	—	—	—	—
萨摩亚	—	—	—	—	—
非洲其他国家（地区）	—	—	—	—	—
吉尔吉斯斯坦	—	—	—	—	—
希腊	—	—	—	—	—

2004—2013 年原木

国别 \ 年份	2004	2005	2006	2007	2008
总计	**2797104249**	**3243562059**	**3929266008**	**5350571066**	**5182411242**
新西兰	79067883	64165928	94882278	154211287	246390509
俄罗斯联邦	1305427402	1621500693	1967188350	2705561808	2560252728
美国	74699707	100603143	123329839	149674884	147464415
巴布亚新几内亚	169402186	270514019	345352093	414793514	412715931
加拿大	11743104	18867112	12902540	18010853	42365701
所罗门群岛	57891197	96541006	124715958	181900080	212315588
澳大利亚	28709772	23144897	35337908	53612860	50191471
乌克兰	179907	194269	224915	461422	17578
缅甸	100804157	129068415	113497693	137558997	177537484
法国	2353700	4976191	8931109	20195181	21374829
刚果	120857023	118334371	103802486	124576823	152431279
喀麦隆	30972202	16345828	99959161	88942590	86058056
赤道几内亚	66685424	71746625	93242853	130380367	75602306
马来西亚	417139259	268734767	226811358	249295779	172616318
罗马尼亚	18510	9974	84853	1812499	4448719
莫桑比克	27593524	40508252	49493641	95061945	73500756
德国	61429884	79007795	80739985	111005788	66542703
立陶宛	—	—	—	—	—
老挝	7530905	8590955	16830422	23314993	17896667
科特迪瓦共和国	764	39106	284800	237278	298104
贝宁	—	9027	410795	7573202	10582646
拉脱维亚	—	—	—	—	16474
比利时	5398339	15851663	17158408	22934534	17031816
加纳		18037	6405	227024	648675
冈比亚	45166	88685	184494	5044405	—
日本	625211	1375675	2414221	1404853	1912115
丹麦	193750	471876	1243364	2593835	2290880

进口主要国家和地区进口额（一）

单位：万美元

国别 \ 年份	2009	2010	2011	2012	2013
总计	**4086518312**	**6071094053**	**8273111687**	**7250934986**	**9317138136**
新西兰	427684750	794743279	1172822351	1120204779	1685327548
俄罗斯联邦	1736754006	1820717125	2115300537	1562024880	1408047755
美国	168189936	580161274	1027331365	740742645	1243209360
巴布亚新几内亚	274790993	477943022	583476226	523498029	624729692
加拿大	51261986	180418261	445536182	395995016	537025396
所罗门群岛	175366263	282581154	342754431	377105652	403052797
澳大利亚	64657196	124788644	212138665	145259979	221389275
乌克兰	111726	21005234	86282133	60992550	182097828
缅甸	124201079	138988006	210453786	247659941	535229483
法国	37798855	52905264	111678568	92546571	129068578
刚果	132244354	206924630	283620464	260387835	198632246
喀麦隆	87648064	150497348	134275365	145596376	160813598
赤道几内亚	7101620	84000100	122538289	131833653	148630337
马来西亚	128417450	204755820	171232238	112412217	116322007
罗马尼亚	6502128	20689428	66324200	23867486	53413406
莫桑比克	51086732	101662025	99837117	149027227	166919049
德国	45858286	61654279	76749492	52423942	57132958
立陶宛	6370	153811	28475911	14916008	35628651
老挝	21707818	67622161	169533306	146033805	309210685
科特迪瓦共和国	469805	711190	3437232	17223462	109450806
贝宁	12978257	22432852	66692437	91583790	85790666
拉脱维亚	—	—	4182740	10501995	26258231
比利时	9940741	17301829	34739276	25706256	31077412
加纳	1008659	6526698	16792461	60433821	76414068
冈比亚	41536	7151574	38223961	78024133	67333379
日本	1090253	1488888	2270919	2387185	15947282
丹麦	2901093	6555030	15408006	17966878	26286567

2004—2013年原木

国别　年份	2004	2005	2006	2007	2008
白俄罗斯	—	—	—	—	—
刚果	759635	368497	2757763	4218414	16807098
中非	6018406	7922908	7921376	6359688	18581902
爱沙尼亚	—	—	—	—	—
利比里亚	—	—	—	—	76269
斯洛伐克	—	—	2089294	3395410	21546002
尼日利亚	15160	6884	—	123671	429297
苏里南	136136	1002269	2665585	1673056	2404808
塞拉利昂	—	16060	57588	4856197	4669491
越南	8249779	8855071	31455175	129654351	42774102
圭亚那	527035	5846768	15833364	15627325	14162809
尼加拉瓜	21120	79857	25068	—	23450
多哥	7299	27645	246198	6703855	22007167
斐济	—	28305	44584	190375	7057
乌拉圭	139191	50994	33895	237720	521003
朝鲜	10836768	6141764	13844370	11312400	6135550
巴西	—	63695	62334	309952	161767
中国台湾	1876615	2081671	2116732	2377463	2048994
柬埔寨	82420	75232	81151	16139389	5122566
波兰	330063	11950	4159632	2786892	593347
几内亚(比绍)	—	—	—	32386	1229421
加蓬	165900993	232542055	291458340	395576863	414979482
印度尼西亚	12596566	6947862	7426053	5830930	2433163
墨西哥	73066	55439	68832	220438	454858
荷兰	727566	801140	619603	1202894	1148464
捷克	—	—	—	—	—
菲律宾	35860	4632	97963	96318	118132
巴拿马	43731	111512	364097	694360	2075030

进口主要国家和地区进口额（二）

单位：万美元

国别　　年份	2009	2010	2011	2012	2013
白俄罗斯	108221	—	8326	3138853	13859725
民主刚果	9915681	29854362	52620151	62557063	55494241
中非	13155953	22863335	25106142	33884811	33108045
爱沙尼亚	—	64628	1830223	2249182	10950528
利比里亚	21029	204290	14507581	45031192	33719982
斯洛伐克	12275830	13559201	19158125	14691749	11727125
尼日利亚	330685	779164	612500	2561331	31143643
苏里南	4541931	7325499	15049701	21877054	18867088
塞拉利昂	7982435	5326960	6554577	3192458	27042004
越南	14513783	37328277	253441040	137393893	123491663
圭亚那	5547004	14138030	13570873	14559324	17435506
尼加拉瓜	396680	1173835	11526863	104215412	72245428
多哥	23006177	36947316	31991346	30355008	19925370
斐济	10842	61263	85009	54813	12483823
乌拉圭	1326490	3992428	18653329	7273705	4461617
朝鲜	8102761	2725102	1434456	1725543	3297058
巴西	—	1038407	2641299	1000550	3754741
中国台湾	1479227	2320370	4983774	9666406	8417970
柬埔寨	5747756	4595251	21826575	15051577	71496434
波兰	16436	39890	5891	65964	3334618
几内亚（比绍）	1593137	3852335	3980904	5947772	10097204
加蓬	375743981	317932305	15430589	18637092	5947275
印度尼西亚	2135555	2141856	10714328	8514263	6743920
墨西哥	592330	2329491	8429381	14038456	9833789
荷兰	549879	1264245	2555901	1146719	2014669
捷克	—	—	1572782	3617512	1846128
菲律宾	796330	1521926	1966017	1890589	1957519
巴拿马	1199655	4791985	24536870	19187782	7710656

2004—2013年原木

国别＼年份	2004	2005	2006	2007	2008
智利	34504	—	34388	292896	144977
伯利兹	—	—	—	—	7494
卢森堡	44945	—	—	148788	414374
哥伦比亚	—	6673	742954	1590566	2483691
阿根廷	794467	869814	1476497	6295004	5426723
新加坡	3932	36560	22025	—	9816
斯洛文尼亚	—	—	—	12000	—
哥斯达黎加	235066	404305	14225	1039094	969850
克罗地亚	159775	62523	158454	319060	305933
几内亚		861010	6348468	2717220	19519821
坦桑尼亚	13455849	8189921	1355664	7201900	883456
瑞典	110573	51134	94109	79150	178011
瑞士	47491	155821	90803	70132	127650
安哥拉	—	86129	—	338307	—
赞比亚	—	3520	—	574412	1021951
挪威	—	—	2949	—	2999
巴拉圭	336096	353038	643118	1719339	1348211
玻利维亚	182345	63368	695245	2319099	4706887
南非	117474	193548	122045	24001	33269
厄瓜多尔	72468	192362	217193	362208	612407
奥地利	—	21625	115627	314291	264022
洪都拉斯	—	—	—	—	—
西班牙	—	—	98417	266017	239777
马里	—	14383	—	75812	830017
危地马拉	36629	—	—	145018	64253
肯尼亚	191827	—	26600	41650	5600
泰国	1079143	2483854	3914802	2203475	1523248
韩国	58769	64018	137320	64478	156872

进口主要国家和地区进口额（三）

单位：万美元

国别＼年份	2009	2010	2011	2012	2013
智利	12427	113574	5753158	811439	853555
伯利兹	—	135350	2638985	7530165	8233872
卢森堡	79698	94883	235700	1528932	1185171
哥伦比亚	2041455	2873007	974844	2200429	3380219
阿根廷	860611	3092270	6174372	6459612	3872505
新加坡	—	3752	11139	407106	1263116
斯洛文尼亚	—	163990	889870	404841	1547087
哥斯达黎加	328595	1511924	1575182	4082548	3683783
克罗地亚	1065652	345915	7038740	2351024	1070515
几内亚	4458554	53147201	14031893	3832659	1533267
坦桑尼亚	678486	755848	378887	1867181	1262464
瑞典	100888	97852	193872	364933	425275
瑞士	2661	83494	125214	525255	496061
安哥拉	—	780184	632557	5795996	807117
赞比亚	244660	419149	542795	222162	624086
挪威	—	—	—	—	207367
巴拉圭	139533	259556	468016	1041231	1140180
玻利维亚	1909206	5746006	4796399	5568440	828550
南非	19659	63878	106722	229470	342878
厄瓜多尔	201958	202882	1062615	473424	397834
奥地利	—	26346	1033697	3991	227110
洪都拉斯	—	—	—	125088	1173183
西班牙	149020	112666	235691	301766	165944
马里	230379	97365	125553	157799	325801
危地马拉	30992	208029	2372019	3352043	510759
肯尼亚	5120	229602	1838648	160100	703896
泰国	1194030	2098565	1922381	474076	311136
韩国	344998	145824	45873	5309	72981

2004—2013 年原木

国别 \ 年份	2004	2005	2006	2007	2008
马达加斯加	2406971	3737607	8108848	1360133	2057322
芬兰	127586	50712	92674	13087	10716
匈牙利	—	—	—	—	—
马拉维	—	—	13659	240182	1202381
巴基斯坦	—	—	—	—	23397
萨尔瓦多	—	—	—	—	—
保加利亚	—	—	—	—	—
乌干达	6016	5517	—	—	—
苏丹	15040	18850	16304	—	110460
瓦努阿图	—	—	—	1400	32593
葡萄牙	—	—	29342	—	—
斯里兰卡	—	—	7966	89109	19029
尼泊尔	59948	787977	1603211	9786138	1224254
意大利	34307	1252	42855	56328	876886
波斯尼亚和黑塞哥维那	8077	—	—	—	—
帕劳共和国	—	—	—	—	—
牙买加	—	—	—	—	—
利比亚	—	—	—	—	—
土耳其	—	—	22188	23646	—
东帝汶	—	—	—	48721	—
阿拉伯联合酋长国	—	—	—	—	—
多米尼加共和国	—	—	—	—	—
摩尔多瓦	—	—	—	—	—
中国香港	—	—	—	—	—
印度	8000	301558	546395	555411	2209376
蒙古	—	—	—	—	63194
塞内加尔	—	—	—	26824	—
特立尼达和多巴哥	—	—	—	—	—

进口主要国家和地区进口额（四）

单位：万美元

国别＼年份	2009	2010	2011	2012	2013
马达加斯加	10734430	43789621	6567962	6392787	161849
芬兰	31172	—	—	—	49078
匈牙利	—	205885	558958	826268	38681
马拉维	36030	250874	14444	—	146526
巴基斯坦	46565	—	—	101098	553855
萨尔瓦多	11995	—	54476	122112	301315
保加利亚	—	—	326723		32428
乌干达	—	—	53050	13600	605024
苏丹	—	13670	24293	111449	37658
瓦努阿图	9202		84041	238978	520786
葡萄牙	—	—	—	—	68987
斯里兰卡	—	2646	195691	639039	138017
尼泊尔	209448	81480	468850	1155982	884806
意大利	583	29489	55800	1798	19804
波斯尼亚和黑塞哥维那	—	—	523938	25529	12677
帕劳共和国	—	—	—	28068	13300
牙买加	—	—	—	23355	16402
利比亚	—	—	—	194070	5968
土耳其	—	—	3986	—	2605
东帝汶	8931	132022	739615	116350	12628
阿拉伯联合酋长国	—	538471	352372	—	16850
多米尼加共和国	—	—	—	—	5063
摩尔多瓦	23817	34193	122984	14887	267
中国香港	—	—	—	—	645
印度	338481	634483	677723	422424	376
蒙古	—	—	—	20717	—
塞内加尔	—	9159	11908	48760	—
特立尼达和多巴哥	—	—	22535	86477	—

2004—2013 年原木

国别 \ 年份	2004	2005	2006	2007	2008
哈萨克斯坦	301944	21189	—	—	—
文莱			—	—	—
英国	4683	5400	—	24308	51527
埃塞俄比亚	—		—	—	—
秘鲁	—	313312	3071	—	65173
津巴布韦	—	82647	—	—	68578
马尔代夫	—	—	—	—	—
孟加拉国	—	—	—	—	53079
布基纳法索	—	—	—	—	18275
汤加	—	—	—	1040	14753
纳米比亚	—	41486	—	—	10030
法属圭亚那	—	—	3648	—	2503
伊朗	—	—	—	—	1430
萨摩亚	23939	—	—	32000	—
非洲其他国家（地区）	—	31	6018	88918	—
吉尔吉斯斯坦	—	775	—	—	—
希腊	—	265273	—	—	—

进口主要国家和地区进口额（五）

单位：万美元

国别＼年份	2009	2010	2011	2012	2013
哈萨克斯坦	—	—	—	7483	—
文莱	—	—	—	1003	—
英国	5832	24	82747	—	—
埃塞俄比亚	—	—	25687	—	—
秘鲁	—	12247	3909	—	—
津巴布韦	1129	—	590	—	—
马尔代夫	—	—	17653	—	—
孟加拉国	—	—	—	—	—
布基纳法索	—	—	—	183549	—
汤加	—	—	—	—	—
纳米比亚	—	—	—	—	—
法属圭亚那	—	—	—	—	—
伊朗	—	—	—	—	—
萨摩亚	—	—	—	—	—
非洲其他国家（地区）	—	—	—	—	—
吉尔吉斯斯坦	—	—	—	—	—
希腊	—	—	—	—	—

2004—2013 年锯材

国别　年份	2004	2005	2006	2007	2008
总计	**6003659**	**5972633**	**6067848**	**6490336**	**7051917**
新西兰	279646	216594	281361	252171	239069
俄罗斯联邦	799126	1056713	1174326	1585483	1968199
美国	782409	852659	1021864	1073280	1042519
巴布亚新几内亚	903	1490	6960	5364	4628
加拿大	439387	350384	397879	674589	1133635
所罗门群岛	190	117	417	1025	1787
澳大利亚	41850	68062	80019	82857	82237
乌克兰	1398	1147	2425	4389	1162
缅甸	251536	321312	178360	259737	99248
法国	20916	20764	19161	16624	10655
刚果	12168	4063	10685	1232	3036
喀麦隆	34247	12488	17338	7593	9879
赤道几内亚	—	78	—	—	516
马来西亚	431132	475424	376458	309914	252850
罗马尼亚	70357	69205	74675	82575	70749
莫桑比克	412	1589	3581	6755	39776
德国	85652	87555	95171	104504	85552
立陶宛	424	169	707	1112	807
老挝	4890	7895	14552	16849	29291
科特迪瓦共和国	587	1244	8715	2166	2400

进口主要国家和地区进口量（一）

单位：万立方米

国别＼年份	2009	2010	2011	2012	2013
总计	**9863181**	**14711120**	**21516972**	**20562749**	**23939710**
新西兰	417836	412602	410231	486423	500085
俄罗斯联邦	3120491	4366923	6073297	6214979	7026290
美国	928974	1432305	2680210	2225632	2582960
巴布亚新几内亚	6398	6618	5465	2654	4896
加拿大	2436974	4022034	6866099	6441582	6862092
所罗门群岛	694	1096	1074	1234	1603
澳大利亚	83673	94074	54289	49159	69913
乌克兰	406	3549	10806	14153	25844
缅甸	111585	101124	98040	88599	114965
法国	12344	38081	50458	40552	43641
刚果	1367	1571	4035	5171	15979
喀麦隆	7124	24568	48490	59015	54175
赤道几内亚	34	—	368	131	77
马来西亚	204675	242332	233991	162265	205705
罗马尼亚	54397	86815	142077	152370	236288
莫桑比克	33769	77570	120992	121699	141550
德国	87952	246968	255281	162838	354552
立陶宛	428	4853	10060	10522	19009
老挝	20881	48125	56993	70664	96396
科特迪瓦共和国	395	1863	1860	3904	4910

2004—2013 年锯材

国别 \ 年份	2004	2005	2006	2007	2008
贝宁	173	1995	1566	2258	4762
拉脱维亚	7279	5680	8716	3446	935
比利时	1599	3812	636	421	1480
加纳	2206	3456	7215	5014	3207
冈比亚	50	18	——	12	—
日本	12901	19493	18300	17437	11028
丹麦	4818	3782	5986	1831	2565
白俄罗斯	—	—	14	—	—
刚果	2091	114	244	58	371
中非共和国	418	176	1556	—	481
爱沙尼亚	20986	18430	19477	15969	8032
利比里亚	—	—	43	51	43
斯洛伐克	5	19	11	7	1133
尼日利亚	1494	745	999	628	4058
苏里南	2255	2396	3551	3140	3139
塞拉利昂	—	—	—	195	249
越南	15977	11434	20155	22944	16836
圭亚那	398	2728	3816	4329	5994
尼加拉瓜	12	—	23	38	90
多哥	465	65	577	464	1547
斐济	200	1286	537	574	277

进口主要国家和地区进口量（二）

单位：万立方米

国别＼年份	2009	2010	2011	2012	2013
贝宁	4791	8935	15736	16124	35656
拉脱维亚	5093	2898	14779	12699	38751
比利时	948	2727	1578	1058	1370
加纳	2591	15135	12656	15340	16490
冈比亚	25	19	533	111	80
日本	16163	15282	20226	19870	23001
丹麦	1526	1579	1353	6455	19842
白俄罗斯	458	—	—	751	608
民主刚果	429	1200	1729	919	746
中非共和国	—	397	494	103	798
爱沙尼亚	12084	9387	9072	9239	13880
利比里亚	241		361	1004	592
斯洛伐克	2304	3106	3828	1002	591
尼日利亚	671	383	162	577	1249
苏里南	2119	1075	1465	1506	5619
塞拉利昂	745	88	201	—	108
越南	19686	65076	55333	49476	144528
圭亚那	11534	5511	1419	259	89
尼加拉瓜	102	1989	3104	1696	826
多哥	1201	2075	1930	3744	2096
斐济	56	169	96	276	75

2004—2013 年锯材

国别＼年份	2004	2005	2006	2007	2008
乌拉圭	5572	4965	5493	7142	4753
朝鲜	20832	43023	60219	58668	2840
巴西	322678	279663	340562	278543	161497
中国台湾	40064	37557	27712	21211	15354
柬埔寨	44210	37611	47856	28017	15811
波兰	850	1505	1899	1236	907
几内亚（比绍）	—	—	—	—	—
加蓬	24226	21266	21144	15390	28151
印度尼西亚	961387	719999	450101	257471	224560
墨西哥	1	105	40	49	—
荷兰	3245	980	1679	717	687
捷克	242	1495	693	4288	1914
菲律宾	73121	63895	118151	129183	181067
巴拿马	98	23	397	475	402
智利	120421	142815	131963	158879	160398
伯利兹	—	—	—	—	25
卢森堡	—	—	—	—	—
哥伦比亚	—	477	2844	4691	5669
阿根廷	21439	21559	20989	60610	78253
新加坡	4425	3084	1305	481	143
斯洛文尼亚	103	45	811	711	284

进口主要国家和地区进口量（三）

单位：万立方米

国别＼年份	2009	2010	2011	2012	2013
乌拉圭	6703	15515	12072	10291	18283
朝鲜	811	2873	13643	17620	13476
巴西	107084	140486	108133	77567	109569
中国台湾	14419	12466	10348	9774	7796
柬埔寨	7219	24425	13972	15804	24209
波兰	1213	4537	5076	7049	10573
几内亚（比绍）	17	—	211	1332	83
加蓬	22495	35738	128142	194612	167329
印度尼西亚	211649	407598	805199	744423	368133
墨西哥	4	139	749	1053	2665
荷兰	1485	3956	2466	2949	3384
捷克	6797	6479	8248	13169	14437
菲律宾	293830	544843	539356	479333	704568
巴拿马	1556	3370	2212	390	1406
智利	199013	250166	428622	500668	822824
伯利兹	14	85	100	—	63
卢森堡	1892	—	—	—	—
哥伦比亚	10590	16330	5673	1433	1815
阿根廷	43956	69773	70547	57689	89651
新加坡	207	0	50	21	
斯洛文尼亚	338	1530	1042	613	803

2004—2013 年锯材

国别 \ 年份	2004	2005	2006	2007	2008
哥斯达黎加	329	1284	196	36	—
克罗地亚	2453	2369	4875	4638	6588
几内亚	543	2389	9011	461	3870
坦桑尼亚	719	2739	2775	7887	3883
瑞典	33519	37168	54629	27939	35781
瑞士	230	108	870	867	1370
安哥拉	—	—	—	—	—
赞比亚	15	70	100	1365	1294
挪威	46	11	—	—	113
巴拉圭	7329	12718	15334	10731	13806
玻利维亚	2302	5213	13427	11393	14081
南非	19624	8254	3909	1177	57
厄瓜多尔	2342	3627	3286	4240	11790
奥地利	12617	8566	16645	16928	14977
洪都拉斯	—	—	—	—	—
西班牙	187	129	342	471	1959
马里	—	—	—	—	—
危地马拉	68	180	2926	635	124
肯尼亚	5	106	123	3	117
泰国	834688	762239	706513	694240	790711
韩国	8480	4368	9397	9293	9293

进口主要国家和地区进口量（四）

单位：万立方米

国别＼年份	2009	2010	2011	2012	2013
哥斯达黎加	8	92	19	108	316
克罗地亚	3306	7825	13407	19408	29964
几内亚	1562	1351	1327	670	—
坦桑尼亚	3968	8832	8819	6493	2852
瑞典	57483	69792	129458	114145	369005
瑞士	6420	6091	2013	1201	1173
安哥拉	—	—	7	300	204
赞比亚	873	2380	4733	5508	2573
挪威	654	—	0	231	923
巴拉圭	6075	9631	6676	4422	3605
玻利维亚	15581	25579	17893	6941	10819
南非	34	284	335	1000	10
厄瓜多尔	17555	44194	35040	10914	5556
奥地利	48650	47335	36045	45479	48685
洪都拉斯	—	—	—	—	6
西班牙	262	956	179	282	6355
马里	—	—	—	—	—
危地马拉	173	444	1345	264	555
肯尼亚	2	2	2	226	4
泰国	1024392	1409876	1594122	1510865	1896781
韩国	4394	3748	5123	4682	3749

2004—2013 年锯材

国别＼年份	2004	2005	2006	2007	2008
马达加斯加	437	493	456	774	590
芬兰	81423	79654	72695	41081	41266
匈牙利	35	308	306	—	—
马拉维	—	—	24	—	178
巴基斯坦	—	—	—	—	—
萨尔瓦多	—	—	—	—	—
保加利亚	219	314	120	742	450
乌干达	145	71	320	267	1298
苏丹		22	—	—	—
瓦努阿图	1135	75	—	—	16
葡萄牙	—	—	—	—	738
斯里兰卡		32	60	4	3
尼泊尔			35	—	—
意大利	5786	5196	3612	6535	4576
波斯尼亚和黑塞哥维那	706	779	73	1171	2218
帕劳共和国	—	—	—	—	—
牙买加	—	—	—	—	—
利比亚	—	—	—	—	—
土耳其	2	20	51	—	—
东帝汶	—	—	—	1	—
阿拉伯联合酋长国	—	—	—	—	—

进口主要国家和地区进口量（五）

单位：万立方米

国别＼年份	2009	2010	2011	2012	2013
马达加斯加	817	642	581	76	7
芬兰	46298	70048	133511	156918	402248
匈牙利	0	361	555	334	1814
马拉维	110	54	—	—	—
巴基斯坦	—	—	39	—	—
萨尔瓦多	—	—	—	13	—
保加利亚	60	1389	5528	1530	2205
乌干达	39	33	—	49	
苏丹	—	—	422	1547	0
瓦努阿图	—	—	—	—	65
葡萄牙	52	303	63	—	18
斯里兰卡	—	—	457	65	—
尼泊尔	—	24	—	1	—
意大利	3631	7084	6547	5663	6856
波斯尼亚和黑塞哥维那	2028	9356	15129	16852	18936
帕劳共和国	—	—	—	—	—
牙买加	—	—	—	—	3
利比亚	—	—	—	—	—
土耳其	60	—	93	109	85
东帝汶	—	30	552	—	—
阿拉伯联合酋长国	114	—	—	—	—

2004—2013 年锯材

国别　　年份	2004	2005	2006	2007	2008
多米尼加共和国	—	—	—	—	—
摩尔多瓦	—	—	—	—	—
中国香港	191	229	227	331	—
印度	432	438	382	277	155
蒙古	490	529	217	348	86
塞内加尔	—	—	—	—	—
特立尼达和多巴哥	—	—	—	—	—
哈萨克斯坦	31	—	—	—	156
文莱	—	—	—	—	—
英国	5	273	202	256	630
埃塞俄比亚	—	—	—	—	—
秘鲁	6469	21162	48478	48800	60693
津巴布韦	—	—	—	—	342
马尔代夫	—	—	—	—	—
孟加拉国	—	—	—	—	—
布基纳法索	—	—	—	—	—
汤加	—	—	—	—	—
纳米比亚	—	—	—	69	—
法属圭亚那	—	—	—	—	—
伊朗	—	—	—	—	—

进口主要国家和地区进口量（六）

单位：万立方米

国别 \ 年份	2009	2010	2011	2012	2013
多米尼加共和国	—	—	—	—	3
摩尔多瓦	—	20	23	30	—
中国香港	—	—	82	61	—
印度	144	215	132	143	367
蒙古	—	—	—	—	—
塞内加尔	—	—	—	—	—
特立尼达和多巴哥	—	146	105	—	22
哈萨克斯坦	—	—	—	—	—
文莱	89	251	195	49	48
英国	3614	7162	5649	5045	46491
埃塞俄比亚	—	—	—	—	—
秘鲁	69009	83193	63000	48738	47818
津巴布韦	—	—	—	—	—
马尔代夫	—	—	—	—	—
孟加拉国	—	—	—	—	—
布基纳法索	—	—	—	—	—
汤加	—	—	—	—	—
纳米比亚	—	—	92	—	—
法属圭亚那	—	—	—	—	—
伊朗	—	—	—	—	—

2004—2013 年锯材

国别 \ 年份	2004	2005	2006	2007	2008
萨摩亚	—	—	—	—	—
非洲其他国家（地区）	—	77	4	—	9
国别不详	—	42	—	36	—
吉尔吉斯斯坦	—	—	—	—	—
希腊	550	33	—	—	—
前南斯拉夫马其顿	761	231	426	29	118
前南斯拉夫	110	72	—	—	—
斯威斯兰	—	—	—	—	—
格鲁吉亚	4735	5011	1141	1670	949
以色列	—	—	—	—	24
阿尔巴尼亚	—	—	—	—	—
爱尔兰	—	30	—	—	—
北美洲其他国家	—	—	—	—	—
布隆迪	—	—	—	—	—
黎巴嫩	—	—	—	—	—
古巴	—	—		31	—
毛里求斯	7	27	7	7	—
乌兹别克斯坦	—		33	—	—
安道尔	—	36	—	—	—
突尼斯	106	—	—	—	—
阿曼	230	—	—	—	—
委内瑞拉	3	—	—	—	—

进口主要国家和地区进口量（七）

单位：万立方米

国别＼年份	2004	2005	2006	2007	2008
萨摩亚	—	—	—	—	—
非洲其他国家（地区）	—	—	—	—	—
国别不详	—	4	2	57	30
吉尔吉斯斯坦	—	—	—	—	—
希腊	—	269	219	183	456
前南斯拉夫马其顿	63	161	220	83	78
前南斯拉夫	—	—	—	—	—
斯威斯兰	—	—	106	256	—
格鲁吉亚	386	390	298	130	—
以色列	103	27	52	20	—
阿尔巴尼亚	263	698	358	—	—
爱尔兰	—	75	85	—	—
北美洲其他国家	—	—	28	—	—
布隆迪	—	57	—	—	—
黎巴嫩	—	—	—	—	—
古巴	—	—	—	—	—
毛里求斯	—	—	—	—	—
乌兹别克斯坦	—	—	—	—	—
安道尔	—	—	—	—	—
突尼斯	—	—	—	—	—
阿曼	—	—	—	—	—
委内瑞拉	—	—	—	—	—

2004—2013 年锯材

国别＼年份	2004	2005	2006	2007	2008
总计	**1380647539**	**1507788214**	**1688512955**	**1761877064**	**1998671939**
新西兰	56690276	51023828	66125616	63354128	61701020
俄罗斯联邦	113400469	152864171	178301794	257808091	384356085
美国	231091815	272953742	353180342	374693886	373733571
巴布亚新几内亚	342233	650639	2429441	2207634	3568328
加拿大	89914916	78064804	92344191	136599636	206711537
所罗门群岛	54320	55728	131242	363149	926880
澳大利亚	14273414	21478346	25543369	29287269	36234041
乌克兰	428132	386560	705599	1541451	468741
缅甸	39465246	63878474	36751024	46679027	50455565
法国	6763513	7202561	6620964	6516532	5007474
刚果	4468551	1569324	4236788	1062448	1700727
喀麦隆	12776641	5308668	7135410	4556603	7713207
赤道几内亚	—	30378	—	—	270368
马来西亚	87608526	107024037	100270611	82202314	79721814
罗马尼亚	21069062	21675697	25209339	26700008	23191408
莫桑比克	149874	754355	1661986	2864089	19454563
德国	21362247	25104448	29654929	36709138	32684950
立陶宛	87651	33545	149468	292520	201651
老挝	1789460	2573360	6406407	9416812	25591169
科特迪瓦共和国	208563	474564	3382465	806314	883033

进口主要国家和地区进口额（一）

单位：万美元

国别＼年份	2009	2010	2011	2012	2013
总计	**2306267890**	**3842921138**	**5688753521**	**5477894024**	**6779159560**
新西兰	98196177	116316118	117237110	137440822	146653497
俄罗斯联邦	599341809	897069380	1321327650	1283181968	1362334406
美国	310881530	552985940	930961211	866029191	1076704304
巴布亚新几内亚	5552545	5936513	3620899	1316916	2779757
加拿大	363396684	758339553	1398061702	1259880234	1547670453
所罗门群岛	425015	588386	546739	555766	827154
澳大利亚	30825599	40733089	29662598	23022676	26594355
乌克兰	187648	1576909	6168342	5052484	7437886
缅甸	52299208	52639646	45852257	47761916	65038486
法国	6268304	16738466	25995362	19715281	19989960
刚果	446055	985662	2043435	2959512	7686057
喀麦隆	4481084	13357398	29020828	35005472	30737587
赤道几内亚	14251	—	297603	55295	47173
马来西亚	63761742	87631368	92894742	66387314	101073626
罗马尼亚	19102113	28530673	47850100	52551057	82329625
莫桑比克	16208686	32645051	54326261	59833607	72564788
德国	29803882	78525242	88905331	59220004	116730461
立陶宛	198126	1136117	2544089	2784330	5135740
老挝	12498351	29277315	56401531	86869308	118531833
科特迪瓦共和国	187083	789179	861730	1895935	2279662

2004—2013 年锯材

国别　　年份	2004	2005	2006	2007	2008
贝宁	55729	746539	634962	1086277	2008801
拉脱维亚	1407796	1071659	1872408	644912	200897
比利时	632346	1385382	261363	182614	743098
加纳	829277	1133954	2867162	1994945	1533676
冈比亚	14200	5055	—	4800	—
日本	2336228	5248459	4473468	4571735	3955026
丹麦	3776066	2347022	3203563	574879	1236646
白俄罗斯	—	—	6687	—	—
民主刚果	814925	35741	126858	102763	281018
中非	183868	80120	682144	—	96140
爱沙尼亚	4914564	3805032	4407391	4642920	2764152
利比里亚	—	—	23480	6813	12403
斯洛伐克	13118	35489	38675	32596	565723
尼日利亚	552678	267203	828061	479599	3046310
苏里南	772199	787864	1196694	1143418	1249301
塞拉利昂	—	—	—	83970	138625
越南	3851239	3630586	7205977	14326089	8393392
圭亚那	186893	1267453	1767400	2040900	3008123
尼加拉瓜	7159	—	16277	20947	43251
多哥	152725	22116	264186	175810	678387
斐济	57805	260200	203116	249084	126260

进口主要国家和地区进口额（二）

单位：万美元

国别 \ 年份	2009	2010	2011	2012	2013
贝宁	2051758	3904728	8031353	8717256	20265389
拉脱维亚	968053	946450	3827989	3314231	10947148
比利时	455007	1208638	763474	402225	605153
加纳	1045025	5793714	4912782	5622520	6705226
冈比亚	9622	7422	258369	75058	70143
日本	6064318	7125505	9193027	8612312	8630427
丹麦	465631	702593	591619	1942338	6329804
白俄罗斯	104422	—	—	154316	156336
民主刚果	320108	944357	1810812	1122616	495832
中非	—	194865	260474	68375	364893
爱沙尼亚	2391600	2816149	2561870	2963063	3847643
利比里亚	45865	—	220092	504222	552208
斯洛伐克	922021	1188595	1595345	333964	427500
尼日利亚	500930	262650	108130	343898	523801
苏里南	835484	532410	685422	847442	2779223
塞拉利昂	338082	51065	102303	—	74120
越南	6593151	22102640	29337779	26635202	70719942
圭亚那	4525944	2022303	590459	247957	63735
尼加拉瓜	75184	1648186	2412550	2551845	1003682
多哥	523726	1443292	1739038	1760225	1986045
斐济	22786	110808	41222	272544	70783

2004—2013 年锯材

国别　年份	2004	2005	2006	2007	2008
乌拉圭	1214051	1344299	2150558	2638603	1700315
朝鲜	1997403	6203457	7472042	7008488	774893
巴西	151073793	163296313	202664681	171791316	119423298
中国台湾	11869436	12407964	10911994	8240649	6230390
柬埔寨	9598610	8332362	11606134	7910201	5307244
波兰	326254	645535	738291	459564	480474
几内亚(比绍)	—	—	—	—	—
加蓬	7497006	6823284	6774778	5576811	11749879
印度尼西亚	207459025	192468227	145005043	86230957	84367967
墨西哥	135	119382	20311	26238	—
荷兰	668228	235349	592879	134511	350984
捷克	65565	349591	143389	1064786	370193
菲律宾	5600351	4824141	10224363	12065730	18578819
巴拿马	67530	11832	156738	151553	161648
智利	23021326	29163318	28215017	35133656	37545050
伯利兹	—	—	—	—	19562
卢森堡	—	—	—	—	—
哥伦比亚	—	134534	1026694	2102341	2644785
阿根廷	4051031	4826659	4353202	12390563	17100722
新加坡	1085540	882299	377159	185179	56345
斯洛文尼亚	73682	21803	345955	303443	189421

进口主要国家和地区进口额（三）

单位：万美元

国别＼年份	2009	2010	2011	2012	2013
乌拉圭	1910404	4370493	4519385	3406549	6837242
朝鲜	208782	497071	2349669	2850075	2003983
巴西	70307881	72283671	46170653	33684775	44083762
中国台湾	6243730	5883070	5006291	5184584	4259937
柬埔寨	2357463	11238120	12762830	10854230	14903778
波兰	600294	1736289	2788105	3797433	4141209
几内亚（比绍）	12000	—	93502	429977	59354
加蓬	8477696	14615704	72477284	104873244	102383825
印度尼西亚	63700966	124322431	233523468	224421194	161698556
墨西哥	8290	140342	666036	1170539	1855573
荷兰	484218	1151997	784910	902007	1239672
捷克	1065917	1194979	1867380	2951841	3488156
菲律宾	27757909	56181039	67389571	60289548	97210505
巴拿马	975763	2043896	1519828	257266	3249756
智利	38169926	55341401	103615975	125789597	210456693
伯利兹	7372	100168	112520	—	34709
卢森堡	436356	—	—	—	—
哥伦比亚	6319190	8470965	3410602	1077942	1211079
阿根廷	8982557	15657750	17122478	13923049	22263874
新加坡	184149	240	70583	21237	—
斯洛文尼亚	141214	522251	369713	587828	420110

2004—2013 年锯材

国别＼年份	2004	2005	2006	2007	2008
哥斯达黎加	107976	641353	98080	11225	—
克罗地亚	1038715	957732	1859017	2077720	3443473
几内亚	174909	789956	3041373	218071	1821369
坦桑尼亚	310234	1346396	1300438	3521190	1981801
瑞典	8001465	8451339	11002820	6135961	9045254
瑞士	66938	60793	364573	359243	472322
安哥拉	—	—	—	—	—
赞比亚	12150	25558	43198	667174	752456
挪威	6458	8981	—	—	30733
巴拉圭	2834299	6496024	9301293	6860535	9765376
玻利维亚	1328407	2686654	10493338	8942821	11684582
南非	3877242	1834933	1071945	380472	21193
厄瓜多尔	988040	1550449	1523791	2041909	7447202
奥地利	4030176	3573339	6903143	6301314	5782082
洪都拉斯	—	—	—	—	—
西班牙	111816	121648	270362	271131	618796
马里	—	—	—	—	—
危地马拉	22007	117670	2053997	417318	108187
肯尼亚	5201	31374	47359	5540	58237
泰国	176003675	172518744	179108714	196858672	225479874
韩国	6257232	3299879	5148211	4135555	4019469

进口主要国家和地区进口额（四）

单位：万美元

国别＼年份	2009	2010	2011	2012	2013
哥斯达黎加	4728	39976	34555	35795	189718
克罗地亚	1422970	3089630	5673000	7619386	12746772
几内亚	648451	617822	543736	331926	—
坦桑尼亚	2025781	3682016	4120883	3126636	1650614
瑞典	12453580	17733258	32018834	27244178	92303024
瑞士	1214627	1431465	770936	439634	494766
安哥拉	—	—	9006	105000	117639
赞比亚	502924	1288869	3112588	4027614	1903806
挪威	118046	—	2828	67938	456040
巴拉圭	4069710	7095633	4670614	2991656	2378597
玻利维亚	12536647	19930899	13730517	5126939	8616046
南非	10057	95096	136172	323669	11714
厄瓜多尔	13824043	33320989	25544946	9427484	4358645
奥地利	10450971	11940474	11815618	12956322	13778201
洪都拉斯	—	—	—	—	3420
西班牙	532225	476462	281634	231356	1674034
马里	—	—	—	—	—
危地马拉	103221	312539	1217016	168133	385407
肯尼亚	11472	15350	18288	120763	22993
泰国	291918233	501766903	591972679	643862108	863606459
韩国	2210143	1990428	3242069	3152663	2374672

2004—2013 年锯材

国别 \ 年份	2004	2005	2006	2007	2008
马达加斯加	598796	445981	390588	1039223	594784
芬兰	17133237	17308092	15802496	11134790	11030711
匈牙利	9612	88219	94058	—	—
马拉维	—	—	5994	—	21960
巴基斯坦	—	—	541	—	—
萨尔瓦多	—	—	—	—	—
保加利亚	99091	85812	23461	322716	201407
乌干达	44071	33058	115659	104550	512995
苏丹	—	11032	—	—	—
瓦努阿图	245540	11317	—	—	9730
葡萄牙	—	—	—	—	319720
斯里兰卡	—	8246	15781	2853	3484
尼泊尔	—	—	22259	—	—
意大利	2783476	2317682	1527806	3024134	2223686
波斯尼亚和黑塞哥维那	278418	340193	51679	374053	789310
帕劳共和国	—	—	—	—	—
牙买加	—	—	—	—	—
利比亚	—	—	—	—	—
土耳其	4656	16772	17698	—	—
东帝汶	—	—	—	514	—
阿拉伯联合酋长国	—	—	—	—	—

进口主要国家和地区进口额（五）

单位：万美元

国别＼年份	2009	2010	2011	2012	2013
马达加斯加	1298696	920321	214061	21204	1498
芬兰	10941625	18190896	33444736	38227570	103421323
匈牙利	286	141279	261997	228156	1415107
马拉维	13200	18374	—	—	—
巴基斯坦	1212	—	66409	—	—
萨尔瓦多	—	—	—	6615	—
保加利亚	30396	451292	1420950	738616	1008345
乌干达	11690	9870	—	36590	—
苏丹			246300	1157057	478
瓦努阿图	—	—	—	—	50954
葡萄牙	32884	282661	38052	—	5862
斯里兰卡	—	—	138285	22420	—
尼泊尔	—	112041	—	25656	—
意大利	1669375	3647143	3502860	2938869	3504596
波斯尼亚和黑塞哥维那	850166	3413328	5179737	6291448	7579813
帕劳共和国	—	—	—	—	—
牙买加	—	—	—	—	2250
利比亚	—	—	—	—	—
土耳其	36240	—	113484	152919	46073
东帝汶	—	21267	646259	—	—
阿拉伯联合酋长国	30766	—	—	—	—

2004—2013 年锯材

国别 年份	2004	2005	2006	2007	2008
多米尼加共和国	—	—	—	—	—
摩尔多瓦	—	—	—	—	—
中国香港	53768	64461	36846	99910	—
印度	166082	214482	460557	489897	204726
蒙古	212995	280092	80039	115677	16598
塞内加尔	—	—	—	—	—
特立尼达和多巴哥	—	—	—	—	—
哈萨克斯坦	3902	—	—	—	35773
文莱	—	—	—	—	—
英国	1057	87724	111236	123118	230674
埃塞俄比亚	—	—	—	—	—
秘鲁	3640274	12818451	31731268	35100109	47378856
津巴布韦	—	—	—	—	109718
马尔代夫	—	—	—	—	—
孟加拉国	—	—	—	—	—
布基纳法索	—	—	—	—	—
汤加	—	—	—	—	—
纳米比亚	—	—	—	8293	—
法属圭亚那	—	—	—	—	—
伊朗	—	—	—	—	—

进口主要国家和地区进口额（六）

单位：万美元

国别＼年份	2009	2010	2011	2012	2013
多米尼加共和国	—	—	—	—	2162
摩尔多瓦	—	11375	14394	17250	—
中国香港	—	—	63805	73072	—
印度	183298	218726	179763	143179	535951
蒙古	—	—	—	—	—
塞内加尔	—	—	—	—	—
特立尼达和多巴哥	—	113186	78581	—	20284
哈萨克斯坦	—	—	—	—	—
文莱	42146	123144	108656	31601	28755
英国	790535	1579817	1299015	1149169	11228088
埃塞俄比亚	—	—	—	—	—
秘鲁	55141129	63660485	41905038	30459718	31425028
津巴布韦	—	—	—	—	—
马尔代夫	—	—	—	—	—
孟加拉国	—	—	—	—	—
布基纳法索	—	—	—	—	—
汤加	—	—	—	—	—
纳米比亚	—	—	45733	—	—
法属圭亚那	—	—	—	—	—
伊朗	—	—	—	—	—

2004—2013年锯材

国别 \ 年份	2004	2005	2006	2007	2008
萨摩亚	—	—	—	—	—
非洲其他国家（地区）	—	23141	13635	—	10808
国别不详	—	70290	—	19794	—
吉尔吉斯斯坦	—	—	—	—	—
希腊	199189	11745	—	—	—
斯威斯兰	—	—	—	—	—
格鲁吉亚	1358142	1271223	291783	574261	311672
以色列	—	—	325	—	19560
阿尔巴尼亚	—	—	—	—	—
爱尔兰	—	9558	—	—	—
北美洲其他国家	—	—	—	—	—
布隆迪	—	—	—	—	—
黎巴嫩	—	—	—	—	—
古巴	—	—	—	16550	—
毛里求斯	1353	5448	6605	6376	—
乌兹别克斯坦	—	—	3882	—	—
安道尔	—	9046	—	—	—
突尼斯	43179	—	—	—	—
阿曼	17539	—	—	—	—
委内瑞拉	339	—	—	—	—

进口主要国家和地区进口额（七）

单位：万美元

国别＼年份	2004	2005	2006	2007	2008
萨摩亚	—	—	—	—	—
非洲其他国家（地区）	—	—	—	—	—
国别不详		1670	2287	22141	12149
吉尔吉斯斯坦	—	—	—	—	—
希腊	—	92654	94557	72614	185010
斯威斯兰	—	—	34085	82245	—
格鲁吉亚	134830	140910	102976	36605	—
以色列	20293	5094	32901	2984	—
阿尔巴尼亚	104335	191409	164466	—	—
爱尔兰	—	24196	19463	—	—
北美洲其他国家	—	—	17162	—	—
布隆迪	—	33739	—	—	—
黎巴嫩	—	306	—	—	—
古巴	—	—	—	—	—
毛里求斯	—	—	—	—	—
乌兹别克斯坦	—	—	—	—	—
安道尔	—	—	—	—	—
突尼斯	—	—	—	—	—
阿曼	—	—	—	—	—
委内瑞拉	—	—	—	—	—

2013年薄板进出口主要国家和地区

国家和地区	进口量（吨）	进口额（美元）	国家和地区	出口量（吨）	出口额（美元）
总计	**449638**	**142004675**	**总计**	**153251**	**235941778**
越南	374223	36537094	韩国	35132	30906938
俄罗斯联邦	37117	27097069	中国台湾	18254	14906273
美国	10906	22989404	菲律宾	14954	11808634
马来西亚	10719	5563583	越南	12201	16120796
印度尼西亚	3979	4912756	日本	10295	29176112
缅甸	1551	1073246	印度	10075	9893566
柬埔寨	1475	859363	印度尼西亚	6333	9776009
意大利	1077	6459174	泰国	6238	8096628
中国台湾	782	4172393	马来西亚	5640	9001354
加纳	767	2817207	墨西哥	4654	13798420

2013年薄板进出口主要省（市）

省（市）	进口量（吨）	进口额（美元）	省（市）	出口量（吨）	出口额（美元）
总计	**449638**	**142004675**	**总计**	**153251**	**235941778**
云南省	213747	20055434	浙江省	42396	72466388
四川省	48381	4482230	山东省	32919	23819810
广东省	46454	25986307	广西壮族自治区	19417	8841377
广西壮族自治区	33996	3753154	黑龙江	12729	22989914
吉林省	21022	16720154	福建省	8922	7263525
湖南省	20928	2156572	辽宁省	6716	12486588
江苏省	20129	10948359	广东省	6159	9020726
浙江省	10952	12515614	天津市	5595	20669090
黑龙江	9891	6273201	上海市	5240	15990701
山东省	7866	4006305	吉林省	4966	13288698

2013 年胶合板进出口主要国家和地区

国家和地区	进口量（立方米）	进口额（美元）	国家和地区	出口量（立方米）	出口额（美元）
总计	**154695**	**103104412**	**总计**	**10261351**	**5032961642**
马来西亚	72048	33794989	日本	815483	420953116
印度尼西亚	38469	20041852	韩国	771366	283430848
俄罗斯联邦	21760	15352741	英国	650319	304743178
芬兰	4515	6600946	阿拉伯联合酋长国	541260	204135642
日本	4168	2999293	沙特阿拉伯	425551	152553990
中国台湾	1805	4127180	菲律宾	401364	159813286
美国	1428	2908289	泰国	336202	124769455
德国	1175	3891266	以色列	284848	128019772
波斯尼亚和黑塞哥维那	1116	551182	中国台湾	284351	106201117
美国	1346788	1010617706			

2013 年胶合板进出口主要省（市）

省（市）	进口量（立方米）	进口额（美元）	省（市）	出口量（立方米）	出口额（美元）
总计	**154695**	**103104412**	**总计**	**10261351**	**5032961642**
广东省	73543	33258968	山东省	4839066	1921449011
上海市	29690	26125567	江苏省	2812485	1201769986
浙江省	17090	9706499	广西壮族自治区	574756	194871215
山东省	16730	15219441	广东省	558886	279259760
天津市	7215	5538004	浙江省	432745	382012288
江苏省	3695	3902330	吉林省	236087	364296369
北京市	3300	6119566	安徽省	176736	93649130
辽宁省	2218	2192591	辽宁省	142550	226852779
福建省	684	588898	上海市	132160	156963369
河北省	205	178444	河北省	111266	65585114

2013 年纤维板进出口主要国家和地区

国家和地区	进口量（吨）	进口额（美元）	国家和地区	出口量（吨）	出口额（美元）
总计	**51803**	**47436139**	**总计**	**1746536**	**1178508788**
德国	9738	12148663	美国	441352	340007235
新西兰	9108	4748260	俄罗斯联邦	314625	191684692
瑞士	7195	6541090	加拿大	179322	121458481
比利时	6576	8746995	伊朗	83955	44277947
澳大利亚	5171	2281964	韩国	41697	30984900
泰国	4237	1684649	印度	36940	22724952
奥地利	3282	3034075	澳大利亚	36925	28333448
马来西亚	1375	738446	越南	34593	19866194
印度尼西亚	1167	465701	罗马尼亚	31934	19024620
阿根廷	782	365967	智利	30376	20526295

2013 年纤维板进出口主要省（市）

省（市）	进口量（吨）	进口额（美元）	省（市）	出口量（吨）	出口额（美元）
总计	**10261351**	**5032961642**	**总计**	**51803**	**47436139**
山东省	4839066	1921449011	广东省	15935	10761923
江苏省	2812485	1201769986	天津市	10718	9566420
广西壮族自治区	574756	194871215	北京市	7664	9014008
广东省	558886	279259760	上海市	5840	5962538
浙江省	432745	382012288	山东省	4299	6127213
吉林省	236087	364296369	江苏省	3200	2502872
安徽省	176736	93649130	辽宁省	2244	1727515
辽宁省	142550	226852779	福建省	875	921064
上海市	132160	156963369	浙江省	618	366592
河北省	111266	65585114	安徽省	177	154668

2013 年刨花板进出口主要国家和地区

国家和地区	进口量（吨）	进口额（美元）	国家和地区	出口量（吨）	出口额（美元）
总计	**381361**	**127769522**	**总计**	**169754**	**88361549**
泰国	153482	41966447	俄罗斯联邦	42983	17715697
马来西亚	97994	25055999	蒙古	25809	4998655
罗马尼亚	45511	22667011	塔吉克斯坦	19211	6475775
越南	23877	6265724	埃及	6531	8999164
德国	22212	13847008	韩国	6422	3173444
意大利	8029	3795005	秘鲁	5464	2533239
巴西	4380	1876991	沙特阿拉伯	5338	2463775
西班牙	4368	1386936	阿拉伯联合酋长国	4229	2530390
加拿大	4134	2066359	中国台湾	3307	3378165
美国	3590	1573108	马来西亚	3252	2058389

2013 年刨花板进出口主要省（市）

省（市）	出口量（吨）	出口额（美元）	省（市）	进口量（吨）	进口额（美元）
总计	**169754**	**88361549**	**总计**	**381361**	**127769522**
山东省	65191	44812263	广东省	171904	48430530
黑龙江	25603	9219660	天津市	68026	22655934
内蒙古自治区	25384	4824755	上海市	60075	22942593
新疆维吾尔自治区	20895	7049955	北京市	27957	14413733
江苏省	15365	6810703	江苏省	12042	3476983
广东省	6364	5883764	浙江省	8945	3365106
浙江省	2582	3191399	辽宁省	7393	3461262
上海市	2003	3218676	山东省	7168	2978171
福建省	1591	889587	河北省	5217	1565398
湖北省	1488	603168	重庆市	3518	1035007

2013年木家具进出口主要国家和地区

国家和地区	进口量（件）	进口额（美元）	国家和地区	出口量（件）	出口额（美元）
总计	**5852334**	**511422492**	**总计**	**197642312**	**12378235155**
波兰	1465027	52302170	美国	65469675	3984196165
越南	696545	51619836	日本	17178872	744794084
泰国	614852	23958169	英国	11079031	580572202
意大利	496375	100376648	澳大利亚	9695251	476236029
德国	440181	103038607	德国	9425562	372827579
葡萄牙	303576	13223921	法国	6691433	250751880
瑞典	286937	15506735	加拿大	6648690	354421296
立陶宛	275436	12806423	荷兰	5382995	111309590
马来西亚	250261	7885404	中国香港	4676624	539077219
斯洛伐克	139633	18034529	马来西亚	4535955	591664162

2013年木家具进出口主要省（市）

省（市）	进口量（件）	进口额（美元）	省（市）	出口量（件）	出口额（美元）
总计	**5852334**	**511422492**	**总计**	**197642312**	**12378235155**
上海市	4469130	278716055	广东省	62974673	6215918430
广东省	475713	70160281	福建省	39089572	1001511003
浙江省	221643	21115728	浙江省	24900613	1258581901
北京市	192886	59847884	山东省	19650047	1202868185
江苏省	164676	10213745	上海市	15632197	755974122
广西壮族自治区	78558	11518341	江苏省	14444476	503940889
天津市	54918	22401743	辽宁省	6154959	263011672
四川省	43163	4830027	江西省	3847523	298822081
山东省	33315	7331094	河北省	3264698	143206147
安徽省	32095	4579459	安徽省	2075155	145945908

2013年木门进出口主要国家和地区

国家和地区	进口量（吨）	进口额（美元）	国家和地区	出口量（吨）	出口额（美元）
总计	**556**	**4438272**	**总计**	**340600**	**659007119**
老挝	80	189058	美国	77774	145576278
德国	77	1794633	日本	40011	132215168
日本	61	187217	中国香港	34396	53475285
印度尼西亚	38	67721	罗马尼亚	23255	30518064
美国	37	245826	英国	15153	32219899
法国	34	69643	加拿大	13402	22562890
意大利	34	450440	土耳其	13157	16887835
韩国	31	116028	尼日利亚	10826	15866762
柬埔寨	30	70735	格鲁吉亚	6389	8052465
菲律宾	24	11033	安哥拉	5633	11299474

2013年木门进出口主要省（市）

省（市）	进口量（吨）	进口额（美元）	省（市）	出口量（吨）	出口额（美元）
总计	**556**	**4438272**	**总计**	**340600**	**659007119**
上海市	113	1432229	浙江省	118320	176982490
广东省	110	525215	广东省	59748	120930476
北京市	107	1636615	辽宁省	43098	133494720
辽宁省	67	232671	福建省	36876	57376628
云南省	35	68382	山东省	29472	65831405
浙江省	32	71789	江苏省	20026	34983377
福建省	24	16293	河北省	5572	8187589
天津市	20	123107	上海市	4892	16238259
河北省	19	147224	云南省	3089	6741366
山东省	8	22408	吉林省	2954	6303587

2007—2013年原木进口分海关进口量(一)

单位：立方米

海关＼年份	2007	2008	2009	2010	2011	2012	2013
总计	**37090837**	**29569988**	**28059261**	**34347489**	**42325848**	**37892716**	**45159433**
南京	7942876	7246023	7209583	10035313	12421642	12399221	15449723
青岛	866652	1296041	2660200	4633647	6654632	6017286	8205825
满州里	10690670	7228114	6324269	6213066	7284924	5031370	4567135
上海	1621883	1780881	2317840	3020805	3130665	2523468	3447181
哈尔滨	8552285	7321121	4567256	4125910	3970306	3380822	3299927
厦门	653393	398236	798395	1043404	1591754	2319707	2789228
天津	41752	30724	281531	897332	2179832	1491670	2062835
昆明	522983	296096	345359	388728	548021	552192	920828
黄埔	403134	365626	396962	501293	700766	690686	805729
广州	750060	532998	415391	606088	660305	684757	748387
深圳	362364	313062	248880	410451	463858	532381	674889
杭州	392842	340442	358545	448116	463668	891682	623867
呼和浩特	2882138	1741613	1431701	1138165	732176	469095	461624
福州	107729	67249	134721	369839	371121	219516	313372
宁波	217026	170596	165640	185758	205203	160914	217323
石家庄	5545	5286	774	—	214673	98004	171655
大连	473587	214479	215484	212390	615039	300692	156098
南宁	94684	17131	6747	13144	5141	53116	117091

2007—2013 年原木进口分海关进口量（二）

单位：立方米

海关＼年份	2007	2008	2009	2010	2011	2012	2013
拱北	79583	24192	20421	37515	55515	30127	46569
湛江	427	1746	133	—	19	20	32434
长春	151555	84891	88658	24604	3058	7889	19031
江门	3240	5133	17100	21302	20762	9433	11063
汕头	23618	6494	10230	6061	13117	5622	9704
乌鲁木齐	96210	41767	21595	12652	11688	7065	6041
海口	139563	27304	20456	563	303	13329	808
南昌	—	34	83	402	668	—	684
长沙	—	—	—	—	—	—	254
拉萨	1687	403	36	76	49	585	57
北京	1149	1485	1253	803	6747	1947	19
郑州	—	—	—	—	—	—	18
武汉	11431	10781	—	—	—	—	17
合肥	—	23	—	—	—	120	17
重庆	771	17	18	—	111	—	—
沈阳	—	—	—	33	—	—	—
西宁	—	—	—	—	19	—	—
西安	—	—	—	28	46	—	—
成都	—	—	—	1	6	—	—
兰州	—	—	—		14	—	—

2007—2013 年原木进口分海关进口额（一）

单位：美元

海关 \ 年份	2007	2008	2009	2010	2011	2012	2013
总计	**5350610243**	**5182411242**	**4086518312**	**6071094053**	**8273131966**	**7250934986**	**9317352029**
南京	1625394635	1588530670	1271551250	2048547651	2561705014	2409270041	3172616138
青岛	94464610	184256145	313189371	689499951	1108240456	871869786	1314710255
满州里	1104743852	950795831	731575386	791580921	1045526786	704204472	604077934
上海	360098878	418075321	345744603	630551240	769538329	668559156	956477074
哈尔滨	955829626	1067335168	561789367	551777170	622270956	483980912	449968229
厦门	85125596	54063092	77490826	140700509	231062053	309467154	403592094
天津	10220246	7130713	33992866	133197516	355045458	250076263	371698182
昆明	71923930	98905026	104960222	112408384	146926163	199469492	507489006
黄埔	114981717	126037924	112576783	219003837	534140464	455937504	509807372
广州	135992978	112735559	78843310	125059972	174503722	163821938	192445353
深圳	71014547	73128414	54167726	138383352	153241353	249188407	265305214
杭州	72441058	103656540	125820509	179355932	143698848	239356813	165945990
呼和浩特	310474372	234892017	164690748	148996045	109089736	67170003	60935913
福州	21392798	16439155	20370833	56964784	59323716	38942821	90266495
宁波	26698065	29850403	23604880	28205660	37726872	29932348	35619858
石家庄	682570	584295	104346	—	40122845	15060577	32097978
大连	69179998	39017135	27818697	38841130	122252064	54564435	35245044
南宁	125279437	34746733	9446443	9383100	11076636	13296809	105866637

2007—2013年原木进口分海关进口额（二）

单位：美元

海关＼年份	2007	2008	2009	2010	2011	2012	2013
拱北	32962082	14104922	8378948	15374989	26917152	14681785	26166379
湛江	111076	496070	31172	—	4406	6920	2888738
长春	10557766	5696284	7542161	2342102	569136	1000349	2300650
江门	916959	1852451	2934375	4797695	8359525	3466086	6679237
汕头	6801649	4559971	3894397	2758440	4840261	1952569	2398568
乌鲁木齐	10704667	5946682	2806772	1639405	1702970	1018729	913111
海口	20518604	5229183	2513595	171216	80177	2239725	363286
南昌	—	7384	38907	222523	367698	—	259773
长沙	—	—	—	—	—	—	237378
拉萨	10084370	2319600	209448	460107	468850	1155982	884806
北京	544374	782154	426528	804614	4082278	1166515	63074
郑州	—	—	—	—	—	—	9367
武汉	1353441	1229753	—	—	—	—	11652
合肥	—	3015	—	—	—	76119	10924
重庆	116342	3632	3843	—	29373	794	320
沈阳	—	—	—	17711	—	482	—
西宁	—	—	—	—	68412	—	—
西安	—	—	—	41779	63016	—	—
成都	—	—	—	6318	54658	—	—
兰州	—	—	—	—	32583	—	—

2007—2013 年锯材进口分海关进口量（一）

单位：立方米

海关＼年份	2007	2008	2009	2010	2011	2012	2013
总计	**6490538**	**7053011**	**9863432**	**14711823**	**21518201**	**20565931**	**23947240**
南京	67654	125940	371543	490884	1425770	1901280	1793325
青岛	211473	207567	509015	794771	1491334	1441117	1866368
满州里	922690	1170123	1726909	2318716	3360757	3530965	3740306
上海	1355291	1737942	2403743	4074148	6120457	5093521	5834965
哈尔滨	225130	260733	592049	973943	1280414	1202790	1285052
厦门	152897	159459	113594	183803	203183	185959	275566
天津	276290	379675	661961	1152646	1721213	1437610	1546901
昆明	265166	105736	116380	124822	126576	123668	167259
黄埔	163538	122546	99544	123032	171342	143280	131293
广州	411129	529925	682861	944031	1073993	981762	1266782
深圳	1371757	1153539	1200873	1629945	1918456	2062242	2918186
杭州	32669	28278	43331	97949	155507	139005	256372
呼和浩特	392634	480091	607421	746980	868173	764218	922587
福州	25752	15764	25382	54595	74730	64483	76501
宁波	131447	166212	209368	313150	320659	310990	428213
石家庄	2	100	1167	52	190	834	1248
大连	220288	232401	282795	351801	748782	682629	668001
南宁	11074	2371	523	2275	2057	1036	1852

2007—2013 年锯材进口分海关进口量（二）

单位：立方米

海关＼年份	2007	2008	2009	2010	2011	2012	2013
拱北	90254	68190	47647	74967	88482	83534	66197
湛江	15207	22971	17751	26354	12275	11890	6265
长春	58769	3288	5764	7113	21903	31452	18238
江门	16507	16622	25585	55957	82330	136061	228080
汕头	32548	17304	12972	19400	26641	22871	46846
乌鲁木齐	19387	27623	71766	99201	137345	131391	265656
海口	11304	4701	6678	13260	36621	19068	9569
南昌	208	1553	328	505	3127	959	304
长沙	753	218	—	—	760	1746	7922
拉萨	—	—	—	—	—	1	
北京	6237	5542	7875	8237	6957	6159	13080
郑州			782	52	—	—	—
武汉	409	71	2668	2172	3106	3203	9315
合肥	837	482	249	1319	447	457	40238
重庆	—	402	5368	17527	21256	26270	28385
沈阳	—	—	—	—	2212	—	71
西宁	—	—	—	—	—	—	—
西安	—	1	2	14	—	15	
成都	1237	5641	9538	8202	11146	23465	26297
兰州	—	—	—	—	—	—	—

2007—2013 年锯材进口分海关进口额（一）

单位：美元

海关＼年份	2007	2008	2009	2010	2011	2012	2013
总计	**1761977790**	**1999123356**	**2306412000**	**3843274852**	**5689281429**	**5479257404**	**6782378587**
南京	18981683	31004259	64701779	127251292	345762366	431836107	433791052
青岛	67114369	67131108	104510522	198066542	363593203	356457770	510800903
满州里	141411030	221952443	319407719	435340576	669330364	672844783	665953125
上海	516776268	595806132	607361385	1058349455	1599267890	1398076917	1804293816
哈尔滨	49323801	58314338	133260421	253998896	344160728	300220018	285864650
厦门	48615916	46454114	30779314	57098831	60855025	58673070	84667768
天津	83578809	109330399	146343622	285284915	425882573	343084489	397925643
昆明	49084410	59630751	56354771	63297571	69318411	77871156	108520585
黄埔	49035449	41615057	33321599	49173954	83154134	78976958	79501657
广州	128344091	161031142	201656411	335214683	393411004	413545499	584840579
深圳	339199274	300864537	285581222	472362605	603876158	678335238	962688803
杭州	19492798	19582739	17683676	41326724	59520180	42774143	61043628
呼和浩特	58428443	91543794	110578159	142564879	176885338	146082836	165279761
福州	7173784	4575189	5967261	11708475	20159374	18254093	22364552
宁波	42898122	57512148	61410864	106839818	124942789	116002002	158595253
石家庄	440	14671	181943	26127	75888	213080	1115337
大连	62265828	71414451	65178553	103145655	212749547	192496220	208421519
南宁	11342266	4253123	258946	571150	1159766	621467	1032048

2007—2013年原木进口分海关进口额（二）

单位：美元

海关 \ 年份	2007	2008	2009	2010	2011	2012	2013
拱北	26743464	24342099	16560858	26689699	35756564	34518234	31694748
湛江	6267995	6985974	5079250	8765085	3660516	4312564	2306958
长春	7080752	888213	1593817	1966324	6477075	9804825	4386546
江门	4961702	6094218	7234902	18695036	27094518	44247729	85348284
汕头	10373343	6206645	3932872	7440422	9426663	9834919	19287565
乌鲁木齐	2790546	5278807	12474444	17108275	27202203	24821988	47888812
海口	5358042	2640515	4232573	4008478	10090558	6729399	3800825
南昌	41348	315180	118897	78095	527369	246455	69519
长沙	129717	32742	—	—	268593	633893	2662760
拉萨	—	—	—	—	—	25656	—
北京	4264360	2446684	6708648	8715672	4144412	2763348	7569556
郑州	—	—	96381	12788	—	—	—
武汉	338281	311714	808048	2006790	1428378	1092394	2487272
合肥	193700	94029	46040	488705	154459	211842	22636363
重庆	—	135106	947040	3480077	5193474	6778095	7184036
沈阳	—	—	—	—	355010		31137
西宁	—	—	—	—	—	—	—
西安	1280	2609	7910	15892	—	34727	—
成都	366479	1318426	2032153	2181366	3396899	6835490	8323527
兰州	—	—	—	—	—	—	—

2009—2013年中国主要原木进口树种年度进口价格指数

名称	年份	2009	2010	2011	2012	2013
原木	红松和樟子松	113.5	122.5	129.1	121.4	115.5
	白松（云杉和冷杉）	120.6	136.7	157.5	133.5	142.4
	辐射松	79.7	110.0	113.3	99.9	109.7
	落叶松	119.5	130.9	159.0	138.7	129.5
	红柳安木	110.4	110.4	110.5	222.1	112.6
	柚木	113.3	114.0	112.2	123.4	120.1
	奥克曼木	88.1	131.9	139.4	123.4	112.3
	龙脑香木	101.0	101.0	104.1	225.7	79.1
	山樟木	145.1	145.1	145.4	252.4	124.0
	波罗格木	90.1	111.9	118.1	108.9	106.9
	大干巴豆木	105.7	105.7	106.8	208.9	105.9
	异翅香木	78.5	78.5	80.6	210.6	94.0
	橡木	116.7	126.1	122.2	121.8	121.9
	山毛榉木	92.1	88.9	93.9	87.2	97.0
	楠木	69.4	69.4	63.6	274.8	42.8
	樟木	65.4	65.4	67.2	226.2	77.9
	红木	150.7	144.1	153.1	125.0	134.3
	泡桐木	0.0	0.0	0.0	0.0	0.0
	水曲柳	133.0	149.0	158.1	147.9	144.3
	北美硬阔叶木	98.2	108.3	106.9	101.5	86.8

2013 年中国主要原木进口树种月度进口价格指数

名称 \ 月份		1月	2月	3月	4月	5月	6月	7月	8月	9月	10月	11月	12月
原木	红松和樟子松	116.0	116.5	116.9	116.7	115.2	114.9	115.6	115.6	115.0	114.7	114.7	114.5
	白松（云杉和冷杉）	140.5	127.3	137.7	144.4	143.8	142.1	141.9	145.2	145.9	145.6	150.7	144.2
	辐射松	103.9	106.9	107.0	110.1	109.7	113.7	112.0	111.6	108.8	109.3	110.9	112.5
	落叶松	127.6	128.8	132.9	133.5	132.2	128.7	125.5	128.9	128.1	127.1	131.7	128.8
	红柳安木	119.3	98.8	112.7	111.9	114.0	109.3	113.0	119.4	114.5	114.8	110.2	112.7
	柚木	149.1	105.9	104.7	103.9	101.8	103.6	111.3	117.9	110.5	182.1	137.9	112.0
	奥克曼木	103.4	118.3	115.3	117.4	104.2	107.4	114.1	112.1	110.8	115.1	119.2	110.8
	龙脑香木	83.1	69.4	57.1	55.3	62.6	66.6	77.9	50.3	109.5	107.4	101.7	108.6
	山樟木	139.3	114.7	95.0	119.7	121.8	129.6	104.1	128.3	135.7	132.1	130.3	137.1
	波罗格木	101.6	116.7	103.3	112.7	108.5	103.1	108.6	103.7	112.0	103.5	105.0	104.5
	大干巴豆木	117.6	102.7	97.1	118.8	106.3	106.6	116.8	83.9	107.2	104.8	104.4	104.7
	异翅香木	88.0	90.0	93.1	91.2	90.0	103.8	92.6	89.7	98.4	90.3	96.3	105.3
	橡木	120.5	126.2	135.9	124.6	125.4	129.1	121.7	115.2	111.0	118.5	116.4	118.1
	山毛榉木	92.2	95.6	93.8	93.5	93.0	93.6	94.7	99.3	100.8	102.0	104.2	101.6
	楠木	0.0	0.0	78.2	0.0	134.3	28.7	77.3	0.0	0.0	97.0	98.0	0.0
	樟木	80.2	108.2	0.0	85.5	0.0	93.9	129.7	95.5	129.2	62.6	91.3	58.8
	红木	118.0	106.3	116.0	131.4	127.2	165.5	138.1	141.2	136.0	123.5	143.9	165.0
	泡桐木	0.0	0.0	0.0	0.0	0.0	0.0	0.0	0.0	0.0	0.0	0.0	0.0
	水曲柳	143.3	146.3	147.7	148.7	141.8	139.6	142.3	143.2	144.1	143.0	145.1	146.3
	北美硬阔叶木	90.8	104.3	88.4	91.9	89.0	82.7	84.0	84.0	81.4	78.5	81.8	84.7

2009—2013 年中国主要锯材进口树种年度进口价格指数

名称	年份	2009	2010	2011	2012	2013
锯材	红松和樟子松	114.6	117.7	117.9	112.0	105.7
	白松(云杉和冷杉)	64.2	79.3	83.9	77.7	88.3
	辐射松	84.5	94.4	94.5	93.6	92.1
	花旗松	54.0	55.5	61.4	57.3	61.5
	红柳安木	108.5	108.5	108.1	283.4	100.2
	白黄柳安木	111.1	111.1	111.4	284.3	306.0
	柚木	135.6	130.7	124.9	128.4	126.1
	美洲桃花心木	148.6	148.6	136.3	390.6	87.9
	肉豆蔻木	148.3	148.3	145.7	457.3	105.1
	波罗格木	92.0	85.1	73.6	69.9	79.7
	伊罗科木	0.0	0.0	0.0	514.5	2.6
	栎木(橡木)	96.0	109.3	111.4	107.3	114.8
	山毛榉木	99.9	100.4	100.7	96.4	100.0
	樟木、楠木、红木	169.5	189.7	208.0	217.5	220.4
	泡桐木	107.0	107.0	103.7	757.6	70.0
	枫木	89.9	89.9	90.0	386.9	96.2
	樱桃木	122.9	122.9	122.4	417.0	119.1
	北美硬阔叶木	59.0	72.2	67.2	64.6	63.4
	白蜡木	137.0	137.0	137.0	331.2	132.5

2013 年中国主要锯材进口树种月度进口价格指数

名称	月份	1 月	2 月	3 月	4 月	5 月	6 月	7 月	8 月	9 月	10 月	11 月	12 月
锯材	红松和樟子松	108.0	106.7	106.4	105.6	105.2	104.6	105.4	105.8	105.3	105.5	105.2	105.0
	白松（云杉和冷杉）	86.0	88.9	90.6	93.0	95.8	93.7	89.4	84.1	82.9	83.3	85.0	87.2
	辐射松	88.5	87.7	88.5	91.8	93.2	91.3	93.1	93.4	93.6	95.8	94.4	94.1
	花旗松	60.9	59.4	64.6	61.7	65.6	64.2	65.4	60.2	57.1	58.9	59.8	60.5
	红柳安木	96.5	113.1	82.1	128.3	82.1	124.1	82.3	111.7	105.5	88.1	79.2	110.1
	白黄柳安木	79.5	296.9	75.5	830.0	212.1	252.9	484.0	206.2	89.6	154.2	272.9	718.3
	柚木	136.7	130.8	136.9	137.6	134.6	136.7	127.6	97.6	84.3	131.7	129.2	129.7
	美洲桃花心木	129.3	113.2	114.3	113.5	0.0	0.0	155.2	81.5	95.5	79.9	78.6	93.9
	肉豆蔻木	108.0	97.6	87.1	99.1	94.8	153.7	161.9	130.1	98.7	78.7	74.2	77.2
	波罗格木	66.7	71.8	72.5	67.0	68.7	82.2	89.4	86.3	88.5	87.6	87.8	88.2
	伊罗科木	30.8	0.0	0.0	0.0	0.0	0.0	0.0	0.0	0.0	0.0	0.0	0.0
	栎木（橡木）	108.0	105.5	111.6	111.2	110.7	114.5	114.6	115.3	115.6	118.4	120.8	131.9
	山毛榉木	98.4	94.6	99.3	99.0	99.0	98.8	100.1	101.5	101.1	101.7	102.2	103.8
	樟木、楠木、红木	222.6	219.3	202.0	218.2	224.4	222.6	209.5	225.1	216.2	224.6	232.4	228.4
	泡桐木	125.2	62.2	106.2	113.7	109.1	0.0	119.8	44.9	102.9	56.4	0.0	0.0
	枫木	97.1	92.6	108.5	96.5	95.4	91.5	97.3	93.6	95.8	95.0	98.6	93.1
	樱桃木	115.7	119.0	118.4	118.3	118.2	118.1	120.8	119.6	118.9	119.2	119.1	124.3
	北美硬阔叶木	63.7	61.6	60.7	60.5	60.5	62.4	64.1	62.5	63.8	66.3	64.0	71.0
	白蜡木	134.1	134.0	127.2	131.2	126.2	130.3	138.6	136.6	131.2	132.1	133.3	135.4

2012—2013 年中国木材

名称	2012	2013	2013				
			1 月	2 月	3 月	4 月	5 月
木材综合价格	**98.7**	**113.9**	**106.5**	**109.8**	**111.2**	**114.2**	**114.6**
原木	97.5	111.7	104.1	108.9	110.0	111.7	112.2
锯材	97.8	111.4	105.6	105.3	107.6	110.7	110.7
国产木材	95.0	107.0	100.1	103.4	105.1	105.4	105.9
原木	94.8	107.7	99.7	105.0	106.2	106.2	107.0
锯材	95.6	105.1	101.2	99.6	102.5	103.3	103.0
进口木材	102.8	121.7	113.7	117.0	118.0	124.2	124.4
原木	102.9	119.6	112.7	116.6	117.4	122.5	122.3
锯材	102.5	124.9	115.2	117.7	118.8	126.7	127.6
分类别							
一、国产针叶原木	97.8	103.1	99.0	102.4	103.5	103.5	102.9
红松	98.2	104.0	105.3	104.6	105.3	103.9	102.6
白松	103.5	107.8	122.3	103.8	105.4	106.9	105.4
落叶松	107.0	106.0	131.7	101.7	103.3	104.2	104.2
马尾松	91.3	116.2	95.0	108.0	110.0	113.0	115.0
樟子松	86.5	93.0	46.3	99.2	100.0	99.2	98.3
云南松	101.0	107.7	102.0	104.0	104.7	104.0	105.3
杉木	103.4	107.8	119.3	104.8	105.6	104.8	105.6
冷杉	110.1	103.1	142.3	97.0	98.8	99.7	98.8
云杉	95.0	102.6	104.2	100.8	100.0	101.7	102.5
二、国产阔叶原木	94.4	108.3	99.7	105.3	106.5	106.6	107.6
水曲柳	96.1	94.8	88.2	97.7	95.9	96.6	97.3
黄菠萝	98.2	94.0	98.8	99.3	99.4	99.5	99.4
胡桃楸	97.7	101.5	110.7	100.0	100.4	100.7	101.1
柞木	85.8	82.2	53.1	98.4	84.5	84.1	84.3
杨木	94.4	111.5	103.3	106.7	108.9	108.9	110.0
桦木	91.8	88.9	72.8	101.0	87.2	88.2	88.7
榆木	92.4	95.0	62.5	98.8	96.0	96.8	97.6
柳木	101.0	108.9	103.4	103.4	105.7	106.8	108.0
椴木	87.4	95.6	49.7	99.4	99.8	100.0	99.8
栎类	100.2	100.7	105.5	100.5	100.7	100.4	101.1
桉树	117.0	118.7	170.0	110.0	112.0	113.0	112.0

市场价格指数（一）

单位：%

名称	2013						
	6月	7月	8月	9月	10月	11月	12月
木材综合价格	**113.7**	**114.0**	**115.6**	**118.3**	**115.7**	**116.5**	**116.9**
原木	111.3	111.8	113.0	116.6	113.4	114.6	113.4
锯材	109.1	110.3	112.7	114.8	115.3	116.0	118.2
国产木材	104.5	105.8	107.3	111.6	111.1	112.7	111.0
原木	106.1	107.0	108.0	112.9	111.5	113.2	110.1
锯材	100.5	103.0	105.7	108.3	110.2	111.4	113.2
进口木材	124.0	123.3	124.9	125.9	120.8	120.8	123.6
原木	121.5	121.3	122.9	123.9	117.2	117.3	119.9
锯材	127.7	126.3	128.0	128.9	126.2	126.0	129.1
分类别							
一、国产针叶原木	101.9	102.3	103.8	104.6	104.1	105.1	104.0
红松	100.7	102.0	103.9	105.3	103.3	103.9	107.2
白松	103.8	101.5	103.8	106.2	111.5	111.5	111.5
落叶松	100.0	102.5	103.3	105.8	101.7	104.2	109.2
马尾松	118.0	120.0	126.0	125.0	123.0	128.0	113.0
樟子松	97.9	98.3	98.3	96.7	95.8	95.8	90.0
云南松	106.7	105.3	106.7	110.7	113.3	116.0	113.3
杉木	104.8	105.6	108.0	108.8	108.8	111.2	106.4
冷杉	99.7	99.7	101.5	101.5	99.7	99.7	97.9
云杉	104.2	103.3	104.2	104.2	100.0	101.7	104.2
二、国产阔叶原木	106.6	107.5	108.5	113.9	112.4	114.2	110.9
水曲柳	96.8	96.6	97.0	96.6	96.8	96.6	81.8
黄菠萝	99.5	99.4	99.4	98.8	77.9	77.9	77.9
胡桃楸	100.7	101.1	101.9	100.4	100.0	101.1	100.0
柞木	84.3	84.7	85.3	85.7	83.7	84.9	73.5
杨木	108.9	110.0	111.1	117.8	116.7	118.9	116.7
桦木	87.2	88.2	90.3	90.3	91.3	92.3	89.7
榆木	98.8	99.2	99.6	100.4	100.8	99.2	89.9
柳木	109.1	111.4	112.5	110.2	111.4	111.4	113.6
椴木	99.4	99.8	100.4	100.4	100.9	100.6	97.6
栎类	101.5	100.7	101.3	100.4	100.0	100.0	96.4
桉树	110.0	113.0	115.0	115.0	118.0	116.0	120.0

2012—2013 年中国木材

类别	2012	2013	2013				
			1 月	2 月	3 月	4 月	5 月
三、国产针叶锯材	96.9	110.9	105.8	105.6	109.3	110.4	111.1
红松	100.7	116.6	119.1	108.7	113.9	113.0	114.3
白松	105.2	120.6	136.8	111.6	117.4	118.4	120.0
落叶松	108.5	119.1	147.5	105.0	113.8	116.3	116.9
马尾松	97.7	109.9	96.5	107.1	110.0	111.8	110.6
樟子松	83.0	100.2	55.8	101.6	103.2	104.8	105.2
云南松	96.4	103.4	102.1	98.5	101.5	102.6	101.5
杉木	97.1	107.3	112.1	101.8	103.0	105.5	106.1
冷杉	90.5	108.1	84.0	105.0	107.5	109.0	109.0
云杉	91.5	94.2	88.8	99.0	93.9	96.4	97.0
四、国产阔叶锯材	95.3	103.9	100.1	98.3	101.0	101.7	101.2
水曲柳	93.4	102.1	86.9	100.4	101.0	103.0	103.4
黄菠萝	98.4	99.9	97.3	99.6	99.9	99.6	99.7
胡桃楸	124.9	118.1	116.4	101.1	116.4	118.2	117.8
柞木	88.8	90.1	61.4	100.9	92.2	92.2	92.4
杨木	94.9	105.1	103.8	97.7	101.5	102.3	101.5
桦木	98.8	94.3	102.1	101.3	91.5	92.8	93.2
榆木	99.1	96.9	95.2	100.0	95.2	95.8	95.5
柳木	101.0	107.9	98.4	101.6	103.1	105.5	105.5
椴木	89.3	97.5	55.2	98.6	100.6	101.2	101.4
栎类	100.1	99.9	100.0	99.4	99.8	99.8	100.0
桉树	115.1	110.5	164.1	97.7	100.0	101.6	103.1
五、进口针叶原木	104.1	128.4	117.9	123.4	124.5	132.2	131.9
红松	103.3	130.7	120.8	126.7	127.5	133.3	133.3
樟子松	102.6	148.5	117.4	120.0	121.7	150.4	152.2
白松(云、冷杉)	103.9	133.9	120.0	127.3	128.2	136.4	134.5
辐射松	107.2	124.6	121.1	128.4	129.5	132.6	131.6
落叶松	99.1	107.8	105.0	106.3	107.5	106.3	107.5
六、进口阔叶原木	100.6	101.4	102.1	102.5	102.7	102.4	102.4
柚木	100.6	105.9	105.3	105.7	106.0	107.2	107.0
奥克曼 (Okoume)	104.2	108.2	106.9	108.6	108.3	107.6	106.9
龙脑香(克隆木)	100.0	103.0	102.6	100.9	101.7	102.2	102.6

市场价格指数（二）

单位：%

类别	2013						
	6月	7月	8月	9月	10月	11月	12月
三、国产针叶锯材	110.7	110.7	111.9	112.9	113.1	114.1	114.9
红松	113.0	113.9	116.1	117.4	121.7	123.0	125.2
白松	118.9	117.9	118.9	120.5	120.0	121.1	125.3
落叶松	115.6	115.6	117.5	118.8	118.8	121.9	121.9
马尾松	111.8	110.6	111.8	113.5	113.5	114.1	107.1
樟子松	104.5	104.8	105.2	104.5	105.2	104.8	103.2
云南松	102.6	101.0	102.1	106.2	107.7	107.7	107.7
杉木	106.1	107.3	107.9	109.1	107.9	109.1	112.1
冷杉	110.0	112.0	113.0	113.0	112.0	112.5	110.0
云杉	99.5	97.5	98.0	98.0	85.3	86.3	91.4
四、国产阔叶锯材	98.2	101.2	104.3	107.3	109.6	110.8	112.8
水曲柳	104.0	103.6	104.0	103.4	109.1	109.7	97.0
黄菠萝	99.6	99.6	99.6	99.0	101.2	101.2	102.3
胡桃楸	117.1	119.3	121.8	120.4	122.9	121.8	123.6
柞木	92.4	92.8	93.4	94.7	95.9	95.2	77.6
杨木	97.7	101.5	105.3	109.0	111.3	112.8	117.3
桦木	91.5	91.9	92.8	92.8	93.6	91.9	95.7
榆木	96.1	96.5	96.8	98.4	100.6	100.0	93.2
柳木	108.6	109.4	110.9	109.4	113.3	113.3	115.6
椴木	101.0	101.6	101.8	102.1	103.7	104.3	98.6
栎类	100.2	100.2	100.6	100.2	100.2	100.2	98.2
桉树	101.6	103.1	107.0	107.0	110.9	113.3	117.2
五、进口针叶原木	131.7	131.2	133.2	134.8	125.2	125.1	130.0
红松	135.8	134.2	135.8	137.5	125.0	128.3	130.0
樟子松	154.8	152.2	154.8	156.5	165.2	167.0	169.6
白松（云、冷杉）	136.4	138.2	140.9	141.8	131.8	134.5	137.3
辐射松	128.4	126.3	128.4	131.6	110.5	108.4	117.9
落叶松	106.3	109.4	110.0	108.1	111.3	106.9	109.4
六、进口阔叶原木	100.4	100.7	101.4	101.4	100.6	101.2	98.9
柚木	106.6	107.2	107.5	107.5	103.8	103.8	103.8
奥克曼 (Okoume)	107.6	107.9	108.6	108.6	106.9	109.0	111.7
龙脑香（克隆木）	101.7	101.7	103.0	103.0	104.3	104.8	107.8

2012—2013年中国木材

类别	2012	2013	2013				
			1月	2月	3月	4月	5月
印茄木（菠萝格）	99.2	104.1	100.0	102.0	102.6	102.9	103.4
山樟木	99.0	101.0	100.0	100.8	101.0	100.0	100.8
大干巴豆	100.3	108.3	103.3	105.3	106.7	108.0	107.3
异翅香	99.9	105.7	102.6	103.5	103.9	104.3	106.5
栎木（橡木）	99.5	100.7	100.4	100.0	100.4	100.0	100.6
山毛榉木	100.6	106.4	107.0	108.7	109.6	106.5	105.7
红木	99.9	96.6	100.0	99.6	99.6	99.6	99.6
水曲柳	100.7	105.5	102.1	103.6	104.3	103.6	103.9
樱桃木	99.3	99.0	100.0	101.3	101.5	101.9	102.1
七、进口针叶锯材	103.6	133.9	120.8	124.6	125.8	136.7	138.1
红松	105.3	149.5	137.5	142.5	143.8	150.0	151.9
樟子松	108.1	142.7	122.9	125.7	128.6	141.7	142.9
白松（云、冷杉）	100.0	121.7	109.4	113.3	113.9	126.7	128.3
辐射松	111.5	153.5	144.4	146.7	148.1	155.6	157.0
花旗松	103.5	136.4	125.6	129.5	132.1	139.7	137.8
八、进口阔叶锯材	99.8	102.7	101.5	101.0	101.7	102.2	101.9
柚木	101.2	115.2	105.4	104.6	105.1	106.2	106.5
楠木	100.1	104.9	101.7	100.7	101.2	102.9	102.0
印茄木（菠萝格）	98.9	105.2	100.0	100.7	101.3	102.2	102.9
樟木	98.8	98.8	100.0	98.7	99.0	98.5	98.8
樱桃木	103.4	103.1	107.3	102.4	102.5	103.3	102.4
栎木（橡木）	100.4	100.4	103.6	98.6	99.3	100.0	99.3
山毛榉木	99.2	113.0	100.0	109.7	111.3	110.3	111.3
红木锯材	100.7	97.0	109.4	100.0	100.0	100.0	100.0
白蜡木	99.8	103.2	100.0	101.6	102.2	102.7	102.7
黑胡桃	99.9	100.9	100.0	100.0	100.6	101.3	101.2
枫木	100.2	107.6	100.0	105.9	106.5	107.6	106.8

市场价格指数（三）

单位：%

类别	2012	2013	2013				
			1月	2月	3月	4月	5月
印茄木(菠萝格)	102.9	104.3	104.6	105.4	105.7	106.9	108.6
山樟木	101.3	100.7	101.3	101.6	101.6	101.6	101.6
大干巴豆	106.7	106.7	106.7	110.0	112.0	112.7	114.7
异翅香	106.5	106.5	107.8	108.7	108.7	109.6	100.0
栎木(橡木)	100.0	100.4	101.1	101.7	102.1	102.8	98.9
山毛榉木	106.5	107.8	108.7	110.0	100.0	102.2	104.3
红木	94.5	94.3	94.9	94.5	94.3	94.3	94.3
水曲柳	103.6	105.4	106.4	105.4	110.7	109.6	107.9
樱桃木	103.1	103.3	104.0	104.6	104.6	104.6	57.3
七、进口针叶锯材	138.6	136.3	138.3	139.3	134.7	134.5	139.1
红松	153.1	150.0	155.0	156.3	150.6	150.0	153.1
樟子松	146.3	144.0	145.7	149.1	154.3	153.1	158.3
白松(云、冷杉)	127.8	126.1	127.2	127.2	118.3	119.4	122.2
辐射松	155.6	151.9	154.1	157.0	155.6	153.3	163.0
花旗松	139.7	136.5	138.5	137.8	137.8	134.6	147.4
八、进口阔叶锯材	101.1	101.9	102.7	103.5	105.4	105.1	104.8
柚木	106.2	124.6	125.1	125.1	124.6	124.6	124.6
楠木	102.0	105.4	106.6	107.1	108.8	109.4	110.5
印茄木(菠萝格)	102.2	106.7	107.8	108.4	108.9	109.3	112.4
樟木	99.3	99.7	99.9	100.0	97.1	97.1	97.1
樱桃木	101.8	103.1	103.6	104.4	105.1	104.7	97.1
栎木(橡木)	98.6	98.2	99.3	100.0	102.7	101.8	103.6
山毛榉木	112.3	111.3	112.6	114.8	119.4	121.0	122.6
红木锯材	93.1	93.1	93.6	93.8	93.8	93.8	93.8
白蜡木	104.1	103.2	104.1	105.1	105.4	104.3	102.7
黑胡桃	101.2	101.9	102.0	102.6	103.0	103.2	94.0
枫木	107.3	106.8	107.6	108.1	110.8	110.3	113.5

2012—2013年中国木材分类进口价格指数

		木材进口综合价格指数(%)	原木进口价格指数(%)	锯材进口价格指数(%)	针叶原木进口价格指数(%)	阔叶原木进口价格指数(%)	针叶锯材进口价格指数(%)	阔叶锯材进口价格指数(%)
2012年	1月	113.4	122.9	98.6	128.1	118.2	89.9	107.9
	2月	109.9	120.2	93.4	124.9	116.6	85.9	100.8
	3月	111.0	123.1	94.7	124.2	122.1	88.3	101.0
	4月	111.3	121.9	96.3	125.4	118.6	89.7	103.5
	5月	107.0	116.8	94.8	114.3	118.9	88.0	103.0
	6月	107.1	115.4	96.2	116.0	115.0	87.2	106.4
	7月	108.5	116.0	98.5	116.9	115.3	87.9	110.8
	8月	109.0	116.8	98.7	119.8	114.0	89.3	108.0
	9月	108.9	116.0	99.6	118.6	112.7	88.9	110.3
	10月	107.4	115.1	98.0	119.4	109.8	87.9	108.5
	11月	106.0	114.7	95.1	118.6	110.1	86.4	104.7
	12月	103.9	112.7	94.4	116.3	108.0	87.2	103.0
	年平均	**108.6**	**117.6**	**96.5**	**120.2**	**114.9**	**88.1**	**105.6**
2013年	1月	107.9	116.6	95.8	123.0	110.1	88.1	104.7
	2月	108.7	114.8	99.1	122.0	109.1	91.5	108.6
	3月	110.5	117.8	99.8	124.5	111.3	91.6	108.8
	4月	112.4	121.9	98.1	127.5	115.5	93.1	104.5
	5月	111.8	122.2	98.1	129.4	113.6	94.2	103.0
	6月	117.8	130.2	100.5	131.2	129.7	92.2	109.6
	7月	114.2	124.4	101.4	127.7	120.8	91.7	111.6
	8月	115.8	127.5	99.9	129.0	126.2	89.1	113.6
	9月	114.9	125.9	99.1	129.6	120.6	87.5	113.2
	10月	112.9	122.8	101.0	126.4	118.3	88.0	115.6
	11月	117.9	127.3	105.2	129.5	124.5	88.7	123.2
	12月	120.8	128.6	110.1	126.4	131.4	89.9	129.4
	年平均	**113.8**	**123.3**	**100.7**	**127.2**	**119.3**	**90.5**	**112.1**

编 后 语

《中国木材与木制品流通行业年鉴（2014版）》（以下简称《年鉴》）是中国木材与木制品流通协会组织编写的一部介绍我国木材与木制品产业发展的工具书。本书收集了大量的行业信息资料，集中展现了我国木材与木制品流通行业发展的轨迹，全书分为特载篇、政策法规篇、专题篇、市场篇、大事记、科技篇、典型篇、数据篇共八部分内容，力求成为社会了解本行业发展的窗口。

2014版《年鉴》的出版，得到了中国木材与木制品流通协会及各分支机构和秘书处等各部门、各地协会以及业内知名企业和专家的大力支持。在此，我们表示衷心的敬意和感谢！尤其要感谢顾问和编委的鼎力支持，感谢他们在百忙之中为《年鉴》的编辑工作出谋划策并撰写序言，为《年鉴》的顺利出版提供的帮助。在此还要感谢所有参与《年鉴》撰稿、编辑、出版、发行的工作人员，他们为《年鉴》的成功面世付出辛苦的劳动。

面对我国木材与木材制品流通行业不断变化和发展的形势，我们将在行业发展的实践中继续完善《年鉴》的编辑工作，不断扩大《年鉴》的影响，使其内容更加丰富、实用，对行业同仁更有借鉴意义。我们真诚地希望业界同仁提出宝贵的意见，以使其越做越精、越做越好。欢迎大家继续对2015版《年鉴》的组稿和编辑工作给予支持！愿《年鉴》成为业界同仁共有的传播行业发展的舞台，成为我们共同的财富。

由于时间紧及编辑水平有限，难免有不妥之处，如有不当，恳请读者批评指正。

《中国木材与木制品流通行业年鉴》编辑部

JUWENXUAN

传承民族文化

聚文轩

西双版纳聚文轩红木家具有限公司的前身为西双版纳聚文轩红木家具厂，于2000年7月建立。坐落于西双版纳国际机场附近。主要生产加工各类红木原料，后制成仿明清时代的古典家具款式进行销售。中国红木市场在一段时间内供不应求，于2005年兴建第二个红木家具厂，建立起了第一道生产销售链条。

西双版纳聚文轩红木家具有限公司总经理文加林先生是一位富有学识且常思进取的人，在建立了红木家具厂后，他对红木的喜爱和好奇更上一层楼，于是四处求学，集思广益。后来结合自己所学，逐渐摸索出傣族文化与红木文化潜在联系的脉络，于2008年投巨资兴建了西双版纳聚文轩傣族文化体验展览馆，寄予能有一个美丽的空间让文化交融、让文人交流。聚文轩傣族文化体验展览馆位于西双版纳州景洪市曼弄枫曼养广旅游村内，占地面积一万多平方米，建筑面积达四千多㎡。馆内设有红木展览馆、奇石馆、藏茶阁、中国滇菜研发中心西双版纳分中心、名师画室及傣族风情客栈等，是集旅游休闲、商务活动、文化交流为一体的综合型文化体验展览馆。本馆以弘扬傣族文化为基础；以挖掘、丰富傣族文化内涵为己任，以独具个性的多样化交流方式，致力让傣族文化展览馆成为西双版纳又一亮眼的文化名片为方向的综合型场所。

聚文轩经过十多年来的发展历程，建立起了特有的经营模式，吸引了来自八方的贵朋亲友前来一探究竟。公司的发展逐渐扩大，于2012年11月成立西双版纳聚文轩红木家具有限公司，将上述公司纳为旗下品牌。总经理文加林先生随着企业的逐渐扩大，遂诚邀来自国内各地传统手艺精湛的名师亲自担纲家具的设计及制作。在2013年买下位于西双版纳州国际会展中心富一层的商铺，营业面积达到五千多㎡。以主推本厂生产的各类红木家私、木雕、根雕及独板成品。商场内除了各类红木家具外，还拥有被誉为“木中钻石”的沉香精品专区以及本厂独家研发的化妆品等。同年，建立起西双版纳聚文轩红木嘎栋工业园区原料仓库，占地面积一万平米以上，用以储藏来自世界各地的红木原料。

西双版纳聚文轩红木家具有限公司发展至今，全体员工始终贯彻“永远让顾客满意”的服务宗旨，坚定不移的秉承以“品牌、品质、品格”为核心价值观的营销理念，让西双版纳聚文轩红木家具有限公司成为红木领域中一道独具魅力的风景线。

展望未来，西双版纳聚文轩红木家具有限公司在总经理文加林先生的带领下，对文化的不懈追求上，将把公司迁往位于西双版纳州景洪市工业园区勐宽片区的土地上，总占地面积为260亩，并进一步将公司规划成为集花园式工厂、五星级商务接待式酒店、红木博物馆、民族博物馆、产品体验中心、员工小区为一体的集团化综合产业链。

傣文化体验展览馆

傣文化体验展览馆

会展国际红木馆

会展国际红木馆

会展国际红木馆

公司简介

青岛彬圣木业有限公司，是一家专业生产实木门、实木家具及其配套木制品企业，成立于2005年，主要以生产中高端实木门、实木复合门为主。公司实力雄厚， 集研发、制造、营销于一体。近年来市场拓展迅速，品牌知名度直线上升。2009年公司与北京林业大学合作，成立了科研教学实习基地，同时也是北京林业大学在山东设立的第一家科研教学实习基地。企业已全面通过ISO9001：2000国际质量管理体系认证，并全面通过中国建材监测中心颁发的“CTC健康认证和质量认证”（中国建材行业的最高认证）。连续三年（2009-2011）入围“中国木门三十强”企业，多次参加中国国际门业展览会，均取得非常好的成绩。

目前，彬圣木业在狠抓产品质量的同时，售后服务也已经全面升级，由多个区域经理直接负责全国各地代理商的销售服务工作。公司目标是力争在短期内成为国内木门业的一线品牌。

企业荣誉

◎ 中国泛家居发展中企业500强
◎ 中国整木家居联盟主席单位
◎ 中国木门十大杰出品牌
◎ 中国木门十大杰出企业
◎ 全国百佳质量优秀门业品牌
◎ 中国互联网十大诚信品牌
◎ 中国木门三十强
◎ 产品通过国家CTC质量健康双认证。
◎ 山东著名商标
◎ 北京林业大学科研与教学实习基地
◎ 北京林业大学就业与实践基地
◎ 中国木门专业委员会副会长单位
◎ ISO 9001:2000国际质量管理体系认证
◎ 中国绿色材料环保达标企业
◎ 青岛市政府采购指定木门品牌
◎ 青岛市家具协会常务理事单位
◎ 青岛市最具品牌价值建材产品
◎ 《中国木质门行业自律公约》诚信联盟签约单位
◎ 2009-2011年连续三届中国居室门设计大赛金奖

产业领袖

经过逾十年的倍速成长，圣百年企业以不懈的努力和坚韧不拔的精神，在中国地板行业创造了史无前例的辉煌成绩！自2001年以来，圣百年企业产品销量持续强劲增长，产品市场占有率在同行业中名列前茅，已成为亚洲最大的木地板骨干企业之一。如今，圣百年企业在全球构建了多个原材料供应基地；率先建立了国内一流的产品研发中心和经国家认证的地板实验室；在中国湖北、湖南、江西、江苏等地区分别建立了多个大型生产基地，自建了多座具备国际水平的电脑数控蒸汽干燥设备的大型干燥窑，形成了高标准、现代化的地板精益制造体系。目前，圣百年企业围绕客户需求持续创新，与合作伙伴开放合作，在地板、家居领域构筑了掌控核心技术解决方案的优势，全球一体化产业链日臻完善，产量和销量领跑亚洲。

绿色责任

武汉圣百年装饰材料有限公司以促进人们的居家愉悦和生活品质为愿景，运用地板与家居产品制造领域的专业经验，旨在让消费者享有高品质绿色家居生活。为应对全球气候变化挑战，圣百年企业通过领先的绿色低碳环保科技，帮助客户降低能源消耗和二氧化碳排放，创造最佳的社会、经济和环境效益。圣百年企业秉承“取于自然、还于自然、成于自然”的发展理念，把企业发展和生态和谐紧密联系在一起，积极推进“百年绿色工程”，相继开展了多次大型植树活动，在山西、广东、山东、北京、湖北等地建立了10个生态林，植树60多万株，面积超过11万平方米；通过微博种树、网络种树等途径，吸引了众多社会人士关注和支持环保事业。圣百年企业积极推动健康环保产品的研发与生产，逐步构建可持续的绿色产业链，在原材料采购、产品的制造、配送、销售、售后等各个环节都力求减少碳的排放，主动承担节能减排的社会责任，用行动践行自己的绿色责任，用成绩领跑绿色家居，追求创造社会财富和绿色价值的平衡。

荣誉证书

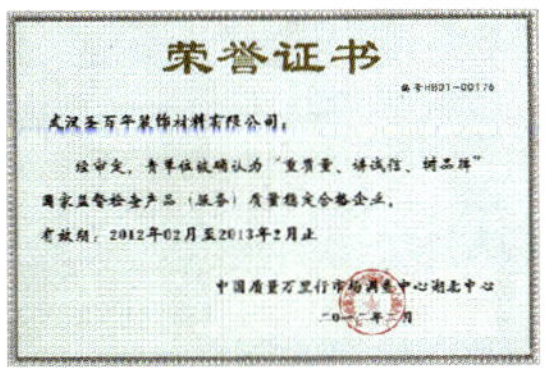

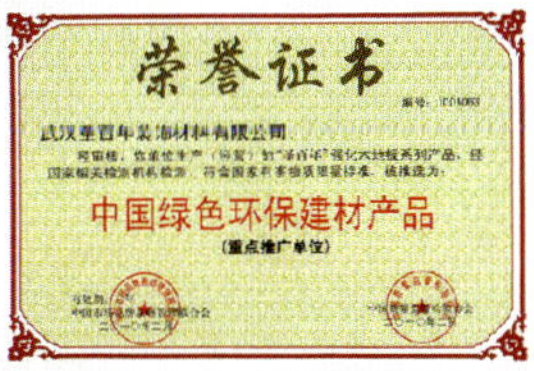

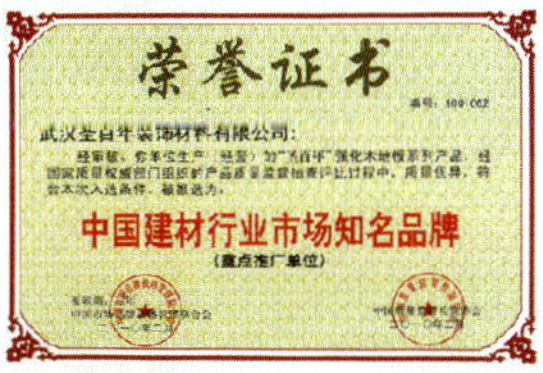

地址：湖北省孝南经济开发区东山头工业园　　传真：0712-2538958

电话：0712-2538988　0712-2530888　　邮箱：manage@whsbn.com

网址：www.whsbn.com　　全国免费服务电话：400-6319-598

新会古典家具城

新会古典家具城是全国最大古典家具专业市场，占地二十公顷，位于中国古典家具之都——广东新会古典家具产业的核心地带。总规划面积100万平方米，已建成10万平方米的中国古典家具之都博览中心和20万平方米的古典家具商业街区。2013年2月“新会古典家具城”由江门市新会区地名委员会正式以专业类贸易场所命名。

新会古典家具城座北朝南、气势恢宏、交通便利、环境优雅，主体由五纵四横共24条商业街道组成。以明朝大道、清朝大道、鲁班大道、郑和大道四条道路为主干道，错落有序地排布永乐街、万历街、雍正街、乾隆街等20条商业街区。随着400多家古典家具企业的进驻，城内不仅具备完善的交通网络，而且已经以“前店后厂”的模式形成完整的产业链布局。其中位于鲁班大道8号的中国古典家具之都博览中心是全国面积最大、产品最集中、基础设施最完善的中国古典家具博览中心，更是新会古典家具产业转型升级的标志。

据清康熙《新会县志》记载，早在中国明代永乐时期，新会古典家具城所在地广东新会大泽莲塘港就已经是国外红木船运靠岸引入中国的古港湾。近600年来这里一直是中国古典家具“广作”的发祥地及集散地。其独特的历史渊源和深厚的文化积淀激励着一代又一代古典家具的爱好者在传承与发扬之间砥砺前行。新会地区滨临港澳和东南亚，“中国第一侨乡”的华侨资源又使得新会古典家具城及其他本地同行在红木原材料的采购和古典家具的海外推广销售方面具有不可比拟的优势。

中国古典家具之都博览中心

中国古典家具之都博览中心是全国最大的古典家具博览中心，也是全国最大的古典家具专业市场新会古典家具城的主体建筑。博览中心工程在2010上海世博会指挥长许定博士的指导下，由广东省机电建筑设计研究院设计建造。博览中心楼高三层，总建筑面积近10万平方米，并配备超1.8万平方米大型户外停车场。中心内设有展示铺位200余间，常年集中展示来自全国各地“广作、京作、苏作”三大传统名作和浙江东阳、福建仙游等地的古典家具精品名作。

博览中心室内设计风格古朴高雅、装饰精美、自然舒适，设有全场中央空调、自然通风采光系统，配备电动扶梯、观光电梯、客货电梯、视频监控网络系统、ＷＩＦＩ无线上网系统、一级消防监控系统、触摸屏专业导购系统等基础设施。为保障中心内的展品品质和价位，博览中心由专业团队进行运营管理，在入驻商户里定期进行五星级商户评选；倡导明码实价的经营理念，并要求商户严格执行国标GB 28010-2011 《红木家具通用技术条件》和《江门市新会区古典红木家具联盟标准》。

中国古典家具之都博览中心自2013年4月15日正式启用以来，运营良好，来自全国各地的古典家具爱好和收藏者慕名而来，客流量及交易量稳步增长。博览中心已经形成了“厂家直营、品种齐全、客似云来、货真价实”的行业标杆形象。博览中心的成功运营，是中国古典家具之都广东新会的古典家具产业从生产基地向产销一体化基地转型升级的标志。

关于郑邦

中山市大涌镇郑邦古典家具厂
中国低碳绿色创新企业
全国产品质量公证十佳品牌
质量、服务、信誉AAA企业
中国著名品牌
广东省质量检验协会
理事单位
绿色环保推广产品
常年法律顾问
中国信用企业认证体系示范单位
中国红木家具行业十大品牌
中国3·15诚信企业
中国优质产品供应商
全国政府放心、用户满意先进单位
商标注册证
副会长单位

郑邦家具
全国加盟热线:
400-0909-228
www.gdzhengbang.com
www.郑邦.com
细节造就完美
郑邦古典

About Zhengbang

郑邦古典家具厂座落于中国红木家具生产专业镇。公司拥有一流精干而富有经验专业人才和先进垢烘干生产设备，采用进口酸枝、红檀、黑木、花梨等上乘名贵木材，专业制造各种古典而时尚的红木家具。产品主要分为客厅、餐厅、睡房、书房等系列，品种齐全，精雕细琢、典雅大方、质量上乘，传统与现代相结合的风格，深得广大客户依赖和喜爱。

市场是企业发展的导向，我厂始终坚持："顾客至上，信誉第一，质量第一"的服务宗旨。全心全意为广大顾客服务。在未来发展的道路上，将继续扩大销售网络，完善今后服务，继续深入市场，进一步了解市场需求信息，研究市场发展趋势，不断推出新产品，满足市场的需要。

新的时代、新的生活、新的享受--郑邦古典家具厂以百倍的热情及竭诚的服务期待各界人士前来选购。

大亚多层均质环保刨花板

大亚多层均质环保刨花板，以新鲜原木为原材料，利用世界领先的刨花技术加工刨花，再经干燥、筛选、粘合、防水处理等20多道严谨科学的工序精制而成的环保人造板。

产品优点：

1. E0级标准，世界领先环保水平
2. 具有良好的吸音和隔音性能
3. 结构均匀，易于机械加工制造
4. 可按需要加工成较大幅面的板件
5. 可根据用途选择厚度规格，无须加工

大亚多层均质环保刨花板在行业中的应用

家具行业 大亚刨花板在使用过程中克服了天然木材的缺点，它的不易变形和稳定的物理性能使之得以在家具生产领域被大量使用。

橱柜行业 大亚刨花板具有健康环保、防水、防潮、有结构力等特点，特别适合于整体橱柜行业。

包装行业 大亚刨花板是无菌出口包装的最佳材料，具有免熏蒸、防潮、耐压和耐冲击等特点。

装修行业 大亚刨花板的环保、均质、应力分布均匀，产品规格齐全、不易变形的优点，决定了它在装修行业中用材的最佳选择。

音响行业 大亚刨花板做音箱，其固有频率低，在音箱发声震动的时候不会产生共振；还具有卓越的物理力学性能，有不干裂和不变形的优点，经久耐用，美观大方。

其它行业 如列车（汽车）内装饰、文体用品、各类贴面、洗衣机盖板、地板等等。

大亚中/高密度纤维板

大亚中/高密度纤维板是以原木为原料，经削片、纤维分离、干燥后施加脲醛树脂或其他适用的胶粘剂，再经热压成型后制成的一种人造板材。

产品优点：

1. 比天然木材价格低
2. 单板幅面大，也可根据客户要求作增减
3. 质量稳定，在生产时可得到全面控制。部分质量特性优于天然木材（防水、防火、防压、变性小等特性）
4. 产品表面已达到直接使用要求，大大减少加工成本
5. 板材内部结构致密，纵横向质量一致，可进行任意加工

大亚中/高密度纤维板在行业中的应用

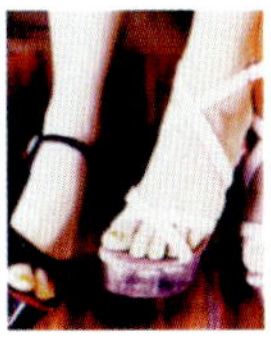

家具板、橱柜板色泽淡雅、表面平整、最佳密度曲线设计、结构均匀、产品规格齐全、油漆后表面光泽度高、甲醛含量低，为高档环保家具的首选用材、不易变形便于铣形、握钉力强、全球最高环保等级。

装修板甲醛含量低，有益健康，特别适用于室内装修。

地板基材密度均匀、强度高、不易变形、吸水膨胀率低、甲醛含量低，有益健康、开槽后槽口光滑平整、能满足复杂锁扣式地板的制造要求、尺寸稳定性好。

门板便面平整、特殊密度设计、特殊尺寸设计、不易变形、镂铣效果好、为制门客户提供最经济的选材。

鞋跟板表面光洁度高、打磨不起毛、优化的密度设计、平整度高、易上色漆膜均匀、墨线不扩散、防断裂，防纹理撕裂、粘合紧密，防水性好。

包装板色泽淡雅，光洁度高、便于饰面、甲醛含量低，能满足食品、礼品等各类包装需求。

电子线路板为电子线路板特别设计，纤维细腻、密度高、硬度高、厚度公差小、国际领先设备，精工生产，表面平整，不易变形、符合电子线路板的加工需求。

大自然家居（中国）有限公司是全球领先的地板与家居产品解决方案供应商，是大自然家居控股有限公司（香港主板：02083）的全资附属公司。

大自然家居专业致力于绿色健康的家居装修工程研究，以研发、生产及营销绿色健康的地板、橱柜、衣柜、木门等家居产品为主，形成了大自然地板品牌领衔、多品牌并驾齐驱的大家居市场战略。现旗下品牌有：大自然地板、大自然第一空间、大自然木香居、Nature、Nature1530、大自然柯拉尼橱衣柜、大自然温莎堡橱衣柜、大自然木门等多个品牌。

自2001年以来，大自然地板产品销量持续强劲增长，产品市场占有率在同行业中名列前茅，已成为亚洲最大的木地板骨干企业之一。如今，大自然家居在全球构建了多个原材料供应基地及世界一流的生产研发基地，在广东顺德、中山、珠海，江苏昆山、泰州，江西、云南等地建立了多个生产基地，拥有多个大型的木门制造基地和橱柜、衣柜制造基地。

大自然家居产品涵盖实木地板、多层实木地板、三层实木地板、强化地板、生态地板、原装进口地板、珍稀实木手工地板、木门、衣柜、橱柜等系列产品。现拥有国内最完整的木地板产业链、木门产业链以及橱衣柜产业链。在国内拥有超过3000家统一授权、统一形象的地板专卖店和超过600家木门、橱柜、衣柜专卖店。

作为“世界优秀自然保护支持者”的家居龙头企业，大自然家居积极推动健康环保产品的研发与生产，逐步构建可持续的绿色产业链，在原材料采购、产品的制造、配送、销售、售后等各个环节都力求减少碳的排放，主动承担节能减排的社会责任。秉承“担社会责任、普健康生活”的发展理念，大自然家居把企业发展和生态和谐紧密联系在一起，积极推进“中国绿色版图工程”，相继开展了“我为黄河种棵树”、“我为长江种棵树”、“我为消费者种棵树”、“我为零碳种棵树”等植树活动，截止2014年5月，在甘肃、山西、广东、山东、北京、湖北、上海、江苏等地建立了15个生态林；通过微博种树、网络种树等途径，吸引了近6亿人次关注和支持环保事业。

未来，大自然家居将转变发展方式、推动战略转型，深化产业链、价值链、管理链、经营链的优化组合，构建品牌全球化体系，成为具有全球竞争力的绿色家居企业。

创新笃实　有容乃大

顺德木业商会核心理念：

商会精神： 创新笃实，有容乃大。

核心价值观： 担当行业责任，共享发展成果。

商会使命： 构造和谐木业，促进行业繁荣。

商会愿景： 成为国内外知名的能凝聚和繁荣木业行业的强大社团组织。

橡胶木家具装饰

商会活动

江苏泗阳经济开发区木业园区

泗阳县情：泗阳，古泗水之阳。地处江苏省宿迁市东部，东与周恩来总理故乡—淮安市接壤，南频全国四大淡水湖之一的洪泽湖。土地肥沃、雨水充沛、四季分明，是嵌镶在苏北平原大地上一颗璀璨的明珠。全县总面积1418平方公里，人口103.4万，辖16个乡镇、3个街道、一个省级开发区。近年来，江苏强力推进在全国率先达小康，有效促进泗阳经济实现又好又快发展，使泗阳快速形成了绿色木业、绿色纺织、绿色能源、绿色食品、绿色照明、绿色装备等六大主导产业。2013年全县实现地区总产值305.5亿元，完成财政收入50.06亿元，其中公共财政预算收入26.9亿元。

园区概况：江苏泗阳木业园区位于泗阳县城西南、徐盐高速公路泗阳西出口处，东界成子湖航道、北郊京杭大运河、西至临河镇，规划总面积43.7平方公里，核心区规划面积21平方公里，是以木材加工为主的专业化特色园区，2009年泗阳被中国木材流通协会命名为“中国绿色板材生产基地”。目前，在业内外有影响力的荣马家具、金牌橱柜、好莱坞橱柜、德华兔宝宝、千年舟木业、昇茂木业相继入园，园区内现有木材加工企业735家，其中规模以上企业65家，产品有木门、家具、科技木、密度板、木地板、各种人造板等30多个，根据三年实现“122工程”的发展计划，区内将投入100亿元，使规模企业达200家，年销售达200亿元。强力打造中国淮海经济区木业走廊、江苏省木门、家具特色产业基础，将建成一个功能齐全，配套完整的现代化、专业化省级特色开发区。

区位优势：泗阳处于以上海为中心的长三角经济区，是宿迁、淮安、徐州等市的交接地，同时也是承接南北产业转移的理想地带。

航空：30分钟可达淮安机场，1小时达徐州观音机场、连云港白塔埠机场，2小时达南京禄口机场。

铁路：新长（江苏新沂—浙江长兴）铁路，宿淮（安徽宿州—江苏淮安）铁路、苏北城际高铁（徐州至盐城，规划在建），连接陇海、京沪、京广、沪宁铁路，客货两用站距园区约10公里。

公路：徐宿淮高速道口俯卧园区，245、325、347省道穿园而过，与京沪、宁连、宁徐、徐连、沿海等五大高速互通。2小时即达南京，4小时到上海、5小时到杭州。

水运：京杭大运河泗阳港是江苏省内河港口建设十大重点项目之一，建设8个2000吨级泊位，年吞吐能力260万吨。规划建设的京杭大运河木业园区港，建设5个3000吨泊位，建成后，泗阳水上运输能力实现倍增。

产业优势：泗阳杨树产业由原来单纯追求经济效益型向生态效益型转变，形成良种选育繁殖、规模造林、加工研发的产业体系，实现了生态、经济、社会建设的良性互动。全县共有木材加工企业1700余家，从业人员5万余人，30多种木材加工产品，年实现销售120亿元，50%产品出口到世界30多个国家和地区。

木材资源：泗阳是全国唯一的“中国杨树之乡”，全国首批生态示范县，森林覆盖率达47.8%，全县现拥有成片林80多万亩，活立木蓄积量800万立方木，杨树年砍伐量100万立方木。

园区内的泗阳国际木业城占地150亩，规划建筑面积5万平方米，目前市场年交易杨木资源100万立方米，各类进口珍贵原木与珍贵薄木10万立方米，流通各种人造板150万立方米。新规划建设木材交易市场位于徐盐高速泗阳西出口北侧、成子河航道西岸，距离全国最大原木进口港口张家港320公里，规划占地500亩，项目全部建成后，将成为华东地区最大的杨木、杂木、进口木及其加工产品的集散地。

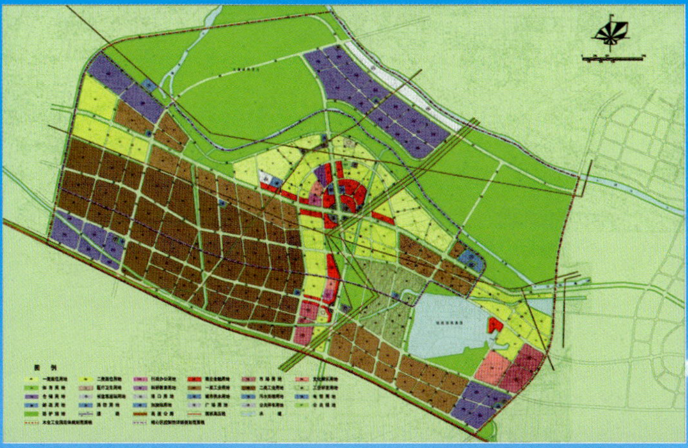

人力资源：全县有适龄劳动力46万人，常年在外务工人员20万人，泗阳的基础教育发达，劳动素质普遍较高，平均受教育程度10年以上，国家级示范高中—江苏省四星级学校泗阳中学，在校生1.8万人。县内65所职业教育、技能培训机构，初步形成了机电设备、电子技术、焊接、服装加工、数控技术、线切割、模具、木材加工等八大特色专业，在校生达1.2万人，年可培训各类技术工人近两万名。

产业配套：园区利用本地及国内外资源，走科技创新发展途径，采用国内外先进装备，新技术、新工艺，以开发木地板、木门、家具、橱柜等新产品为主要目标，强力打造百亿级绿色板材、江苏木门家具生产基地。

环境优势：泗阳按照“生态型、园林式、可持续发展”的新兴中等工贸城市发展目标，由上海同济大学都市设计院规划设计，基础设施配套，发展载体完善。社会治安环境优良，连续五年被授予江苏省“社会治安安全县”；2008年获得“金融生态达标县”、“浙商（省外）最具投资潜力城市”。2009年获得“全国平安建设先进县”、“浙商投资（中国）最佳城市”、“中国最具投资潜力中小城市百强”。2010年，中国生态学会授予泗阳县“中国生态建设模范县”称号。2009年中国板材流通学会授予“中国绿色板材之乡”，2010年中国林学会授予“中国杨树之乡”称号，2012年、2013年相继获得“全国文明城市”、“全国卫生城市”称号。

服务优势：为解决投资企业后顾之忧，切实让企业家在泗投资“安心、放心、舒心”，泗阳县委县政府专门成立泗阳县企业服务局，全力践行“全天候、全方位、全身心、保姆式”帮办服务理念，大力实施“五位一体”帮办服务体制，真正解决投资企业从设立到建设与生产过程中所需要解决的困难和问题，全力打造金字服务品牌。

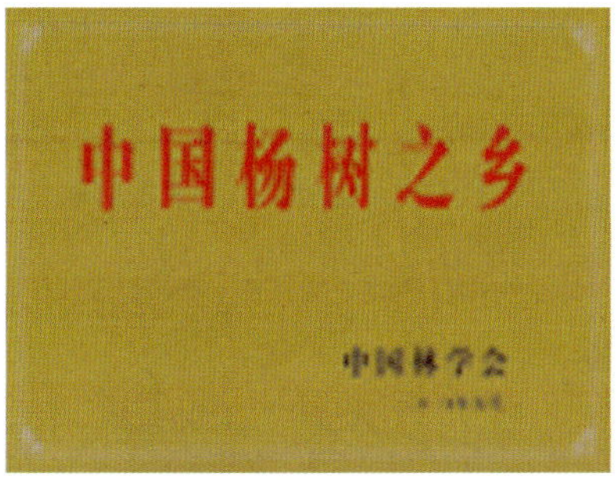

公司简介
COMPANY PROFILE

太倉遠東國際船舶代理有限公司

遠東海運

Tai Cang Fareast International Shipping Agency Co.,Ltd

太仓远东国际船舶代理有限公司是经中华人民共和国交通部批准，并由太仓国际集装箱码头有限公司和江苏远东国际船舶代理有限公司合资组建的具有甲级国际船舶代理资质的国际船舶公共代理企业。公司成立于2003年，承接国际国内外贸船舶的代理业务，包括引水、泊位安排，船舶联检，提单签发，港费结算等，同时承揽进出口各种货物（北美木材，新西兰木材，俄罗斯原木，板材，铁矿石，镍矿，煤炭，木薯干，PTA，钢材，石墨球，化工产品等）及集装箱的报关、报检、保税、仓储、中转、代运联运、订舱等业务,开办租船业务，已形成集运、租、代三位一体的全方位服务模式。本公司是太仓港口岸成立较早的船舶代理公司。总部设于南京，在长江各港口下设：芜湖、马鞍山、南京、镇江、张家港、南通、连云港、常州、泰州、常熟、扬州、太仓、江阴等十几家分公司，在长江港口实施电脑联网，信息共享。本公司利用毗连上海的区位优势、长江中下游地区发达的经济腹地，多年来以其诚信经营一流服务赢得良好的声誉，与各相关联检口岸单位及码头公司建立了密切的协作关系，并和国内外知名船东，货主和业务伙伴有着长期稳定的业务关系。主营业务迅猛发展，市场份额始终处于口岸同行领先地位。

公司本着船东，货主至上的服务宗旨，拥有一支专业化程度高，服务意识强，经验丰富，素质良好的职工队伍和现代化的计算机管理系统，竭诚为客户提供优质，经济，高效的服务。公司愿在广大船东，货主的信赖与合作下共谋发展，共创新业。

公司本着“热情、周到、诚信、专业”的服务宗旨，竭诚为国内外船舶所有人及其经纪人、货物所有人及其代理人提供诚信、优质、专业的服务。

总经理：杨晓敏
TEL:0512-53578686　MP:18006226868　EMAIL:taicangfareast@163.com

船务部操作负责人（Shipping Dept）：
PIC：厉宣(James Lee)
TEL: 0512-53586821　MP:13913789298　EMAIL：lixuan@tcfareast.com
FAX：0512-53586825　TLX：342385 JSAGT CN　邮编/POST CODE:215400
地址:江苏省太仓市郑和中路309号发展大厦1504室

货代部报关报检负责人（Forwarding Dept):
PIC:曹春花（Cao Chunhua)
TEL：0512-53700258　MP:18006226875　EMAIL：taicangyuanhua@163.com
FAX：0512-53573639
地址:江苏省太仓市浮桥镇联检大楼2011室

图片
PICTURE

万丰木业
WANFENG WOOD

质量体系认证证书

此证书授予

万丰木业（莆田）有限公司

莆田市秀屿区东峤镇前沁村

ISO9001: 2000

2010年8月15日

2012年8月14日

CN-01566

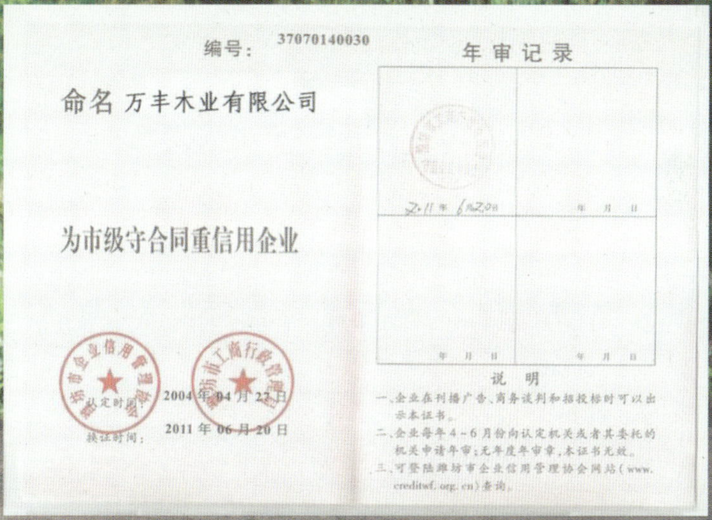

编号： 37070140030

命名 万丰木业有限公司

为市级守合同重信用企业

认定时间： 2004 年 04 月 27 日

换证时间： 2011 年 06 月 20 日

年审记录

说 明

一、企业在刊播广告、商务谈判和招投标时可以出示本证书。

二、企业每年4－6月份向认定机关或者其委托的机关申请年审；无年度年审章，本证书无效。

三、可登陆潍坊市企业信用管理协会网站（www.creditwf.org.cn）查询。

项目简介

新疆燕新国际木材家居产业园位于乌鲁木齐市东绕城高速米东大道出口处，米东区现代国际物流园中心地带,是乌鲁木齐“北扩”发展战略的重点区域。项目占地面积2803亩，总建筑面积120万平方米，投资42亿元。是由新疆燕新投资有限责任公司携手新疆家具协会、新疆四川商会和新疆天津商会强强联手，倾力打造中国西北木材家居产业基地。

项目区位优势显著，“一带一路”作为中国首倡、高层推动的国家战略，契合沿线国家的共同需求，为沿线国家优势互补、开放发展开启了新的机遇之窗，是国际合作的新平台。新疆是中国向西开放战略的门户，而乌鲁木齐既是新疆的首府，也具有一定的经济基础，必将成为“丝绸之路经济带”向西开放的核心枢纽城市，迎来前所未有的大发展。

园区内规划四大板块18个功能区，全方位整合原木、木枋、板材交易区、木材及家具加工制造区、辅材交易区、木工机具交易区、仓储物流区、家具博览中心、家居贸易馆、产品研发培训学校、电子交易大厦等上下游产业链；配套了商务酒店、商务办公、珍木园博物馆、尊木会所、企业公馆、配套公寓区、商业服务区等功能齐全的商业生活服务体系，全面形成园内产业化、规模化协作模式，引领区域木材家具产业转型发展和行业品质提升。

燕新国际木材家具产业园作为自治区、乌鲁木齐市、米东区三级政府的重点项目，是目前新疆规模最大、业态最全、功能最完善的全产业链国际木材家具产业聚集区。通过行业精英和国内外木材家具知名品牌的进驻与发展，资源共享，携手双赢，并诚邀业界有志之士，共创木材家具产业辉煌！

建设地址：米东区现代国际物流园

联系方式：0991-6933771 6882666 15026063699 13999275958

燕新国际木材家居产业园

新疆燕新国际木材产业园主要技术指标

功能区	功能区用地面积（亩）	详细分区	用地面积 平方米	用地面积 亩
		用地红线	2013195	3019.6
		750高压走廊用地	144145	216.2
		建设用地面积	1869050	2803.4
木材交易区	615.7	板材交易区	124938	187.4
		木枋交易区	116844	175.3
		原木交易区	168678	253.0
加工仓储区	1237.9	木材家具加工制造区	649763	974.6
		仓储物流区	175537	263.3
产业配套区	449.4	家具博览中心	97134	145.7
		家居贸易馆		
		辅材交易区	107394	161.1
		木工机具交易区		
		电子交易大厦	95084	142.6
		商务酒店区		
		商务办公区		
		产业研发培训中心		
新丝路文化园	500.5	珍木园博物馆	333678	500.5
		尊木会所		
		企业公馆区		
		配套公寓区		
		商业服务区		
建设用地合计	2803.4		1869050	2803.4

A、全球视角　战略布局

B、黄金热土　通达八方

C、把握财富　聚商惠民

D、产业聚集　合作共赢

E、土地增值　坐拥财富

　永不搬迁　长富久安

　政府联手　快速发展

F、专业团队护航　价值轻松飞跃

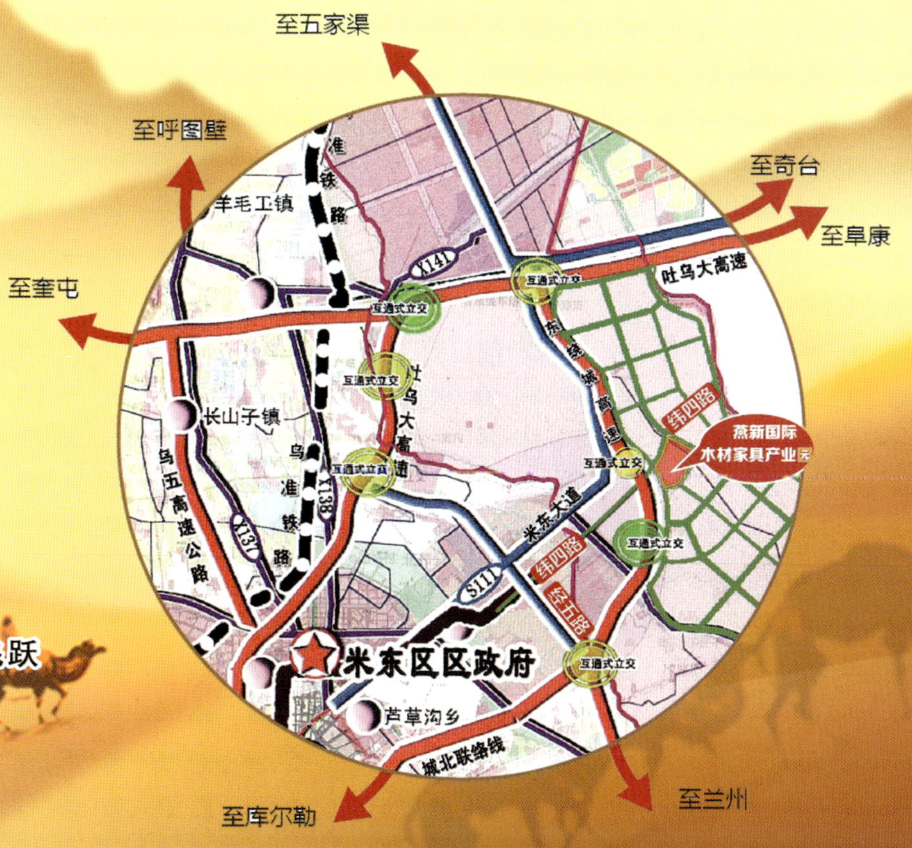

紫建紅木

ZIJIANHONGMU

工厂简介

紫建红木是以瑞丽市西南开发公司木业加工厂产品商标著称。

紫建红木隶属于瑞丽市西南开发公司，公司成立于1989年，至今20余年一直从事紫檀，檀香等红木及其他高档木材的经销，常年为大型的红木家具及制品企业提供红木原材料，目前公司是国内主要的红木及高档木材的供应企业之一，在业内享有很高的声誉。紫建红木坐落于中国西南边陲云南省，瑞丽市工业园区，占地40亩，初期投入3300多万元，现已成为德宏州主要专业生产红木家具的企业之一。瑞丽与缅甸接壤，近邻生长红木、硬杂木的老挝、越南、印度等国家，再加上公司进口优质木材的实力，家具所需的优质木材有着得天独厚的优势。生产过程中木材严格按科学的蒸煮、干燥、生产出的每件家具具有良好的稳定性。工厂拥有一批制作红木家具多年经验的专业团队，本着尊重传统更注重创新，把艺术、文化、实用功能融合到家具中的思想，不断开发出创新产品，深受广大消费者的好评和青睐，并荣获国家多项实用新型专利，在每次参与瑞丽市历届“神工奖”红木家具根雕精品大赛中都获大奖。

公司荣誉

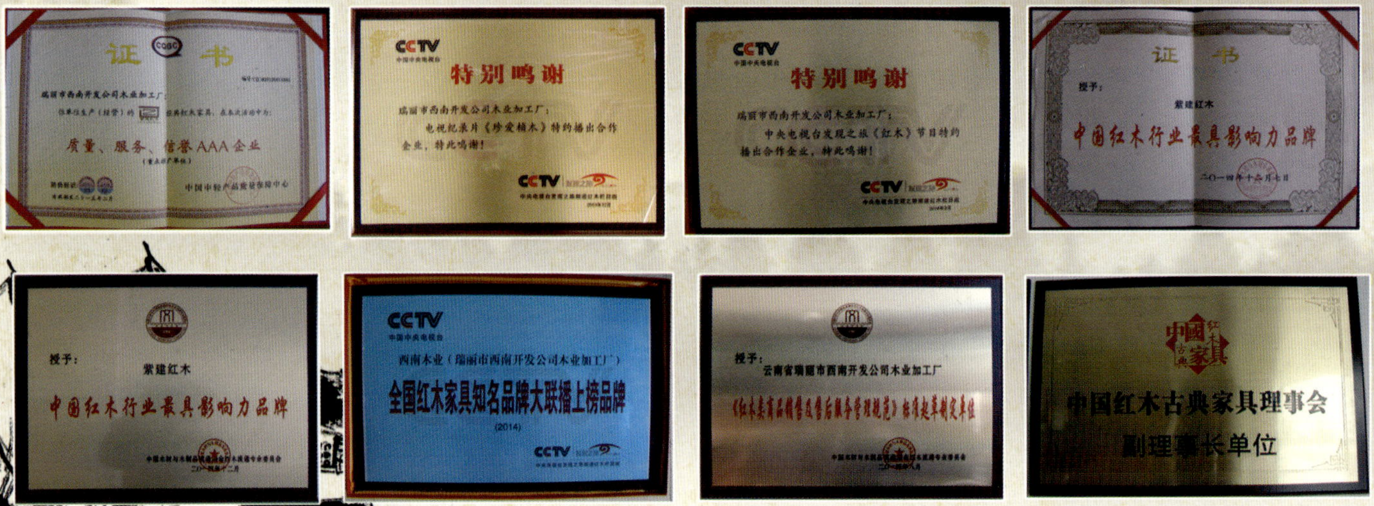

家具圖

可变径圆餐桌
1.25米 ⇄ 1.82米
专利号：201220313769.5

可变径圆餐桌
1.25米 ⇄ 1.82米
专利号：201220313769.5

绥芬河龙江商联进出口有限公司

绥芬河龙江商联进出口有限公司成立于1998年9月，注册资本1亿元。是我省及国家开展对俄经贸合作的龙头企业。公司自营和代理各类商品及技术的进出口业务，经营对销贸易和转口贸易以及对俄小客户贸易。公司董事长孙来君。公司在吉林省和龙市设有和龙森联木业、汪清商联佳维木业，本省设有同江宏森木业、牡丹江房地产开发公司、海林房地产开发公司及大丰港等木材销售窗口。

公司充分利用我市口岸优势，全力发展对俄边境贸易。15年来，公司实现进口木材150万m^3，进出口贸易总额达22多亿美元，纳税1.5亿元人民币。绥芬河龙江商联进出口有限公司全体员工具有勤奋务实、勇于开拓创新的精神；积极进取、冷静应对经济危机；加强管理、注重企业文化建设；响应号召、勇担社会责任。公司的发展壮大，对活跃和拉动地方经济做出了重大贡献。公司成立的第二年就荣获黑龙江省“边境贸易企业出口二等奖”，位列黑龙江省企业二十强之一；2003年荣获中国进出口额最大的500家企业排名第334名；2004年中国进出口额最大的500家企业排名第399名；同时荣获黑龙江省光彩之星称号；2005年，荣获中国出口额最大的200家企业第249名，中国出口企业200强居117位；牡丹江市非公有制企业纳税20强；2006年荣获全省首届全国商务系统先进集体称号；2008年荣获全省十强、重合同守信用称号。2009年获全省民主法制企业称号；2010年全省诚信经营示范企业称号；2012年荣获中国5强俄罗斯白松、落叶松、水曲柳、原木进口商称号；2013年，中国10强俄罗斯锯材、原木进口商称号。

公司资信优秀，在各商业银行信誉均为AAA级。被海关核定为A类管理企业，是商务部援外物资A级实施企业，中俄企业家联合会中方理事，中国纺织品商会会员，中国土畜产商会木材分会理事，国际商会会员，国家机电进出口商会中俄机电分会理事，黑龙江省对外经济贸易企业协会常务理事，牡丹江市企业信用协会会员，牡丹江市再就业基地，绥芬河市企业合法权益重点保护单位。

本企业积极响应省委、省政府关于“出口抓加工，进口抓落地”的号召及市委关于加强企业管理和提档升级的指示，公司为克服全球经济危机带来的不利影响，一是扩大采购量，拓展销售网点。除绥芬河上海太仓、江苏大丰、山东日照港等已有销售网点以外，又在山东、苏北、京津唐等国内市场建立新的销售网点。二是稳定“材”源，根据多年经验，经过多年努力，在俄投资拥有长期有效控制的林地资源面积逾50万公顷，年可采伐利用用量32万立方米。有了稳定的“材”源才能保证“有米之炊”。三是加强公司内部信息化建设，在财务和经营方式，实现了信息资源的共享和匹配利用，为企业实现良性的资源配置、可控风险经营机制和信息化管理手段提供科学决策有了切实的保障。四是加强企业文化建设，企业已通过建立长效的人员培养机制，合理化建设采纳机制。党、团、工、妇组织健全，公司经理关心职工生活，与员工关系融洽，强化员工的向心力和凝聚力。公司发扬 “诚信守信”的一贯作风。

面对中俄林业合作中的困难和市场竞争的挑战，我们坚定信心，加强努力工作，为我市经济文化的全面发展贡献我们应有的力量。

绥芬河市木材协会会长——李莉

在李莉接手绥芬河市木材协会工作时，正值木材协会最困难时期，协会没有经费，她自己出资参加中国木材与木制品流通协会会议与活动。多次在中国木材与木制品流通协会年会上，介绍“绥芬河口岸”、“中国木业之都”的优势、特点，争取国家相关协会和组织在绥芬河市召开大型的国际木材论坛、研讨或投资洽谈等专题会议，吸引国内外客商投资，为当地木材推广搭建了平台。仅几年，李莉会长相继参加各种协会会议与行业活动：包括接待WWF世界自然基金会组织来绥芬河市对绥芬河口岸木材进口和木材进口企业的考察；参加了中国木材合法性培训会议；参加了在西安召开的“中国木材与木制品流通协会第六界会员代表大会”；参加了牡丹江召开“木业博览会”；绥芬河木材协会组织在天津召开“首届世界针叶木材应用技术研讨与贸易洽谈会”，等等。

李莉是在担任绥芬河市木材行业协会会长以来，利用一切可利用的展会、调研会、座谈会推介绥芬河口岸和木材行业协会会员企业，她为“中国木业之都”“协会会员企业”发展出力献策；同时，通过行业会议宣传推动当地的木业加工企业所生产的表板、地板、中纤板等产品的提档升级，使当地产品适应新形势的需要；她还结合会员企业发展实际情况，组织相关参观考察活动；和中国木材木制品流通协会沟通为当地企业举办法律法规培训班（雷斯法案培训班）；为学习先进、加强对外联系，有计划的组织企业与木联会沟通考察；为了更好地宣传绥芬河龙头木材企业，李莉会长创办了《绥芬河市木材行业协会简报》和“绥芬河木材协会网站”，解读政策解、沟通信息、为企业服务。

经过李莉领导的绥芬河木材协会的辛苦和努力，善用资源以积极发挥“中国木业之都”的地缘、综合实力和突出业绩，以及凭借当地企业诚信度高，木业经营和服务综合管理水平规范等优势，荣获“中国第10强进口木材口岸”荣列第三名，“中国第10强进口木材口岸”这块金色的招牌，展现了包括李莉会长在内的绥芬河木业人的风采风貌，这是绥芬河的荣誉。

为此，李莉会长在2011年被黑龙江省牡丹江地区的“团市委青年企业家协会”推选为副会长。在2012年，当选为第九届绥芬河市人大代表。

李莉会长的职务多了，身上的责任更重了。她是全木材行业第一个向海关总署提出”板材小料“不能和”板材“一样征税的提案，此提案得到了海关总署的高度重视，并将绥芬河口岸作为试点进行小料征税口岸。

2014年6月24日，俄罗斯对”水曲柳原木及板材“启动了濒危物种证书，当地一些木材出口企业的货物遇到了扣留。李莉会长知道后，积极应对危机，多次和对方海关协调，无后又积极和我国濒危办取得联系，为企业争取了时间，减少了损失。事后，涉事企业都说，多亏了我们的好会长！

绥芬河市木材协会在李莉会长的领导下，勇于拼搏，为促进当地木材与木制品行业的持续发展创造了突出的业绩和贡献。而李莉也说：我用我自己微小的力量能帮助那些需要帮助的人是我人生最大的快乐！

柏尔地板 Boer Floor
专业用于地暖环境
纯实木地热地板
产学研基地
技术研发基地
信得过产品
起草单位
实木地热地板王牌
因为专业 才能累累硕果
实木地热地板王牌
起草单位
技术研发基地
产学研基地
信得过产品

甘肃省木材总公司

全体员工诚挚欢迎国内外广大客商进驻市场，通力合作、共谋发展！

地址：兰州市七里河区西津西路464号

电话：0931-2170675　传真：0931-2170675

甘肃省木材总公司隶属于甘肃省物产集团，是国有物资流通企业，最早成立于1954年，1997年由甘肃省木材工贸总公司和甘肃省木材总公司合并组建，1998年5月挂牌成立西北物资市场。

市场地处兰州物资流通集散的黄金地段，交通便利，北依滨河路，南正门是312国道，距西北铁路货运枢纽—兰州北站仅500米，是通往西北各省的咽喉要地。

市场占地15万平方米，拥有货区10万平方米，商铺3万平方米，库棚2万平方米；铁路专用线一条，可同时装卸3节车皮；有龙门吊等机械设备36台，总装卸能力500吨以上，电子衡2台；有一条从日本引进的年加工能力8万平方米的自动化木材加工生产线；有1—8毫米，2—12毫米，8—25毫米热卷板矫平、剪切生产线各一条，年加工能力20万吨；还有钢管校直、钢模板维修等配套设施。

市场主要从事钢材、木材等生产资料的仓储、代发、装卸，木材加工、卷板开平加工、配送，物业管理及房屋租赁、住宿、餐饮服务及信息处理等业务，同时还为各大钢厂及国内外客商代理营销业务，能为千余家驻市场客户提供高效有序的物流服务。

市场经过多年的培育和发展，已成为西北地区规模最大的综合性生产资料市场。目前，市场进驻商户达1200多户，从业人员10000余人，市场交易额达150亿元，年物资吞吐量280万吨，创造社会效益近6亿元，带动了区域经济的繁荣和发展，为社会做出了一定的贡献。

几年来，企业共荣获了10多个国家级奖牌，还荣获了甘肃省、市、区商业诚信企业、文明单位、优秀流通企业等20多个荣誉奖牌。2007年荣获了中国市场发展委员会“4A级名牌市场”和“5A级中国木材明星市场”称号，并通过了国家ISO9001-2000质量体系认证。2008年至今，多年被中国物流与采购联合会评为3A级仓储型物流企业。

曹妃甸木业有限公司

曹妃甸木业有限公司由河北文丰实业集团投资建设，注册资本58000万元。年进口加工原木、板材500万立方米，总投资85亿元，总体规划占地5100多亩。目前正在建设曹妃甸木材加工集散基地，项目建成后将成为中国华北最大的木材加工、贸易、集散中心。

一、地理位置优势

曹妃甸位于环渤海中心地带、唐山南部，毗邻京津两大城市，距唐山市中心区80公里，距北京220公里，距天津120公里。交通便利发达，有京山、京秦、大秦等国铁干线东西相连；与京沈、唐津、唐港、沿海、唐承高速互通；曹妃甸依托天津和唐山两大城市，拥有便利的物流条件，近可辐射华北与京、津、唐地区，远可辐射西北、内蒙与东北地区，拥有得天独厚的地理优势。

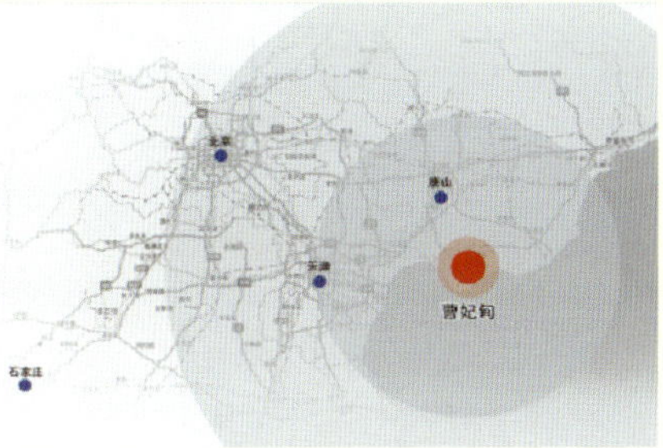

二、进口木材专用码头

曹妃甸木材加工集散基地规划岸线1600米，建设6个木材专用接卸泊位，兼顾集装箱接卸功能。其中，2个3万吨级、2个5万吨级软木泊位，2个5万吨级硬木泊位。2014年1月20日，两个5万吨级泊位，两个3万吨级正式面向全世界开港通航。到2014年底，木材码头接卸能力可达到500万立方米。

三、进口木材检疫除害区

由曹妃甸木业有限公司投资建设，年熏蒸处理进口原木能力300万立方米。项目2012年7月24日正式获得国家质检总局批准，是目前国内已经获批并正在建设的第三家进口原木熏蒸基地，第一组熏蒸库日熏蒸能力1500立方米，已具备作业能力；第二三组熏蒸库经过工艺改进后正在加紧建设，年内投入运营，届时日熏蒸木材能力可达到1万立方米。

四、木材加工贸易项目

唐山曹妃甸海森、洋森木业有限公司全力打在中国北方最大木材集散地。该项目分两期建设，一期占地367.8亩，投资11亿元，预计2014年年底建设完成原木加工厂房24栋，安装120套原木加工生产设备。

项目建成后，预计年产量达120万立方米成品板材。二期项目占地521.9亩，投资15亿元，2015年建设32栋原木加工厂房，计划安装170套原木加工生产设备，预计年产量200万立方米成品板材。

五、加福林业精品板材深加工区

曹妃甸木业公司与加拿大加福林业公司合作，占地350亩，主要建设高档指接板生产线，以加福林业出产的规格板材为原材料，通过烘干、指接、拼接、成型等工艺生产各种规格的胶合板及拼板。这些产品广泛应用于家具制造、房屋装修等领域，其中高端产品将出口日本、韩国等国际市场。

地址：唐山市妃甸工业区曹妃甸木业大厦

联系人：徐先生　　电话：0315-8703005

公司成立于2000年，以“建一座工厂，造一片绿洲，富一方民众”为使命，并加强对投资企业的有效掌控，合理统筹。公司现拥有两条连续生产线及多条多层生产线，产能规模达80万m^3，名列行业前列，绿洲产品已是行业名牌产品。公司实施“林板一体化，板材深加工”的全产业链发展战略，为家具地板等下游行业提供增值服务，同时将延伸产业链，全力打造自主品牌，立志成为中国优秀的森工企业，做受社会尊重的企业。

目前公司的主打产品有全松剥皮板、宽幅板和定制板。其中江西吉安生产基地不仅拥有得天独厚、较为稀有的湿地松资源（吉安地区湿地松资源极其丰富，并得到当地政府的大力支持，工厂能常年满负荷生产），而且配备德国迪芬巴赫的连续生产线。国际的先进技术，独具特色的松木资源，造就了全松剥皮产品具有颜色素雅、纤维细腻、表面光滑、结构匀称等卓越品质，适合雕刻镂铣、贴面加工、开榫起槽等多种加工要求，广泛应用于家具、橱柜、音箱等生产制造，同时为响应客户提出的“免于拼接、套材率高”的生产诉求，生产基地还开发了以硬杂木等优质原材料为主的6×9、5×9等宽幅面系列产品，得到广大家具制造商的好评。而重庆石柱生产基地则引进了一条德国蒂芬巴赫连续压机线，并配置了奥地利安德里茨热磨机和瑞士史丹利蒙砂光机等主要设备。为解决客户日益增加的个性化需求，开辟新的增值服务空间，该生产线开发出不同幅面、不同厚度、不同密度等定制产品，开阔了人造板企业的新视野，满足了广大客户的新诉求。

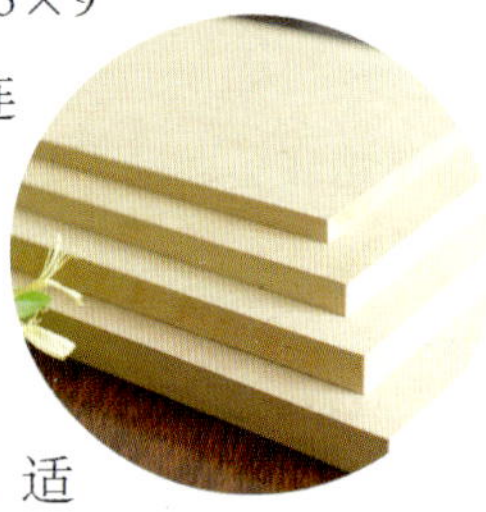

另外，山西运城生产基地依照果木、杂木、杨木等自身资源特点开发出经济适用的多系列产品，适用于家具、橱柜、地板、建筑装潢等生产制造领域，其较好的镂铣性、防火性等得到客户的认可和肯定。

联系方式：

地址：上海市长寿路587号8楼

邮编：200060

电话：021-62323920

传真：021-62323930

网址：www.lvzhou.com.cn